普通高等院校土建类应用型人才培养

道路工程

主 编 李丽民 冯浩雄 肖 明

北京理工大学出版社
BEIJING INSTITUTE OF TECHNOLOGY PRESS

内 容 提 要

本书采用任务驱动式教材模式，系统介绍了公路和城市道路设计的基本概念、原理和设计与施工方法。全书共分为八个学习任务，其主要内容包括道路路线设计与路基路面工程两部分，具体包括道路平面设计、道路纵断面设计、道路横断面设计、道路交叉设计、路基设计与施工、路面设计与施工、道路排水设计、道路养护与管理。

本书可作为高等院校土木工程、交通工程等相关专业的教材，也可作为其他有关专业的选修教材，还可作为从事道路工程设计、施工与监理的工程技术人员培训的参考资料。

版权专有　侵权必究

图书在版编目(CIP)数据

道路工程/李丽民，冯浩雄，肖明主编.—北京：北京理工大学出版社，2017.3（2023.1重印）
ISBN 978-7-5682-3722-2

Ⅰ.①道…　Ⅱ.①李…②冯…③肖…　Ⅲ.①道路工程－高等学校－教材　Ⅳ.①U41

中国版本图书馆CIP数据核字（2017）第033627号

出版发行 / 北京理工大学出版社有限责任公司	
社　　址 / 北京市海淀区中关村南大街5号	
邮　　编 / 100081	
电　　话 /（010）68914775（总编室）	
（010）82562903（教材售后服务热线）	
（010）68944723（其他图书服务热线）	
网　　址 / http://www.bitpress.com.cn	
经　　销 / 全国各地新华书店	
印　　刷 / 北京紫瑞利印刷有限公司	
开　　本 / 787毫米×1092毫米　1/16	
印　　张 / 21	责任编辑 / 封　雪
字　　数 / 498千字	文案编辑 / 陆世立
版　　次 / 2017年3月第1版　2023年1月第3次印刷	责任校对 / 周瑞红
定　　价 / 55.00元	责任印制 / 边心超

图书出现印装质量问题，请拨打售后服务热线，本社负责调换

前 言

交通运输是国民经济发展的动脉，是社会发展的基础产业。目前，我国已进入全面建成小康社会、加快推进社会主义现代化的新阶段，这对道路建设及其科学技术发展提出了更新更高的要求。本书基于道路工程最新相关规范和发展以及学生实践能力的培养，突出最新、实用和专业的特点，使学生全面掌握道路工程的基础理论和知识及道路工程设计方法和施工技术，为学生今后从事相关工作打下坚实基础。

本书采用任务驱动式教材模式，以工程应用和学生的能力培养为导向，密切结合应用型本科人才培养目标要求和最新规范，采用学习要点、能力训练、任务自测等形式，尽可能体现理论与实践相结合的特点，突出学生能力的培养。本书概念清楚，层次分明，覆盖面广，重点突出。

本书系统地介绍了道路路线设计理论和方法、道路交叉及排水设计、路基设计理论和施工方法、路面设计理论和施工方法及道路养护与管理等内容。本书可作为高等学校土木工程、交通工程等专业本科生教材，也可作为其他有关专业选修教材，还可作为从事道路工程设计、施工与监理的工程技术人员培训的参考资料。

本书由湖南科技学院李丽民，湖南城市学院冯浩雄、肖明担任主编。具体编写分工为：李丽民编写绪论、任务一、任务二、任务三、任务四、任务七、任务八，冯浩雄编写任务五，肖明编写任务六。全书由李丽民负责制订编写大纲并统稿。

在本书的编写过程中，编者参考了相关书籍，并从中引用了部分例题和习题，在此向相关作者表示感谢。

由于编写时间仓促，书中不妥和疏漏之处在所难免，敬请广大读者批评指正。

编 者

目 录

绪 论 ··· 1
   0.1 道路工程特征及国内外道路发展概况 ················· 1
   0.2 道路分类与分级 ·· 9
   0.3 道路设计与施工 ·· 12
   0.4 本课程主要内容与学习方法 ·· 22

任务一 道路平面设计 ·· 24
   1.1 道路平面线形与定线 ·· 24
   1.2 平曲线设计 ·· 33
   1.3 弯道的超高和加宽 ·· 46
   1.4 平曲线视距与线形组合 ·· 50

任务二 道路纵断面设计 ·· 63
   2.1 概述 ·· 63
   2.2 道路纵断面设计 ·· 64
   2.3 道路平、纵线形组合设计 ·· 77
   2.4 爬坡车道设计 ·· 83
   2.5 纵断面设计方法和成果 ·· 85

任务三 道路横断面设计 ·· 93
   3.1 道路横断面组成 ·· 94
   3.2 横断面各组成部分几何设计 ·· 97

3.3　车行道路拱的形式及选择 ……………………………………… 105
　　3.4　路基土石方计算与调配 ………………………………………… 106

任务四　道路交叉设计 …………………………………………………… 115
　　4.1　概述 ……………………………………………………………… 115
　　4.2　平面交叉设计 …………………………………………………… 120
　　4.3　立体交叉设计 …………………………………………………… 128

任务五　路基设计与施工 ………………………………………………… 138
　　5.1　概述 ……………………………………………………………… 138
　　5.2　一般路基设计 …………………………………………………… 149
　　5.3　路基边坡稳定性设计 …………………………………………… 155
　　5.4　挡土墙设计 ……………………………………………………… 168
　　5.5　路基施工技术 …………………………………………………… 213

任务六　路面设计与施工 ………………………………………………… 223
　　6.1　概述 ……………………………………………………………… 223
　　6.2　沥青路面设计 …………………………………………………… 229
　　6.3　水泥路面设计 …………………………………………………… 253
　　6.4　路面施工技术 …………………………………………………… 272

任务七　道路排水设计 …………………………………………………… 290
　　7.1　概述 ……………………………………………………………… 290
　　7.2　路基排水设计 …………………………………………………… 291
　　7.3　路面排水设计 …………………………………………………… 299

任务八　道路养护与管理 ………………………………………………… 312
　　8.1　概述 ……………………………………………………………… 312
　　8.2　道路养护 ………………………………………………………… 314
　　8.3　道路状况调查与评价 …………………………………………… 316
　　8.4　路面养护决策 …………………………………………………… 325

参考文献 …………………………………………………………………… 330

绪 论

0.1 道路工程特征及国内外道路发展概况

道路是供各种车辆和行人等通行的工程设施。道路工程则是以道路为研究对象而进行的规划、设计、施工、养护与管理工作的全过程及其工程实体的总称。

0.1.1 道路的特点与功能

1. 道路的特点

近百年来,汽车运输的迅速发展和道路及其运输所具有的一系列特点是分不开的。与其他交通运输相比,道路具有以下属性及特征:

(1)道路的基本属性。道路建设与道路运输是物质生产,因而,它必然具有物质生产的基本属性,即有生产资料、劳动手段和劳动力及作为物质产品而存在的道路,同时,它又具有其本身特有的基本属性。

1)公益性。道路分布广、涉及面宽,能使全社会受益,同时,也受到社会各方面的关注和支持。特别是近年来,道路运输在促进社会商品经济发展方面发挥了巨大的作用,使道路受到社会的重视。

2)商品性。道路建设是物质生产,道路是产品,必然具备商品的基本属性,它既具有商品价值,又具有使用价值。这一属性是目前发展商品化道路(也称收费道路)的基本依据。

3)超前性。道路的超前性主要是指道路的先行作用。道路是为国民经济和社会发展服务的,它作为国家连接工农业生产的链条和经济腾飞的跑道,其发展速度应当高于其他部门的发展速度。这就是通常所说的"先行官"作用。

4)完备性。道路运输是资金密集型和技术密集型的产业,属于国家基本建设项目。道路的建设不仅要满足其现行通行能力的要求,还要考虑今后一段时间内通行能力增长的要求,即要有一定的储备能力。这就要求建设道路之前,必须要进行统一的规划、可行性论证、周密的经济和交通调查、加强交通预测以及精心设计等工作,以满足远景发展的需要。

(2)道路的经济特征。道路作为一种特殊的物质产品,还具有以下经济特征:

1)道路产品是固定在广阔地域上的线形建筑物,不能移动。道路是线形工程,与一般的工业生产和建筑业相比,道路建设的流动空间更大,工作地点更不固定,受社会和自然环境影响较大,具有更强的专业性。

2)道路的生产周期和使用周期长。通常,一条上百公里的道路建成需要花费两三年的时间,高等级道路还需要更长的时间;投入使用后一般使用年限为10~20年。在使用过程中,还需要进行经常性的养护、维修和管理工作。

3)道路虽然是物质产品,但不具有商品的形式。在商品经济中,一般的产品,都采取商品交换形式,出售后进入消费。而道路建成后,不能作为商品出售,也不存在等价交换的买卖形式,只提供给社会使用。其投资费用以收费(使用道路的收费和养护管理费)和运输运营收费形式来补偿。

4)道路具有特殊的消费过程和消费方式。一般的商品生产与消费在时间和空间上都是分离的,即商品必须成型后,才能运送到市场进行交换和消费;而道路则可以边建设,边使用,并在使用过程中进行养护、维修与改造;生产与消费不可分割,在时间和空间上是重复的。道路的消费形式不是一次性,而是多次消费。这就对道路的质量提出了特别高的要求,以确保其在多次重复性使用(消费)中保证车辆行驶的安全、快速、经济和舒适。

5)道路作为一个完整的系统发挥其作用,为社会和经济服务。一条道路由路线、路基、路面、桥涵等各部分组成完整的系统。而一个区域的道路网,则是由许多条道路组成一个有机的网络系统,这个系统又成为交通运输系统中的一个子系统,这就要求各条道路的修建要统筹规划,相互协调,密切配合,从整体的角度为社会和经济服务。

另外,道路运输与其他运输相比,也存在一些弱点,如运量小、运输成本高、油耗和环境污染较大等。

2. 道路的功能

(1)公路的功能。

1)主要承担中短途运输任务(短途运输为50 km以内,中途运输为50~200 km)。

2)补充和衔接其他运输方式,担任大运量运输(如火车及轮船运输)的集散运输任务。

3)在特殊条件下,也可以独立担负长途运输任务,随着高速公路的发展,中长途运输的任务将逐步增多。

(2)城市道路的功能。

1)联系城市各部分,为城市内部各种交通服务,并担负城市对外交通的中转集散的任务。

2)构成城市结构布局的骨架,确定城市的格局。

3)为防空、防火、防地震及绿化提供场地。

4)是城市铺设各种公用设施的主要通道。

5)为城市提供通风、采光,改善城市生活环境。

6)划分街坊,组织沿街建筑,表现城市建设风貌。

0.1.2 道路交通特性分析

1. 交通要素特性

交通工程学是一门研究人、车、路及周围环境相互影响的学科。道路交通要素就是人

(驾驶员、行人等)、车(客车、货车、非机动车等)、路(公路、城市道路、道路出入口及设施等)。

道路是汽车交通的基础、支撑物。道路必须符合其服务对象——人、货、车的交通特性,满足交通需求。道路服务性能的好坏体现在量、质、形三个方面,即道路建设的数量是否充分,道路结构能否保证安全,路网布局、道路线形是否合理。另外,附属设施、管理水平是否配套,也可以体现出道路服务性能的好坏。

(1)路网密度。路网密度是衡量道路设施数量的一个基本指标。路网密度(γ)=道路总长/总面积。一般路网密度越大,路网总容量、服务能力越大,但这不是绝对的。路网密度的大小应与一定的经济发展水平相当,与所在区域交通需求相适应,应使道路建设的经济性和服务水平,以及道路系统的社会效益、经济效益、环境效益得到兼顾和平衡。城市路网密度、间距的选取应考虑:路网密度、间距与不同道路的功能、要求相匹配;路网密度、间距与城市不同区域的性质、人口密度、就业密度相匹配。

(2)路网布局。道路的规划、设计不能仅仅局限于一个点、一条线,还应当着眼于整个路网系统。路网布局的好坏对整个运输系统的效率有很大影响,良好的路网布局可以大大提高运输系统的效率,增加路网的可达性,节约大量的投资,节省运输时间和运输费用,具有良好的经济效益、社会效益与环境效益。不同的区域、城市,不存在统一的路网布局模式,因此,路网布局必须考虑所在区域的自然、社会、经济情况。

2. 交通量基本特性

(1)交通量。交通量是指在一定时间间隔内,各类车辆通过某一道路横断面的数量。观察、研究交通量变化规律是十分重要的,它是道路规划与设计、交通规划与管理的重要依据。交通量随时间变化,通常用某一时间段内的平均值作为该时间段的代表交通量。

1)日平均交通量(ADT):

$$\text{ADT} = \frac{1}{n}\sum_{i=1}^{n} Q_i \tag{0-1}$$

式中 Q_i——各规定时间段内的日交通量(辆/d);
n——各规定时间段内的天数。

2)年平均日交通量(AADT):

$$\text{AADT} = \frac{1}{365}\sum_{i=1}^{365} Q_i \tag{0-2}$$

3)月平均日交通量(MADT):

$$\text{MADT} = \frac{\text{一个月的日交通量总和}}{\text{本月天数}} \tag{0-3}$$

4)周平均日交通量(WADT):

$$\text{WADT} = \frac{1}{7}\sum_{i=1}^{7} Q_i \tag{0-4}$$

其中,年平均日交通量是确定道路等级的控制性指标,其他平均交通量可以用于交通量统计分析。

(2)行车速度特性。行车速度既是道路规划设计中的一项重要控制指标,又是车辆运营效率的一项评价指标,对运输的经济、安全、迅捷、舒适具有重要的意义。了解和掌握各道路上行车速度及其变化规律是正确进行路网规划、设计、运营、管理的基础。

行车速度（简称车速）是车辆在道路上行驶的距离 L 与所需时间 t 的比值，即 $v=L/t$。在车速的计测过程中，根据不同需要，L 和 t 取值不同，可以定义不同的车速。

1) 地点车速。地点车速是指车辆通过某一点或某一断面的瞬时速度，观察时 L 尽可能短，通常以 20~25 m 为宜。地点车速主要用于道路设计、交通管制和规划等。

2) 行驶车速。行驶车速是指车辆通过某一区间所需时间（不包括停车与损失时间）与该区间距离求得的车速。其用于评价该路段的舒适性和通行能力，也可以用于计算道路使用者的费用和效益。

(3) 临界车速。临界车速是指道路理论通行能力达到最大时的车速，对选择道路等级具有重要的作用。

(4) 设计车速。设计车速是指在道路交通与气候条件良好情况下仅受道路条件影响时，具有中等驾驶技术的驾驶人员能够安全舒适地驾驶车辆的车速。用作道路线形几何设计的标准。

设计车速的确定考虑了汽车行驶的实际需要和经济性，是汽车行驶要求与经济性平衡的结果。汽车的行驶要求表现为汽车的最高时速，即汽车的机械性能所能达到的最高速度。公路的设计车速不可能也没有必要达到这一速度，但应当尽量满足汽车机械性能的发挥。汽车行驶的经济性要求表现为汽车的经济时速，即汽车的机械损耗和燃油消耗为最小的车速。汽车行驶时越接近经济时速，费用越低，但考虑到时间效益，通常驾驶员不会追求以经济时速行驶。

3. 交通安全特征

(1) 交通拥堵问题与特征。交通拥堵是指某类交通流因某种原因在某时间和空间位置上出现了一定程度的排队或延误现象。因此，交通拥堵问题特征随交通流的构成、拥堵原因、拥堵时间和空间不同而不同。交通流的构成主要有行人交通流、非机动车交通流和汽车交通流（包括小汽车与公共汽车等），导致其拥堵的基本原因是交通供需的矛盾。

1) 通行能力不足型交通拥堵。

①交叉口进口道通行能力不足问题。一般地，交叉口进口道可能的通行时间必然较其上游路段少，特别是信号控制交叉口。因此，适当地增加进口道数和优化车道功能，可以提高交叉口进口道的通行能力。但当受资源条件所限或资源不能被充分利用时，将导致交通拥堵。

因此，在进行交叉口交通设计时，应当特别考虑各类交通流通行能力的基本要求，对交叉口的通行空间包括车道数、车道功能与组合、人行横道与非机动车道宽度等和通行时间如信号周期等做出优化设计。

②交叉口出口道通行能力不足问题。交叉口出口道设计车道数通常与下游路段车道数相同，特别是交叉口受道路红线的限制，往往只能通过压缩出口车道（宽度或车道数）来增加进口车道数，从而致使出口道通行能力不足。车流不能顺畅地流出而滞留在交叉口内部，进而可能导致整个交叉口的交通拥堵甚至堵死。

因此，交叉口出口道车道数，应当基于汇入进口道的车道及其信号控制方案，以最不利汇入条件为约束加以确定。若难以满足汇入条件，则只能以流出条件为约束，对流入车道数及其信号控制方案进行优化。同时，为了预防阻塞，还应当要求出口道的通行能力与其下游路段通行能力相匹配。

③城市主干路交叉口间距不当问题。我国城市的大部分主干路普遍存在三个典型特征，即交叉口间距较短、主干路相交道路等级过低、道路沿线路侧开口密集。形成这三个特征的原因如下所述：

a. 主干路交通流的通行常被频繁干扰，无法达到其设计车速，导致功能降低。

b. 主干路相交的道路等级缺乏合理性，很多支路直接与主干路相交，使得原本承担长距离出行的主干路，还要同时为大量的短距离出行提供服务，从而降低了主干路的功能，降低其通行能力与运行速度。

c. 主干路沿线常有大量的路侧开口，其进出交通严重地影响主干路车流的通行。

2) 通行能力不匹配型交通拥堵。

①连续流与间断流衔接部通行能力不匹配问题。连续流与间断流衔接部是指城市快速路出入口或进出匝道与普通道路结合部。连续流出口与所衔接普通道路通行能力的不匹配，将导致出口车流滞留甚至排队延伸到快速路主线。同时，快速路出口所衔接的普通道路通行能力与其下游交叉口通行能力的不匹配，将进一步导致更大范围的交通拥堵。我国城市快速道路的进出口与普通道路的衔接部普遍靠近交叉口，如上海市内环高架路的上匝道进口多位于地面交叉口的出口道附近，而下匝道出口则距离地面交叉口进口道停车线较近(有的不足150 m)。所以，常因连续流与间断流通行能力的不匹配，而发生各类严重的交通拥堵。

②交织区通行能力不匹配问题。在立交的合流交织区、快速路进出口与主线的合流及分流交织区，因汇入或分流的车道数不匹配，以及交织段或加减速车道长度不足，而出现通行能力不匹配的情况，从而导致不同程度的交通拥堵。

③跨河(路)通道两端衔接设施通行能力不匹配问题。对于跨越河流的桥梁或者跨越道路的跨线桥，桥梁上桥处通行能力大，下桥处通行能力小，会导致车流在下桥处拥挤，产生严重的交通拥堵。

(2) 交通事故与特征。交通事故是指车辆驾驶人、行人、乘车人以及其他在道路上进行与交通有关活动的人员，因违反相关法律和规章的行为，过失造成人员伤亡或财产损失的事故。交通安全问题分析通常从交通事故发生的时间、空间、主体、肇事类型四个方面进行。交通事故的引发涉及五个关键因素，即人、车、路、环境、规则。其中，人的行为不当是引发交通事故的主要原因。

1) 车辆运行速度过高型交通事故。

①非高峰时段交通事故多发；

②城市主干路与快速路交通事故多发；

③机动车驾驶人肇事比例大及危害程度严重。

2) 潜在交通事故问题。

①无信号控制交叉口与交通事故；

②混合交通与交通事故。

3) 高速公路交通安全。

①在顺畅的线形上道路条件突然变坏。顺直路段前遇到较窄桥梁或隧口，长下坡路段前遇上急转弯等都属于这种情况。此时，驾驶员由于长距离在舒适状态下行驶易产生麻痹

思想，或是出于连续下坡的加速作用，以较高速度临近危险地点而不减速，道路条件变化时驾驶员没有及时改变行驶状态，事故往往由此产生。当前面遇上急转弯时，需要驾驶员用较大的力气旋转车轮，并以较大的角速度转弯，这些都使驾驶员工作难度增加，并且在汽车转向时时间有限，往往因此引起道路交通事故。

②路段前面的视距不足，视野不畅。弯道内侧的边坡阻挡、绿化过量，以及凸型竖曲线与平曲线配合不当，都会造成视距不足或视野不畅。纵断面上引起的视距不足往往更容易忽视，它较平面线形上视距不足更容易引起交通事故。如果在前视方向不能看到纵断面线形上的凹处，只有在最后靠近该凹处时才能看得见在凹处的汽车或其他特殊事物，则常会造成措手不及。如在凹型竖曲线上方有跨线桥，视距则不可避免地会因跨线结构物的限制而受到影响。

在长下坡道上因车速提高而需要更长的刹车距，在前面遇到线形欠佳等阻碍时要注意需要更长的安全视距作为保证。在气象条件较差的地区，要注意多雨、雾、雪等特殊情况可能造成的视距和视野欠佳。在高速公路两侧有进出口道时需要有良好的视距和视野。

③在平、纵、横各个不同剖面上或各个不同路段上所能保证的车速不相适应或过多变化。大半径平曲线路段的纵面上设置小半径竖曲线，顺直路段上出现不规则的横断面或过窄的路肩都属于这种情况。为更好地检查线形的质量，最好能够绘制沿线的运行车速图。这种车速图可以根据线形平、纵、横的各要素按照专门测定的研究成果预估营运车速值绘成。道路事故集中的地点往往就是相应于营运车速变化比较大的地点，这是某一路段的某一剖面要素不当而造成的。因而在设置线形时，应当消灭营运车速特低的路段，或是使路段之间的车速尽可能地均衡。从原则上讲，要求平面和纵面线形上的要素作这样的配合，即驾驶员只要通过松开油门踏板就能降低至合适的行车速度而不需要换挡或刹车。

④线形容易使驾驶员迷失方向，或被某些假象所迷惑。由于不适宜的交通岛或高出路面的路缘石、挡土墙等沿路设施，无法看到清晰导向的路面上的路缘带，如沿线护栏不规则、中央分隔带的突然变化等。这些情况可以在连续的透视图上仔细观察，对容易迷惑驾驶员的任何因素都应当予以改进。

竖曲线和平曲线的组合不当往往也会造成某些假象而迷惑驾驶员。例如，在凸型竖曲线的顶部设反向平曲线的拐点，线形将失去诱导视线的作用，除有挖方边坡情况外，犹如行车闯入空中一样。驾驶员感到不安，而且到达顶点附近才会发现线形向相反方向转弯，此时，急打方向盘往往会造成危险。

⑤在小半径弯道上合成坡度过大，路面滑移，造成行车不安全。为了防止汽车的横向滑移，应当将设置超高的曲线半径与纵向坡度控制在适当范围内，特别在冰雪严重地区，必须加以复核，着重注意下坡道上的危险性，要尽可能排除陡坡与小半径平曲线的组合。

⑥回旋曲线和竖曲线重叠，促使在汽车上产生复杂的动力作用，导致较高的事故率。由回旋曲线产生的横向加速度，随行驶时间变化而有所增减；同时，在纵断面竖曲线部分上行车，加速度也同样时刻变化。如果回旋曲线和竖曲线重叠起来，则当高速行驶时，横向和纵向加速度是在时刻变化的，动力作用较为复杂，容易引起事故，设计时应当尽量避免这种组合。

20世纪80年代中期以后，一些国家的道路安全工程师开始将注意力集中到事故的"预防"上，即从道路的规划设计开始直到通车运营，全过程考虑道路安全，从而在规划设计时给道路用户提供一个安全的道路系统，达到"防患于未然"的效果，这就是道路安全评价。

0.1.3 国内外道路工程的发展

0.1.3.1 国外道路工程的发展

国外道路工程的发展大致经历了以下三个阶段。

1. 1886—1920年，道路发展的早期阶段

这一时期，汽车数量不多，多数公路由原来的马车道改造而成。一方面，由于车辆少、交通密度小、汽车速度低，汽车与马车在车道上混合行驶，因而公路的技术标准很低。另一方面，由于铁路的迅速发展，当时世界的铁路总里程已达127万km，因此，铁路是当时陆上交通的主体，公路运输仅是铁路、水路运输的辅助手段。世界铁路大发展的局面，使这一时期在交通运输史上被称为铁路运输时代。

2. 1920—1945年，道路发展的中期阶段

两次世界大战期间，公路建设发展迅速，其主要原因是：第一，第一次世界大战结束，一些资本主义国家把军事工业转向民用工业，使汽车工业得以迅速发展，同时，工业机械化生产的发达使市场劳动力过剩，有更多的劳动力投入到公路建设中；第二，一些国家出于军事目的，对公路建设进行了较大投入，使公路得以发展。这一时期公路运输开始普及，干线公路标准有很大提高，欧美各国已初步形成了国家的公路干线网，畜力车相继被淘汰。在整个交通运输体系中，汽车的优越性得以发挥，在各种运输方式的竞争中，公路运输的地位和作用日益提高和扩大。公路运输不仅是短途运输的主力军，而且在中长途运输中崭露头角，与铁路、水运竞争抗衡。铁路运输垄断的地位开始改变和下降，铁路运输的比重开始大幅度下降，在美、英、法等国出现了拆铁路而改修公路的现象。

在该阶段，道路发展史上有两件大事：一是高速公路的出现；二是一门新型的学科——交通工程的产生。高速公路和交通工程的出现把公路发展推向了现代道路的新阶段。交通工程这一新兴学科的出现对道路交通规划、提高道路的通行能力、减少交通事故和交通公害有着十分重要的作用，并为现代高速公路的发展奠定了理论基础。1919年德国出现了世界上第一条叫作AVUS的高速公路。高速公路是一种新型的交通设施，它的修建从根本上保证了汽车行驶的快速、安全、舒适，为公路事业的进一步发展开辟了广阔的前景。

这一时期公路发展较快的国家主要是美国、德国和一些经济发达国家。公路发展的主要特征为：路面铺装率大大提高，在1915年路面铺装率只有10%，而到这一时期铺装率已达到70%；公路运输在交通运输中的比重大大提高，公路运输已开始在各种交通运输中起主导地位。

3. 20世纪70年代以后，国外道路运输进入大发展时期

20世纪70年代以后，发达国家的公路网体系，包括高速公路网骨架已经基本建成。这些国家的道路部门除继续将部分精力放在道路建设上外，已将相当精力放在道路的使用功能与车流安全和行车舒适性上，以及改善道路对周围环境、人文景观影响方面。可以说，发达国家大规模的公路建设时期已经结束或即将结束,已经全面进入道路的运营管理阶段,道路网和汽车流已渗透到社会生活各个方面,在社会中产生很大的影响。

0.1.3.2 国内道路工程的发展

20世纪初,汽车进入我国,公路开始发展,但发展缓慢,至1949年,全国通车的公路长为8.07万km,集中在东南沿海地区。新中国成立后,公路建设迅速发展,至1978年年底,公路通车里程达88万km,截至2014年年底,公路总里程达446.39万km,居世界第一。农村公路建设也稳步推进。新中国成立初期,我国农村公路只有59万km,截至2014年年底,全国农村公路(含县道、乡道、村道)里程达388.16万km,99%以上的乡镇和建制村通了公路。我国从20世纪70年代开始研究规划高速公路,从1988年第一条高速公路沪嘉高速公路建成通车以来,在经济增长的带动下,高速公路获得了快速发展,如图0-1所示。特别是1997年以来进入了跨越式发展的阶段,以年均7%左右的速度增长,至2014年年底全国已经形成了11.19万km的高速公路网络,位居世界第一,已形成以首都为中心的7条放射线、11条南北纵线、18条东西横线,以及地区环线、并行线、联络线组成的中国高速公路网。

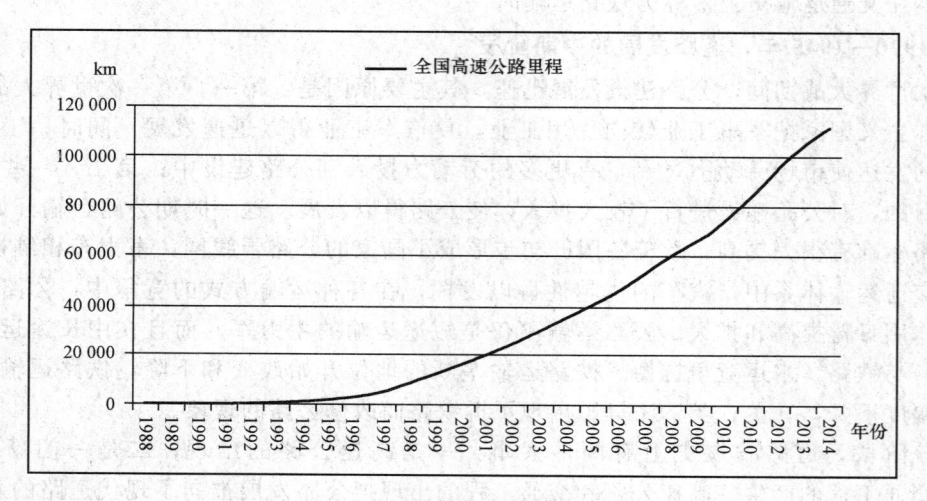

图 0-1 我国高速公路里程发展

但同时我们也看到,与发达国家相比,我国公路建设仍严重滞后,公路数量少、等级低、路况差,混合交通严重,国道网中平均昼夜交通量超过设计能力上限的路段占国道网总里程的一半以上,约3万km的国道主干线交通量超过通过能力一倍以上。国家高速公路网仍有1.8万km的未贯通路段,早期修建的高速公路交通拥堵;普通国道中还存在3.5万km的四级路、等外路和未贯通路段;全国还有400个乡镇、3.9万个建制村不通硬化路。主要表现为以下几个方面:

(1)公路路网密度低。目前,我国公路密度为每万人13.1 km、每百平方千米18.3 km,分别为美国的5.8%和26.9%、日本的14.3%和5.8%。

(2)公路网等级低、高等级公路少、路面质量差、标准低。

(3)发展不平衡。东西部差距较大,平原区与山区差别大。

(4)通行能力低。未形成通行能力大、运营效益高的公路主骨架。

(5)服务水平低。公路运输服务不满足要求。

为完成全面小康总目标,公路交通仍然存在很多问题和挑战。"十三五"期间及未来公路交通的发展应当加快高速公路建设,基本贯通国家高速公路,推进繁忙通道的扩容改造,打通落后地区对外的运输通道;提高普通国省道等级水平、服务水平,加快低等级路段提级改造,完善城际干线公路网络,推进沿线便民服务设施建设;进一步提高农村公路的发展质量和服务水平,建制村通硬化路,对农村公路进行达标改造,有序完善农村公路网络;到 2020 年,建成"安全可靠、便捷高效、绿色智能、服务优质"的公路交通运输网络,使公路发展质量和效益明显提升,在综合交通运输体系中的基础地位和主体作用显著增强,以适应全面建成小康社会的需要。

0.2 道路分类与分级

0.2.1 道路的分类

道路按照使用特点分为公路、城市道路、专用道路等。

1. 公路

公路是指连接城市、乡村,主要供汽车行驶的具有一定技术条件和设施的道路。按照其重要性和使用性可分为国道、省道、县道和乡道。

(1)国道是在国家干线网中,具有全国性的政治、经济、国防意义,并经确定为国家级干线公路。

(2)省道是在省公路网中,具有全省性的政治、经济、国防意义,并经确定为省级干线的公路。

(3)县道是具有全县性的政治、经济意义,并经确定为县级的公路。

(4)乡道是指修建在乡村、农场,主要供行人及各种农业运输工具通行的道路。

2. 城市道路

城市道路是指在城市范围内,供车辆及行人通行的具有一定技术条件和设施的道路。

3. 专用道路

专用道路是由工矿、农林等部门投资修建,主要供该部门使用的道路,如厂矿道路、林区道路等。

(1)厂矿道路是指主要为工厂、矿山运输车辆通行的道路。通常分为厂内道路和厂外道路及露天矿山道路。厂外道路为厂矿企业与国家公路、城市道路、车站、港口相衔接的道路或厂矿企业分散的车间、居住区之间连接的道路。

(2)林区道路是指修建在林区,主要供各种林业运输工具通行的道路。由于林区地形及运输木材的特征,其技术要求应当按照专门制定的林区道路工程技术标准执行。

各类道路的位置、交通性质及功能均不相同,所以,设计时的依据、标准及具体要求也不相同。因此,必须按照相应的技术规范(标准)进行设计与施工。

0.2.2 公路的分级与技术标准

1. 公路分级

为了适应不同地区经济发展的需要，充分满足路网规划和建设功能的要求，公路必须分等级规划和建设。交通部2014年颁布的《公路工程技术标准》(JTG B01—2014)(以下简称《标准》)，根据功能和适应交通量将公路分为五个技术等级。各个等级又根据地形规定了不同的计算速度及相应的工程技术标准。

(1)高速公路。高速公路为专供汽车分方向、分车道行驶，全部控制出入的多车道公路。高速公路的年平均日设计交通量宜在15 000辆小客车以上。

(2)一级公路。一级公路为供汽车分方向、分车道行驶，可根据需要控制出入的多车道公路。一级公路的年平均日设计交通量宜在15 000辆小客车以上。

(3)二级公路。二级公路为供汽车行驶的双车道公路。二级公路的年平均日设计交通量宜为5 000~15 000辆小客车。

(4)三级公路。三级公路为供汽车、非汽车交通混合行驶的双车道公路。三级公路的年平均日设计交通量宜为2 000~6 000辆小客车。

(5)四级公路。四级公路为供汽车、非汽车交通混合行驶的双车道或单车道公路。双车道四级公路的年平均日设计交通量宜在2 000辆小客车以下。单车道四级公路的年平均日设计交通量宜在400辆小客车以下。

公路技术等级选用应根据路网规划、公路功能，并结合交通量论证确定；主要干线公路应选用高速公路；次要干线公路应选用二级及二级以上公路；主要集散公路宜选用一、二级公路；次要集散公路宜选用二、三级公路；支线公路宜选用三、四级公路。

2. 公路技术标准

公路技术标准是指在一定的自然环境条件下，能够保持车辆正常行驶所采用的技术指标体系。具体是指在设计和施工时对公路路线和构造物的几何形状、结构组成及技术性能上的要求，将这些要求用指标和条文的形式确定下来即形成公路工程的技术标准。它反映了我国公路建设的技术方针，是公路设计和施工的基本依据和准则，是法定的技术要求，必须遵守。各级公路的技术标准是由其技术指标体现的，见表0-1。八车道及以上公路在内侧车道(内侧第1、2车道)仅限小客车通行时，其车道宽度可以采用3.5 m；以通行中小型客运车辆为主且设计速度为80 km/h及以上的公路，经论证车道宽度可采用3.5 m；设置慢车道的二级公路，慢车道宽度应当采用3.5 m。表0-1中一般值是指正常情况下采用的值；在设爬坡车道、变速车道及超车道路段，受地形、地物等条件限制路段以及多车道公路特大桥，可论证采用最小值。高速公路和一级公路应当在右侧硬路肩宽度内设右侧路缘带，其宽度为0.5 m。八车道以及以上高速公路宜设置左侧硬路肩，其宽度不应小于2.5 m，左侧硬路肩宽度包含左侧路缘带宽度。

表 0-1 各级公路主要技术指标

公路等级	高速公路				一级公路			二级公路		三级公路		四级公路	
设计速度/(km·h⁻¹)	120	100	80	60	100	80	60	80	60	40	30	20	
车道数量/条	8	6	4	6	4	8	6	4	6	4	4	6	4	2	2	2	2	1
车道宽度/(m·条⁻¹)	3.75	3.75	3.75	3.5	3.75	3.75	3.5	3.75	3.5	3.5	3.25	3.0	3.5
路基宽度/m 一般值	45 34.5	28 26	44 33.5	32 26	24.5	44 33.5	32 24.5	26 24.5	23	12 10	8.5	8.5	7.5	6.5 4.5
最小值	42	26	41	24.5	21.5	41	24.5	20					
圆曲线最小半径/m 一般值	650	400	250	125	400	250	125	250	125	60	30	15
极限值	1 000	700	400	200	700	400	200	400	200	100	65	30
不设超高 路拱≤2%	5 500	4 000	2 500	1 500	4 000	2 500	1 500	2 500	1 500	600	350	150
路拱>2%	7 500	5 250	3 350	1 900	5 250	3 350	1 900	3 350	1 900	800	450	200
竖曲线最小半径/m 凸形 一般值	17 000	10 000	4 500	2 000	10 000	4 500	2 000	4 500	2 000	700	400	200
极限值	11 000	6 500	3 000	14 000	6 500	3 000	3 000	450	250	100
凹形 一般值	6 000	4 500	3 000	1 500	4 500	3 000	1 500	3 000	1 500	700	400	200
极限值	4 000	3 000	2 000	1 000	3 000	2 000	1 000	2 000	1 000	450	250	100
竖曲线最小长度/m	100	85	70	50	85	70	50	70	50	35	25	20
最大纵坡/%	3	4	5	6	4	5	6	5	6	7	8	9
最小坡长/m	300	250	200	150	250	200	150	200	150	120	100	60
行车视距/m 停车	210	160	110	75	160	110	75	110	75	40	30	20
会车								220	150	80	60	40
超车								550	350	200	150	100
汽车荷载等级	公路—Ⅰ级				公路—Ⅰ级			公路—Ⅰ级、公路—Ⅱ级		公路—Ⅱ级		公路—Ⅱ级	
服务水平	二级				二级或三级			三级					

0.2.3 城市道路分级

《城市道路工程设计规范》(CJJ 37—2012)(以下简称《规范》)规定:城市道路应按照道路在道路网中的地位、交通功能以及对沿线的服务功能等,分为快速路、主干路、次干路和支路四级。快速路、主干路设计年限应当为 20 年;次干路应当为 15 年;支路宜为 10~15 年。

(1)快速路。快速路应中央分隔、全部控制出入、控制出入口间距及形式,应实现交通连续通行,单向设置不应少于两条车道,并应设有配套的交通安全与管理设施。快速路两侧应不设置吸引大量车流、人流的公共建筑物的出入口。

(2)主干路。主干路应连接城市各主要分区,应以交通功能为主。主干路两侧不宜设置吸引大量车流、人流的公共建筑物的出入口。

(3)次干路。次干路应与主干路结合组成干路网,应以集散交通的功能为主,兼有服务功能。

(4)支路。支路宜与次干路和居住区、工业区、交通设施等内部道路相连接,应解决局部地区交通,以服务功能为主。

0.3 道路设计与施工

0.3.1 道路基本组成

1. 公路基本组成

公路是线形结构物,包括线形和结构两个组成部分。

(1)线形组成。线形是指道路中线在空间的形状。道路中线是一条平面有曲线、纵面有起伏的立体空间曲线。公路线形是指公路中线的空间几何形状和尺寸。这一空间线形投影到平、纵、横三个方向而分别绘制成反映其形状、位置和尺寸的图形,就是公路的平面图、纵断面图和横断面图。在公路设计中,平、纵、横三个方面是相互影响、相互制约、相互配合的,设计时应当综合考虑,如图 0-2 所示。

平面线形由直线、圆曲线和缓和曲线等基本线形要素组成;纵面线形由直线(直坡段)及竖曲线等基本要素组成;横断面由行车道、路肩、分隔带、路缘带、人行道、绿化带等不同要素组合而成。公路线形设计时,必须考虑技术经济和美学等的要求。

(2)结构组成。公路是承受荷载及自然因素影响的交通工程构造物,包括路基、路面、桥涵、排水系统、隧道、防护工程、特殊构造物及交通服务设施等。

1)路基。路基是公路的重要组成部分,它是按照路线位置和一定技术要求修筑的带状构造物,承受由路面传来的荷载,是行车部分的基础。其断面形状一般包括路堤、路堑、半填半挖等。

2)路面。路面是用各种筑路材料或混合料分层铺筑在路基上供车辆行驶的构造物。它直接承受行车荷载和自然因素的作用,供车辆在上面以一定车速安全而舒适地行驶。通常

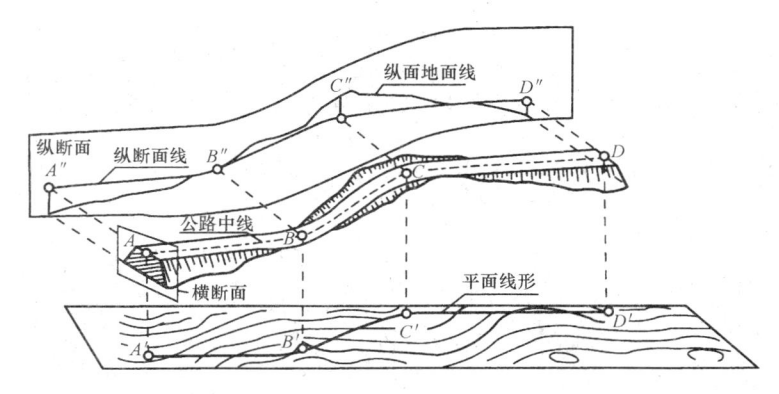

图 0-2 道路的横、纵断面及平面关系

由面层、基层、垫层等组成。路面是公路上最重要的建筑物,行车的安全、舒适和经济与否均取决于路面的质量。因此,通常以路面的质量来评价整条公路的质量。

3)桥梁、涵洞。桥梁是为公路、城市道路等跨越河流、山谷等天然或人工障碍物而建造的建筑物,如图 0-3 和图 0-4 所示;涵洞是为宣泄地面水流而设置的横穿路基的小型排水构造物。在低等级道路上,当水流不大时,可以修筑用大石块或卵石堆筑的具有透水能力的透水路基和通过平时无水或水流很小的宽浅河流而在洪水期间容许水流漫过的过水路面。在未建桥的道路中断处还可以设置渡口、码头等。

图 0-3 山区公路桥梁 　　　　图 0-4 城市桥梁

4)排水系统。为了防止地面水及地下水等自然水侵蚀、冲刷路基,确保路基稳定,需要设置排水构造物。除上述桥涵外,还有边沟、截水沟、排水沟、跌水、急流槽、盲沟、渗井及渡槽等。这些排水构造物组成综合排水系统,以减轻或消除各种水对道路的侵害。

5)隧道。隧道是为道路从地层内部或水底通过而修筑的建筑物,如图 0-5 所示。隧道可以缩短道路里程并使行车平顺迅速。

6)防护工程。防护工程是指为保证路基的强度和稳定或行车安全所修筑的工程设施,如在陡峻山坡或沿河一带的路基边坡修建的填石边坡、砌石边坡、挡土墙、护脚及护面墙等,可以加固路基边坡保证路基稳定的构造物如图 0-6 和图 0-7 所示。沿河路基可以设置导流结构物如顺水坝、格坝、丁坝及拦水坝等间接防护工程,如图 0-8 所示。

图 0-5　秦岭隧道

图 0-6　高速公路路堑高边坡防护

图 0-7　预应力锚索加固边坡

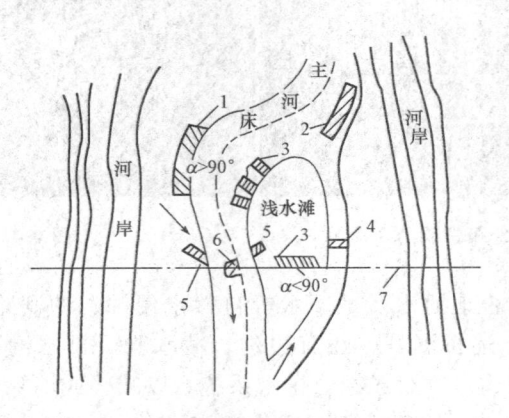

图 0-8　导流结构物综合布置图
1—顺水坝；2—格坝；3—丁坝；4—拦水坝；5—导流；6—桥墩；7—路中线

　　7)特殊构造物。在山区地形、地质复杂路段，可以修建半山桥、半山洞及防石廊等，如图 0-9 所示，以保证道路连续和路基稳定。

　　8)沿线设施。沿线设施是指为了保证公路沿线交通安全、管理、服务及环境保护的一些设施，如照明设备、交通标志、交通标线、护栏、收费站、信号设施、监控系统、隔声墙、隔离墙、加油站、公共交通停靠站、汽车停车场、休息设施及绿化和美化设施等。

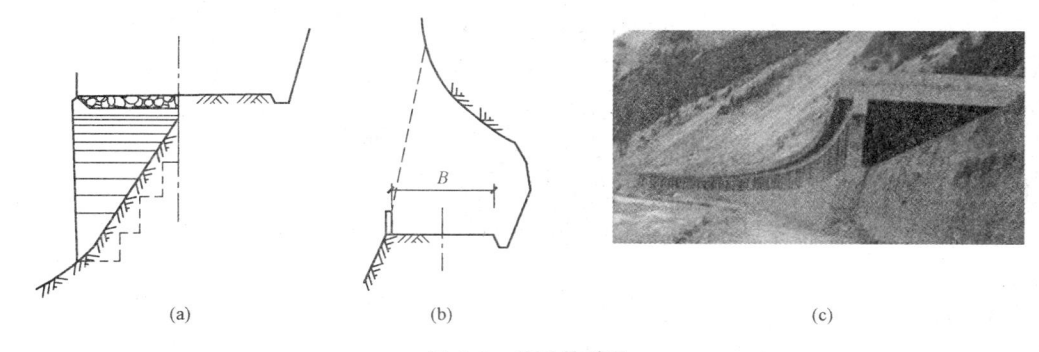

图 0-9 特殊构造物
(a)半山桥；(b)半山洞；(c)防石廊

2. 城市道路的组成

城市道路将城市的主要组成部分如居民区、中心区、工业区、车站、码头及其他部分之间联系起来，形成完整的道路系统，通常其组成如下：

(1)机动车道和非机动车道。供各种车辆行驶的车行道。其中，供汽车、无轨电车、摩托车行驶的为机动车道；供有轨电车行驶的为有轨电车道；供自行车、三轮车、电动自行车行驶的为非机动车道。

(2)人行道、人行横道。人行道是指专供行人步行交通用的人行道。

(3)交叉口、立体交叉、步行广场、停车场、公共汽车站。

(4)交通安全设施：人行地道、人行天桥、照明设备、护栏、标志、标线、信号灯等。

(5)排水系统：街沟、雨水口、窨井、雨水管等。

(6)沿街设施：照明灯柱、电杆、邮筒及给水栓等。

(7)地下各种管线：各种电缆、煤气管及给排水管道等。

(8)绿化带：中间绿带、侧分绿带、基础绿带、行道树等。

(9)大城市还有地下铁道、高架桥等。

道路工程的主体是路线、路基(包括排水系统及防护工程等)和路面。在道路设计中，它们是相互联系、相互影响的。路线设计中要有经济合理的线形，还应充分考虑通过地区的自然与地貌等因素，以保证路基的稳定性。路基设计要求要有足够的强度和稳定性，以保证路面结构的整体强度和稳定性，保证行车安全和迅速。

0.3.2 道路勘测设计控制

道路设计控制是对道路几何设计起控制作用的因素。道路几何设计必须符合技术标准的规定，必须与地形、地质等自然条件相适应，必须满足交通流特性的要求，还必须符合道路网规划，这些都是控制道路设计的因素。

1. 自然条件

影响道路的自然因素主要有地形、气候、水文、地质、土壤及植被等。这些自然因素主要影响道路等级和设计速度的选用、路线方案的确定、路线平面和纵横断面的几何形状、桥隧等构造物的位置和规模、工程数量和造价等。

(1)地形决定了选线条件,并直接影响道路的技术标准和指标。按照道路布线范围内地表形态、相对高差、倾斜度及平整度,将地形大致划分为平原、微丘地形和山岭、重丘地形。

(2)气候状况直接或间接地影响地面水量、地下水位高度、路基水温状况,以及泥泞期、冬季积雪和冰冻期等,影响路线平面位置和竖向高度的确定。

(3)水文情况决定排水结构物的位置、数量和大小,水文地质情况决定了含水层的厚度和位置、地基或边坡的稳定性。

(4)地质构造决定了地基和路基附近岩层的稳定性,决定了路线方案和布设,同时,也决定了土石方施工的难易程度和筑路材料的质量。

(5)土壤是路基和路面基层的材料,它影响路基形状和尺寸,也影响路面类型和结构的确定。

(6)地面的植被覆盖影响暴雨径流、水土流失程度、经济作物的种植及路线的布设。

2. 道路交通特性

(1)设计速度。设计速度是指当气候条件良好、交通密度小、汽车运行只受道路本身条件(几何要素、路面、附属设施等)的影响时,中等驾驶技术的驾驶员能够保持安全舒适行驶的最大行驶速度。

设计速度是决定道路几何形状的基本依据。道路的曲线半径、超高、视距等直接与设计速度有关,同时,车道宽度、中间带宽度、路肩宽度等指标的确定也受设计速度影响。

在公路设计中,应根据公路的功能、等级及交通量,结合沿线地形、地质状况等,经论证后确定合适的设计速度。

(2)交通量。设计小时交通量:交通量是以小时为计算时段的交通量,是确定车道数、车道宽度和评价服务水平的依据。

道路上行驶的车辆种类较多,其速度、行驶规律以及占用道路的净空差异较大,但作为道路设计的交通量应折算成某一标准车型。《标准》规定标准车型为小客车。

(3)通行能力与服务水平。对通行能力和交通量的分析,可以正确确定道路的等级、规模、主要技术指标和几何线形等要素。

3. 道路网

(1)公路网。公路网是在全国或一个区域内,由各等级公路组成的一个四通八达的网络系统。区域内的城市、集镇及某些运输集散点(加大型工矿、农牧业基地、车站、港口等)称作节点(或运输点)。公路设计是以公路网为基础,按照其规划要求分段分级逐步实施。公路在公路网中的使用性质、任务和功能,决定了公路的等级;两节点的方向决定了公路的基本走向。对公路网的基本要求是四通八达、干支结合、布局合理、效益最佳。合理的公路网一般应具备的条件包括:具有必要的通达深度和公路里程长度,具有与交通量相适应的公路技术标准和使用质量;具有经济合理的平面网络。公路网的主要功能是:满足区域内外的交通需求,承担城市之间的运输联系;维持区域内交通的通畅及保证交通运输的快速和高效益;确保交通安全和提供优质运输服务,维护生态平衡,防止水土流失,注意环境保护,方便人民生活。

(2)城市道路网。宏观上城市道路网是公路网的某一节点,微观上城市道路网是由城市范围内所有道路组成的一个系统。城市道路网是编制城市规划时拟定的,它在总体上对每条道路的设计提出了明确的目的与任务。新建或改建一条城市道路时，只有明确该路在城市道路网中的功能及其与相邻道路的关系，才能做出经济合理的设计。城市道路网的结构形式是指一座城市中所有道路组成的轮廓或几何形状，它与城市的规模、城市中交通吸引点的分布及城市所在地自然条件等因素密切相关。城市道路网的几何形状一旦形成，整个城市的运输系统、建筑布置、居民点以及街区规划也就确定了。通常，改变一座城市的道路网形状是很困难的，也是不经济的，对城市道路网进行改造和规划应在原有结构基础上进行。

4. 道路建筑限界与道路用地

（1）道路建筑限界。道路建筑限界是为保证车辆和行人正常通行，规定在道路的一定高度和宽度范围内不允许有任何设施及障碍物侵入的空间范围。道路建筑限界是横断面设计的重要依据，设计时，应充分研究组成路幅要素的相互关系及道路各种设施的设置规划，在有限空间内合理安排。不允许桥台、桥墩以及照明灯柱、护栏、信号机、标志、行道树、电杆等设施侵入道路建筑限界以内。

道路建筑限界又称为净空，由净高和净宽两部分组成。净高是指道路在横断面范围内保证安全通行所必须满足的竖向高度。净高由汽车装载高度、安全高度及路面铺装等因素确定。净宽是指道路在横断面范围内保证安全通行所必须满足的横向宽度。净宽包括行车带、路肩、中间带、绿化带等宽度。

桥梁、隧道及高架道路的净空一般与路段相同，有时为了降低造价需压缩净空，其压缩部分主要体现在侧向宽度上。但在桥梁、隧道中需要设置人行道，且当人行道宽度大于侧向宽度时，其增加的宽度应包括在净宽之内。

1）道路最小净高。我国载重汽车的装载高度限制为 4.0 m，外加 0.5 m 的安全高度，一般采用不小于 4.5 m 的净高。考虑到大型设备运输的发展、路面积雪和路面铺装在养护中的加厚等因素，规定高速公路和一级、二级公路的净高为 5.0 m，三、四级公路为 4.5 m。对于路面类型为中级或低等级的三、四级公路，考虑到路面铺装的要求，其净高可预留 20 cm。一条公路应采用相同的最小净高。当构造物位于凹型竖曲线上方时，长大车辆通过会形成弦空而降低构造物下有效净高，设计时应保证有效净高的要求；公路下穿时应保证公路距构造物底部任意点均应满足净高的需要。

2）城市道路最小净高。城市道路最小净高应符合表 0-2 的规定。

表 0-2 城市道路最小净高

道路种类	行驶车辆类型	最小净高/m
机动车道	各种机动车	4.5
	小客车	3.5
非机动车道	自行车、三轮车	2.5
人行道	行人	2.5

（2）道路用地。道路用地是指为修建、养护道路及布设沿线设施等所征用的土地。在道路用地范围内不得修建非道路用建筑物，如开挖渠道，埋设管道、电缆、电杆及其他设施。在确定道路用地时，既要满足修建道路所必需的用地范围，又要充分考虑我国土地资源珍

贵的特点，尽可能从设计和施工等方面节省每一寸土地，不占用或少占用高产田，提倡利用取土或弃土整田造地。

1）公路用地范围。

①公路路堤两侧排水沟外边缘（无排水沟时为路堤或护坡道坡脚）以外，或路堑坡顶截水沟外缘（无截水沟时为坡顶）以外不小于 1 m 的土地，在有条件的地段，高速公路和一级公路不小于 3 m、二级公路不小于 2 m 的土地为公路路基用地范围。

②在风沙、雪害等特殊地质地带，需要设置防护林、种植固沙植物、安装防沙或防雪栅栏及设置反压护道等设施时，应根据实际需要确定用地范围。

③桥梁、隧道、立体交叉、平面交叉、服务设施、安全设施、管理设施、绿化带及料场和苗圃等，应根据实际需要确定用地范围。

④有条件或环境保护要求种植多行林带的路段，应根据实际需要确定用地范围。

⑤改建公路可参考新建公路确定用地范围。

2）城市道路的用地范围。

①路段用地是指道路红线（一般是指道路用地的边界线）以内的范围。

②交叉口用地是指交叉口规划红线以内的范围。

立体交叉口规划范围应包括相交道路中线投影平面交点至相交道路各进出口变速车道渐变段及其向外延伸 10~20 m 的主线路段所共同围成的空间，如图 0-10 所示。交叉口的规划范围可以根据所需交通设施及其管线的要求适当扩大。

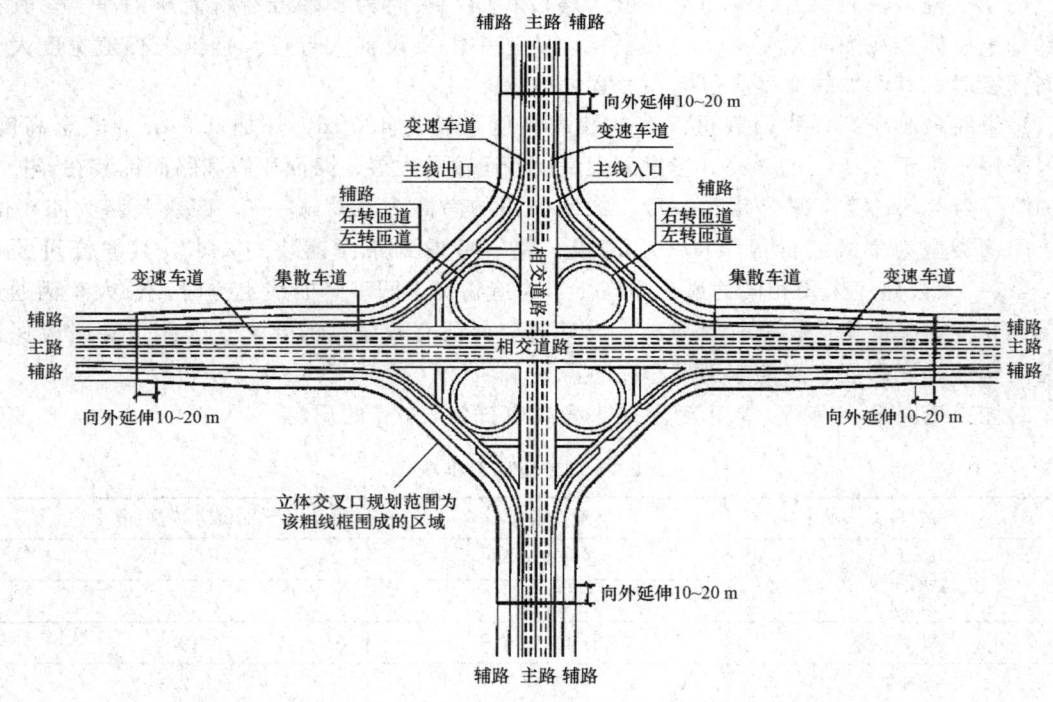

图 0-10 立体交叉口规划范围

平面交叉口规划范围应包括构成该平面交叉口各条道路的相交部分和进口道、出口道及其向外延伸 10~20 m 的路段所共同围成的空间。新建、改建交通工程规划中的平面交叉口规划，必须对交叉口规划范围内规划道路及相交道路的进口道、出口道各组成部分做整体规划。

0.3.3 公路勘测设计阶段

道路建设项目一般需要经过准备、实施和总结三个阶段（或前期工作和施工两个阶段），具体可以分为项目建议书（立项）、可行性研究、设计、开工准备、施工、（交）竣工验收、通车运行、后评价。前期工作包括可行性研究和勘测设计两个阶段。其中，可行性研究阶段按其工作深度又可以分为预可行性研究阶段和工程可行性研究阶段；勘测设计阶段又分为初步设计、技术设计和施工图设计阶段。

1. 设计阶段

公路工程基本建设项目可以采用一阶段设计、两阶段设计或三阶段设计。一阶段设计即施工图设计，适用于技术简单、方案明确的小型建设项目；两阶段设计即初步设计和施工图设计，适用于一般建设项目；三阶段设计即初步设计、技术设计和施工图设计，适用于技术复杂、基础资料缺乏的建设项目，或建设项目中的个别路段、特大桥、互通式立体交叉、隧道等。

2. 各设计阶段主要内容

(1)初步设计。初步设计应根据批准的可行性研究报告、设计任务书（或测设合同）和初测资料编制。初步设计阶段的目的是确定设计方案。其主要内容包括拟定修建原则、选定设计方案、计算工程数量和主要材料数量、提出施工方案、编制设计概算、提供文字说明及图表资料。初步设计在选定方案时，应对路线的走向、控制点和方案进行现场核查，征求沿线地方政府和建设单位意见，基本落实路线布置方案。一般应进行纸上定线，赴实地核对，落实并放出必要的控制线位桩。对复杂困难地段的路线、互通式立体交叉、隧道、特大桥、大桥的位置等，一般应选择两个或两个以上的方案进行同深度、同精度的测设工作和方案比选，提出推荐方案。

初步设计文件由总说明、总体设计、路线、路基路面及排水、桥涵、隧道、路线交叉、交通工程及沿线设施、环境保护、渡口码头及其他工程、筑路材料、施工方案、设计概算共13篇及附件组成。

(2)技术设计。技术设计应根据批准的初步设计和定测资料进行编制。技术设计阶段的目的是进一步落实重大、复杂的技术问题的设计方案。其主要内容包括通过科学试验、专题研究，加深勘探调查及分析比较，解决初步设计中未解决的问题，落实技术方案，计算工程数量，提出修正的施工方案，修正设计概算。

(3)施工图设计。一阶段施工图设计应根据批准的可行性报告、设计任务书（或测设合同）和定测资料编制；两阶段设计中的施工图设计应根据批准的初步设计和定测资料编制；三阶段设计中的施工图设计应根据批准的技术设计和补充定测资料编制。施工图设计阶段是对采用的方案进行详细设计以满足施工的要求。其主要内容包括根据审定的修建原则对设计方案进行具体设计、确定各项工程数量、提出文字说明和图表资料以及施工组织计划，并编制施工图预算，以满足施工需求。

0.3.4 公路工程施工

1. 公路工程施工过程

施工单位接受施工任务后,依次经历开工前的规划组织准备阶段、现场施工条件准备阶段、正式施工阶段、竣工验收阶段等,按照设计要求完成施工任务。对于不同规模、不同性质的具体工程项目,各阶段的工作内容不尽相同。

(1)接受施工任务。承包人获得施工任务通常有两种方式:一是由上级主管单位统一安排任务(突发性的抢险救援任务);二是自行对外投标,中标后获得任务。

从法律角度讲,获得施工任务是以签订工程承包合同加以确认的。与项目业主签订工程施工承包合同,明确双方的经济、技术责任,互相制约,互相促进,共同保证按质、按量、按期完成工程项目的建设任务。合同一经签订,就具有法律效力,双方均应认真履行。

(2)开工前的规划组织准备。准备工作的基本任务是了解施工的客观条件,根据工程特点、进度要求,合理安排施工力量,从人力、物力、技术和施工组织等方面为工程施工提供一切必要条件。

开工前的施工准备工作分为战略性的规划组织和战术性的现场条件准备两大部分。前者是总体的部署;后者是具体的落实。其主要内容包括:熟悉和核对设计文件;补充调查资料;组织先遣人员进场;编制实施性施工组织来进行设计和施工预算。

(3)开工前的现场条件准备。承包人经过现场核对后,应依据设计文件和实施性施工组织设计,认真做好施工现场的准备工作,包括征地拆迁、技术准备工作、建立临时生产、生活设施以及人员、机具、材料的陆续进场。

上述各项具体准备工作完成后,即可向项目业主或监理工程师提出开工申请,并在上级要求或工程合同规定的最后日期之前提出。施工准备工作未做好,不得提出开工申请。施工准备工作不仅在施工前进行,它还贯穿于整个施工过程之中,这是因为构成公路工程的路基、路面、桥涵等各项工程,各有其不同的施工方法和工艺要求,且在时间和空间上又都存在相互制约和相互影响的因素。

(4)工程施工。在施工准备工作完成、提交开工申请并被批准之后,才能开始正式施工。施工应严格按照设计图纸进行,如需变更,必须事先按规定程序报经批准。要按照施工组织设计确定的施工方法、施工顺序及进度要求进行施工。各分项工程,特别是地下工程和隐蔽工程,要逐道工序检查合格,做好施工原始记录,才能进行下一道工序的施工。施工要严格按照设计要求和施工技术规范、验收规程进行,保证质量,安全操作,不留隐患,发现问题及时解决。

(5)竣工验收。建设项目按照设计要求建成后,承包人应自行初验,项目建设单位组织交工验收。施工单位所承担的工程全部完成后,经初验符合设计要求,并具备相应的施工文件资料,经国土、审计、质检、环保、档案局等职能部门确认和鉴定,且质量缺陷责任期满后,应及时报请上级单位组织竣工验收。

根据建设项目的规模大小,分别由交通运输部或省、自治区、直辖市交通行政主管部门组织验收。参加竣工验收的人员应包括主管部门、公路管理机构、项目法人、竣工验收组、质量监督、造价管理、设计、施工、监理、接管养护、当地有关部门代表以及特邀专家等。

竣工验收工作以设计文件为依据，按照国家有关规定，分析检查结果，评定工程质量等级，形成竣工验收鉴定书，并经竣工验收委员会签字确认。

2. 公路工程施工组织的基本原则

(1)施工组织的基本原则。

1)连续性。连续性是指施工生产过程中的各阶段、各工序之间在时间上紧密衔接，不发生任何不合理的中断现象，这是提高劳动效率的重要条件。

2)平行性。平行性是指施工生产过程中的各项施工生产活动，在时间和空间上应尽可能地平行进行，这是充分利用工作面的有效途径。

3)协调性。协调性是指施工生产过程中的各阶段、各个工序之间在人员和设备上要保持适当的比例关系，不发生不配套、不平衡、相互脱节的现象，从而充分调动职工的生产积极性，不断提高设备的利用率。

4)均衡性。均衡性是指在整个建设工期及其各个施工生产环节中，任务完成平衡，工作负荷相对稳定，不出现时松时紧、忙闲不均、赶工突击等现象。

(2)经济效果评价。

1)可以合理地、最低限度地配置施工现场各类人员的人数，既满足施工生产需要，又避免频繁调动、窝工浪费。

2)可使施工用的机械设备、工具、周转性消耗材料等减少到最低限度，并能够尽量重复使用，节约费用。

3)以减少因施工过程中阶段性的停工、待料及由于其他原因而引起的工人、机械设备的时间损失，从而避免造成浪费。

4)可以合理地减少临时设施和现场管理费用。

5)可以实现优质高产、安全生产和文明施工。

3. 标准化施工

施工标准化活动的主要内容包括工地标准化、施工标准化和管理标准化，专业涵盖路基、路面、桥涵、隧道、绿化及防护工程，有条件的也可以在交通安全与机电工程中实施。

(1)工地标准化。工地标准化主要包括驻地和施工现场的标准化。

(2)施工标准化。按照规范要求，结合实际情况，细化路基、路面、桥涵、隧道、绿化及防护、交通安全与机电等各项工程的施工标准化要求，优化施工工艺，严格工艺管理，提高施工效率和实体工程质量。

(3)管理标准化。严格执行公路建设法律法规和强制性标准，在工程管理中，查找薄弱环节，健全管理制度，优化管理流程，把技术标准、管理标准、作业标准落实到施工全过程，实现工程进度合理均衡，节能环保措施到位，档案资料收集齐全、整理规范。加强对从业人员的管理和培训，统一从业人员的持证和着装。

4. 施工程序

施工程序是指在建筑安装工程施工阶段或施工过程中，必须遵守时间上的先后和空间方向的顺序及工序之间的衔接等要求。遵循科学的施工程序是编制施工组织设计、拟订工程进度计划首先应考虑的问题，它是加快施工进度和保证工程质量的重要手段。

(1)施工过程中建设工程的施工程序。如公路工程中路面工程应在路基土石方和桥涵等工程完成后，并经验收合格后方能进行铺筑；交通工程等其他沿线设施，一般都在路基、路面、桥涵等工程完成后才进行。只有这样，才能使各项工程的实施在时间上做到紧密衔接，在空间上实现统筹安排，减少季节、气候的不利影响，从而连续、均衡、有节奏地进行施工，保证人力、设备充分发挥作用，达到工期短、质量好、消耗少、成本低的效果。

(2)工程项目（单位工程）的施工程序。施工程序是指路基、路面、桥梁、隧道、涵洞等各项工程中的分部分项工程施工的时间与空间上的先后顺序，既要考虑空间上的施工流向顺序，又要考虑各工种工序在时间上的紧密衔接问题，其目的是在保证工程质量、工期和安全施工的前提下，使各工序之间相互创造条件，以充分利用工作面，争取时间，缩短工期，节约费用。因此，它的合理程序是：先主体工程，后附属工程；先地下工程，后地上工程；先下部工程，后上部工程。

0.4 本课程主要内容与学习方法

0.4.1 本课程的主要内容

道路是一种带状的三维空间结构物，它是由道路本身的几何线形及其结构物和沿线设施等组成的工程实体。道路设计分为几何设计和结构设计两大部分。几何设计是对道路空间几何形状的研究；结构设计是对道路各工程实体的研究。结构设计是以几何设计为基础的，而几何设计又要考虑结构方面的要求。本课程的主要内容包括路线设计、交叉口设计、路基设计与施工、路面设计与施工、道路排水设计和道路养护与管理等几个部分。所以，本课程是一门综合性和实践性很强的专业课程。学习过程中必须理论联系实际，掌握道路工程的设计原理、计算方法、施工方法及材料要求，熟悉相应的规范和标准，为今后所从事的工作做好准备。本课程的主要研究对象是公路和城市道路。

0.4.2 本课程的学习方法

在本课程的学习中，应着重搞清基本概念，掌握基本设计原理、方法和施工。道路工程的每一章都有一些重要而基本的概念和相应的原理、方法，应在理解的基础上掌握并运用到道路设计、施工中去。学习中以平面、纵断面和横断面设计、路基路面设计为基础，自始至终抓住路基、路面施工这一主线，找出各章的内在联系，做到融会贯通。本课程内容多、涉及面广，学完每章以后，应对各章认真进行归纳小结，通过做题检查学习效果，以巩固、加深所学的知识。学习中应特别注意规范的应用条件，学会正确地使用规范。在学习时必须注意理论联系实际，加强实训，以提高分析问题和解决实际问题的能力。

能力训练

一、名词解释

公路　城市道路　公路网　道路用地　道路建筑限界　设计速度

二、思考题

1. 目前我国的公路建设现状是怎样的？
2. 何为道路工程？其主体是什么？
3. 公路的主要组成是什么？
4. 简述公路、城市道路等级。
5. 道路交通特性是什么？
6. 简述施工组织的基本原则。
7. 施工标准化活动的主要内容有哪些？

任务自测

任务能力评估表

知识学习	
能力提升	
不足之处	
解决方法	
综合自评	

任务一 道路平面设计

任务目标

- 熟悉道路平面基本线形,了解道路定线方法;
- 掌握圆曲线设置条件与要素计算;
- 掌握缓和曲线的设置条件与要素计算;
- 了解行车视距;
- 熟悉弯道超高与加宽;
- 熟悉道路平面设计的主要内容与要求。

1.1 道路平面线形与定线

1.1.1 道路的平面线形

道路平面线形是指道路中线投影到水平面的几何形状和尺寸,它由直线、圆曲线、缓和曲线等各种基本线形组成。道路的平面线形,在受地形、地物等障碍的影响而产生转折时,转折处需要设置曲线。曲线通常是圆曲线,为了使线形更符合汽车行驶轨迹从而确保行车的顺适与安全,在直线与圆曲线间或不同半径的两圆曲线之间要插入缓和曲线。行驶中的汽车其导向轮旋转面与车身纵轴之间有三种关系,即角度为零、角度为常数、角度为变数。与上述三种状态对应的行驶轨迹线为:曲率为零的线形——直线;曲率为常数的线形——圆曲线;曲率为变数的线形——缓和曲线。因此,构成道路平面线形的主要组成要素是直线、圆曲线和缓和曲线,如图1-1所示。

平面线形各要素的选择应根据道路等级、设计速度,充分考虑沿线自然环境和社会环境,做到该直则直,该曲则曲,设计的平、纵面线形舒顺流畅,采用的平、纵指标高低均衡,并与地形、景观、环境等相协调。

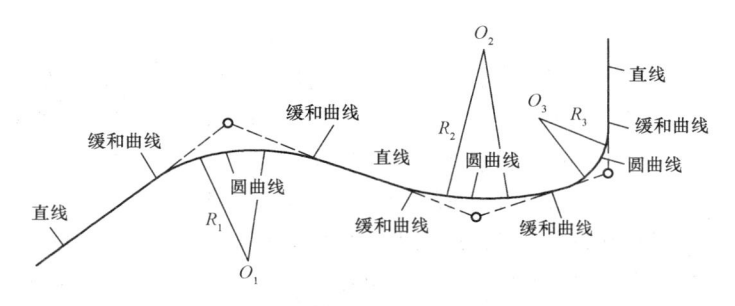

图 1-1　道路的平面线形

1. 直线

(1)直线是平面线形基本要素之一，具有短捷、直达，两点之间直线最短，汽车受力简单，方向明确，便于测设，直线过长易使司机疲劳，行车安全性差，难以与地形相协调，工程量大等特点。一般在下述路段宜采用直线：

1)不受地形、地物限制的平坦开阔地区和城镇、市镇及近郊或规划方正的农耕区等以直线条为主的地区，以更加适应地形，减少工程造价；

2)长大桥梁、隧道等构造物路段，以减小施工和设计难度；

3)路线交叉点及其前后，以增大交叉口行车视距，利于交通安全；

4)双车道公路提供超车的路段，以增加行车视距，便于超车，利于安全。

(2)直线作为平原地区道路的主要线形，具有路线直接、前进方向明确和测设简便等优点。但由于直线线形缺乏变化，不易与地形相适应，应用于位于山岭重丘区的道路时，往往造成工程量增大、破坏自然环境等弊端，因此，在线形设计中，选取直线及其长度时必须慎重考虑，应避免使用过长直线，并注意直线的设置应与地形、地物、环境相协调。直线的最大与最小长度应有所限制，从理论上求解是非常困难的，主要根据驾驶员的视觉反应及心理承受能力来确定。

1)直线的最大长度。虽然直线的优点很多，适应性也较广，但是直线过长并不好。一方面，在过长的直线上驾驶，使人感到单调、疲倦，容易导致交通事故；另一方面，直线线形难以与地形协调，所以运用直线不宜过长。《公路路线设计规范》(JTG D20—2006)(以下简称《设计规范》)规定直线的最大长度应有所限制。当采用长的直线线形时，为弥补景观单调的缺陷，应结合沿线具体情况采取相应的技术措施。根据国外资料介绍，对设计速度大于或等于 60 km/h 的公路，一般直线路段的最大长度应控制在设计速度的 20 倍，最大直线长度为以汽车按照计算行车速度行驶 70 s 左右的距离控制，通向曲线之间直线的最小长度以不小于设计速度的 6 倍为宜，设计速度小于等于 40 km/h 的公路可以参照执行。因此，在实际工作中，设计人员应根据地形、地物、自然景观以及经验等来进行判断，以决定直线最大长度。

2)直线的最小长度。直线也不能过短，考虑到线形的连续和驾驶的方便，相邻曲线间应有一定的直线长度。

①同向曲线间的直线最小长度 l_{min}。同向曲线间插以短直线，容易把直线和曲线看成反向曲线，直线更短时，甚至看成一个曲线，容易造成驾驶上的失误。观测资料证明，行车速度越高，司机越注视远处大约 6V(m) 距离的目标，故《设计规范》推荐同向曲线间的最短

直线长度为：$V \geqslant 60$ km/h 时，l_{min} 为 $6V$；$V \leqslant 40$ km/h 时，l_{min} 参照上述规定执行；若不能满足上述要求，应调整线形使之成为一个单曲线或组合成卵形、凸形、复合形等曲线。

②反向曲线间的直线最小长度 l_{min}。考虑到设置超高和加宽的需要（未设缓和曲线时）及驾驶人员转向的需要，《设计规范》规定：$V \geqslant 60$ km/h 时，l_{min} 为 $2V$；$V \leqslant 40$ km/h 时，l_{min} 参照上述规定执行；若不能满足上述要求，可使线形组合成为 S 形。

③相邻回头曲线间直线的最小长度。回头曲线是指山区公路为克服高差在同一坡面上回头展线时所采用的曲线，如图 1-2 所示。两相邻回头曲线之间，应争取有较长的距离。由一个回头曲线的终点至下一个回头曲线起点的距离，在设计速度为 40 km/h、30 km/h、20 km/h 分别应不小于 200 m、150 m、100 m。

图 1-2 回头曲线

2. 圆曲线

在平面线形中，圆曲线是使用最多的基本线形。圆曲线在现场容易设置，可以自然地表明方向的变化。采用平缓而适当的圆曲线，既可以引起驾驶员的注意，又常常促使他们紧握方向盘，还可以使驾驶员正面看到路侧的景观，起到诱导视线的作用。

3. 缓和曲线

缓和曲线是设置在直线与圆曲线之间或半径相差较大的两个转向相同的圆曲线之间的一种曲率连续变化的曲线，如图 1-3 所示。为了缓和汽车的行驶，符合汽车行驶轨迹，在直线和圆曲线间或在不同半径的两圆曲线之间，一般采用曲率由零渐渐地向某一定值不断变化的缓和曲线进行组合。具体而言，缓和曲线的作用如下：

(1)曲率连续变化，符合车辆行驶轨迹。
(2)离心加速度逐渐变化，使旅客感觉舒适。
(3)超高横坡度逐渐变化，行车更加平稳。
(4)与圆曲线配合得当，增加线形美观。

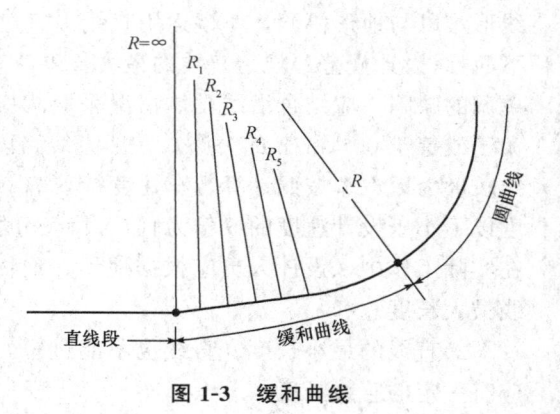

图 1-3 缓和曲线

1.1.2 道路平面设计的主要内容

平面设计的主要内容包括以下几方面：

(1)图上和实地放线，即确定所设计路线的起、终点及中间各控制点在地形图上和实地上的具体位置。

(2)平曲线半径的选定以及曲线与直线的衔接，根据情况设置超高、加宽和缓和曲线等。

(3)验算弯道内侧的安全行车视距及障碍物的清除范围。

(4)进行沿线桥梁、道口、交叉口和广场的平面布置，道路绿化和照明布置，以及加油站和汽车停车场等公用设施的布置。

(5)绘制道路平面设计图。道路平面设计图的比例可以根据具体需要而定，一般为 1∶500 或 1∶1 000。

1.1.3 道路平面设计的基本要求

(1)道路平面设计必须遵循保证行车安全、迅速、经济以及舒适的线形设计的总原则，并符合设计任务书和设计规范、技术标准等有关文件的各项有关规定和要求。

(2)道路平面线形应适应相应等级的设计行车速度。

(3)综合考虑平、纵、横三个断面的相互关系。在平面线形设计中，应兼顾其他两个断面在线形上可能出现的问题。

(4)道路平面线形确定后，将会影响交通组织和沿街建筑物、地上地下管线网以及绿化、照明等设施的布置，所以，平面定线时必须综合分析有关因素的影响，做出适当的处理。

1.1.4 道路平面选线

1. 选线的一般原则

道路路线是道路的骨架，道路选线是整个道路勘测设计的关键。它对道路的使用质量和工程造价都有很大的影响，所以需要综合考虑多种因素，妥善处理好各方面的关系，其基本原则如下：

(1)应根据道路使用任务和性质，综合考虑沿线国民经济发展情况和远景规划，正确处理好远期和近期的关系，使路线在路网中能够起到应有的作用。

(2)选线应在保证行车安全、舒适、迅速的前提下，做到工程量小、造价低、营运费用省、效益好及有利于施工和养护。

(3)应注意与农田基本建设相配合，做到少占耕地，且尽量避免占用经济作物田或穿过经济林园等。

(4)应注意选择地质稳定、水文地质条件较好的地带通过。

(5)应重视环境保护，注意由于道路修建、汽车交通运行产生的影响和污染。

(6)充分利用有利地形，正确运用技术标准，搞好路线平、纵、横三方面的结合，力求短捷舒顺、纵面平缓均匀及横断面经济稳定。

运用上述选线原则选择路线时，对不同的地形条件、不同等级的道路，要有不同的侧重。

2. 各种地形条件下路线走向的选择

(1)平原区选线。平原区地面起伏变化微小，有时有轻微的起伏和倾斜。平原区选线，地形对路线的制约不大，平、纵、横三方面的几何线形容易达到较高的技术标准，但往往会受当地自然条件和地物的影响。路线布设时应注意以下几点：

1)根据平原区地形条件和地物分布的特点，路线布设应尽可能顺直短捷，一般采用较长直线、较大半径的曲线及中间加入缓和曲线的线形；

2)路线布设要注意支援农业，少占用农田，与农田水利建设紧密结合，使路线既不片面求直而占用大片良田，也不片面强调不占用农田而使路线弯曲过多，造成行车条件恶化；

3)路线穿越城镇居民区时，要做到靠城不进城，利民不扰民；

4)平原区河渠湖泊较多，桥涵工程量大，路线在跨越水道时，无论在平面还是纵断面上都要尽可能不破坏路线的平顺性。

(2)山岭区选线。山岭地区，山高谷低，地形较为复杂，同时，地质、气候、水文等变化较大，这些均影响到路线的布设。山岭区路线一般顺山沿河布设，必要时横越山岭。按路线通过的部位和地形特征，山岭区路线又可分为以下几种线形：

1)沿河线。沿河线是沿山谷溪流两岸布设的路线。一般地面纵坡较缓，纵面受制约小，由于溪谷较窄，溪流又多曲折，路线平面受制约较大，所以沿河线的布设主要应处理好对岸的选择、线位高低和跨河岸地点三者之间的关系。

①河岸选择。路线应选在台地较低、支流小且少和水文地质条件较好的一岸；在积雪冰冻地区，应选在阳坡和迎水的一岸；除高等级公路外，一般路线可以选择村庄居民点较多、人口较密的一岸，以方便群众。

②跨河换岸地点。跨主河桥与河岸选择相互依存，互相影响，跨支流桥应服从路线走向。所以，要处理好桥位和桥头布设问题，可以采用斜、直桥等以适应线形设计的要求。

③线位高低。线位高低应综合考虑地形、地质、水流情况、路线的技术等级和工程经济而定。一般采用低线位，但必须做好洪水调查，把路线放在设计洪水位的安全高度上，以保证路基稳定和安全。

2)越岭线。越岭线是在适当地点穿越垭口，走向与山脉方向大致垂直的路线。其特点是需要克服很大的高差，路线的长度和平面位置主要取决于纵坡的安排。因此，越岭线的选线以纵断面设计为主导，布线时主要处理好垭口的选择、过岭标高和垭口两侧路线展线方案三者之间的关系。

①垭口选择。垭口是决定越岭线方案的重要控制点，在符合路线总方向的前提下，应综合地质气候、地形等条件，从可能通过的垭口中，选择标高较低和两侧利于展线的垭口；对于垭口虽高但山体薄窄的分水岭，采用过岭隧道方案有可能成为最合适的越岭方案。

②过岭标高。过岭标高应结合路线等级、地质情况、两侧山坡展线方案和过岭方式等因素，经过技术经济比较后选定，通常高等级公路采用隧道，低等级公路采用路堑。采用路堑形式时，深挖可使路线平顺；浅挖可使土石方数量减少，但路线较曲折。当深挖超过 $25\sim30$ m 时，采用隧道往往比路堑经济。

③垭口两侧展线方案。越岭线两侧展线时，中间各控制点的地形、地质条件可采用以

下三种形式：

　　a. 自然展线。自然展线是以适当坡度顺着自然地形，利用绕山嘴、侧沟来延展距离、克服高差。

　　b. 回头曲线。回头曲线是指当中间控制点的高差较大，靠自然展线无法取得必需的距离以克服高差时，路线可以利用地形设置回头曲线进行展线。

　　c. 螺旋展线。当路线受限制很严，需要在某处提高或降低某一高度才能充分利用有利地形，而且无法采用其他展线方式时，考虑采用螺旋展线的方法。

　　3) 山脊线。在合乎路线总方向的前提下，大体上沿分水岭布设的路线称为山脊线。山脊线设置在分水岭平面不迂回曲折、各垭口间高差也不悬殊处。山脊线的布设应主要处理好控制垭口、侧坡及控制垭口间的平均坡度三者的关系。

　　①选择控制垭口。当分水岭方向顺直、起伏不大时，每个垭口均可以暂定为控制点；当地形复杂、起伏较大且较频繁、各垭口高低悬殊时，一般以低垭口作为控制点，而突出的高垭口可以舍去，在有支脉横隔时，对相距不远、并排的几个垭口，应选择其中一个与前后联系条件较好的垭口作为控制垭口。

　　②侧坡的选择。当分水岭宽阔，起伏不大时，路线以布设在分水岭的顶部为宜；如分水岭顶部起伏大，可以将路线设在两侧山坡上，并选择坡面整齐、横坡较缓、地质情况良好及积雪冰冻和支脉分布较少的一侧。

　　③控制垭口间的平均坡度。两控制垭口之间应力求距离短捷、坡度平缓。若控制垭口间平均坡度超过规定，则应视具体地形、地质条件，采用深挖、旱桥、隧道等工程措施，也可以利用侧坡、山脊等有利地形展线。

　　(3) 丘陵区选线。丘陵区是介于平原和山岭之间的地形区。丘陵区一般具有岭低脊宽、山丘连绵、分水岭较多、垭口不高等特点，因此布线方案较多。丘陵区布线要因地制宜，掌握好线形技术指标。通常是微丘地形按照平原区掌握，重丘地形按照山岭区处理。

　　微丘区路线的布设应注意利用地形协调平、纵的组合。既不宜过分迁就微小地形，造成线形不必要的曲折，也不应过分追求直线，从而造成纵面线形不必要的起伏。

　　重丘区地形起伏较多、高差不太大、横坡不太陡，故采用技术指标的活动余地较大。选线时应综合考虑平、纵、横三者的关系，恰当地掌握标准，以提高线形质量。一般应注意以下几点：

　　1) 路线设计应充分考虑随地形的变化而变化，在注意路线平、纵面线位选择的同时，应注意横向填挖的平衡。横坡较缓地段，可以采用半填半挖或填多于挖的路基；横坡较陡的地段，可以采用全挖或挖多于填的路基。同时，还应注意纵向土、石方平衡，以减少废方和借方。

　　2) 平、纵、横三个方面应综合考虑，不应只顾纵坡的平缓，而使平面弯曲，过分降低平面标准；也不应只顾平面直接、纵坡平缓，而造成高填深挖，工程量过大；或者只顾工程经济、过分迁就地形，而使平、纵面过多地采用极限或接近极限的标准。

　　3) 冲沟比较发育的地段，高等级道路可以考虑采用高路堤、高架桥或隧道等直穿方案，等级较低的道路可以多采用绕越方案。

　　(4) 桥隧与道路线形的配合。当道路跨河时，桥梁的位置对道路线形有相当大的影响，因此，桥位的选择除了考虑一般桥位选择的要求，如河床稳定、河面较窄、水力水文条件好、基础条件好等条件以外，还应充分注意桥位与路线的配合，以取得良好而又顺适的线形。桥头布线通常有以下几种情况：

1)道路跨越支流的桥头布线。通常有直跨方案和绕线方案两种方案，如图1-4所示。

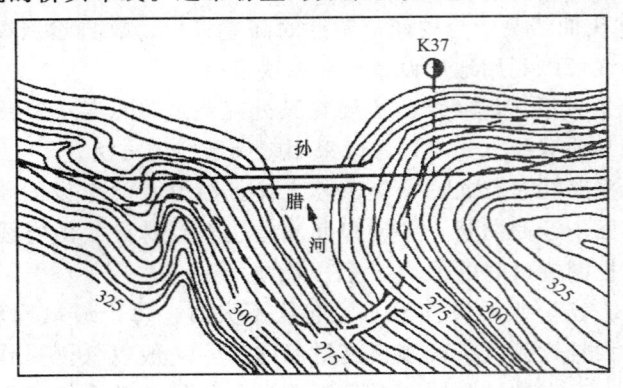

图1-4 道路跨支流的桥头布线

①直跨方案路线短，线形好，标准较高，但桥跨工程量大、基础较深。
②绕线方案路线较长，线形较差，标准较低，桥头引道常采用较小半径，不利于行车。但绕线方案桥跨孔径较小，基础条件较好。

采用方案时，要根据道路等级和桥位处地质、地形条件，经过技术经济比较后确定。

2)利用河弯或S形河段跨主河，以争取桥轴线与河流成较大的交角，改善桥头线形，如图1-5和图1-6所示。

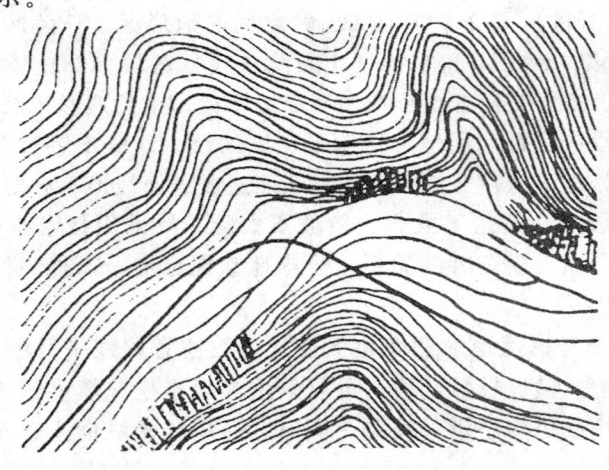

图1-5 河湾处跨河线形

当道路跨越主河时，路线与河流接近平行，因此，桥头布线通常较为困难。若跨河位置选在河曲线附近或S形河段中部，桥头线形将显著改善，但要注意防止河曲地段水流对桥台的冲刷，需采用一定的防护措施。

3)适当斜交改善桥头线形。如图1-7所示，在直河段跨河时，正交桥头线形差；对中小桥可以使用适当斜交的方法，如图1-8所示，这样桥头线形可以得以改善。

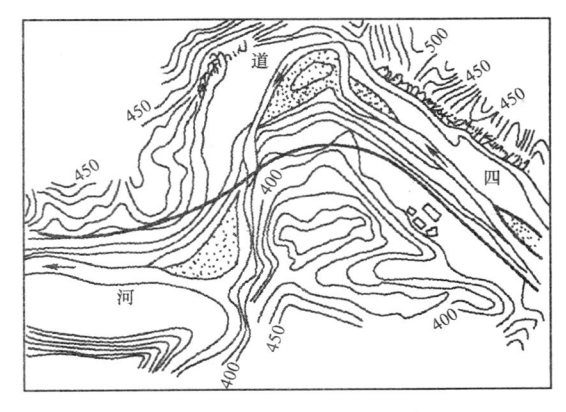

图1-6　S形河段中部跨河线形 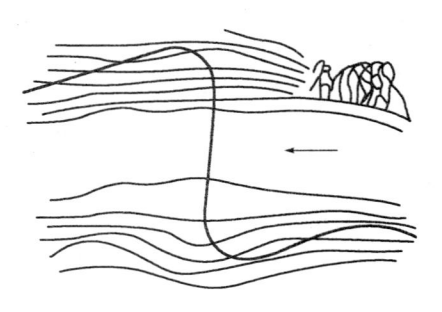　　　　　　　图1-7　正交桥位线形

当大桥不宜斜交时，可以对桥头路线适当处理，通常，把桥头线做成勺形或布置一段弯引桥，如图1-9所示，以争取较大半径，改善桥头线形。

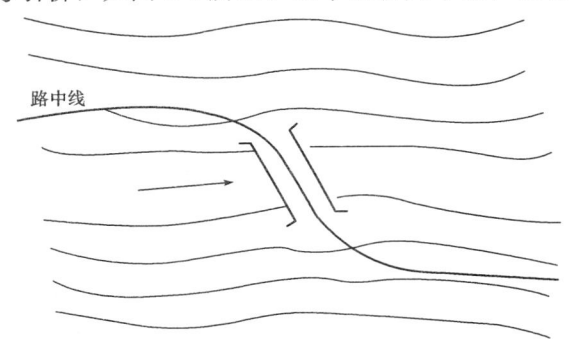

图1-8　斜交桥位线形 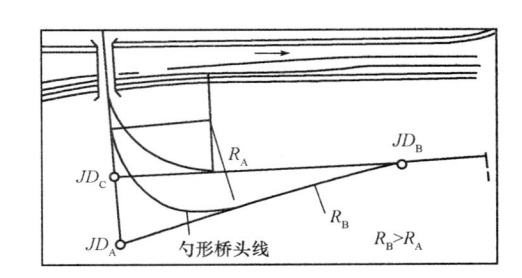　　　　　　　　　图1-9　桥头勺形布线

(5)隧道洞口路线布设。隧道洞口路线布设应注意以下几点：

1)隧道以采用直线线形为宜，如必须设置平曲线时，应采用不设超高的圆曲线半径并满足停车视距的要求。当受地形条件及其他特殊情况限制，需要布置在设超高的圆曲线区段时，其各项技术指标应符合路线布设的有关规定。

2)隧道洞口的连接线应与隧道线形相协调。

3)隧道两端洞口连接线的纵坡应有一段距离与隧道纵坡保持一致，并满足公路停车或会车视距的要求。

4)当隧道净宽大于该公路等级路基宽度时，在两端洞口连接线不小于50 m的范围内应同隧道等宽，并设计过渡段与之衔接。如隧道净宽小于该公路路基宽度时，两端洞口连接线仍按照该等级公路的标准路基宽度设计，在隧道洞口端墙外设置过渡段与之衔接。

1.1.5　道路平面定线

定线是根据既定的技术标准和路线方案，结合地形、地质条件，综合考虑平、纵、横三个方面的合理安排，具体定出道路中线的确切位置。要求在平面上定出路线的交点和平曲线半径，在纵断面上定出变坡点及设计坡度；在横断面上定出中心填挖尺寸和边坡坡率。

定线是道路设计中很关键的一步,它不仅要解决工程、经济方面的问题,而且对如何使道路与周围环境相协调,满足驾驶人员视觉和心理反应要求,以及道路本身线形的美观等问题都要进行充分考虑。

影响定线的因素很多,涉及的知识面也很广,因而,应当吸收桥梁、水文、地质等专业人员参加,发挥各种专业人员的才能和智慧,使定线成为各专业组协作的共同目标。道路定线质量在很大程度上取决于所采用的定线方法,常用的方法有纸上定线、实地定线和航测定线三种。

1. 纸上定线

纸上定线是在大比例尺地形图上具体确定道路中线的位置。

(1)准备工作。在地形图上标绘各个控制点、应避让的地段和区域。

(2)根据地形和地物初定路线的位置。在相邻控制点之间,根据所经过的不同地形和地物分布情况,参照准备工作所标绘应避让的地段和区域,满足一定标准和要求,选择合适的路线位置,沿着前进方向加密中间控制点。

(3)定线。定线必须满足技术标准的有关规定,同时,又要参照初拟的路线位置进行。根据不同地形特点,定线方法有直线型定线法和曲线型定线法。直线型定线法是先定出与地形相适应的一系列直线,然后用适当的曲线把相邻的直线连接起来的传统定线方法;曲线型定线法是借助弯尺先定出圆曲线,然后用缓和曲线相互连接的以曲线为主的定线方法。

确定平面线形是一个反复试定、检查和调整的过程,直到找出符合标准的最佳路线后,再进行下一步工作,如图1-10所示。

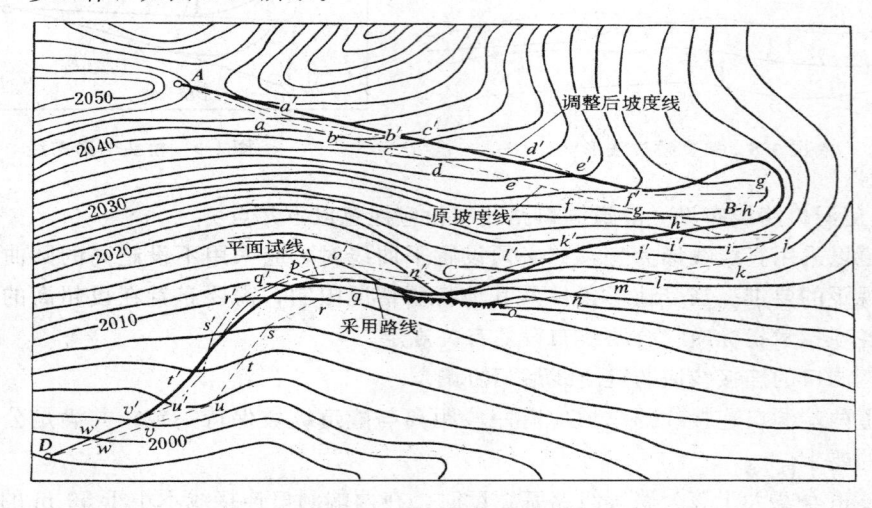

图1-10 纸上定线平面图

(4)纵断面设计。路线的平面线形确定以后,可以按照规定要求设置中桩,绘制路线的纵断地面线,进行纵断面设计。

(5)最佳横断面修整。在基本确定路线的平面和纵断面以后,应绘制出地面横坡较陡地段及其他可能高填深挖处的横断面,找出最佳横断面位置,由此修整平面或横断面设计线形,如图1-11所示。

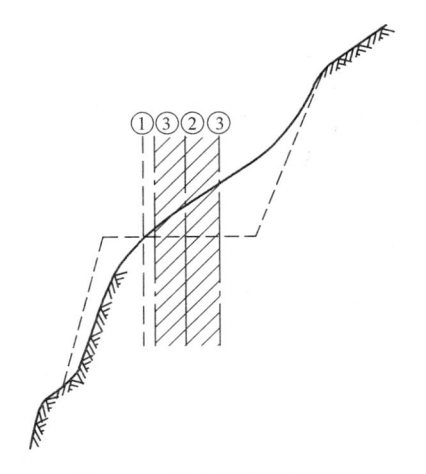

图 1-11　纸上定线横断面图

（6）现场核对。在室内利用地形图进行纸上定线后的平、纵、横断面的成果，应到现场再进行实地核对检查。

2. 实地定线

实地定线即直接在现场确定中线，此方法常用于技术标准较低和地形等条件简单的公路。

3. 航测定线

航测定线是利用航空测量资料（航摄像片、航测地形图等）借助航测仪器来建立立体模型进行定线，再到实地放线。如此可以将大量野外工作移到室内，能够扩大视野，不受气候和自然地理环境的限制。

1.2　平曲线设计

在道路平面设计中，应在相交的两直线段交汇点处，用曲线将其平顺地连接起来，以利于汽车安全正常地通过，这段曲线称为平曲线。平曲线一般为一段圆弧线，为了进一步提高使用质量，还应在圆曲线与两端的直线之间插入一段过渡性的缓和曲线，以便更好地保证行车的安全和舒适。

1.2.1　汽车行驶理论

汽车在弯道上行驶时，除有重力外还受到离心力的影响。离心力的产生使汽车在平曲线上行驶时横向产生两种不稳定的危险：一是汽车向外滑移；二是向外倾覆。要使汽车在平曲线上行驶时达到横向安全状态，即确保汽车无侧滑和倾覆的危险，就必须分析汽车行驶在平曲线上的横向受力状态。

1. 汽车在弯道上行驶时的受力特点

设平曲线段上的道路横断面如图 1-12 所示，平曲线在该断面处的曲线半径为 R，路面内外侧对称，路面横坡$i=\tan\alpha$，汽车以速度V(单位：km/h)或v(单位：m/s)匀速行驶在内外侧路面上时，除受到竖直向下的重力G外，还受到水平方向的离心力C以及轮胎与路面的横向摩擦力(附着力)F的作用。由于受到离心力的作用，车辆有产生向曲线外侧横向滑移和倾覆的可能，所以离心力是车辆在弯道上行驶时的主要不稳定因素，而横向摩擦力则是车辆受到离心力作用后产生的路面对车轮的反力(向心力)，它是保证汽车在弯道上行驶的横向稳定与安全的要素之一。

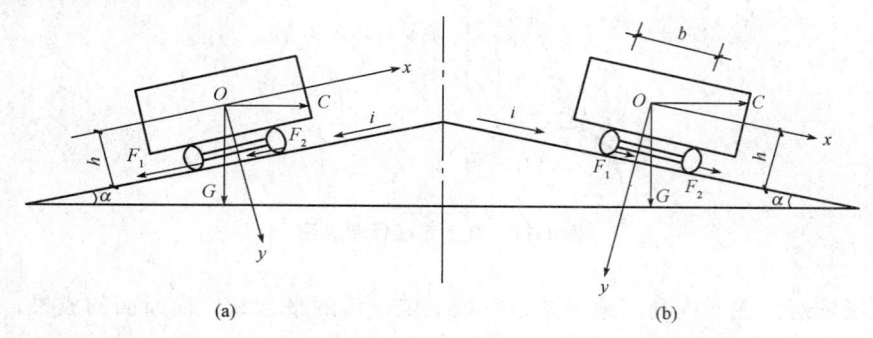

图 1-12 汽车在平曲线上行驶的受力情况
(a)内侧；(b)外侧

2. 离心力、横向力与竖向力

(1)离心力。当汽车沿曲线行驶时，即产生离心力，它除使车辆可能产生横向滑移与倾覆外，还会增大燃料的消耗，加剧车辆的磨耗、机件磨损等，并使乘客感到不舒适。若设汽车质量为m(单位：kg)，重力加速度为$g=9.81$ m/s²，则作用于汽车上的离心力计算公式为：

$$C=\frac{mv^2}{R}=\frac{GV^2}{127R} \tag{1-1}$$

式中　C——离心力(N)；
　　　G——汽车重量(N)；
　　　v——车速(m/s)；
　　　m——汽车质量(kg)；
　　　V——车速(km/h)；
　　　R——平曲线半径(m)。

由式(1-1)可知，汽车在弯道上行驶时离心力与车速的平方成正比，与平曲线半径成反比，即车速越高，半径越小，离心力就越大，同时汽车行驶就越不安全。

(2)横向力与竖向力。当汽车行驶于平曲线上时，x轴方向作用于车体上的实际横向力为：

$$x=C\cdot\cos\alpha\pm G\cdot\sin\alpha \tag{1-2}$$

由于横坡倾角α很小，因此$\cos\alpha=1$，$\sin\alpha=\tan\alpha=i$(i为路面横坡)

$$x=C\pm G\cdot i=\frac{GV^2}{127R}\pm G\cdot i \tag{1-3}$$

若将垂直于路面的两个分力合起来，则可以得到作用于汽车上的竖向力为：

$$y=C\cdot\sin\alpha\mp G\cdot\cos\alpha \tag{1-4}$$

因为 $\alpha \to 0$，所以 $\sin\alpha = 0$，$\cos\alpha = 1$，则 $y = G$。

(3)横向力系数。横向力 x 与竖向力 y 之比值称为横向力系数 μ，即

$$\mu = \frac{x}{y} = \frac{x}{G} = (\frac{GV^2}{127R} \pm G \cdot i)/G = \frac{V^2}{127R} \pm i \tag{1-5}$$

横向力系数 μ 表示汽车转弯行驶时单位重量上所受到的横向力。μ 值取决于行驶稳定性、乘客的舒适程度及运营经济性。

1)行驶稳定性。

①横向倾覆分析。假设图 1-12 中汽车重心高为 h(单位：m)，车轴上的轮距为 b(单位：m)，重心在 $b/2$，则 $x \cdot h$ 为倾覆力矩，$y \cdot b/2 \approx G \cdot b/2 = G \cdot 5/2$ 为稳定力矩。因此，保证汽车不发生倾覆的必要条件是 $x \cdot h \leq G$ 或 $\mu \leq \frac{b}{2h}$。现代汽车设计中通常 $b = 2h$，因此，在翻车危险状态时：$\mu \geq 1.0$。

在道路设计中使用的 μ 值都小于 1.0，因此，平曲线上汽车的倾覆稳定性是得以充分保证的。

②横向滑动分析。假设 φ_0 是车轮与该处路面之间的横向摩擦系数，则轮胎与路面之间的摩擦力为 $y \cdot \varphi_0$，将阻止横向力 x 使汽车向平曲线外侧滑移。因此，保证汽车不产生横向滑移的必要条件是：

$$x \leq y \cdot \varphi_0 \tag{1-6}$$

由式(1-5)得 $x = \mu \cdot y$，故式(1-6)可以改写为：

$$\mu \leq \varphi_0 \tag{1-7}$$

各种路面的 φ_0 值可以参考表 1-1。

表 1-1 路面横向摩擦系数 φ_0

路面类型	φ_0	
	路面干燥	路面潮湿
水泥混凝土路面	0.4～0.6	约 0.3
沥青混凝土路面	0.4～0.8	约 0.24

由上述分析可知，当 $\mu = 0.10 \sim 0.15$ 时，干燥与潮湿路面均可以使汽车以较高速度安全行驶。所以，对于一般公路来说，μ 值采用 0.10～0.15 是足够安全的。

2)乘客舒适程度。

①当 $\mu < 0.10$ 时，转弯不感到有曲线存在，很平稳；

②当 $\mu = 0.15$ 时，转弯略感到有曲线存在，但尚平稳；

③当 $\mu = 0.20$ 时，转弯已感到有曲线存在，乘客稍感到不稳定；

④当 $\mu = 0.35$ 时，转弯感到有曲线存在，乘客已感到不稳定；

⑤当 $\mu = 0.40$ 时，转弯已非常不稳定，乘客站立不稳，有倾倒的危险。

所以从舒适感出发，μ 值采用 0.10～0.15 也是比较可行的。

3)运营经济性。研究表明，μ 值不同，燃料消耗和轮胎磨耗亦不同，见表 1-2。

表 1-2　μ 与燃料消耗和轮胎磨耗关系

μ	0	0.05	0.10	0.15	0.20
燃料消耗/%	100	105	110	115	120
轮胎磨耗/%	100	160	220	300	390

因此，从汽车运营经济性出发，μ 值以不超过 0.10～0.15 为宜。

1.2.2 平曲线

由式(1-5)可以导出道路平曲线半径的计算公式为：

$$R = \frac{V^2}{127(\mu \pm i)} \tag{1-8}$$

式中，"+"指汽车在弯道的内侧行驶，"-"指汽车在弯道的外侧行驶。

路面横坡 i 用超高横坡 i_B 表示时，便可以写成下式：

$$R = \frac{V^2}{127(\mu \pm i_B)} \tag{1-9}$$

显然，曲线半径的大小与横向力系数 μ 密切相关。

(1)圆曲线。

1)圆曲线极限最小半径的确定。综上所述，从行车稳定性、舒适性、经济性考虑，参考国外资料，圆曲线极限最小半径计算公式为：

$$R_{min} = \frac{V^2}{127(\mu_{max} + i_c)} \tag{1-10}$$

式中　μ_{max}——综合行车稳定性、舒适性、经济性确定的最大横向力系数 μ 值；

i_c——超高值。

将以上结果取整数就可以得出标准规定的极限最小半径值，极限最小半径是平曲线半径设计的极限值，在设计中任何情况下都必须满足。

《标准》在计算最小圆曲线半径时采用了表 1-3 所列 μ 值及 i_c 值。

表 1-3　圆曲线最小半径的 μ 值及超高值 i_c

设计速度/(km·h^{-1})	120	100	80	60	40	30	20
横向力系数 μ	0.10	0.12	0.13	0.15	0.15	0.16	0.17
超高值 i_c/%	6	6	6	6	6	6	6
	8	8	8	8	8	8	8
	10	10	10	10	10	10	10

《标准》规定的超高值的变化范围在 6%～10%，计算最小圆曲线半径时，分别用 6%、8%、10%的超高值代入计算。将计算结果取整，即得出《标准》规定的最小圆曲线半径"极限值"，见表 1-4。

表 1-4　最小圆曲线半径极限值

设计速度/(km·h^{-1})	120	100	80	60	40	30	20
$i_c=10\%$	570	360	220	115	50	30	15
$i_c=8\%$	650	400	250	125	55	30	15
$i_c=6\%$	710	440	270	135	60	35	15

2)不设超高的圆曲线最小半径的确定。不设超高最小半径是指曲线半径较大，离心力较小，靠轮胎与路面间的摩擦力就足以保证汽车安全稳定行驶所采用的最小半径，此时路面可以不设超高，而允许设置等于直线路段路拱的双向断面，对外侧行驶的车辆为反超高。从行驶的舒适性考虑，必须把横向力系数控制到最小值。此时对于行驶在曲线外侧车道上的车辆，其 i 为负值，大小等于路拱横坡，μ 的取值比极限最小半径所用的 μ 要小得多。

《标准》中规定的不设超高最小半径是按照规定 μ 值和式(1-10)计算后取整得来的，见表 1-5。《规范》规定的城市道路不设超高最小半径是按照 $\mu=0.06$，$i_c=-0.015$ 和式(1-10)计算后取整得来的，见表 1-6。

表 1-5　不设超高圆曲线最小半径

设计速度/(km·h^{-1})	120	100	80	60	40	30	20
路拱≤2% $\mu=0.035\sim0.040$	5 500	4 000	2 500	1 500	600	350	150
路拱>2% $\mu=0.040\sim0.050$	7 500	5 250	3 350	1900	800	450	200

表 1-6　城市道路圆曲线最小半径

设计速度/(km·h^{-1})	100	80	60	50	40	30	20
不设超高最小半径/m	1 600	1 000	600	400	300	150	70
设超高最小半径/m 一般值	650	400	300	200	150	85	40
设超高最小半径/m 极限值	400	250	150	100	70	40	20

注："一般值"为正常情况下的采用值；"极限值"为条件受限时可以采用的值。

3)设超高圆曲线最小半径的确定。平曲线极限最小半径是保证汽车行驶安全、舒适、经济的最低极限，是设计中由于外界条件限制迫不得已才采取的值。在平曲线的设计时，都希望采取较大的半径，以提高路线的质量。公路圆曲线半径小于不设超高最小半径时，应设置圆曲线超高。设超高圆曲线最小半径对按设计车速行驶的车辆能够保证其安全性与舒适性，采用规定的 μ 值代入式(1-10)计算，将计算结果取整数，即得出《标准》规定的设超高圆曲线最小半径值，见表 1-7。一般地区，圆曲线最大超高应采用 8%，积雪冰冻地区，最大超高值应采用 6%，以通行中小型客车为主的高速公路和一级公路，最大超高可以采用10%，城镇区域公路，最大超高值可以采用 4%。

表 1-7　设超高圆曲线最小半径

设计速度/(km·h^{-1})		120	100	80	60	40	30	20
最大超高	10%	570	360	220	115	—	—	—
	8%	650	400	250	125	30	30	15
	6%	710	440	270	135	60	35	15
	4%	810	500	300	150	65	40	20

注："—"为不考虑采用最大超高的情况。

4)圆曲线最大半径。选用圆曲线半径时，在与地形条件相适应的前提下，应尽量采用大半径，但半径大到一定程度时，其几何性质和行车条件与直线无太大区别，反而易给驾驶人员造成判断上的错误带来不良后果，增加计算和测量上的麻烦，《设计规范》规定圆曲线最大半径不宜超过 10 000 m。

(2)缓和曲线。

1)缓和曲线的性质。缓和曲线应采用与汽车行驶轨迹线一致的曲线形式。当汽车的前轮转角 ϕ 从直线段上为零过渡到圆曲线上某一定值过程中，该轨迹的曲率半径与转角 ϕ 成反比。汽车在曲线上行驶轨迹如图 1-13 所示。

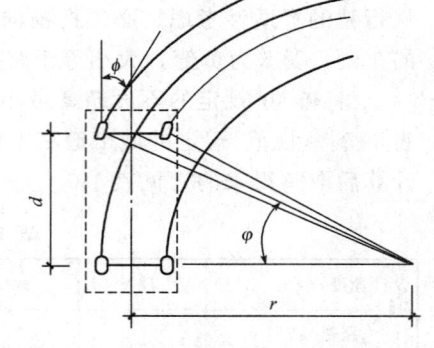

图 1-13　汽车在曲线上行驶轨迹

令汽车在缓和曲线上的车速为 v，行驶 t 秒后，转向盘转动角为 φ，此时转动角为 ϕ，则：

$$\phi = k\varphi \tag{1-11}$$

若方向盘转动的角速度为 ω，则 t 秒后转动角度为：

$$\varphi = \omega t \tag{1-12}$$

此时前轮转向角为 $\phi = k\varphi = k\omega t$，则汽车的转动半径为：

$$r = \frac{l_0}{\tan\varphi} \approx \frac{l_0}{\varphi} = \frac{l_0}{k\omega t} \tag{1-13}$$

汽车在曲线上行驶的距离为：

$$l = vt = v\frac{l_0}{k\omega} \cdot \frac{1}{r} \tag{1-14}$$

令 $C = \dfrac{vl_0}{k\omega}$（常数），则：

$$rl = C \tag{1-15}$$

式中　l——汽车自直线开始转弯，经 t(s) 后行驶的距离(m)；

r——汽车行驶 t(s) 后在 l 处的曲率半径(m)；

C——常数。

式(1-15)说明，汽车匀速从直线进入圆曲线(或从圆曲线进入直线)时，其行驶轨迹的弧长与曲率半径之积为一常数，这一性质正好与回旋线相符。而缓和曲线应采用与汽车行驶轨迹一致的曲线形式，同时，回旋线又有了相应的测设用表，具备了使用条件，因此，采用回旋线作为缓和曲线。

2)缓和曲线长度。

①依离心加速度变化率计算。缓和曲线提供汽车离心加速度由直线上的零过渡到圆曲线上的最大值,若离心加速度过快,将会使旅客有不舒适的感觉,因此应使离心加速度的变化率控制在一定的范围以内。

离心加速度变化率可以表达为:

$$r=\frac{v^3}{L_s R} \quad (\text{m/s}^2) \tag{1-16}$$

通常离心加速度变化率取为 0.6(m/s²);并以 V(km/h)代替 v(m/s),则:

$$r=\frac{\left(\dfrac{V}{3.6}\right)^3}{L_s R}=\frac{V^3}{47 R L_s}\leqslant 0.6 \tag{1-17}$$

于是有:

$$L_s = v \cdot t = 0.036\frac{V^3}{R} \tag{1-18}$$

②依驾驶员操作反应时间计算。离心加速度变化率可以表达为:

$$L_s = v \cdot t = \frac{1}{3.6}Vt \quad (\text{m}) \tag{1-19}$$

一般采用 3 s 行程,则:

$$L_s = \frac{3V}{3.6}=0.83V \quad (\text{m}) \tag{1-20}$$

③超高渐变率不过大。缓和曲线长度在实际采用时,常取上述计算值之大者,并取为 5 m 的整倍数。《设计规范》规定了各级公路缓和曲线最小长度。城市道路缓和曲线最小长度值参照表 1-8 采用。

表 1-8 公路缓和曲线最小长度

公路等级	高速公路			一			二		三		四
设计速度/(km·h⁻¹)	120	100	80	100	80	60	80	60	40	30	20
缓和曲线最小长度/m	100	85	70	85	70	50	70	50	35	25	20

注:四级公路为超高、加宽缓和段长度。

直线和圆曲线相连,一般均应设置缓和曲线。但当圆曲线半径超过不设超高圆曲线最小半径时,可以不设缓和曲线,而直线可以同圆曲线径向连接。四级公路不设缓和曲线,可以用超高和加宽缓和段作为曲率过渡段。城市道路不设缓和曲线的最小圆曲线半径见表 1-9。

表 1-9 城市道路不设缓和曲线的最小圆曲线半径

设计速度/(km·h⁻¹)	100	80	60	50	40
不设缓和曲线的最小圆曲线半径/m	3 000	2 000	1 000	700	500

1.2.3 平曲线半径选择与其要素计算

1. 平曲线半径的选用原则

平曲线半径的选择在平面设计中是一个值得重视的问题,一般来说,应结合当地的地形、经济等具体情况和要求来定。对各个等级的道路平曲线，原则上应尽可能采用较大的半径，以提高道路的使用质量。城市道路设计中规定：凡规划区内道路的圆曲线，应采用大于或等于不设超高圆曲线最小半径值。当受地形条件限制时，可以采用设超高推荐半径。地形条件特别困难时，方可采用设超高最小半径值。一般来说，选择平曲线半径主要考虑两点因素：一是道路的等级和它所要求的设计车速；二是地形、地物的条件。根据这两点因素来选定一个较大的比最小半径大一些的平曲线半径。尽可能选用大于或等于不设超高的平曲线最小半径，但最大半径不宜超过 10 000 m。

通过计算得到的平曲线半径值一般应采用整数。当半径在 125 m 以下时，应取 5 的整倍数；在 125～250 m 时，取 10 的整倍数；在 250～1 000 m 时，取 50 的整倍数；在 1 000 m 以上时，取 10 的整倍数。零碎之数除设置复曲线可以用外，一般因不便于测设计算而不采用。

2. 平曲线要素计算

（1）圆曲线要素计算。四级公路可以不设缓和曲线，各级公路当曲线半径大于或等于"不设缓和曲线的半径"时也可以不设缓和曲线，所以，此类弯道的平曲线中只有圆曲线。如图 1-14 所示的单圆曲线，从图中的几何关系得到：

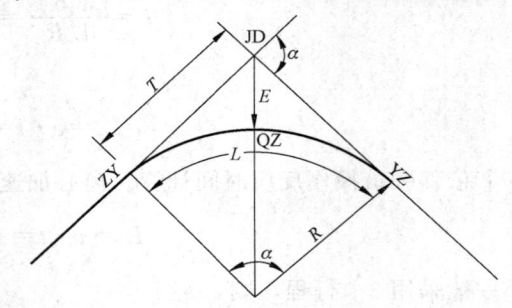

图 1-14 圆曲线要素计算

圆曲线长：
$$L = R \frac{\pi}{180} \alpha \tag{1-21}$$

切线长：
$$T = R \tan \frac{\alpha}{2} \tag{1-22}$$

外距：
$$E = R \left(\sec \frac{\alpha}{2} - 1 \right) \tag{1-23}$$

校正数：
$$J = 2T - L \tag{1-24}$$

圆曲线共计有个主点桩，其里程桩号计算如下：

直圆点：
$$ZY = JD - T \tag{1-25}$$

圆直点：
$$YZ = ZY + L \tag{1-26}$$

曲中点：
$$QZ = YZ - \frac{1}{2} L \tag{1-27}$$

$$JD = QZ = \frac{1}{2} J \tag{1-28}$$

【例 1-1】 某弯道交点桩号为：K87+441.41，$\alpha = 26°52'$，$r = 300$ m，试计算圆曲线的要素和主点桩号。

解： $T = R \tan \frac{\alpha}{2} = 300 \cdot \tan \frac{26°52'}{2} = 71.66 \text{(m)}$

$L = R \frac{\pi}{180} \alpha = 140.67 \text{(m)}$

$E = R \left(\sec \frac{\alpha}{2} - 1 \right) = 8.44 \text{(m)}$

$$J=2T-L=2.65(\text{m})$$

曲线主点桩号计算：

JD	K87+441.41
－)T	71.66
ZY	K87+369.75
＋)L	140.67
YZ	K87+510.42
－)L/2	70.33
QZ	K87+440.09
＋)J/2	1.32
JD	K87+441.41（校核无误）

(2)缓和曲线要素的计算。

1)回旋线。如图 1-15 所示，在回旋线的任意点上，r 是随着 l 的变化而变化的，但任意点处的 rl 始终为常数。在缓和曲线的终点处 $l=L_s$，$r=R$，则式(1-15)变为：

$$RL_s=A^2 \tag{1-29}$$

式中 R——回旋线所连接的圆曲线半径(m)；

L_s——回旋线形的缓和曲线长度(m)。

如图 1-15 所示，在回旋线上任一点 p 取微分单元，则有：

$$\mathrm{d}l=r\cdot\mathrm{d}\beta \tag{1-30}$$

$$\mathrm{d}x=\mathrm{d}l\cdot\cos\beta=r\mathrm{d}\beta\cos\beta \tag{1-31}$$

$$\mathrm{d}y=\mathrm{d}l\cdot\sin\beta=r\mathrm{d}\beta\sin\beta \tag{1-32}$$

以 $r=A^2/l$ 代入，得：

$$\mathrm{d}l=\frac{A^2}{l}\cdot\mathrm{d}\beta \tag{1-33}$$

$$l\mathrm{d}l=A^2\mathrm{d}\beta \tag{1-34}$$

对其积分得：

$$\int_0^l l\mathrm{d}l=\int_0^\beta A^2\mathrm{d}\beta \tag{1-35}$$

$$l^2=\sqrt{2\beta}\cdot A \tag{1-36}$$

把式(1-36)代入式(1-31)、式(1-32)得到：

$$\mathrm{d}x=\frac{A}{\sqrt{2\beta}}\cos\beta\cdot\mathrm{d}\beta \tag{1-37}$$

$$\mathrm{d}y=\frac{A}{\sqrt{2\beta}}\sin\beta\cdot\mathrm{d}\beta \tag{1-38}$$

将上式积分，并将 $\sin\beta$、$\cos\beta$ 用级数展开，则得回旋线直角坐标方程为：

$$\begin{cases} x=l-\dfrac{l^3}{40r^2}+\dfrac{l^5}{3\,456r^4}-\cdots \\ y=\dfrac{l^2}{6r}-\dfrac{l^4}{3\,366r^3}+\dfrac{l^6}{42\,240r^5}-\cdots \end{cases} \tag{1-39}$$

在回旋线终点处，$l=L_s$，$r=R$，于是，回旋线终点的直角坐标为：

$$\begin{cases} X = L_s - \dfrac{L_s^3}{40R^2} + \dfrac{L_s^5}{3\,456R^4} - \cdots \\ Y = \dfrac{L_s^2}{6R} - \dfrac{L_s^4}{3\,366R^3} + \dfrac{L_s^6}{42\,240R^5} - \cdots \end{cases} \tag{1-40}$$

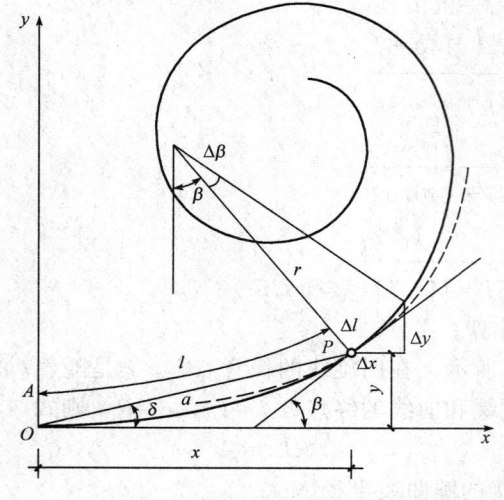

图 1-15　回旋线推演关系

2）回旋线的几何要素。回旋线的各要素如图 1-16 所示。

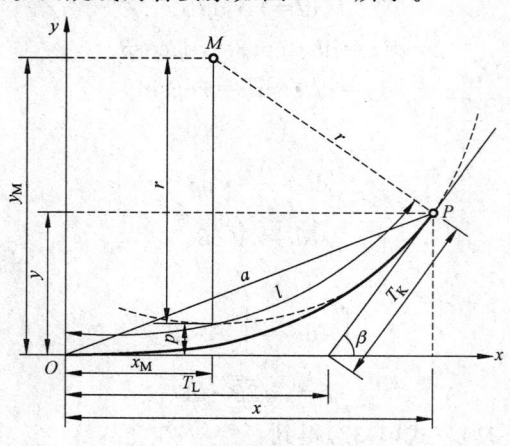

图 1-16　回旋线的各要素

① 任意点 P 的曲率半径：

$$r = \frac{A}{\sqrt{2\beta}} \tag{1-41}$$

② P 点的回旋线长：

$$l = \frac{A^2}{r} = A\sqrt{2\beta} \tag{1-42}$$

③ 缓和曲线角。缓和曲线角是指回旋线上任意点 P 的切线方向与 x 轴的夹角，其计算式为：

$$\beta=\frac{l}{2A^2}=\frac{l^2}{2rl}=\frac{l}{2r} \tag{1-43}$$

P 点曲率圆的内移值：

$$p=y+r\cos\beta-r \tag{1-44}$$

P 点曲率圆圆心 M 点坐标：

$$\begin{cases} x_M=x-r\sin\beta \\ y_M=r+p \end{cases} \tag{1-45}$$

如图 1-17 所示，道路平面线形的基本组成是：直线—回旋线—圆曲线—回旋线—直线。其几何要素的计算式如下：

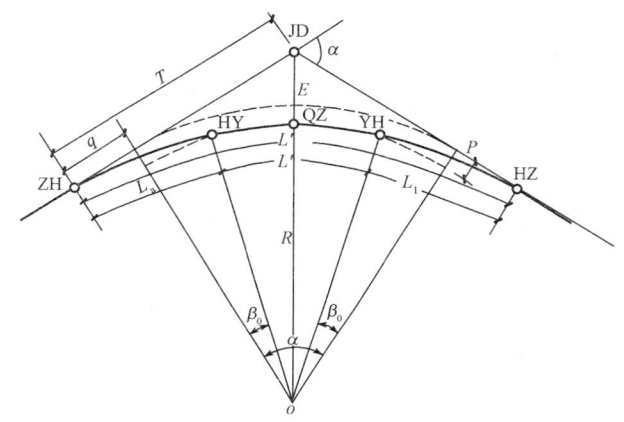

图 1-17 缓和曲线与圆曲线的衔接及曲线主点桩号

① 切线增长值 q：

$$\begin{aligned} q &= x_M = x - R\sin\beta = x - R\sin\frac{L_s}{2R} = L_s - \frac{L_s^3}{40R^2} - R\left(\frac{L_s}{2R}-\frac{L_s^3}{48R^3}\right) \\ &= \frac{L_s}{2} - \frac{L_s^3}{240R^2} \end{aligned} \tag{1-46}$$

② 内移值 p：

$$\begin{aligned} p &= y + R\cos\beta - R = y + R\cos\frac{L_s}{2R} - R \\ &= \frac{L_s^2}{6R} - \frac{L_s^4}{336R^3} + R\left[1-\frac{L_s^2}{2\times(2R)^2}+\frac{L_s^4}{4\times(2R)^4}\right]-R \\ &= \frac{L_s^2}{24R} - \frac{L_s^4}{2\,688R^3} \approx \frac{L_s^2}{24R} \end{aligned} \tag{1-47}$$

③ 缓和曲线终点旋转角：

$$\beta_0 = \frac{L_s}{2R} \tag{1-48}$$

④ 切线总长：

$$T=(R+p)\tan\frac{\alpha}{2}+q \tag{1-49}$$

⑤ 外矢距（外距）：

$$E_h = (R+p)\sec\frac{\alpha}{2} - R \tag{1-50}$$

⑥曲线总长：

$$L = \frac{\pi}{180}R(\alpha - 2\beta_0) + 2L_s \tag{1-51}$$

⑦超距：

$$D = 2T - L \tag{1-52}$$

全部曲线需定出五个基本桩：

ZH——第一缓和曲线起点（直缓点）；

HY——第一缓和曲线终点（缓圆点）；

QZ——圆曲线中点（曲中点）；

YH——第二缓和曲线终点（圆缓点）；

HZ——第二缓和曲线起点（缓直点）。

【例 1-2】 某二级公路，有一弯道 $R=250$ m，交点 JD 的桩号为 K17+568.38，转角 $\alpha=28°30'$，试计算该曲线设置缓和曲线后的五个基本桩号。

解：(1) 缓和曲线长度 L_s：

查相关表（表 0-1）可知二级公路设计车速 80 km/h，则：

① $L_s = 0.036\dfrac{V^3}{R} = 71.68$ (m)；

② $L_s \geqslant \dfrac{V^2}{3.6} \times 3 = 66.67$ (m)；

③ 查相关表（表 1-8）规定 $V=80$ km/h 时，缓和曲线最小长度为 70 m；

缓和曲线长度取上述三者最大值并取 5 m 的整倍数得到 $L_s = 75$ m。

(2) 圆曲线的内移值 p：

$$p = \frac{L_s^2}{24R} = 0.94 \text{(m)}$$

$$q = \frac{L_s}{2} - \frac{L_s^3}{240R^2} = 37.47 \text{(m)}$$

(3) 切线总长 T：

$$T = (R+p)\tan\frac{\alpha}{2} + q = 101.22 \text{(m)}$$

(4) 曲线总长 L_h：

$$\beta_0 = \frac{L_s}{2R} = 0.15\,\frac{180}{\pi} = 8°35'39''$$

$$L = 2L_s + \frac{\pi}{180}R(\alpha - 2\beta_0) = 199.36 \text{(m)}$$

(5) 五个基本桩号：

JD	K17+568.38
－)T	101.22
ZH	K17+467.16
＋)L_s	75

HY	K17+542.16	
+)(L−L_s)	124.36	
ZH	K17+666.52	
−)L_s	75	
YH	K17+591.52	
−)(L−2L_s)/2	24.68	
QZ	K17+566.84	
+)(2T−L)/2	1.54	
JD	K17+568.38	（校核无误）

(3)平曲线最小长度。曲线太短，易造成驾驶员操作方向盘频繁，乘客不适，小偏角平曲线易引起视觉误差。平曲线最小长度的确定：①按照6 s行程；②按照离心加速度变化率；③按照小偏角的要求。

1)按照6 s行程确定平曲线最小长度：

$$L = v \cdot t = \frac{V}{3.6} \times 6 = 1.67V \text{(m)} \quad (1\text{-}53)$$

式中 V——设计速度(km/h)。

研究表明，这样长度的曲线既不会使驾驶员操作方向盘困难，也不致使乘客感到不适。即使受条件限制，仍要求汽车在圆曲线上行驶时间不少于3 s，一般情况下，各级道路的平曲线应能设置回旋线(或超高、加宽缓和段)和一段圆曲线。其最小长度不小于2倍缓和曲线长。各级道路平曲线最小长度可参照表1-10中的规定采用。城市道路按表1-11的规定值采用。

表1-10 公路平曲线最小长度

设计速度/(km·h^{-1})	120	100	80	60	40	30	20
最小值/m	200	170	140	100	70	50	40
一般值/m	600	500	400	300	200	150	100

注："一般值"为正常情况下的采用值；"极限值"为条件受限时，可采用的值。

表1-11 城市道路平曲线与圆曲线最小长度

设计速度/(km·h^{-1})		100	80	60	50	40	30	20
平曲线最小长度/m	一般值	260	210	150	130	110	80	60
	极限值	170	140	100	85	70	50	40
圆曲线最小长度/m		85	70	50	40	35	25	20

2)按照离心加速度变化率确定平曲线最小长度。按离心加速度变化率确定平曲线最小长度是确定缓和曲线长度的因素之一，一般以3 s行程控制。为了使汽车在曲线行驶时乘客不产生过大的心理负担，一般应控制曲线上汽车离心加速度变化率为0.5~0.6 m/s²。

3)按照小偏角的要求确定平曲线最小曲线长度。对于小于7°的小偏角，为使驾驶员感到这是与7°以上转角同样程度的曲线，视觉上不产生急弯的错觉，应设置较大半径的平曲线，其长度应不小于表1-10所列数值。城市道路当设计车速为20～80 km/h时采用值与表1-12相同，表中的θ角为路线转角值(°)，当$\theta \leqslant 2°$时，按照$\theta = 2°$计算。

表1-12 公路转角等于或小于7°时平曲线最小长度

设计速度/(km·h^{-1})	120	100	80	60	40	30	20
一般值/m	1 400/θ	1 200/θ	1 000/θ	700/θ	500/θ	350/θ	280/θ

1.3 弯道的超高和加宽

1.3.1 平曲线超高

1. 超高的概念

在弯道上，当汽车沿着双向横坡的外侧车道行驶时，由于车重的水平分力与离心力的方向相同，如图1-18所示，且均指向曲线外侧，影响行车的横向稳定。因此，为了使汽车能够在弯道上不减速，获得一个向着平曲线内侧的自重分力以抵消一部分离心力的作用，也为了使乘客在弯道上没有不舒服的感觉，使汽车能安全地行驶，就需要把该部分的路面做成向曲线内侧倾斜的单向坡面，这就称为平曲线的超高，如图1-18(a)所示。

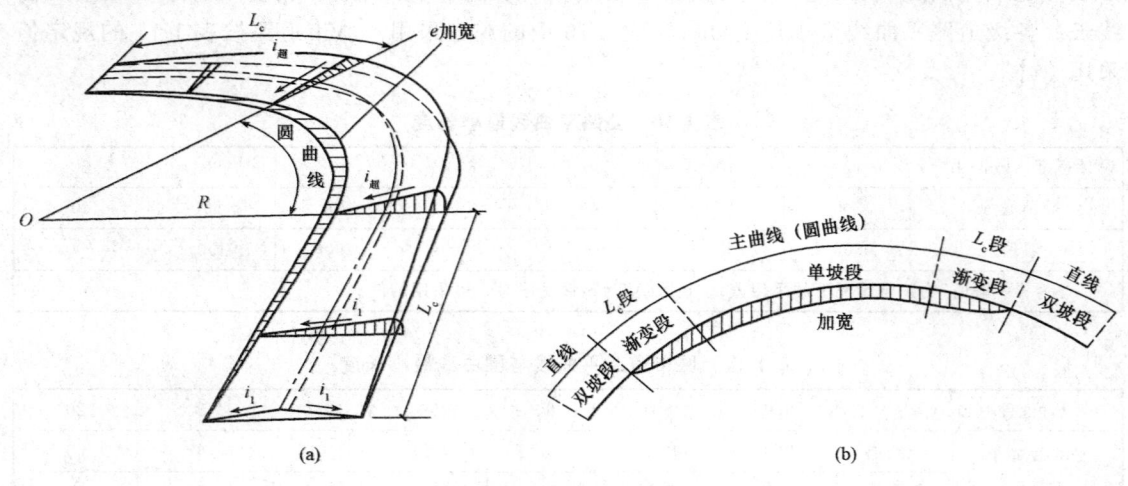

图1-18 平曲线上路面的超高加宽示意图
(a)超高加宽示意图；(b)超高加宽平面图

超高的位置应设置在全部圆曲线(HY至YH)范围内，这段单向超高横坡的路段称为全超高路段，其内各断面形式都相同，也可以称为全超高断面。从直线段的双坡断面向圆曲线的单向超高横坡断面逐渐过渡须有一个渐变的过渡段，即图1-18中的L_c段为超高缓和段。一般情况下，圆曲线两端的超高缓和段是对称的，因此，平曲线上路面超高设计是由三部分组成的。

2. 超高横坡度

通过式(1-8)推导得到：

$$i_{超} = \frac{V^2}{127R} - \mu \tag{1-54}$$

对某一确定的道路来说，设计车速 V 和横向力系数 μ 是确定的，超高横坡度 $i_{超}$ 就只随平曲线半径 R 的变化而变化。

当 R 越小，所需的超高横坡度就大，但如果横坡度过大，当汽车以等于或低于设计车速在弯道上行驶或停车时，汽车就有向弯道内侧滑动的危险，所以《规范》规定了城市道路的最大超高横坡度，见表 1-13。

表 1-13 城市道路最大超高横坡度

设计速度/(km·h⁻¹)	100，80	60，50	40，30，20
最大超高横坡度/%	6	4	2

反之，平曲线半径 R 越大，所需要的 $i_{超}$ 就越小，当 R 大到一定程度时，就不需要设置超高了，此时汽车即使在弯道外侧行驶也是很安全的。

当按照式(1-54)计算出的超高横坡度小于路拱横坡度时，为了计算和施工方便，应设置等于路拱横坡度的超高。

3. 超高的过渡方式

超高的过渡方式应根据地形状况、车道数、$i_{超}$ 值、横断面形式、便于排水、路容美观等因素决定，按其超高旋转轴在道路横断面组成中的位置可分为以下几种情况：

(1) 无中央分隔带的超高过渡方式。

1) 超高横坡度等于路拱横坡度时，将外侧车道绕路中线旋转，直至达到超高横坡度值。

2) 超高横坡度大于路拱横坡度时，有以下三种过渡方式：

①绕内边缘旋转。先将外侧车道绕路中线旋转，待达到与内侧车道构成单向横坡后，整个断面再绕未加宽前的内侧车道边缘旋转，直至达到超高横坡度值，如图 1-19(a)所示。一般新建公路多采用此方式。

②绕中线旋转。先将外侧车道绕路中线旋转，待达到与内侧车道构成单向横坡后，整个断面一同绕路中线旋转，直至达到超高横坡度值，如图 1-19(b)所示。一般改建公路多采用此种方式。

③绕外边缘旋转。先将外侧车道绕外边缘旋转，与此同时，相应降坡，待达到单向横坡后，整个断面仍绕外侧车道边缘旋转，如图 1-19(c)所示。此种方式宜在特殊设计时采用。

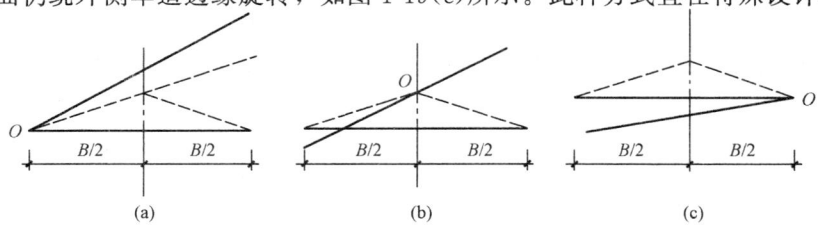

图 1-19 无中央分隔带的超高过渡方式
(a)绕内边缘旋转；(b)绕中线旋转；(c)绕外边缘旋转

(2)有中央分隔带的超高过渡方式。当道路有中央分隔带时,其超高过渡方式有以下三种:

1)绕中间带的中心线旋转,如图1-20(a)所示;

2)绕中央分隔带边缘旋转,如图1-20(b)所示;

3)绕各自行车道中线旋转,如图1-20(c)所示。

城市道路单幅路路面宽度及三幅路机动车道路面宽度宜绕中线旋转;双幅路路面宽度及四幅路机动车道路面宽度宜绕中央分隔带边缘旋转,使两侧车行道各自成为独立的超高横断面。

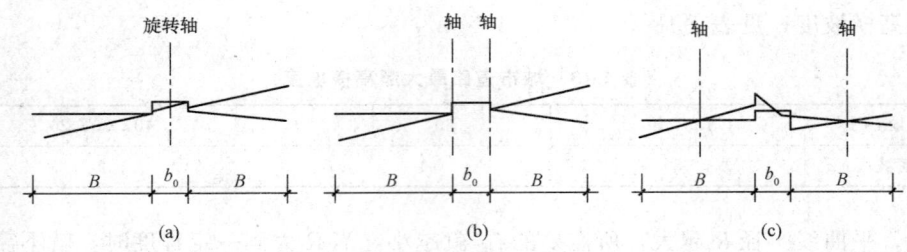

图1-20 有中央分隔带的超高过渡方式
(a)绕中间带的中心线旋转;(b)绕中央分隔带边缘旋转;(c)绕各自行车道中线旋转

4. 超高渐变率及超高缓和段的长度

如图1-21所示,由于路面外侧抬高,外侧边缘纵坡与路面原设计纵坡产生一个差值,此差值称为超高渐变率,又称为超高附加纵坡度。

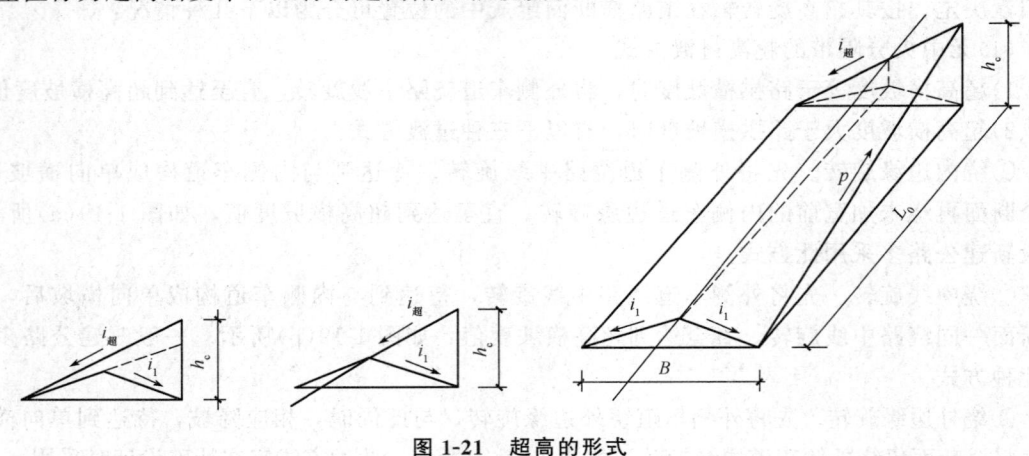

图1-21 超高的形式

行车道的超高缓和段或加宽缓和段一般应从缓和曲线起点开始设置。缓和段也可以从缓和曲线的某一点开始设置。

1.3.2 平曲线加宽

1. 加宽的原因

汽车在弯道上行驶时,汽车前轮的轨迹半径和后轮的轨迹半径不同,汽车前轮可以自由地转动一定的角度，而后轮只能直行，不能随便转动。因此，汽车在弯道上行驶时前后轨迹不会重叠，后轮内轮轨迹底弧线半径比前外轮轨迹底弧线半径小一些，如图1-22所示。当汽车沿内侧车道行驶时，如果转弯半径较小，汽车的前轮轨迹在道路上，而内后轮轨迹就可能落到侧石线上了。另外，汽车在弯道上行驶，其轨迹也是很不稳定的，有较大的摆动和偏移。在这种情况下，弯道内侧的路面就应该加宽，如图1-22所示。《规范》规定，当道路因曲线半径小于或等于250 m时，应在圆曲线内侧加宽。城市道路对每条车道的加宽值做了规定，见表1-14，表中为单车道加宽值，多车道应按照相应的倍数采用。城市道路路面加宽后，人行道或路肩也应相应加宽，以保证行人交通和路容的美观。

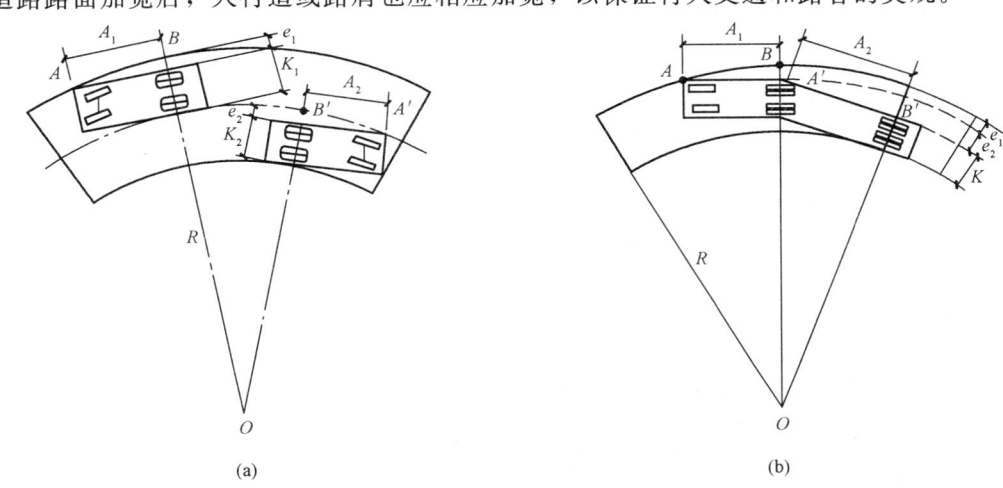

图1-22 平曲线上路面的加宽

(a)单车行驶；(b)半拖车行驶

表1-14 圆曲线每条车道的加宽值 m

圆曲线半径 车型	200<R ≤250	150<R ≤200	100<R ≤150	0<R ≤100	50<R ≤60	40<R ≤50	30<R ≤40	20<R ≤30	15<R ≤20
小型汽车	0.28	0.30	0.32	0.35	0.39	0.40	0.45	0.60	0.70
普通汽车	0.40	0.45	0.60	0.70	0.90	1.00	1.30	1.80	2.40
铰接车	0.45	0.55	0.75	0.95	1.25	1.50	1.90	2.80	3.50

2. 加宽缓和段长度

(1)设置缓和曲线或超高缓和段时，加宽缓和段长度应采用与缓和曲线或超高缓和段相同值。

(2)不设缓和曲线或超高缓和段但有加宽时，加宽缓和段长度应按加宽侧路面边缘宽度渐变率为1∶15～1∶30，且长度不得小于10 m的要求设置。

一般在圆曲线(HY至YH)范围部分是全加宽段，而直线段的加宽值为零，所以在全加宽段的前后必须分别设置一段加宽过渡段，此过渡段即为加宽缓和段。加宽缓和段一般设在紧接圆曲线起点、终点的直线上。在地形困难地段，允许将加宽缓和段的一部分插入曲线，但插入长度不得超过加宽缓和段的一半。

1.4 平曲线视距与线形组合

1.4.1 平曲线的视距

汽车在道路上行驶时，必须使司机能看清楚前方一定距离范围内道路表面，以便遇到意外情况时可以及时处理，从而避免事故的发生。这一确保汽车刹车时看得见、停得住的必要距离称为行车视距。所谓视距是指从车道中心线上1.2 m的高度，能看到该车道中心线上高为0.1 m的物体顶点的距离，即驾驶员的视线高度为1.2 m，障碍物的高度为0.1 m，是指该车道中心线量得的长度，如图1-23所示。规定视距标准时，为了保证行车安全，应使驾驶员能随时看到汽车前方一定距离的公路，以便发现前方障碍物或来车时，能及时采取措施。在平面上，当弯道内侧有挖方边坡、障碍物以及纵断面上凸形竖曲线处、路线交叉口附近、下穿式立体交叉的凹型竖曲线上，均有可能存在视距不良的问题。

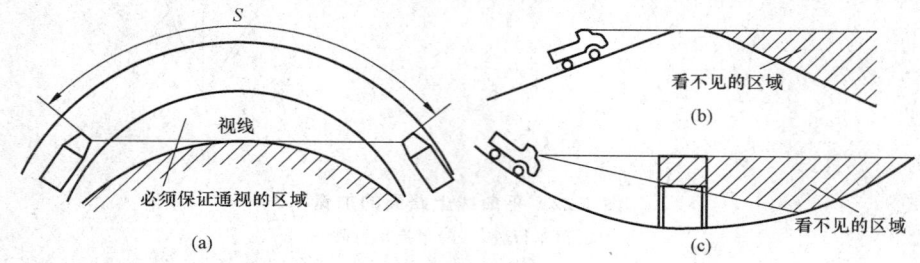

图1-23 影响行车视距的地点
(a)平面视距；(b)桥下视距；(c)纵断面视距

在道路设计中保证足够的行车视距，是确保行车安全、快速，增加行车安全感，提高行车舒适性的重要任务。由于目的及控制视距的方式不同，在设计中，经常用到的有停车视距、会车视距和超车视距。

1. 停车视距

从汽车驾驶员发现前方障碍物到汽车在障碍物前完全停住所需要的最短距离，称为停车视距。停车视距的长度包括反应距离、制动距离和安全距离三部分，即 $S_T = S_1 + S_2 + S_3$，如图1-24所示。

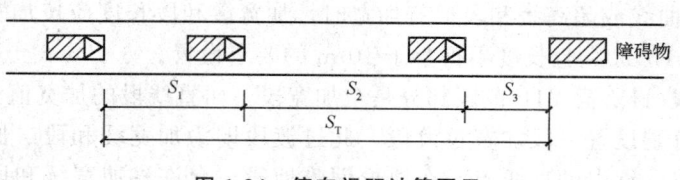

图1-24 停车视距计算图示

（1）反应距离 S_1。驾驶员从发现障碍物到开始制动汽车所行驶的距离，称为反应距离，用下式计算：

$$S_1 = \frac{V}{3.6} \cdot t \tag{1-55}$$

式中　V——制动前的设计车速（km/h）；
　　　t——反应时间（s）。

t 与驾驶员对事物的反应本能、视力，与物体的距离、大气能见度和车道的类型等因素有关，一般情况下取 $t=2.5$ s（其中判断时间为 1.5 s，反应时间为 1 s），故式（1-55）可以写成：

$$S_1 = 0.694V \tag{1-56}$$

（2）制动距离 S_2。驾驶员从采取措施开始制动至汽车完全停住所需要的距离，称为制动距离。在此时间内，汽车从原来的车速 V 降为零，因此，需要消耗它全部的动能来做功，以克服所受到的阻力，其计算公式为：

$$S_2 = \frac{KV^2}{254(f \pm i)} \tag{1-57}$$

式中　K——制动系数，一般为 1.2～1.4；
　　　f——轮胎与路面的纵向摩擦系数；
　　　V——制动前的设计车速（km/h）；
　　　i——路段的纵坡度，上坡为"+"，下坡为"-"。

在设计车速已经确定的情况下，制动距离随 f 的变化而变化。从安全行车考虑，f 越大越好，但是路面的类型和轮胎的气压、式样和花纹等决定了 f 的大小。通常，干燥路面 f 偏大，潮湿路面偏小；V 小时 f 偏大，V 大时 f 偏小。

（3）安全距离 S_3。一般取 $S_3 = 5 \sim 10$ m，以保证汽车有一定的安全距离，在障碍物前停车而不致撞到障碍物上。

《标准》规定的高速公路、一级公路及城市道路的停车视距见表 1-15 和表 1-16。

表 1-15　高速公路、一级公路停车视距

设计速度/(km·h^{-1})	120	100	80	60
停车视距 S_T/m	210	160	110	75

表 1-16　城市道路停车视距

设计速度/(km·h^{-1})	100	80	60	50	40	30	20
停车视距 S_T/m	160	110	70	60	40	30	20

2. 会车视距

会车视距是指两对向行驶的汽车能够在同一车道上及时刹车所必需的距离。会车视距在双车道且无明确划分车道线的道路上考虑，这是因为在双车道道路上，司机一般都在道路的中间行驶，只有当发现对方有来车时，才回到右侧车道，这种在同一车道上两对向汽车相遇，从相互发现对方时起，至同时采取制动措施使两车安全停止，所需的最短距离称为会车视距。关于会车视距，在双车道公路上，尤其是当交通量不大时，所需的安全视距

按照几何关系及运动状态计算，涉及的因素很多，也不实用，一般不作计算。参照国外的普遍做法，会车视距取停车视距的两倍。

3. 超车视距

在双车道公路上，后车超越前车时，从开始驶离原车道之处起，至可见逆行车并能超车后安全驶回原车道所需的最短距离。超车视距是指汽车行驶时为超越前车所必需的视距。超车视距有全超车视距和最小必要超车视距之分，如图 1-25 所示。

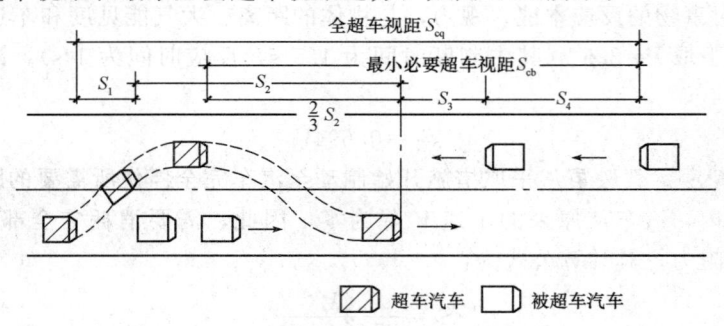

图 1-25 超车视距

全超车视距：
$$S_{cq}=S_1+S_2+S_3+S_4 \tag{1-58}$$

最小必要超车视距：
$$S_{cb}=\frac{2}{3}S_2+S_3+S_4 \tag{1-59}$$

式中 S_1——加速行驶距离(m)；
S_2——超车汽车在对向车道上行驶的距离(m)；
S_3——超车完毕，超车汽车与对向汽车间安全距离(m)；
S_4——超车汽车从开始加速到超车完毕，对向汽车的行驶距离(m)。

由于高速公路和一级公路采用分道行驶，车辆同向行驶，不存在会车的问题，主要考虑的是停车视距。对于二、三、四级公路，除必须保证会车视距的要求外，某些双车道公路还应考虑超车视距的要求。二、三、四级公路的停车视距、会车视距与超车视距应符合表 1-17 的规定。

表 1-17 二、三、四级公路停车视距、会车视距及超车视距

设计速度/(km·h^{-1})	80	60	40	30	20
停车视距/m	110	75	40	30	20
会车视距/m	220	150	80	60	40
超车视距/m	550	350	200	150	100

4. 弯道视距的保证

汽车在弯道上行驶时，其内侧行车视线可能被树木、建筑物、路堑边坡或其他障碍物所遮挡，因此，在设计时，必须检查平曲线上的视距是否能够满足要求。如不能满足，则应清除视距范围内的障碍物，若无法清除则采取设置反光镜等措施，以保证汽车的行驶安全，如图 1-26 所示。图中阴影部分是阻碍司机视线的范围，应加以清除。Y 为内侧车道上保证汽车行驶安全的横净距。一般在确定清除范围时，有几个断面处的横净距就可以了，

而其中最主要的是最大横净距 Y_m。这个值可以从视距包络图上直接量得，也可以根据平曲线的长度 L 和设计停车视距 S_T 的大小计算得到。

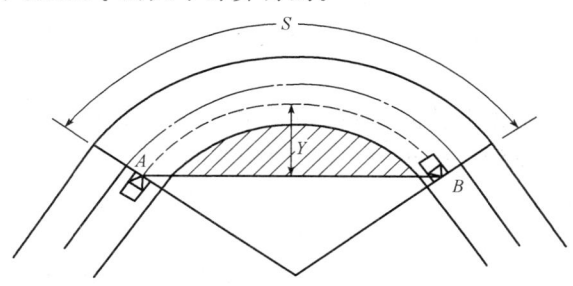

图 1-26　弯道平面视距障碍的清除

视距包络图的绘制方法如下：

(1)画出弯道平面图(包括路面边线、中线、行车轨迹线等)。

(2)在整个弯道范围内，沿弯道内侧画出行驶轨迹线，以设计视距 S 为长度，定出多组始终点，然后连接对应的起始点，即得很多组交错的直线段，其视距包络线就是所求的"视距线"。

(3)在图上量取几个断面四处的横净距 Y，然后转绘到横断面上，这样就可以在横断面上一目了然地看出清除的范围。很显然，平曲线中点处的横净距为最大值，距离中点位置越远则要求的横净距值越小，如图 1-27 所示。

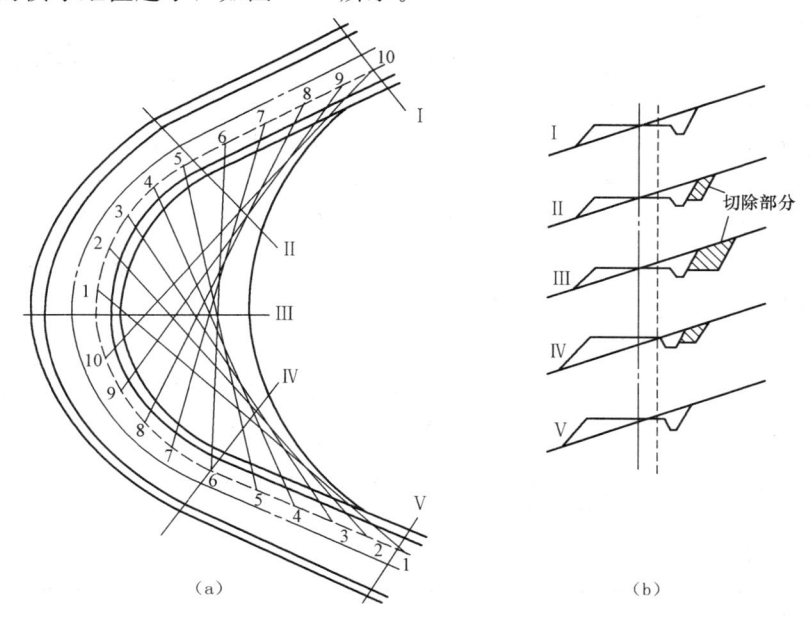

图 1-27　弯道上视距包络图及横净距范围
(a)平面；(b)横断面

1.4.2　平曲线的线形组合

在受地形、地物限制较多的地区或一条较长的路线中间总有许多控制点，因此，整条线路常会发生连续的转折，致使线形错综复杂，对行车十分不利。如何处理好这些线形之间的相互衔接关系，是一个值得探讨的问题。

1. 平曲线的类型

(1)圆曲线。圆曲线是道路曲线的主要类型，各级道路不论转角大小，均应设置圆曲线。它的组合有以下几种：

1)同向曲线。当一条道路上转向相同的两个圆曲线相邻时称为同向曲线。同向曲线之间有一定的直线段，当此直线段很短时，称为"断背曲线"，这种曲线对行车十分不利，应加以避免，如图1-28所示。

2)反向曲线。当一条道路上转向不同的两个圆曲线相邻时称为反向曲线。半径大而无超高的反向曲线可以直接相连，否则应在反向曲线中间设置足够长的直线缓和段，如图1-29所示。

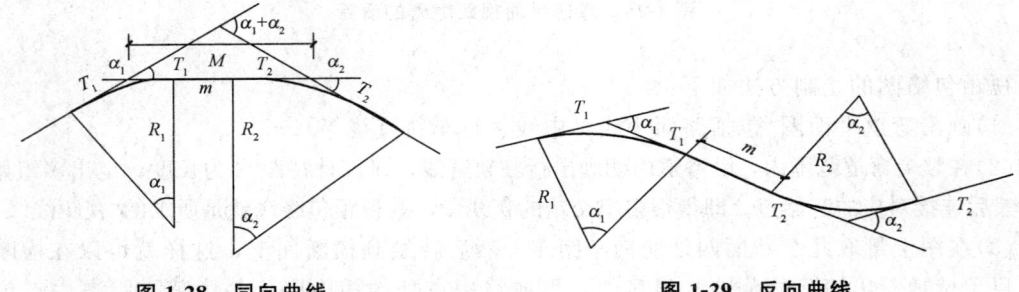

图1-28 同向曲线

图1-29 反向曲线

3)复曲线。半径不同的同向圆曲线径相连接处，原则上应插入回旋线。但符合下述条件者，可以不设置回旋线而构成复曲线，如图1-30所示。

①小圆半径大于不设超高最小半径时，回旋线可以省略。

②小圆半径大于表1-18中所列半径时，回旋线可以省略。

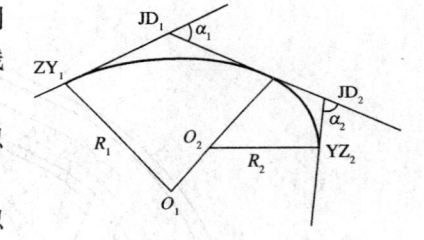

图1-30 复曲线

③当小圆曲线按规定设置相当于最小回旋线长的回旋线且不超过0.10 m时，回旋线可以省略。

④若设计车速$V \geqslant 80$ km/h，$R_大/R_小 < 1.5$，则回旋线可以省略；若设计车速$V < 80$ km/h，$R_大/R_小 < 2.0$，则回旋线可以省略。

表1-18 复曲线中小圆临界曲线半径

设计速度/(km·h^{-1})	120	100	80	60	40	30
临界曲线半径/m	2 100	1 500	900	500	250	130

凸形是在两个同向回旋线间不插入圆曲线而径向衔接的形式。一般情况下，最好不采用凸形，只有在地形、地物受限的山嘴等处方可采用。

(2)缓和曲线。缓和曲线是汽车从直线段驶入圆曲线所需要的过渡段。我国道路设计中多用回旋线作为缓和曲线，用回旋线作为缓和曲线的几种组合形式如图1-31~图1-35所示。

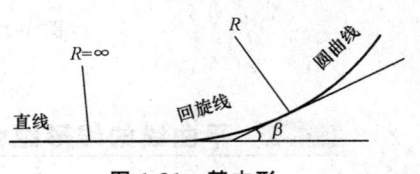

图1-31 基本形

图 1-32 S 形　　　　　　　图 1-33 卵形

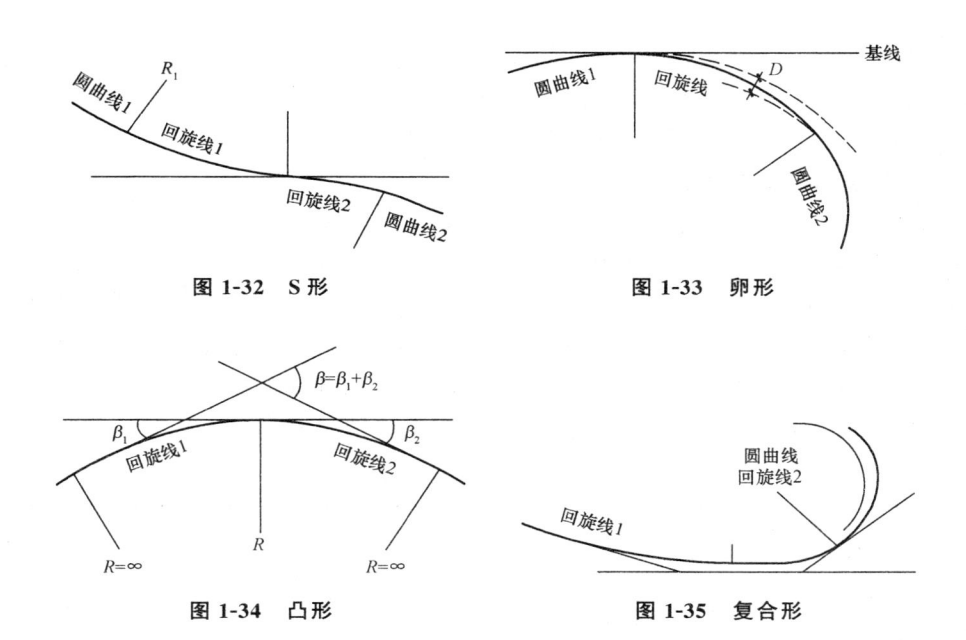

图 1-34 凸形　　　　　　　图 1-35 复合形

1)基本形。按直线—回旋线—圆曲线—回旋线—直线的顺序组合的形式。为使线形连续、协调，回旋线—圆曲线—回旋线的长度之比最好设计为 1：1：1。

2)S 形。两个反向圆曲线用回旋线连接的组合形式称为 S 形。S 形相邻两个回旋线参数 A_1 与 A_2 最好相等。若采用不同的参数时，A_1 与 A_2 之比以小于 1.5 为宜。S 形的两个反向回旋线最好以径向衔接为宜，如由于地形受限必须插入短直线时，其长度应满足下式：

$$l \leqslant \frac{A_1 + A_2}{40} \tag{1-60}$$

式中　l——反向回旋线间短直线或重合段的长度(m)；
　　　A_1，A_2——回旋线参数。

两圆曲线半径之比不宜过大，以 $R_2/R_1 = 1/3 \sim 1$ 为宜。

3)卵形。用一个回旋线连接两个同向圆曲线的组合形式，卵形回旋线的参数应符合下式规定：

$$\frac{R_2}{2} \leqslant A \leqslant R_2 \tag{1-61}$$

式中　A——回旋线参数；
　　　R_2——小圆的回曲线半径(m)。

两圆曲线半径之比，以 $R_2/R_1 = 0.2 \sim 0.8$ 为宜；两圆曲线的间距，以 $D/R_2 = 0.003 \sim 0.03$ 为宜，D 为两圆曲线间的最小间距(m)。

4)凸形。在两个同向回旋线间不插入圆曲线而径向衔接的形式。一般情况下最好不采用凸形，只有在地形、地物受限的山嘴等处方可采用。

5)复合形。两个以上同向回旋线间在曲率相等处相互连接的形式。复合形的两个回旋参数之比以小于 1：1.5 为宜。复合形除受地形或其他特殊原因限制外，一般较少使用。

(3)回头曲线。回头曲线是由一个主曲线、两个辅助曲线和主、辅曲线间所夹的直线段而组成的复杂曲线,如图1-36所示。由于回头曲线的技术标准低,行车不便,施工养护也较困难,因此,在工程中不得已时才被采用。

2. 平曲线之间的连接原则

(1)平面线形应当是连续、平顺的,线形应力求与自然地形一致。当路线不受地形地物的限制时,一般均应采用直线形线。其最小直线长度可参考表1-19。

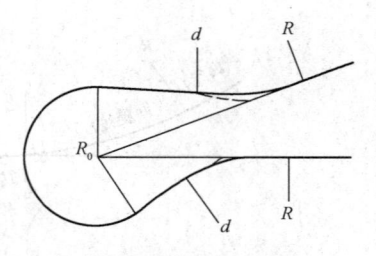

图1-36 回头曲线

(2)无论是从地形、地物的要求,还是从司机、乘客的心理来说,直线段并不是长度越长越好,直线段的长度应根据前述直线进行限制,长直线下坡尽头的平曲线半径应大于或等于不设超高的最小半径,在难以实施地段,应采取防护措施。

表1-19 直线长度参考值

设计车速/(km·h^{-1})		100	80	60	40	30	20
最小直线长度/m	同向曲线间(6V) 一般值	600	480	360	240	180	120
	特殊值	—	—	—	100	75	50
	反向曲线间(2V)	200	160	120	80	60	40

(3)避免使用连续急弯的线形。在一些受地形条件限制的地区,为了使连续的反向曲线设计得更为合理,可以在曲线之间插入足够长的直线,或者设置较长的回旋曲线以改善线形。

(4)在转弯很急的路段不设置复曲线,应尽量将复曲线合成同半径的单曲线,以避免两个小半径的反向曲线直接衔接,并注意曲线线形的连续性。

(5)紧接大中桥和长度为50 m以上隧道两端的平面线形应与桥隧相协调。其两端的最小直线长度应满足相关要求。

工程实训1 路线平面设计

路线设计的最终成果是路线平面图,它综合反映了路线的平面设置、线形和尺寸,以及公路与周围环境、地形、地物等的关系,是公路设计文件的重要组成之一,也是公路施工平面图的基本资料。路线设计完成后应在路线平面图中绘出沿线地形、地物,示出里程桩号、断链、平曲线要素及主要桩位、水准点、大中桥、路线交叉、隧道、主要沿线设施(高等级公路绘在平面设计图中)的位置及县以上境界等。一般比例尺用1∶2 000,平原微丘区也可以用1∶5 000。路线平面设计的主要表格有直线、曲线及转角表,逐桩坐标表等。

1. 直线、曲线及转角表

直线、曲线及转角表见表1-20。本表全面反映了路线的平面布置和路线平面线形的各项指标,是道路设计的主要成果之一。只有在完成该表之后,才能据此计算"逐桩坐标表"和绘制"路线平面设计图"。在进行路线的纵断面设计、横断面设计和其他构造物设计时,也都要以本表的数据为根据。

表 1-20 直线、曲线及转角表

交点号	交点坐标 N(X)	交点坐标 E(Y)	交点桩号	转角值	曲线要素值/m R	L_s	A	T	L	E	D
1	2	3	4	5	6	7	8	9	10	11	12
JD₀	394.263	660.116	K0+000								
JD₁	557.552	1 107.536	K0+476.258	10°50′03″	1 500	100	387.298	192.268	383.638	7.008	0.897
JD₂	654.264	1 703.614	K1+079.261	5°48′30″	2 500	150	612.372	201.848	403.446	3.591	0.251
JD₃	678.551	2 111.548	K1+487.666								

交点号	第一缓和曲线起点	第一缓和曲线终点	曲线中点	第二缓和曲线起点	第二缓和曲线终点	直线段长/m	交点间距/m	计算方位角	备注
1	13	14	15	16	17	18	19	20	
JD₀									
JD₁	K0+284.108	K0+384.018	K0+475.837	K0+567.656	K0+667.656	284.018	476.285	69°57′00″	
JD₂	K0+877.413	K1+024.413	K1+079.136	K1+130.859	K1+280.859	209.757	603.873	80°47′03″	
JD₃						206.808	408.656	86°35′34″	

2. 逐桩坐标表

高等级公路的线形指标高，表现在平面上是圆曲线半径较大，缓和曲线较长，在测设和放线时需要采用坐标法，方能保证其测量精度。所以，计算一份"逐桩坐标表"是十分必要的。逐桩坐标表见表 1-21。

表 1-21 逐桩坐标表

桩号	坐标 N(X)	坐标 E(Y)	桩号	坐标 N(X)	坐标 E(Y)
K0+000	394.263	660.116	K0+200	462.830	847.995
K0+020	401.119	678.904	K0+220	469.687	866.783
K0+040	407.976	697.692	K0+240	476.544	885.571
K0+060	414.833	716.480	K0+260	483.401	904.359
K0+080	421.690	735.268	K0+280	490.258	923.147
K0+100	428.547	754.056	K0+284.018	491.110	926.921
K0+120	435.403	772.844	K0+300	497.110	941.936
K0+140	442.260	791.632	K0+320	503.922	960.740
K0+180	455.974	829.207	K0+340	510.645	979.577

计算逐桩坐标时，要依据道路的基本线形分别的计算。道路逐桩坐标计算的方法很多，这里以三种基本线形的起算数据为例分别进行介绍，其实用计算式可以满足各种复杂线形计算。

(1)直线坐标计算。已知直线起算数据 K_0、α_0、x_0、y_0，求直线上任意里程桩 K 的坐标 x、y。

$$\begin{cases} x = x_0 + (K-K_0)\cos\alpha_0 \\ y = y_0 + (K-K_0)\sin\alpha_0 \end{cases} \tag{1-62}$$

(2)圆曲线坐标计算。如图 1-37 所示，已知圆曲线起算数据 K_0、α_0、x_0、y_0、R，求圆曲线上任意桩 K 的坐标 x、y。

1)计算桩 K 的坐标方位角：

$$\alpha = \alpha_0 + \frac{K-K_0}{R} \tag{1-63}$$

2)计算圆心坐标：

$$\begin{cases} x_C = x_0 + R\cos(\alpha_0 + 90°) = x_0 - R\sin\alpha_0 \\ y_C = y_0 + R\sin(\alpha_0 + 90°) = x_0 + R\cos\alpha_0 \end{cases} \tag{1-64}$$

3)计算桩 K 的坐标：

$$x = x_C + R\cos(\alpha - 90°) \tag{1-65}$$

$$y = y_C + R\sin(\alpha - 90°) \tag{1-66}$$

$$\begin{cases} x = x_0 + R(\sin\alpha - \sin\alpha_0) \\ y = y_0 - R(\cos\alpha - \cos\alpha_0) \end{cases} \tag{1-67}$$

注意：道路分左、右拐弯，右拐弯时，R 取正值；左拐弯时，R 取负值。

(3)缓和曲线坐标计算。如图 1-38 所示，已知缓和曲线起算点 ZH(或 HZ)数据）K_0、α_0、x_0、y_0、A，求缓和曲线上任意桩 K 的坐标 x、y。

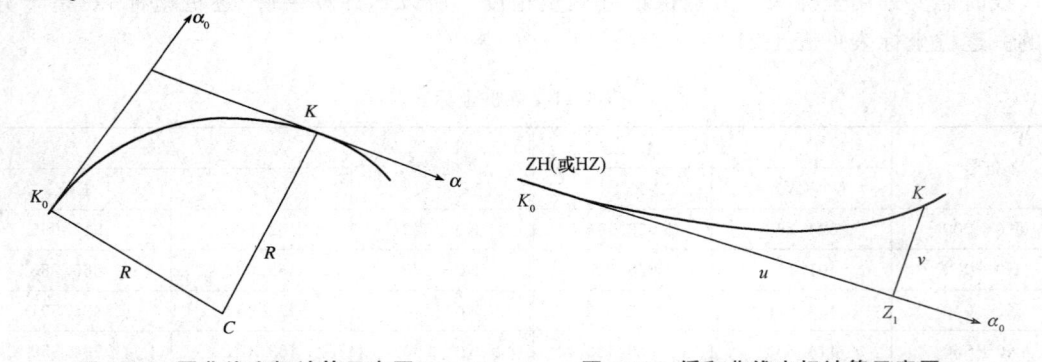

图 1-37 圆曲线坐标计算示意图　　**图 1-38 缓和曲线坐标计算示意图**

1)计算曲线长：

$$l = K - K_0 \tag{1-68}$$

2)计算支距点坐标：

$$\begin{cases} u = l - \dfrac{l^5}{40A^4} + \dfrac{l^9}{3\,456A^8} - \cdots \\ v = \dfrac{l^3}{6A^2} - \dfrac{l^7}{3\,366A^6} + \dfrac{l^{11}}{42\,240A^{10}} - \cdots \end{cases} \tag{1-69}$$

$$\begin{cases} x_{z1} = x_0 + u\cos\alpha_0 \\ y_{z1} = y_0 + u\sin\alpha_0 \end{cases} \tag{1-70}$$

3)计算桩 K 的坐标：

$$\begin{cases} x = x_0 + u\cos\alpha_0 + v\sin\alpha_0 \\ y = y_0 + u\sin\alpha_0 - v\cos\alpha_0 \end{cases} \tag{1-71}$$

注意：道路分左、右拐弯，对于右拐弯，取 $E=1$；对于左拐弯，取 $E=-1$。当起算点为 ZH 时，取 $F=-1$；当起算点为 HZ 时，取 $F=1$。则有：

$$\begin{cases} x = x_0 + Fu\cos\alpha_0 - Ev\sin\alpha_0 \\ y = y_0 + Fu\sin\alpha_0 + Ev\cos\alpha_0 \end{cases} \tag{1-72}$$

工程实训 2　某调整公路平曲线设计

某山岭重丘区高速公路(设计速度 100 km/h)，顺路导线 JD 处路线桩子为 K1+986.75，路线转角为 18°12′24″。已知 JD 处地形条件如图 1-39 所示，试设计 JD 处的平曲线。

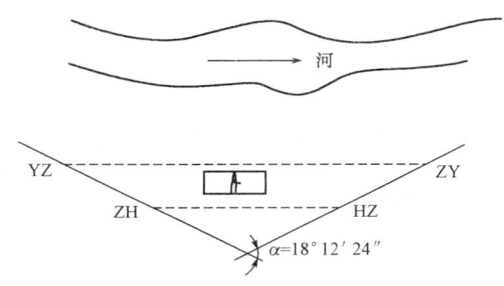

图 1-39　JD 处地形条件

设计内容包括以下几点：
①选定平曲线形式并确定平曲线半径等；
②计算平曲线主点里程，并确定主点桩位；
③按整桩号法每 20 m 一桩，计算平曲线内详细桩点定位坐标。

解：由图 1-39 可知，路线通过 JD 处的方案有路线从 JD 与房屋间通过以及路线从房屋和河间通过两种方案。

(1)设路线从 JD 与房屋间通过。

1)选择平曲线形式及半径等。平曲线半径拟用外值控制反算。因高速公路半个路基宽 13 m，加上可能的边沟、边坡等预留宽 13 m，JD 到房子边缘的距离为 40 m，则：

$$E_{控} = 40 - (13+13) = 14(\text{m})$$

①试算平曲线半径 R：

根据 $E = R\left(\sec\dfrac{\alpha}{2} - 1\right)$ 得：

$$R_{试} = \frac{E_{控}}{\sec\dfrac{\alpha}{2} - 1} = \frac{14}{\sec\dfrac{18°12′24″}{2} - 1} = 1\,097.52(\text{m})$$

取整为：$[1\,097.52] = 1\,097 \approx 1\,100(\text{m})$。

②终定平曲线半径。检核试定平曲线半径对应的外距是否符合控制要求：

$$E=R_{试}(\sec\frac{\alpha}{2}-1)=1\,100\times(\sec\frac{18°12'24''}{2}-1)=14.03(\text{m})$$

外距变化不大，预留宽能满足要求，故采用 $R=1\,100$ m 作为最终平曲线半径。

③平曲线形式的确定。根据确定平曲线半径 $R=1\,100$ m，对照《标准》规定的 3 个最小半径。由题意可知 $V=100$ km/h，又因为 $R_{极限}=400$m，$R_{一般}=700$m，$R_{超高}=4\,000$m，故 $R>R_{极限}$ 且 $R<R_{超高}$。

因此，JD 处的曲线形式应采用带有缓和曲线的圆曲线即基本形曲线，并且所定半径符合技术标准。

④确定缓和曲线长度 L_s。确定 L_s 时，考虑在满足技术标准最小长度的前提下，务必使主曲线能够容纳得下 L_s（最理想的情形为 $L_s:L_y:L_s=1:1:1$）。在一般情况下，设缓和曲线和曲线后预留的净圆曲线长度不小 1 倍的设计速度值，为此尽可能地使取定的缓和曲线长度接近于技术标准规定的最小长度。现定为 $L_s=90$ m，检核剩余的净圆曲线长度。

2）计算未设缓和曲线的圆曲线长。

$$L=\alpha\cdot R\cdot\frac{\pi}{180}=18°12'24''\times 1\,100\times\frac{\pi}{180}=349.54(\text{m})$$

根据设缓后两边缓和曲线各一半插入圆曲线的基本原理，设缓和曲线后净圆曲线长为：
$$349.54-90=259.54(\text{m})$$

注：本例根据实例考察，取定缓和曲线长度不用进行其他方面演算，在此仅考虑符合最小长度和布置要求，最终取定缓和曲线长为 90 m。

3）计算平曲线主点里程，并确定主点桩位：

①元素计算：

$$\beta_0=\frac{L_s}{2R}\cdot\frac{\pi}{180}=\frac{90}{2\times 1\,100}\times\frac{\pi}{180}=2°20'38''$$

$$p=\frac{L_s^2}{24R}=\frac{90^2}{24\times 1\,100}=0.31(\text{m})$$

$$q=\frac{L_s}{2}-\frac{L_s^3}{240R^2}=\frac{90}{2}-\frac{90^3}{240\times 1100}=44.997(\text{m})$$

$$T=(R+p)\tan\frac{\alpha}{2}+q=221.30(\text{m})$$

$$E=(R+p)\sec\frac{\alpha}{2}-R=14.35(\text{m})$$

$$L=(\alpha-2\beta_0)\cdot R\cdot\frac{\pi}{180}+2L_s=439.54(\text{m})$$

②主点里程计算：

ZH 里程 = JD 里程 $-T$ = K1+986.75−221.30 = K1+765.45

HY 里程 = ZH 里程 $+L_s$ = K1+765.45+90 = K1+855.45

QZ 里程 = ZH 里程 $+L/2$ = K1+765.45+439.54/2 = K1+985.22

HZ 里程 = ZH 里程 $+L$ = K1+765.45+439.54 = K2+204.99

YH 里程 = ZH 里程 $-L_s$ = K2+204.99−90 = K2+114.99

4）计算曲线加密桩定位坐标（顺路导线图）。排列桩号（采取整桩号法，每 20 m 一个）。

(ZH)K1+765.45，+800，+820，+840；（HY）K1+855.45，+860，+880，

+900,+920,+940,+960,+980；(QZ)K1+985.22,K2+000,+020,+040,+060,+080,+100；(YH)K2+114.99,+120,+140,+160,+180,+200；(HZ)K2+204.99,+220…

5)计算加桩点坐标——分段对称计算。

①前半个曲线。缓和段内(如 K1+800 桩)：

$$L_p = 800 - 765.45 = 34.55(\text{m})$$

$$x = L_p - \frac{L_p^5}{40R^2L_s^2} = 34.55(\text{m})$$

$$y = \frac{L_p^3}{6RL_s} = 0.069(\text{m})$$

圆曲线段内桩点(如 K1+900 桩)

$$L_p = 900 - 765.45 = 134.55(\text{m})$$

$$x = q + R\sin\left(\frac{L_p - L_s/2}{R} \cdot \frac{180}{\pi}\right) = 134.55(\text{m})$$

$$y = p + R \cdot \left[1 - \cos\left(\frac{L_p - L_s/2}{R} \cdot \frac{180}{\pi}\right)\right] = 3.95(\text{m})$$

②后半个曲线。从 HZ~YH(如 K2+200 桩)方法同上：

$$L_p = 204.99 - 200 = 4.99(\text{m})$$

$$x = L_p - \frac{L_p^5}{40R^2L_s^2} = 4.99(\text{m})$$

$$y = \frac{L_p^3}{6RL_s} \approx 0.00(\text{m})$$

从 YH~QZ(如 K2+100 桩)方法同上：

$$L_p = 204.99 - 100 = 104.99(\text{m})$$

$$x = q + R\sin\left(\frac{L_p - L_s/2}{R} \cdot \frac{180}{\pi}\right) = 104.96(\text{m})$$

$$y = p + R \cdot \left[1 - \cos\left(\frac{L_p - L_s/2}{R} \cdot \frac{180}{\pi}\right)\right] = 1.95(\text{m})$$

(2)设路线从房屋与河之间通过。

1)确定曲线半径形式(方法与第一种假设情况相同，在此仅用外距控制计算半径)，计算控制外距。据题意可知，房宽 8 m，路基半宽 13 m，预留边沟 15 m，则：

$$E_{控} = 40 + 8 + 13 + 15 = 76(\text{m})$$

①试算平曲线半径 R。根据 $E = R(\sec\frac{\alpha}{2} - 1)$ 得：

$$R_{试} = \frac{E_{控}}{\sec\frac{\alpha}{2} - 1} = \frac{76}{\sec\frac{18°12'24''}{2} - 1} = 5\,957.95(\text{m})$$

②终定半径。考虑开始预留宽度较多，故取整半径 5 800 m。依据取整半径重新试算控制外距：

$$E = R_{试}\sec\frac{\alpha}{2} - R_{试} = 5\,800 \times \sec\frac{18°12'24''}{2} - 5\,800 = 73.99(\text{m})$$

可见较原 $E_{控}$ 仅小 2 m，通过实地试放可满足控制要求。

依据 $R_{试}=5\,800\,\text{m}$，对照《标准》3 个最小半径以决定最终采用半径及曲线形式。依据题意，结合《标准》可知，所选半径大于不设超高最小半径，故曲线不设缓，终定半径 $R=5\,800\,\text{m}$。

2）计算平曲线元素及主点坐标。

①元素计算：

$$T=R\tan\frac{\alpha}{2}+q=929.36(\text{m})$$

②主点里程计算：

ZY 里程＝JD 里程－T＝K1＋986.75－929.36＝K1＋057.39

QZ 里程＝ZH 里程＋L/2＝K1＋057.39＋1843.04/2＝K1＋978.91

YZ 里程＝ZY 里程＋L＝K1＋057.39＋1 843.04＝K2＋900.43

3）计算平曲线内详细加桩坐标。排列桩号（采取整桩号法，每 50 m 一个）。

(ZY)K1＋057.39，＋100，＋150，＋200…，＋950；(QZ)K1＋978.91，K2＋000，＋50，＋100…，＋850；(YZ)K2＋900.43，＋950，…

能力训练

一、思考题

1. 道路平面线形由哪些要素组成？
2. 何谓缓和曲线？其作用是什么？为什么采用回旋曲线作为缓和曲线？
3. 线路平面设计的最终成果是什么？其主要内容是什么？

二、计算题

在平原区某二级公路有一弯道，$R=250\,\text{m}$，交点 JD 的桩号为 K17＋568.38，转角 $\alpha=38°30'00''$，试计算该曲线设置缓和曲线后的五个基本桩号。

任务自测

任务能力评估表

知识学习	
能力提升	
不足之处	
解决方法	
综合自评	

任务二　道路纵断面设计

任务目标

- 了解纵断面设计的基本概念；
- 熟悉纵坡设计的方法与标准；
- 掌握竖曲线计算方法；
- 了解平、纵面线形组合的要求；
- 熟悉道路纵断面图。

2.1　概　述

路线纵断面是沿着道路中线竖直剖切然后展开得到的断面，如图 2-1 所示。反映路线在纵断面上的形状、位置及尺寸等的图形叫作路线纵断面图。把道路的纵断面图与平面图、横断面图结合起来，就能完整地表达出道路的空间位置和立体线形。

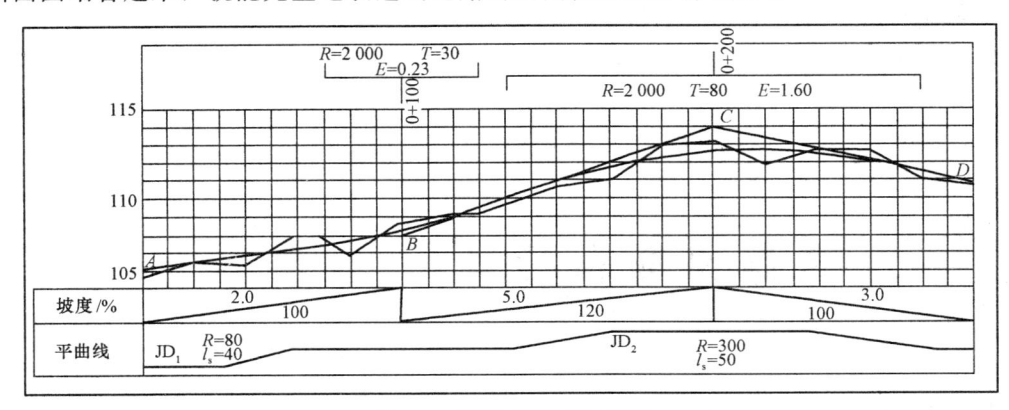

图 2-1　路线纵断面示意图

纵断面线形设计是根据道路的性质、任务、等级、地形、地质、水文等因素，考虑路基稳定、排水及工程量等要求，对纵坡的大小、长短、前后纵坡情况、竖曲线半径大小及平面线形的组合关系等进行的综合设计，从而设计出纵坡合理、线形平顺圆滑的理想线形，以达到行车安全迅速、运输经济合理及乘客感觉舒适的目的。

在道路纵断面图上主要有两条线：一条是地面线，它是路中线各桩点的原地面高程连线，反映了沿着道路中线地面的起伏变化情况；另一条是设计线，它是路中线各桩点设计高程的连线，反映了道路的路线起伏变化情况。

道路纵断面线形由直线和竖曲线组成。其设计内容包括纵坡设计和竖曲线设计两项，通过纵断面设计所完成的纵断面图是道路设计文件重要内容之一。

在进行具体路线纵断面设计时，应先弄清楚以下几个问题：

1. 对路基设计高程的规定

（1）公路纵断面上的设计标高即指路基设计标高（包含路面厚度）。新建公路的路基设计标高：高速公路和一级公路宜采用中央分隔带的外侧边缘标高；二级公路、三级公路、四级公路宜采用路基边缘标高，在设置超高、加宽路段为设超高、加宽前该处边缘标高。改建公路的路基设计标高：宜按照新建公路的规定执行，也可以视具体情况而采用中央分隔带中线或行车道中线处标高。

（2）城市道路的设计高程是指建成后的行车道中线路面高程或中央分隔带中线高程。

2. 纵坡度

（1）纵坡度不用角度表示，而用百分数（％）,即每一百米的路线长度其两端高差几米，就是该路段的纵坡度，简称纵坡，上坡为"＋"，下坡为"－"。如某段路线长度为 80 m，高差为－2 m，则纵坡度为－2.5％。

（2）一般认为道路上 3％的纵坡对汽车行驶不会造成困难，即上坡时不必换挡，下坡时不必制动。对于小于 3％的纵坡，可以不作特殊考虑，只是为了排水的需要（公路边沟的沟底纵坡与路线纵坡一般是相同的），一般要有一个不小于最小纵坡的坡度。如果排水上无困难，可以用平坡。但是采用大于 5％的纵坡时，必须慎重考虑，因为纵坡太大，上坡时汽车的燃料消耗过大，而下坡时又必须采用制动，重车或有拖挂车的车辆都易出事故。

3. 注重路线平面和纵断面设计的配合

为设计方便，路线平面设计和纵断面设计一般是分开进行的，但必须注意平面设计和纵断面设计要互相配合，设计中要发挥设计人员对平、纵组合的空间想象力，否则，不可避免地会在技术上、经济上和美学上产生缺陷。

2.2 道路纵断面设计

2.2.1 纵坡设计

纵断面线形主要由纵坡线和竖曲线组成。纵坡的大小与坡段的长度反映了道路的起伏程度，直接影响道路服务水平、行车质量和运营成本，也关系到工程是否经济、适用，因此设计中必须对纵坡、坡长及其相互组合进行合理安排。

为使纵坡设计在技术上满足要求且在经济上合理，纵坡设计一般应满足以下要求：

(1)纵坡设计必须满足《规范》《标准》和《设计规范》的各项规定。

(2)纵坡应具有一定的平顺性，起伏不宜过大和过于频繁，以保证车辆能以一定速度安全顺适地行驶。尽量避免采用《规范》中的极限纵坡值，尽量留有一定的余地。合理安排坡度组合情况，不宜连续采用极限长度的陡坡加最短长度的缓坡。避免在连续上坡或下坡路段设置反坡段。

(3)设计应综合考虑沿线地质、地形、水文、气候和排水、地下管线等，并根据实际需要采取合理的技术方法，以保证道路通畅与路基的稳定性。

(4)一般情况下，纵坡设计应通过考虑路基工程的填挖平衡，尽量减少土石方数量和其他工程的数量，以降低造价和节约用地。

(5)高速公路、一级公路的纵坡设计，应考虑农田水利、通道等方面的要求；低等级公路纵坡设计，应注意考虑民间运输、农业机械等方面的要求；城市道路的纵坡设计还应充分考虑管线的要求。

(6)大中桥引道及隧道两端连接线等连接段的纵坡应缓和，避免突变的产生；考虑到安全、竖向设计的要求，交叉口附近的纵坡也应相对平缓。

(7)对地下水位较高的平原微丘区或地表水相对较丰富的地段，纵坡设计除满足排水要求外，为保证路基的稳定，还需要满足最小填土高度的要求。

1. 最大纵坡

最大纵坡是指设计纵坡时各级公路允许采用的最大纵坡值。它是道路纵断面设计的一项重要控制指标，直接影响着公路路线长短、使用质量的好坏、行车安全以及运输成本和工程的经济性。纵坡越大，道路里程越短，工程数量也越少，但由于汽车的动力性能有限，纵坡又不能过大，因此必须对纵坡的大小加以限制。最大纵坡主要是依据汽车的动力特性、道路等级、自然条件、车辆安全行驶及工程、运营经济等因素进行确定。

汽车沿陡坡行驶时，因升坡阻力增加而需要增大牵引力，从而降低车速，若长时间爬陡坡，不但会引起汽车水箱沸腾、气阻，使行驶无力以至发动机熄火，驾驶条件恶化，而且在爬陡坡时汽车的机件磨损也将增大。因此，应从汽车爬坡能力考虑对最大纵坡加以限制。与上坡相比，汽车下坡时的安全性更为重要。汽车下坡时，制动次数增加，制动器易因发热而失效，驾驶员心理紧张，也容易发生车祸。根据行车事故调查分析可以知道，坡度大于8%、坡长为360 m或坡长很短但坡度很大(11%~12%)的路段下坡的终点是发生交通事故的主要地点。同时，调查资料表明，当纵坡大于8.5%时，制动次数急增，所以，最大纵坡的制定从下坡安全来考虑，其最大值应控制在8%为宜。另外，还要考虑拖挂车的要求。调查资料表明，拖挂车爬8%的纵坡需要使用一挡；爬7%~8%的纵坡需要使用二挡或一挡，从不致使拖挂车行驶困难来看，最大纵坡也应控制在8%为宜。各级公路最大纵坡见表2-1。

表 2-1 各级公路最大纵坡

设计速度/(km·h^{-1})	120	100	80	60	40	30	20
最大纵坡/%	3	4	5	6	7	8	9

(1)设计速度为 120 km/h、100 km/h、80 km/h 的高速公路受地形条件或其他特殊情况限制时,经技术经济论证,最大纵坡值可以增加 1%。

(2)公路改建中,设计速度为 40 km/h、30 km/h、20 km/h 的利用原有公路的路段,经技术经济论证,最大纵坡值可以增加 1%。

(3)四级公路位于海拔 2 000 m 以上或积雪冰冻地区的路段,最大纵坡不应大于 8%。

(4)桥上及桥头路线的最大纵坡。

1)桥与涵洞处的纵坡应随路线纵坡设计。

2)桥梁及其引道的平、纵、横技术指标应与路线总体布设相协调,各项技术指标应符合路线布设的规定。大桥的纵坡不宜大于 4%,桥头引道纵坡不宜大于 5%,紧接大中桥桥头两端的引道纵坡应与主桥上纵坡相同。

3)位于市镇附近非汽车交通较多的地段,桥上及桥头引道纵坡均不应大于 3%。

(5)隧道部分路线纵坡。

1)隧道内纵坡不应大于 3%,并不小于 0.3%,但独立明洞和短于 50 m 的隧道其纵坡不受此限;紧接隧道洞口的路线纵坡应与隧道内纵坡相同。

明洞是指采用明挖法修筑的一种浅埋隧道,用于边坡易发生坍方落石的地段;明挖法是先将地面挖开,在露天情况下修筑衬砌,然后再覆盖回填,如城市中浅埋地铁等;明挖法的优点是完成的结构质量很高,可以使用外贴式防水层进行防水。

2)当条件受限时,高速、一级公路的中短隧道经技术经济论证后最大纵坡可以适当加大,但不宜大于 4%。

3)隧道的纵坡宜设置成单向坡;地下水发育的隧道及特长、长隧道宜采用人字坡。

2. 城市道路最大纵坡

城市道路最大纵坡见表 2-2。但是对新建道路应采用小于或等于城市道路最大纵坡的一般值,改建道路、受地形条件或其他特殊情况限制时,可以采用最大纵坡极限值;除快速路外的其他等级道路,受地形条件或其他特殊情况限制时,经技术经济论证后,最大纵坡值可增加 1%;积雪或冰冻地区的快速路最大纵坡不应大于 3.5%,其他等级道路最大纵坡不应大于 6%;海拔 3 000 m 以上的高原城市道路的最大纵坡坡度一般值按照表 2-2 所列数值减少 1%。

表 2-2 城市道路机动车最大纵坡

设计速度/(km·h^{-1})		100	80	60	50	40	30	20
最大纵坡	一般值/%	3	4	5	5.5	6	7	8
	限制值/%	4	5	6	6	7	8	8

一般设计工作中,不应轻易取用最大纵坡及纵坡长度限制值,只有当考虑地形情况,需争取高度、缩短里程或避让不利工程地质条件时方可采用。

3. 最小纵坡

最小纵坡是指为保证道路的排水要求和路基的稳定性所规定的纵坡最小值。从道路的运营、安全等角度出发，希望道路纵坡设计得较小为好。但是在挖方路段、设置边沟的低填方路段及其他横向排水不良的路段，为了满足道路的排水要求，防止水渗入路基而影响路基的稳定性，各级公路的最小纵坡均应不小于 0.3%（一般情况下以不小于 0.5%为宜）。

当纵坡设计成平坡或小于 0.3%时，边沟应作纵向排水设计。干旱地区及横向排水良好、不产生路面积水的路段，可以不受此限制。

在城市道路中特殊困难处，当纵坡小于 0.3 时，应设置锯齿形边沟或采取其他排水措施。

4. 平均纵坡

平均纵坡 i_p 是指在一定路线长度范围内，路线两端点的高差与路线长度的比值。它是衡量纵断面线形质量的重要指标之一，用下式表示：

$$i_p = \frac{\Delta h}{L} \times 100\% \tag{2-1}$$

式中　i_p——平均纵坡；

Δh——路线长度 L 两端的高差(m)；

L——路线长度，即坡线两端点的水平距离(m)。

根据对山区道路行车的实际调查发现，有时虽然道路纵坡设计完全符合最大纵坡、坡长限制及缓和坡长规定，但也不能保证行车顺利安全。如果在长距离内，平均纵坡较大，汽车上坡用二挡时间较长，发动机长时间发热，易导致汽车水箱沸腾、气阻；同样，汽车下坡时，频繁制动，易引起制动器发热，甚至烧毁制动片，加之驾驶员心理过分紧张，极易发生事故。因此，从汽车行驶方便和安全角度出发，为了合理利用最大纵坡、坡长和缓和段的规定，还要控制平均纵坡。控制平均纵坡是在宏观上控制路线纵坡。

《标准》规定，二、三、四级公路越岭路线的平均纵坡，当相对高差为 200～500 m 时，不应大于 5.5%；当相对高差大于 500 m 时，不应大于 5%；任意连续 3 km 路段的平均纵坡不应大于 5.5%。

5. 合成坡度

合成坡度是指在设有超高的平曲线路段上，由路线纵坡与弯道超高横坡组合而成的坡度，其方向即流水线方向，如图 2-2 所示。合成坡度的计算公式为：

$$i_H = \sqrt{i_c^2 + i_z^2} \tag{2-2}$$

式中　i_H——合成坡度(%)；

i_c——超高横坡度(%)；

i_z——路线纵坡度(%)。

在有平曲线的坡道上，最大坡度既不是纵坡方向，也不是横坡方向，而是两者组合成的流水线方向。道路线形分析表明，小半径弯道上行车，弯道内侧行车轨迹半径较道路中心线的半径更小，故弯道内侧车行道的圆弧长度较道路中线处短，因而，车行道内侧的纵坡就相应大于道路中线处的设计纵坡，弯道半径越小越明显。汽车行驶在弯道与陡坡重叠路段，行车条件十分不利，如果合成坡度过大，将产生附加阻力，汽车中心发生偏移等不良现象，严重影响行车安全。

将合成坡度控制在一定范围之内，目的是尽可能地避免急弯和陡坡的不利组合，防止因合成坡度过大而引起的横向滑移和行车危险，保证车辆在弯道上安全而顺适地运行。

公路最大合成坡度和城市道路最大合成坡度分别见表2-3、表2-4。公路最大合成坡度还应注意：冬季路面有积雪、结冰的地区，自然横坡较陡峻的傍山路段、非汽车交通量较大的路段的合成坡度必须小于8%；超高过渡的变化处，合成坡度不应设计为0；合成坡度小于0.5%时，应采取综合排水措施，保证路面排水畅通。

表 2-3 公路最大合成坡度

公路等级	高速公路			一级公路			二级公路		三级公路		四级公路
设计速度/(km·h^{-1})	120	100	80	100	80	60	80	60	40	30	20
最大纵坡/%	10.0	10.0	10.5	10.0	10.5	10.5	9	9.5	10.0	10.0	10.0

表 2-4 城市道路最大合成坡度

设计速度/(km·h^{-1})	100	80	60	50	40	30	20	积雪或冰冻地区
最大纵坡/%	7		6.5		7		8	6

为便于检查合成坡度是否超标，可不用式(2-2)计算而直接用合成坡度临界图进行检查，如图 2-3 所示。

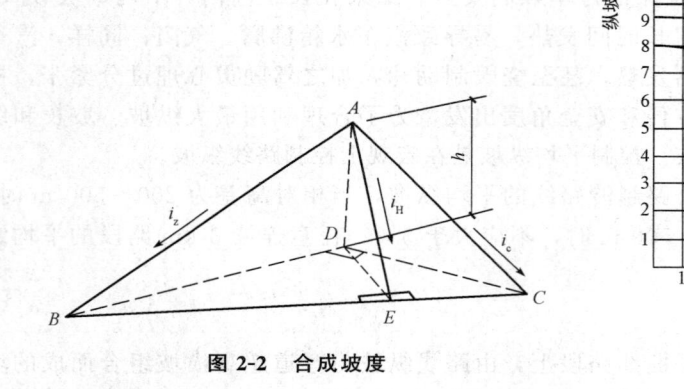

图 2-2 合成坡度

图 2-3 合成坡度临界图

6. 高原纵坡折减

在高海拔地区，因空气稀薄使汽车发动机的功率降低，汽车的驱动力及空气阻力减小，导致汽车的爬坡能力下降；汽车水箱中的水易于沸腾，从而降低甚至破坏冷却系统的性能。

在汽车满载情况下，不同海拔高度 H 对应的海拔荷载修正系数 λ 值，见表2-5。

表 2-5 满载时 λ 与 H 的关系

海拔高度 H/m	0	1 000	2 000	3 000	4 000	5 000
海拔荷载修正系数 λ	1.00	0.89	0.78	0.68	0.61	0.53

由表 2-5 可知，海拔高度 H 对 λ 值有相当大的影响，即对纵坡也有很大影响。因此，高原地区除了汽车本身要采取一些使汽油充分燃烧的措施，避免随海拔的增高而使功率降低过多外，还应在道路纵坡设计中将《标准》中规定的最大纵坡予以折减，适当采用较小的纵坡。

《设计规范》规定：设计速度小于或等于 80 km/h 位于海拔 3 000 m 以上的高原地区的公路，各级公路的最大纵坡值应按表 2-6 的规定予以折减，折减后若小于 4%，则仍采用 4%。

表 2-6 高原纵坡折减值

海拔高度/m	3 000~4 000	4 000~5 000	5 000 以上
纵坡折减/%	1	2	3

2.2.2 坡长设计

坡长是指纵断面上相邻两变坡点之间的水平长度。坡长限制主要是指对一般纵坡的最小长度和陡坡的最大长度的限制，即最小坡长和最大坡长。

1. 最小坡长

最小坡长是指相邻两个变坡点之间的最小水平长度。若其长度过短，就会使变坡点个数增加，行车时颠簸频繁，当坡度差较大时，还容易造成视觉的中断，视距不良，从而影响行车的平顺性和安全性。另外，从线形的几何构成来看，纵断面是由一系列的直坡段和竖曲线所构成，若坡长过短，则不能满足设置最短竖曲线这一几何条件的要求。为使纵断面线形不致因起伏频繁而呈锯齿形，并便于平面线形的合理布设，应对纵坡的最小长度做出限制。最小坡长通常以设计车速行驶 9~15 s 的行程作为规定值。一般在设计车速大于或等于 60 km/h 时取 9 s，设计车速为 40 km/h 时取 11 s，设计车速为 20 km/h 时取 15 s。

(1)《设计规范》规定，公路的最小坡长通常以设计速度行驶 9~15 s 的行程为宜，各级公路的最小坡长见表 2-7。在平面交叉口、立体交叉的匝道及过水路面地段，可不受此限。

表 2-7 公路最小坡长

设计速度/(km·h^{-1})	120	100	80	60	40	30	20
最小坡长/m	300	250	200	150	120	100	60

(2)《规范》规定，机动车道纵坡的最小坡长应符合表 2-8 的规定；路线尽端道路起讫点一端可以不受最小坡长限制；当主干路与支路相交时，支路纵断面在相交范围内可以视为分段处理，不受最小坡长限制；对沉降量较大的加铺罩面道路，可以按照降低一级的设计速度控制最小坡长，且应满足相邻纵坡坡差小于或等于 5% 的要求。

表 2-8 城市道路机动车道最小坡长

设计速度/(km·h^{-1})	100	80	60	50	40	30	20
最小坡长/m	250	200	150	130	110	85	60

2. 最大坡长

道路纵坡的大小及其坡长对汽车正常行驶影响很大。越陡、越长的纵坡，对行车影响将越大。最大坡长限制是根据汽车动力性能来决定的，是指控制汽车在坡道上行驶，当车速降低到最低容许速度时所行驶的距离。长距离的陡坡对行车的影响主要表现为以下几方面：

(1)连续上坡时,易使水箱沸腾,发动机温度过高,机械效率降低,导致汽车爬坡无力,甚至熄火;行车速度会显著下降,甚至需要换较低排挡来克服坡度阻力。

(2)下坡行驶时,因频繁制动,易使制动器发热而失效,甚至造成车祸,危及行车安全。

(3)高速公路以及快慢车混合行驶的公路,会影响行车速度和通行能力。

因此,为避免发生以上的行车条件恶化等情况,需要限制道路纵坡的最大坡长。《设计规范》规定了公路最大坡长值,见表2-9。

表2-9 公路不同纵坡最大坡长

设计速度/(km·h⁻¹)		120	100	80	60	40	30	20
纵坡坡度/%	3	900	1 000	1 100	1 200	—	—	—
	4	700	800	900	1 000	1 100	1 100	1 200
	5	—	600	700	800	900	900	1 000
	6	—	—	500	600	700	700	800
	7	—	—	—	—	500	500	600
	8	—	—	—	—	300	300	400
	9	—	—	—	—	—	200	300
	10	—	—	—	—	—	—	200

《规范》规定:当纵坡大于表2-2的一般值时,城市道路机动车道最大坡长应符合表2-10的规定;道路连续上坡或下坡,应在不大于表2-10规定的纵坡长度之间设置纵坡缓和段;缓和段的坡度不应大于3.0%,其长度应符合表2-8中对最小坡长的规定;当非机动车道的纵坡大于或等于2.5%时,其最大坡长应符合表2-11的规定。

表2-10 城市道路机动车道最大坡长

设计速度/(km·h⁻¹)	100	80	60			50			40		
纵坡/%	4	5	6	6.5	7	6	6.5	7	6	7	8
最大坡长/m	700	600	400	350	300	350	300	250	300	250	200

表2-11 城市道路非机动车道最大坡长

纵坡/%		3.5	3.0	2.5
最大坡长/m	自行车	150	200	300
	三轮车	—	100	150

3. 组合坡长

当连续陡坡是由几个不同受限坡度值的坡段组合而成时,应按照不同坡度的坡长限制折算确定。如三级公路某段8%的纵坡,长为120 m,该长度是相应限制坡长(300 m)的2/5,如相邻坡段的纵坡为7%,则其坡长不应超过相应限制坡长(500 m)的(1−2/5)倍,即500×3/5=300(m),也就是说8%纵坡设计120 m后,还可以接着设计7%纵坡段300 m或6%纵坡段420 m,其后再设置缓和坡段。

2.2.3 竖曲线设计

竖曲线是为保证行车安全、舒适以及视距的需要，在变坡处设置的纵向曲线，其大小用两坡段坡度的代数差 ω 表示，见式(2-3)。其值为正，变坡点在曲线下方，竖曲线开口向上称为凹形曲线；反之为凸形曲线，如图2-4所示。

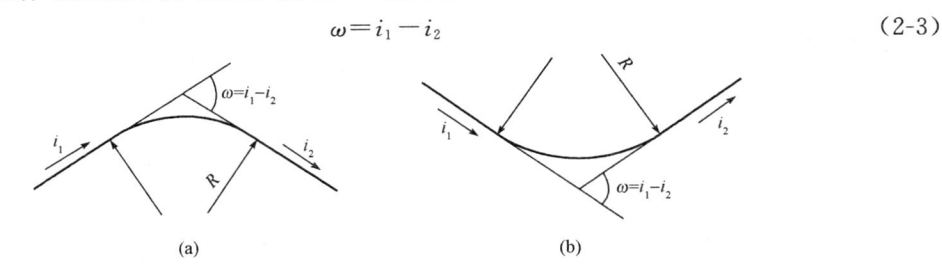

$$\omega = i_1 - i_2 \tag{2-3}$$

图 2-4 竖曲线类型
(a)凸形竖曲线；(b)凹形竖曲线

各级道路在变坡点处均应设置竖曲线。竖曲线的线形采用二次抛物线。由于在其应用范围内，圆曲线与抛物线几乎没有差别，因此，竖曲线通常表示成圆曲线的形式，用圆曲线半径 R 来表示竖曲线的曲率半径。

1. 竖曲线的计算

用二次抛物线作为竖曲线的基本方程。

在图2-5所示坐标系下，二次抛物线一般方程为：

$$y = \frac{x^2}{2k} + ix \tag{2-4}$$

对竖曲线上任一点 P 的斜率为：

$$i_p = \frac{dy}{dx} = \frac{x}{k} + i \tag{2-5}$$

当 $x=0$ 时，$i=i_1$；当 $x=L$ 时，$i=L/k+i_1=i_2$，则：$L/k=i_2-i_1=\omega$，即：

$$k = \frac{L}{i_2 - i_1} = \frac{L}{\omega} \tag{2-6}$$

同时抛物线上任一点的曲率半径为：

$$R = \frac{\left[1+\left(\frac{dy}{dx}\right)^2\right]^{\frac{3}{2}}}{\frac{d^2y}{dx^2}} \tag{2-7}$$

式中，$\frac{dy}{dx} = \frac{x}{k} + i$，$\frac{d^2y}{dx^2} = \frac{1}{k}$，$\left(\frac{dy}{dx}\right)^2 = \left(\frac{x}{k}+i\right)^2 = \left(\frac{x}{\omega}+i\right)^2$ 非常小，可以忽略不计，代入式(2-7)得：

$$R = \frac{\left[1+\left(\frac{dy}{dx}\right)^2\right]^{\frac{3}{2}}}{\frac{d^2y}{dx^2}} \approx k \tag{2-8}$$

把式(2-6)、式(2-7)代入式(2-4)得到二次抛物线竖曲线基本方程式为：

$$y=\frac{\omega}{2L}x^2+i_1x \quad \text{或} \quad y=\frac{1}{2R}x^2+i_1x \tag{2-9}$$

式中　ω——坡差(%)；

　　　L——竖曲线长度(m)；

　　　R——竖曲线半径(m)。

2. 竖曲线要素计算

竖曲线几何要素如图 2-6 所示。

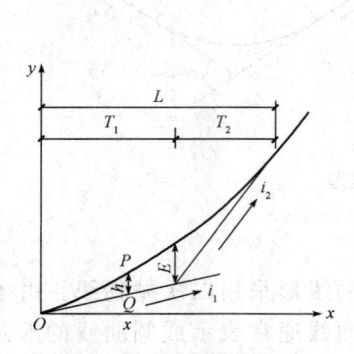

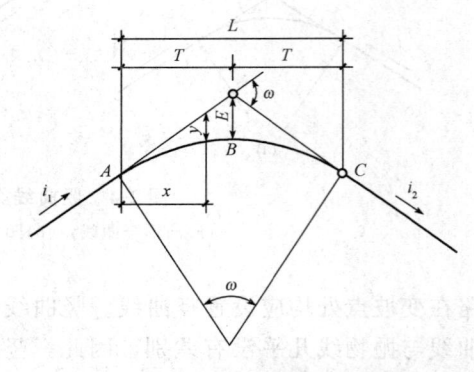

图 2-5　竖曲线要素示意图　　　图 2-6　竖曲线几何要素示意图

(1) $\omega=i_2-i_1$，i_1、i_2 为相邻两坡度的坡度值，上坡为正，下坡为负。ω 为正，竖曲线开口向上，为凹形曲线；ω 为负，竖曲线开口向下，为凸形曲线。

(2) 竖曲线上一点纵距 h 按照下式进行计算：

$$h=y_P-y_Q=\frac{x^2}{2R}+i_1x-i_1x=\frac{x^2}{2R} \tag{2-10}$$

式中　h——计算点纵距；

　　　x——计算点桩号与竖曲线起点的桩号差。

(3) 竖曲线要素。由式(2-10)和图 2-5 知：

当 $x=T$ 时，$E=\dfrac{T^2}{2R}$。因为 i_1、i_2 很小，所以 $T_1=T_2$，$T=\dfrac{L}{2}$。因为 $R=\dfrac{L}{\omega}$，所以 $L=R\omega$。

从而得到竖曲线要素：

1) 曲线长 $L=R\omega$；

2) 切线长 $T=\dfrac{L}{2}$；

3) 外距 $E=\dfrac{T^2}{2R}$。

(4) 竖曲线上任意点设计高程计算。

1) 用下式计算切线高程：

$$H_i=H_0-(T-x)\cdot i \tag{2-11}$$

式中　H_0——边坡点高程(m)；

　　　H_i——计算点切线高程(m)；

　　　i——纵坡度。

式中其余符号意义同前。

利用该式可以直接计算直坡段上任意点的设计高程。

2)用下式计算设计高程：

$$H = H_i \pm h \tag{2-12}$$

式中 H——设计高程(m)；

"±"——当为凹形竖曲线时取"+"，当为凸形竖曲线时取"-"。

式中其余符号意义同前。

3. 竖曲线设计标准

竖曲线的设计标准有竖曲线最小半径和竖曲线长度。由于在凸形竖曲线上和在凹形竖曲线上汽车行驶时的受力及视距等考虑因素的不同，凸形竖曲线和凹形竖曲线具有不同的设计标准。

(1)竖曲线最小半径。

1)凹形竖曲线极限最小半径，主要从限制离心力、夜间行车前灯照射的影响及在跨线桥下的视距三个方面进行计算分析确定。

①从限制离心力不致过大考虑。汽车行驶在竖曲线上，由于离心力的作用，要产生失重(凸形竖曲线)或增重(凹形竖曲线)。失重直接影响乘客的舒适感；增重则不仅影响乘客的舒适感还对汽车的悬挂系统产生超载的影响。竖曲线半径的大小直接影响离心力的大小，因此，必须首先从控制离心力不致过大来限制竖曲线的极限最小半径。

汽车在竖曲线上产生的离心力计算公式为：

$$F = \frac{G}{g} \cdot \frac{v^2}{R} = \frac{GV^2}{127R} \tag{2-13}$$

则有：

$$R = \frac{V^2}{127 \times \frac{F}{G}} \tag{2-14}$$

式中 F——汽车转弯时产生的离心力(N)；

$\frac{F}{G}$——单位车重受到的离心力。

根据日本资料，限制 $\frac{F}{G} = 0.028$，代入式(2-14)得：

$$R = \frac{V^2}{3.6} \tag{2-15}$$

②从汽车夜间行驶前灯照射距离考虑。如图2-7所示，若照射距离小于要求的视距长度，则无法保证行车安全。按照此条件即可推导出此时凹形竖曲线的最小半径的计算公式。

设汽车前灯高度为 h，车灯照射角为 β，由竖曲线计算式得：

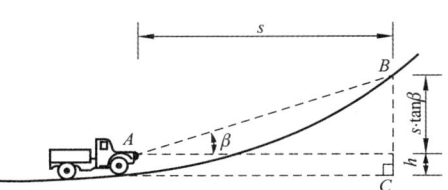

图 2-7 夜间行车前灯照射距离

$$BC \approx \frac{s^2}{2R} \tag{2-16}$$

由图可知：

$$BC = h + s \cdot \tan\beta \tag{2-17}$$

③从保证跨线桥下的视距考虑。为保证汽车穿过跨线桥时有足够的视距，也应对凹形竖曲线最小半径加以限制。

两式联解得：

$$R = \frac{s^2}{2(h + s \cdot \tan\beta)} \tag{2-18}$$

式中 s——前灯照射距离(m)，按照行车视距长度取值；

h——前灯高度(m)，取 $h = 0.75$ m；

β——前灯向上的照射角，取 $\beta = 1°$。

将 s、h、β 取值代入式(2-18)得：

$$R = \frac{s^2}{1.5 + 0.034\,9s} \tag{2-19}$$

④从保证跨线桥下的视距考虑。为保证汽车穿过跨线桥时有足够的视距，也应对凹形竖曲线最小半径加以限制。

综合分析以上几种情况后，技术标准以限制凹形竖曲线离心力条件为依据，即采用式(2-14)制定出凹形竖曲线极限最小半径的规定值，见表 2-12 和表 2-13。

表 2-12　公路竖曲线最小半径和最小长度

设计速度/(km·h⁻¹)		120	100	80	60	40	30	20
凸形竖曲线最小半径/m	一般值	17 000	10 000	2 000	2 000	700	400	200
	极限值	11 000	6 500	1 400	1 400	450	250	100
凹形竖曲线最小半径/m	一般值	6 000	4 500	1 500	1 500	700	400	200
	极限值	4 000	3 000	1 000	1 000	450	250	100
竖曲线最小长度/m	一般值	250	210	120	120	90	60	50
	极限值	100	85	50	50	35	25	20

表 2-13　城市道路竖曲线最小半径和最小长度

设计速度/(km·h⁻¹)		100	80	60	50	40	30	20
凸形竖曲线最小半径/m	极限值	6 500	3 000	1 200	900	400	250	100
	一般值	10 000	4 500	1 800	1 350	600	400	150
凹形竖曲线最小半径/m	极限值	3 000	1 800	1 000	700	450	250	100
	一般值	4 500	2 700	1 500	1050	700	400	150
竖曲线最小长度/m	极限值	85	70	50	40	35	25	20
	一般值	210	170	120	100	90	60	50

注：一般情况下应大于或等于一般值；特别困难时可采用极限值。

2)凸形竖曲线极限最小半径。主要从限制失重不致过大和保证纵面行车视距两个方面进行计算分析确定。

①从失重不致过大考虑。与凹形竖曲线的限制条件和计算公式相同，即：

$$R = \frac{V^2}{127 \times \dfrac{F}{G}} \tag{2-20}$$

式中各符号意义同前。

②从保证纵面行车视距考虑。凸形竖曲线半径过小，路面上凸直接影响行车视距，按照规定的视距控制即可推导出计算极限最小半径的计算式。分为以下两种情况：

a. 如图 2-8 所示，$s \leqslant L$：

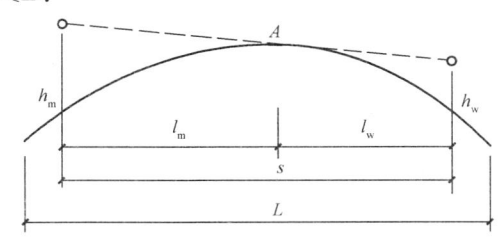

图 2-8 凸形竖曲线视距

$$h_w = \frac{l_w^2}{2R} \tag{2-21}$$

$$h_m = \frac{l_m^2}{2R} \tag{2-22}$$

由几何条件：

$$s = l_w + l_m \tag{2-23}$$

将式(2-21)和式(2-22)代入式(2-23)得：

$$s = \sqrt{2R}(\sqrt{h_w} + \sqrt{h_m}) \tag{2-24}$$

式中　h_w——物高(m)，取 $h_w = 0.10$ m；

h_m——目高(m)，取 $h_m = 1.20$ m；

l_w——竖曲线顶点 A 距物点的距离(m)；

l_m——竖曲线顶点 A 距目点的距离(m)；

s——要求的行车视距(m)，按停车视距考虑；

L——竖曲线长度(m)。

将 h_w、h_m 的值代入式(2-24)并整理得：

$$R_{\min} = \frac{s^2}{3.98} \tag{2-25}$$

b. $s > L$：

$$R_{\min} = \frac{2s}{\omega} - \frac{3.98}{\omega^2} \tag{2-26}$$

式中　s——要求的视距长度(m)；

ω——纵断面变坡处的坡度角。

经比较，式(2-24)和式(2-26)的计算结果比式(2-25)的要小，故采用式(2-25)作为标准的制定依据。《标准》和《规范》规定的各级公路和城市道路的凸形竖曲线的极限最小半径见表2-12和表2-13。

(2)竖曲线最小长度。与平曲线相似，当坡度角较小时，即使采用较大的竖曲线半径，竖曲线的长度也很短，这样容易使驾驶员产生急促的变坡感觉；同时，竖曲线长度过短，易对行车造成冲击。我国公路按照汽车在竖曲线上3 s的行程时间控制竖曲线的最小长度。《标准》和《规范》对竖曲线的最小长度的规定见表2-12和表2-13。

(3)竖曲线半径的选择。选择竖曲线半径主要应考虑以下因素：

1)选择半径应符合表2-12和表2-13所规定的竖曲线的最小半径和最小长度的要求；

2)在不过分增加土石方工程量的情况下，为使行车舒适，宜采用较大的竖曲线半径；

3)结合纵断面起伏情况和高程控制要求，确定合适的外距值，按照外距控制选择半径：

$$R = \frac{8E}{\omega^2} \tag{2-27}$$

4)考虑相邻竖曲线的连接(即保证最小直坡段长度或不发生重叠)限制曲线长度，按照切线长度选择半径：

$$R = \frac{2T}{\omega} \tag{2-28}$$

5)过大的竖曲线半径将使竖曲线过长，对施工和排水都是不利的，因此，选择半径时应注意；

6)对夜间行车交通量较大的路段应考虑灯光照射方向的改变，并使前灯照射范围受到限制，选择半径时应适当加大，以使其有较长的照射距离。

(4)竖曲线设计的一般要求。竖曲线是否平顺、在视觉上是否良好，往往是构成纵面线形优劣的主要因素。竖曲线设计应满足以下要求：

1)宜选用较大的竖曲线半径。在不过分增加工程量的情况下，宜选用较大的竖曲线半径。通常采用大于竖曲线一般最小半径的半径值；特别是当坡度差较小时，更应采用大半径，以利于视觉和路容美观。只有当地形限制或其他特殊困难不得已时才允许采用极限最小半径。在有条件的路段，为获得平顺而连续且视觉良好的纵面线形，可以参照表2-14选择竖曲线半径。

表2-14 从视觉观点所需的竖曲线最小半径

设计速度/(km·h^{-1})	凸形竖曲线半径/m	凹形竖曲线半径/m
120	20 000	12 000
100	16 000	10 000
80	12 000	8 000
60	9 000	6 000

2)同向竖曲线应避免"断背曲线"。同向竖曲线特别是同向凹形竖曲线间，如直坡段不长，应合并为单曲线或复曲线。

3)反向曲线间，一般由直坡段连接，也可径向连接。反向竖曲线间最好设置一段直坡段，直坡段的长度应能保证汽车以设计车速行驶3 s的行程时间，以使汽车从失重(或增重)过渡到增重(或失重)有一个缓和段。如受条件限制也可互相连接或插入短的直坡段。

4)竖曲线设置应满足排水需要。若相邻纵坡之代数差很小时,采用大半径竖曲线可能导致竖曲线上的纵坡小于0.3%,不利于排水,应重新进行设计。

【例2-1】 某城市主干路,变坡点桩号为K5+030.00,设计高程为427.68 m,$i_1=+5\%$,$i_2=-4\%$,竖曲线半径$R=2\,000$ m。试计算竖曲线诸要素以及桩号为K5+000处的设计高程。

解:(1)计算竖曲线要素:
$\omega=i_2-i_1=-0.04-0.05=-0.09$,为凸形;
$L=R\omega=2\,000\times0.09=180$(m);
$T=L/2=90$(m);
$E=T^2/(2R)=90^2/(2\times2\,000)=2.03$(m)。

(2)计算纵距h:
根据变坡点桩号$\pm T=$起终点桩号,计算点桩号=起终点桩号$\pm x$得到:
起点桩号$=K5+030.00-T=K4+940.00$;
计算点桩号=起点桩号$+x=K4+940.00+60=K5+000$;
纵距$h=x^2/(2R)=60^2/(2\times2\,000)=0.90$(m)。

(3)计算切线高程和设计高程:
根据切线高程=起点高程$\pm i\cdot x$,(上坡取正,下坡取负);设计高程=切线高程$\pm h\pm h$,(凸形取正,凹形取负),得到:

竖曲线起点高程$=K427.68-90\times0.05=423.18$(m);
桩号为K5+000处的切线高程$=K423.18+60\times0.05=426.18$(m);
桩号为K5+000处的设计高程$=K426.18-0.90=425.28$(m)。

2.3 道路平、纵线形组合设计

道路的空间线形是指由道路的平面线形和纵面线形所组成的空间立体形状。道路线形设计首先是从路线规划开始的,然后经选线、平面线形设计、纵面线形设计和平纵线形组合设计的过程,最终以平、纵组合的立体线形展现在驾驶员眼前。在行驶过程中,驾驶员所选择的实际行驶速度,是由他对立体线形的判断做出的,因此,设计中仅仅满足平面、纵面线形标准还是不够的。道路的空间线形应能够保持视觉的连续性,并有足够的舒适感和安全感。

设计车速≥60 km/h的公路,应注重空间线形设计,不仅要满足汽车运动学和力学要求,还应充分考虑驾驶者在视觉和心理的要求,尽量做到线形连续、指标均衡、视觉良好、景观协调、安全舒适。设计车速越高,平、纵组合设计所考虑的因素应越周全。当设计车速≤40 km/h时,首先应在保证行驶安全的前提下,正确运用线形要素规定值,在条件允许的情况下,力求做到各种线形要素的合理组合,并尽量避免和减少不利组合。

道路平面线形和纵面线形的组合设计,就是要得到一个既满足汽车行驶安全、舒适的要求,又能使工程造价和运营费用经济,在驾驶员视觉和心理状态方面引起良好的反应,同时，还能使道路与沿线周围环境和景观相协调的道路立体线形，从而达到安全、舒适、快速和经济的目的。

2.3.1 平、纵线形组合形式

平、纵线形组合设计是指在满足汽车运动学和力学要求前提下，研究如何满足视觉和心理方面的连续性、舒适性，与周围环境的协调和良好的排水条件，依次对平、纵线形进行调整，使其组合后能成为连续、舒适且美观的空间线形。

平、纵线形组合是指由平面线形（直线或曲线）和纵断面线形（直线或凸形、凹形竖曲线）组合而成的空间线形，通过分解立体线形的要素，可得出平、纵线形的六种组合形式，见表 2-15。

表 2-15 平、纵线形要素组合形式

编号	平面要素	纵断面要素	立体线形要素
1	直线	直线	具有恒等坡度的直线
2	直线	凹形竖曲线	下凹直线
3	直线	凸形竖曲线	凸起直线
4	曲线	直线	具有恒等坡度的曲线
5	曲线	凹形竖曲线	下凹曲线
6	曲线	凸形竖曲线	凸起曲线

1. 组合 1

该组合形式在平面上为直线,纵断面也是直线——构成具有恒等坡度的直线。

这种线形单调、枯燥,行车过程中路线的视景缺少变化,容易产生驾车疲劳和超车次数的增多,易引发交通事故。在设计中可采用画车道线、设置标志、绿化和与周围景观设施配合等方法加以调节,缓解单调的视觉,起到视线诱导的作用,如图 2-9 所示。

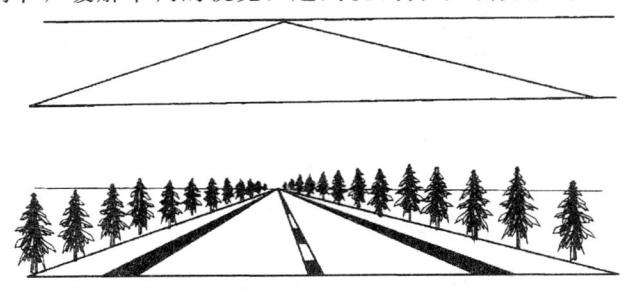

图 2-9 平直路段

2. 组合 2

该组合形式在平面上为直线,纵断面上是凹形竖曲线——构成下凹的直线。

这种组合具有较好的视距条件,在纵断面上插入了凹形竖曲线,改善了组合 1 生硬、呆板的状态,给驾驶员动态的视觉效果,行车条件得以提高,如图 2-10 所示。

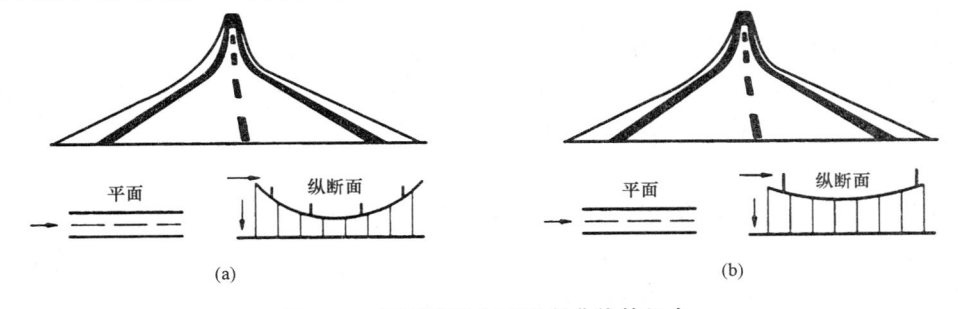

图 2-10 平面直线与凹形竖曲线的组合
(a)直线与小半径凹形竖曲线组合;(b)直线与大半径凹形竖曲线组合

在组合设计中应注意以下几点:

(1)组合中竖曲线的长度不能过短,竖曲线的半径不能过小(一般情况竖曲线半径要取大于最小半径的 3~4 倍),避免产生折点。

(2)在两个凹形竖曲线间不要插入短的直坡段,否则会导致视觉上的错误判断,应将这两个竖曲线合并成一个凹形竖曲线,以改善视觉条件。

(3)长直线的末端不宜插入小半径的凹形竖曲线。

3. 组合 3

该组合形式在平面上为直线,纵断面上是凸形竖曲线——构成凸起的直线。

这种凸起的直线视距条件较差、线形单调,会使驾驶员无法准确判断前方道路的情况,应该避免。而且要选用大半径的竖曲线以保证视距。如果与组合 2 连接时,应注意避免"波浪""暗凹"和"驼峰"等不良视觉效果的出现,如图 2-11~图 2-13 所示。

图 2-11 波浪

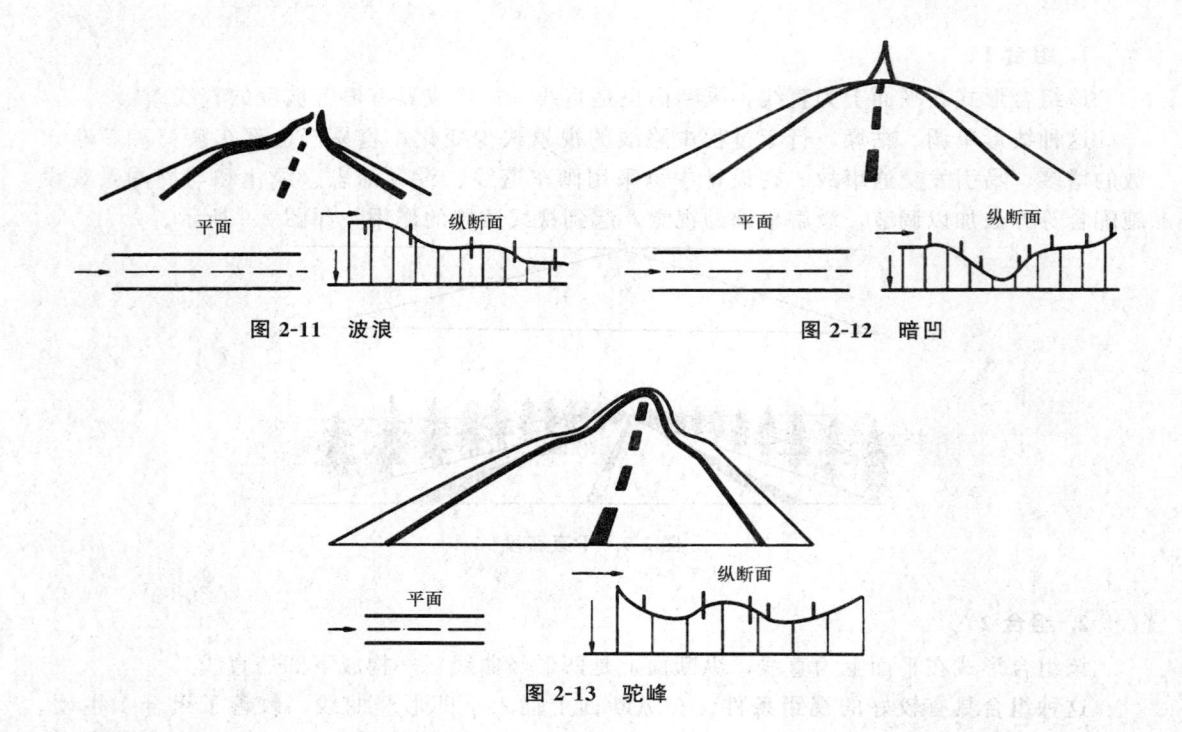

图 2-12 暗凹

图 2-13 驼峰

4. 组合 4

该组合在平面上为曲线，纵断面上为直线——构成具有恒等坡度的平曲线。

大量透视图分析结果表明，如果平曲线半径选择适当，纵坡不太陡，这种组合视觉效果良好，汽车在这种线形上行驶，可以获得较好的景观效果。司机对外界变化的景观感觉新鲜，方向盘操纵舒适。

设计时还需要注意检查合成坡度是否超限，避免急弯陡坡的组合。

如果平曲线与直线组合不当（如断背曲线），平曲线半径过小或坡长过短，平曲线半径与纵坡不协调，都会导致线形曲折，如图 2-14 所示。

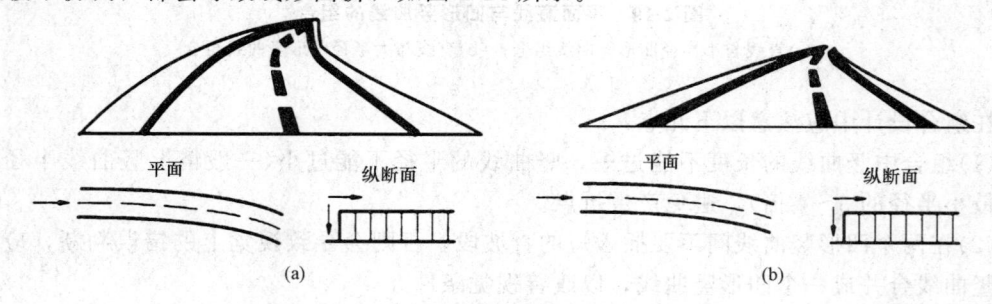

图 2-14 平曲线与直坡组合不当
(a)平曲线半径过小；(b)直坡段长度过短

平曲线与纵坡组合协调的最小半径的计算公式为：

$$R = 0.2 \frac{V^2}{i} + 20 \tag{2-29}$$

式中　R——平曲线半径(m)；

V——设计速度(km/h);

i——路线纵坡度(%),一般不小于 0.25%。

设计时,还需注意检查合成坡度是否超限,避免急弯陡坡的组合。

5. 组合 5 和组合 6

组合 5 在平面上为曲线,纵断面上是凹形竖曲线——构成下凹的平曲线;组合 6 在平面上为曲线,纵断面上是凸形竖曲线——构成凸起的平曲线。这两种组合设计是较为常见的,但又较为复杂。如果几何要素的大小选取适当且均衡协调,可以获得视觉舒适、视线诱导良好的空间线形;反之,则会出现一些不良后果,因此,设计时要特别重视。

2.3.2 线形组合设计原则与要点

1. 线形组合设计的原则

(1)应在视觉上能自然地诱导驾驶员的视线,并保持视觉的连续性。这样,可以使驾驶员及时和准确地判断路线的变化情况,不致因错觉而发生事故。任何使驾驶员感到茫然、迷惑或判断失误的线形,必须尽力避免。在视觉上,能否自然地诱导驾驶员的视线,是衡量平、纵线形组合好否的基本条件。

(2)平、纵面线形的技术指标应大小均衡,使线形在视觉上、心理上保持协调。

平曲线与竖曲线的大小如果不均衡,会给人以不愉快的感觉,失去了视觉上的均衡性。纵面线形反复起伏,而平面上却采用高标准的线形是无意义的,反之亦然。

(3)合成坡度应组合得当,以利于路面排水和行车安全。合成坡度过大,对行车不利,合成坡度过小则对排水不利也影响行车。在进行平纵组合设计时,如条件可能,一般最大合成坡度不宜大于 8%,最小合成坡度不宜小于 0.5%。

(4)注意与道路周围环境的配合。配合得好,它可以减轻驾驶员的疲劳和紧张程度,还可以起到引导视线的作用。

2. 线形组合设计的要点

(1)平曲线与竖曲线应相互重合,且平曲线应稍长于竖曲线,或者平曲线与竖曲线错开。一般情况下,当平曲线、竖曲线半径较大时,应使平竖曲线顶点对应,如图 2-15 所示。平曲线长度应大于竖曲线长度,最好使竖曲线的起、终点分别放在平曲线的两个缓和曲线内,不要落在直线段或圆曲线上,即所谓的"平包竖",如图 2-16 所示的组合要求。这种立体线形不但能起诱导视线的作用,而且可以取得平顺而流畅的效果。

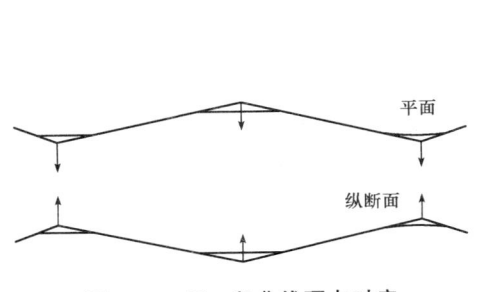

图 2-15 平、竖曲线顶点对应

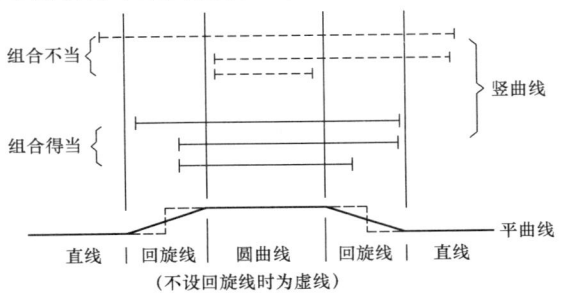

图 2-16 平曲线与竖曲线的组合要求

采用平、竖曲线对应布置的优点是：利于视线诱导，当车辆驶入凸形竖曲线的顶点之前，能够清楚地看到平曲线的始端，辨明转弯的走向，不致因判断错误而发生事故，有利于行车安全，线形舒适美观。

如果平曲线与竖曲线不能较好地配合，两者的半径都小于某一限度时，宜将平曲线和竖曲线错开一定的距离（最小应为以相应速度行驶的 3 s 行程），使平曲线位于直坡段上或使竖曲线位于直线上。

(2) 平曲线与竖曲线的大小保持均衡。不要把过缓与过急，过长与过短的平、竖曲线组合在一起。如果平曲线和竖曲线其中一方大而平缓，那么另一方就不能多而小。一个长的平曲线内有两个以上凹、凸相间的竖曲线，或一个大的竖曲线含有两个以上反向平曲线，这两种组合的透视形状如图 2-17 所示，要避免做这样看上去非常别扭的线形组合。

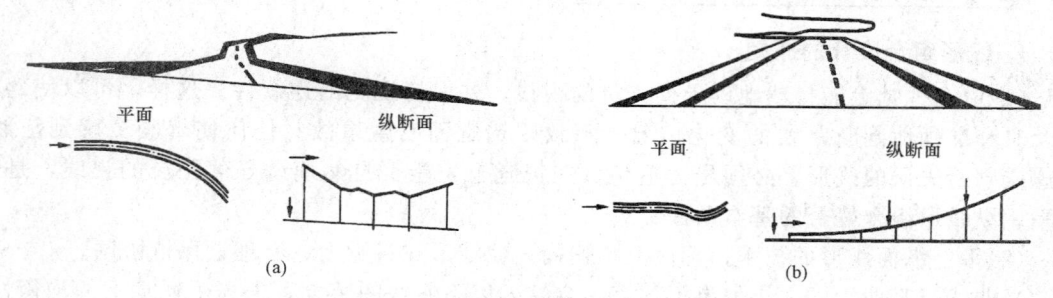

图 2-17 平曲线和竖曲线大小不均衡

缺乏视觉均衡性的线形易给人不愉快的感觉，大半径长的平曲线与小半径短的竖曲线相结合，在透视图上会有中间凹陷的视觉，线形的连续会受到破坏。为使平、竖曲线半径达到均衡，当平曲线半径小于 1 000 m 时，平曲线与竖曲线半径的比值以 1∶20～1∶10 为宜。此时可以获得视觉与工程费用的经济平衡，其协调关系见表 2-16。

表 2-16 平、竖曲线半径的均衡

平曲线半径/m	600	700	800	900	1 000	1 100	1 200	1 500	2 000
竖曲线半径/m	10 000	12 000	16 000	20 000	25 000	30 000	40 000	60 000	100 000

对一般公路的视觉分析结果显示，平、竖曲线的半径均在表 2-17 所列的数值以下时，最好避免平纵线形重合，或把急弯与陡坡线形错开，或考虑把其中一线形增大到表中数值的 2 倍以上。

表 2-17 避免平、竖曲线对应的界限

设计速度/(km·h^{-1})	80	60	40	30	20
平曲线半径/m	400	200	100	50	50
竖曲线半径/m	5 000	2 500	2 000	1 500	1 000

(3) 避免线形的突变，以顺适的线形连接与配合。避免在凸形竖曲线的顶部或凹形竖曲线的底部插入小半径平曲线，从而使线形失去视线的诱导或产生扭曲感。凸形竖曲线的顶部或凹形竖曲线的底部不得与反向平曲线拐点重合，尤其是凸形竖曲线，易造成判断失误。

避免平面转角小于7°的平曲线与坡度较大的凹形竖曲线组合。这种组合方式将使平面线形产生折点,易形成"暗凹"或"跳跃"现象。

(4)长直线不宜与坡陡或半径小且长度短的竖曲线组合。

(5)长的平曲线内不宜包含多个短的竖曲线;短的平曲线不宜与短的竖曲线组合。

2.4 爬坡车道设计

爬坡车道是陡坡路段正线行车道外侧增设的供载重车或慢速车行驶的专用车道。当道路的纵坡大于或等于4%时,如果载重车混入率较大,为了使小汽车能够以较高的车速行驶,而不影响通行能力,且不违反坡长限制的规定,需要将大型车和慢速车从主线车流中分离出去,宜在陡坡路段增加辅助的爬坡车道。

一般情况下,较为理想的纵断面设计应具有较缓的坡度,而不设置爬坡车道。但这样的设计可能造成路线的迂回或路基的高填深挖,引起工程量和工程造价的增加。因此,在某些特殊情况下,选用的纵坡值较大,配合爬坡车道会达到经济且安全的效果。设置爬坡车道不一定是最好的措施,解决问题的根本方法在于精选路线,选出纵坡较小且经济适用的路线。

2.4.1 爬坡车道的功能

在道路纵坡较大的路段上,载重车爬坡过程中需要克服的坡度阻力较大,使得输出功率与车重之比降低,车速随之下降,致使大型车与小汽车的速度相差较大,超车次数因此增加,这样对行车的安全不利。当速度相差较大的车辆混合行驶时,将使小车的行驶自由区大大下降,造成道路的通行能力降低。爬坡车道的设置将大型车和慢速车从正线车流分离出去,可以提高小汽车的行驶自由度,确保行车安全,增加道路的通行能力。

2.4.2 爬坡车道的设置条件

1. 公路

高速公路、一级公路纵坡长度受限制的路段,应对载重汽车上坡行驶速度的降低值和设计通行能力进行验算,符合下列情况之一者,在上坡方向行车道右侧设置爬坡车道:

(1)沿连续上坡方向载重汽车的运行速度降低到表2-18的容许最低速度以下的;

(2)上坡路段的实际通行能力小于设计小时交通量的;

(3)经设置爬坡车道与改善主线纵坡不设爬坡车道技术经济比较论证,设置爬坡车道的效益费用与行车安全性较优的。

表2-18 上坡方向容许最低速度

设计速度/(km·h^{-1})	120	100	80	60	40
容许最低速度/(km·h^{-1})	60	55	50	40	25

2. 城市道路

城市道路快速路及行车速度为 60 km/h 的主干道，纵坡度大于 5% 的路段或符合下列情况之一时，可以在上坡方向行车道右侧设置爬坡车道：

(1) 沿上坡方向大型车辆的行驶速度降低到 50 km/h 时(设计车速为 80 km/h)或行驶速度降低到 40 km/h 时(设计车速为 60 km/h)；

(2) 由于上坡路段混入大型车辆的干扰，降低路段通行能力的；

(3) 经综合分析认为设置爬坡车道比降低纵坡经济合理的。

2.4.3 爬坡车道的设计

1. 横断面组成

爬坡车道设于上坡方向主线行车道右侧。爬坡车道的宽度一般为 3.5 m，包含设置于其左侧 0.5 m 的路缘带宽度，如图 2-18 所示。

图 2-18　爬坡车道横断面组成(单位：m)

爬坡车道的路肩同样由硬路肩和土路肩组成。但在爬坡车道上行驶的汽车速度较低，其硬路肩宽度可以不按照主线的安全标准要求设计，一般为 1.0 m。而土路肩宽度以按照主线要求设计为宜。

当长而连续的爬坡车道路肩较窄，尤其是高速公路、一级公路爬坡车道长度大于 500 m 时，为了临时停车的需要应按照规定设置紧急停车带。

2. 横坡度

如上所述，因为爬坡车道的行车速度比主线小，为了行车安全起见，高速公路主线超高坡度与爬坡车道的超高坡度之间的对应关系见表 2-19。超高坡度的旋转轴为爬坡车道内侧边缘。

表 2-19　爬坡车道的超高值

主线的超高坡度/%	10	9	8	7	6	5	4	3	2
爬坡车道的超高坡度/%	5			4				3	4

若爬坡车道位于直线路段时，其横坡度的大小同正线路拱坡度，采用直线式横坡，坡向向外。另外，爬坡车道右侧路肩的横坡度大小和坡向，应参照正线与右侧路肩之间关系的有关规定进行确定。爬坡车道的曲线加宽按照一个车道曲线加宽规定执行。

3. 平面布置与长度

爬坡车道的平面布置如图 2-19 所示。其总长度由起点处渐变段长度 L_1、爬坡段长度 L 和终点处附加长度 L_2 组成。

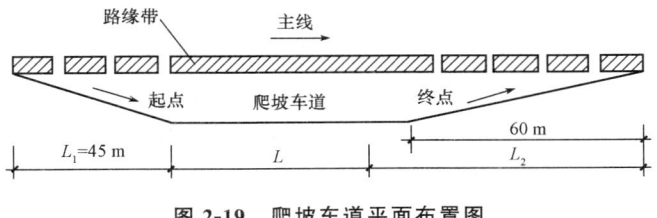

图 2-19 爬坡车道平面布置图

起点处渐变段长度 L_1 用来使主线车辆驶离主线而进入爬坡车道，其长度高速公路、一级公路为 100 m，二级公路为 50 m。

爬坡车道的位置与长度 L，一般应根据所设计的纵断面线形，通过加、减速行程图绘制出载重车行驶速度曲线，找出小于容许最低速度的路段，从而得到需设爬坡车道的位置及长度 L。对于 $L>500$ m 的高速公路和一级公路，应按照规定在右侧设置紧急停车带。

爬坡车道终点处附加长度 L_2 用来供车辆驶入主线前加速至容许最低车速，其值与附加段的纵坡度有关，见表 2-20，该附加长度包括终点渐变长度在内。对于高速公路和一级公路终点渐变长度取 150～200 m，对于二级公路取 90 m。

爬坡车道起、终点的具体位置除按上述方法确定外，还应考虑与线形的关系。通常应设在通视条件良好、便于辨认和过渡顺适的地点。

表 2-20 爬坡车道的超高值

附加路段纵坡/%	下坡	上坡	上坡			
			0.5	1.0	1.5	2.0
附加长度/m	100	150	200	250	300	350

2.5 纵断面设计方法和成果

纵断面设计的主要内容是根据沿线自然条件、道路等级和构造物控制高程等，确定路线合适的高程、各坡段的纵坡度和坡长，并设计竖曲线。其基本要求是纵坡均匀平顺、起伏和缓、坡长和竖曲线长短适当、平面与纵面组合设计协调以及填挖经济、平衡。

2.5.1 纵断面设计要点

1. 不同地形条件下的纵坡设计

对于不同的地形，纵坡设计要在初次拟定设计高程控制的基础上进行，为使纵坡设计合理，须按照以下要求进行设计：

(1)平原、微丘区地形平坦，河沟纵横交错，地面水源较多，地下水位较高。纵坡应均匀平缓，设计中注意保证最小填土高度和最小纵坡的要求，以保证路基的稳定性。

(2)丘陵地形具有一定的高差，大部分地段路线在纵断面上克服高差不是很困难。注意纵坡应顺适，不产生突变，纵坡设计应避免过分迁就地形而起伏过大，尽量保证土石方量均衡，降低工程造价。

山岭、重丘区地形变化频繁，地面自然坡度大，布线有困难。设计中尽量采用平缓的纵坡，坡长不宜过短，纵坡度不宜过大，高等级的公路更应注意不宜采用陡坡。

(3)越岭线的纵坡应力求均匀，尽量不采用极限或接近最大纵坡值的坡度，更不宜在连续采用不同纵坡最大坡长值的陡坡之间加短距离的缓和坡段。越岭线一般不应设置反坡，要满足平均坡度的要求。

(4)山脊线和山腰线除结合地形不得已时采用较大纵坡外，在可能条件下纵坡应平缓。

沿水库上游岸边的路线，路基设计标高应考虑水库水位升高后地下水位壅升及水库淤积后壅水曲线抬高和浪高的影响；在寒冷地区还应考虑冰塞壅水对水位增高的影响。

(5)大中桥桥头引道(在洪水泛滥范围内)的路基设计高程，一般应高于该桥设计洪水位(包括壅水和浪高)至少 0.5 m；小桥涵附近的路基设计高程应高于桥涵前壅水水位至少 0.5 m(不计浪高)。

(6)根据特殊地区和不良地质地区的路基要求对纵断面设计高程进行控制。

(7)根据桥涵和通道要求的最低路基设计高程对纵断面设计高程进行控制。

2. 纵坡极限值的运用

(1)根据汽车动力特性和考虑经济等因素制定的最大纵坡和最大坡长等极限值，设计时不可轻易采用，应留有余地。在受限制较严重的地段，如越岭线为争取高度、缩短路线长度或避开艰巨工程等，才有条件地采用。好的设计应尽量考虑人的视觉和心理上的要求，使驾驶员有足够的安全感、舒适感和视觉上的美感。

(2)一般来讲，纵坡设计平缓为宜。但为了路面和边沟排水，最小纵坡不应小于 0.3%～0.5%，否则应做专门的排水设计。

3. 坡长值的运用

坡长是指纵断面两变坡点之间的水平距离。坡长不宜过短，以不小于计算行车速度9 s的行程为宜。对于连续起伏路段，坡度应尽量小，坡长和竖曲线应争取到极限值的一倍或两倍以上，避免锯齿形的纵断面，以使增重与失重变化不太频繁，但不能超过最大坡长限制。

4. 竖曲线设计的要求

(1)竖曲线半径应选用较大值。当受限制时可以采用一般最小值，特殊困难方可采用极限最小值。

(2)坡差小时，应尽量采用大的竖曲线半径。设计速度大于或等于 60 km/h 的公路，竖曲线设计宜采用长的竖曲线和长直坡段组合；有条件时，宜采用大于或等于视觉所要求的竖曲线半径值。

(3)相邻竖曲线的衔接。相邻两个同向凹形或凸形竖曲线，特别是同向凹形竖曲线之间，如果直坡段接近或达到最小坡长时，则应取消直坡段，将两竖曲线合并为单曲线或复曲线，避免出现"断背曲线"，这样要求对行车是有利的，如图2-20(a)、(b)所示。

相邻反向竖曲线之间，为使增重与失重之间缓和过渡，中间最好插入一段直坡段。如两竖曲线半径接近极限值时，这段直坡段至少应为计算行车速度的 3 s 行程，如图 2-20(c)所示。当半径比较大时，也可以直接径向连接，如图 2-20(d)所示。

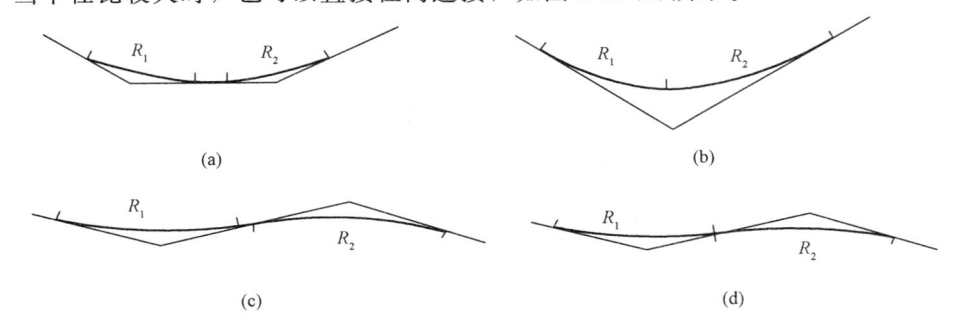

图 2-20 相邻竖曲线的衔接

(4)考虑排水要求。设计前坡为下坡(上坡)、后坡为上坡(下坡)的竖曲线时，为全凹竖曲线和全凸竖曲线。不宜采用过大半径的竖曲线，避免竖曲线的底部(顶部)小于最小纵坡的路段长度过大。其长度可用下式计算；

$$L_V = 2Ri_{min} \qquad (2-30)$$

式中 L_V——纵坡小于最小纵坡的长度(m)；

R——竖曲线半径(m)；

i_{min}——允许最小纵坡值(%)；一般取 0.5%，特殊情况下取 0.3%。

纵坡小于最小纵坡的长度与竖曲线半径成正比。因此，在满足线形设计要求的前提下，不应仅追求过大的竖曲线半径，以减少纵断面上排水不畅的路段长度。在横向排水不畅的路段，更应注意这种情况。在全挖方地段，要避免出现全凹竖曲线，以保证满足排水要求。

2.5.2 纵断面设计方法

在道路的路线位置拟定后，首先，应先根据中桩的桩号和地面高程给出纵断面图的地面线，将平面资料以曲率图的形式填到平曲线一栏。其次，按照选线的意图和地质、桥涵等路线纵断面设计的要求，决定控制点和其高程。考虑填挖平衡和与周围地形景观的协调，按照平、纵、横三个断面综合考虑的原则试定坡度线。再次，对照横断面检查核对，确定坡度。最后，确定各变坡点处的竖曲线半径，进行竖曲线计算，得到设计高程，完成纵断面图。

1. 纵断面的设计步骤

(1)准备工作。

1)搜集有关设计资料：有关技术指标和设计任务书要求、平面设计成果、里程桩号和地面高程、沿线地质资料等。

2)根据中桩及水准记录，在图纸上按照比例标注中桩位置和相应的地面高程，并点绘地面线，填写有关内容。

3)根据中线测设资料，绘出全线的交点和相应的平曲线曲率图。

4)将地形、地质、水文、桥涵和材料等资料标注在图纸上。

(2)确定控制点。控制点是指影响路线纵坡设计的高程控制点。如路线的起讫点高程、越岭垭口、重要桥涵、地质不良地段的最小填土高度和最大挖方深度、沿溪线的洪水位、隧道的进出口要求高程、路线交叉点的高程、铁路道口和重要城镇通过点、沿街地坪高度和街坊竖向设计要求及其他影响路线高程位置的点位,都应作为控制纵坡设计的依据。

对于山岭重丘区的道路,除考虑上述高程类的控制点外,还要考虑各横断面上横向填挖平衡的经济点。以求降低工程造价,如图2-21所示。

横断面上的经济点有以下三种情况:

1)当地面横坡不大时,可以在中桩地面标高上下找到填方和挖方基本平衡的高程,该高程为其经济点,如图2-21(a)所示。纵坡通过此高程时,在该横断向上的挖方数量和填方数量基本相等。

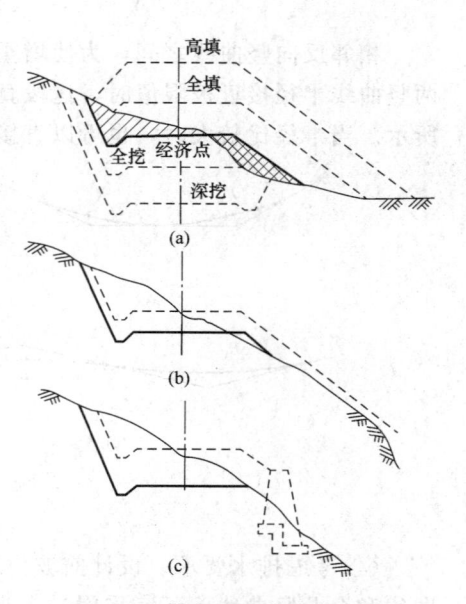

图 2-21 横断面上的经济点
(a)半填半挖;(b)多填少挖;(c)全挖

2)当地面横坡较陡时,填方往往不易填稳,有时坡脚伸得较远,采用多挖少填甚至全部挖出路基的方法比做砌石护坡经济,这时多挖少填或全挖路基的标高为经济点,如图2-21(b)所示。

3)当地面横坡很陡而无法填方时,需要砌筑挡土墙,此时应全部挖出路基或深挖,该全部挖出或深挖路基的标高为其经济点,如图2-21(c)所示。

(3)试坡。试坡主要是在已标出控制点的纵断面图上,根据技术标准、选线意图,考虑各控制点和经济点的要求,结合地面起伏情况,初步定出纵坡设计线的工作。

试坡应本着以"控制点"为依据,照顾多数"经济点"的原则。当个别控制点确实无法满足时,应对控制点重新研究,以便采取弥补措施,试坡的要点可以归纳为:"前后照顾,以点定线,反复比较,以线交点。"前后照顾就是要整体考虑前后坡段,不能只局限在某一坡段上;以点定线就是按照纵断面技术标准的要求,满足控制点,参考经济点,初步定出坡度线;反复比较就是用三角板推平行线的办法,移动坡度线,反复试坡,对各种可能的坡度线方案进行比较,最后确定既符合技术标准,又满足控制点要求而且土石方量又最省的坡度线;以线交点就是将得到的坡度线延长,交出变坡点的初步位置。

(4)调坡。调坡是检查初定的坡度、选线时的坡度和《标准》检查设计的各项指标是否符合规定,线形组合等是否合理。若发现问题,则及时进行调整。调整时,应少脱离控制点、少变动填挖值。调坡的方法有平抬、平降、延伸、缩短或改变坡度值等。

调坡主要依据以下两个方面进行:

1)考虑选线意图。将试坡线与选线时所考虑的坡度进行比较,两者应基本相符。如果有脱离实际或考虑不周的情况,应全面分析,找出原因,权衡利弊。

2)与技术标准和规范对照。详细检查设计的最大纵坡、最小纵坡、坡长限制以及平纵线形结合等是否符合技术标准和规范的要求。特别注意的是,陡坡与平曲线、竖曲线、桥头接线和路线交叉等处的坡度是否合理。若发现问题,则需要及时调整修正。

(5)核对。核对主要选择有控制意义的特殊横断面进行,如选择高填深挖、重要桥涵段、挡土墙与人工构造物以及其他重要控制点的断面等。

核对要在纵断面图上根据填挖高度用路基横断面透明模板套在相应横断面地面线上。若有坡脚落空或过远、填挖过大挡土墙过大、桥涵填土不够以及其他边坡不稳现象，应及时调整坡度线。核对是保证纵断面设计质量的重要环节，对如山区横坡陡峻的傍山线等复杂地段，这一工作更为重要。

(6)定坡。经调整核对合理后，即可确定坡度线。定坡就是逐段把坡值、变坡点位置（桩号）和高程确定下来。坡度值要求取值到万分之一，即0.01%。变坡点位置一般要调整到10 m的整数桩号上。变坡点标高由纵坡度和坡长依次推算而得，要精确到0.001 m。

(7)设置竖曲线。在变坡点处，为了缓和冲击、满足视距等要求要设置竖曲线。

1)根据技术标准、平纵组合平衡等原则确定竖曲线半径、长度等竖曲线设计指标。

2)根据选定的竖曲线设计指标计算竖曲线要素，从而计算各桩位处的设计高程。

2. 纵断面设计时应注意的问题

(1)设置回头曲线的地段，由于越高值较大，拉坡时应按照回头曲线技术标准先定出该地段的纵坡。然后从两端接坡，注意在回头曲线地段不宜设竖曲线。

(2)桥梁、隧道地段应按照桥梁、隧道路线纵坡的特殊要求进行。大中桥上不宜设置竖曲线，特别是凹形竖曲线。桥头两端不得已设置竖曲线时，其起、终点应设置在桥头10 m以外，如图2-22所示。

(3)小桥涵允许设在斜坡路段或竖曲线上，为保证行车平顺性，应尽量避免在小桥涵处出现突变的"驼峰式"纵坡，如图2-23所示。

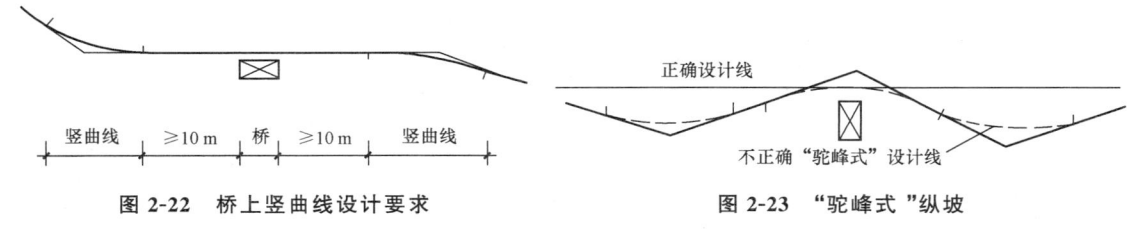

图2-22 桥上竖曲线设计要求　　　　图2-23 "驼峰式"纵坡

(4)要注意平面交叉口纵坡及两端接线要求。公路与公路交叉时，一般宜设置在水平坡段接线，其长度应不小于最短坡长规定。两端接线纵坡应不大于3%，山区工程艰巨地段不大于5%。

(5)拉坡时，如受"控制点"或"经济点"制约，导致纵坡起伏过大，或土石方工程量太大，经调整仍然难以解决时，可以用纸上移线的方法局部修改线形。

(6)通过城镇的路段，应结合城镇规划和两侧建筑物的布置，合理确定纵坡和设计高程，使路线与两侧建筑相协调。

3. 纵断面图的绘制

道路纵断面设计图是道路设计的重要技术文件之一，也能够表示纵断面设计的最后成果。

道路纵断面图采用直角坐标，以横坐标（水平方向）表示里程及桩号，纵坐标（垂直方向）表示水准高程，如图2-24所示。为了反映出地形起伏，纵横坐标通常采用不同的比例尺。横坐标比例尺一般与路线平面图一致，为1:2 000(城市道路采用1:1 000～1:500)，纵坐标的比例尺相应为1:200(城市道路采用1:100～1:50)。

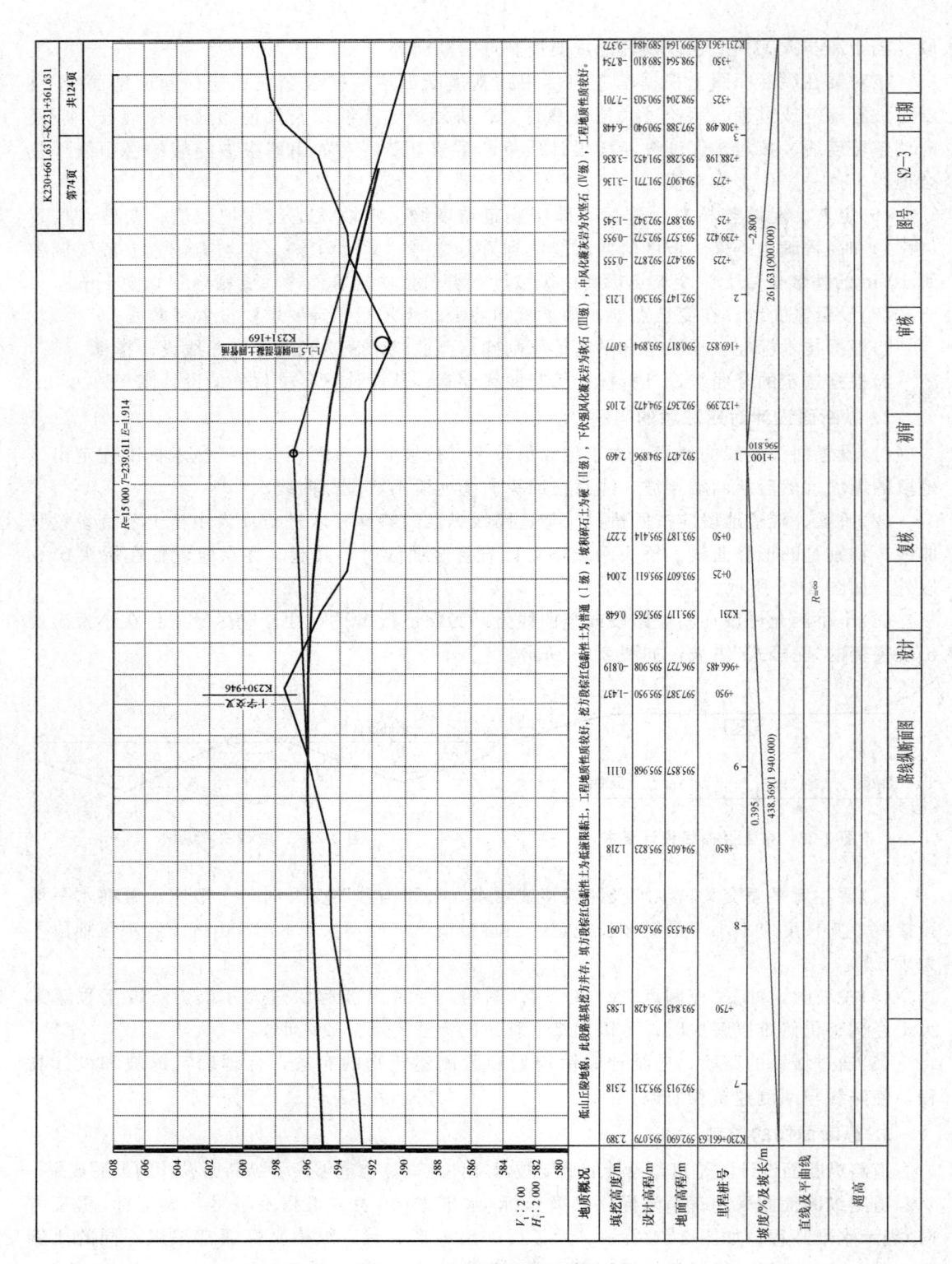

图 2-24 公路路线纵断面图

(1)纵断面图的内容。道路的纵断面图由上半部和下半部两部分组成。在纵断面图中,图的上半部应包括以下主要内容:

1)高程、地面线、设计线、竖曲线及其要素;

2)桥涵(桥梁按桥型、孔数及孔径标绘,注明桥名、结构类型、中心桩号、设计水位,跨线桥示出交叉方式,涵洞与通道按桩号及底高绘出,注明结构类型、中心桩号、孔数及孔径);

3)隧道(按长度、高度标绘,注明名称和起始点桩号);

4)与道路、铁路交叉时的桩号及路名;

5)水准点的位置、编号及高程;

6)断链桩位置及长短链关系;

7)沿线跨越河流的现有水位和设计洪水位,影响路基稳定的地下水位等。

图的下部表格各栏应自上而下分别标示出以下内容:

1)土壤地质说明;

2)坡度及坡长;

3)填挖高度;

4)设计高程

5)地面高程;

6)里程及桩号;

7)直线及平曲线;

8)超高示意图(高等级公路)。

(2)纵断面设计图的绘制步骤。

1)按照一定的比例,在毫米方格纸上标出适应的横向和纵向坐标,横向坐标标出百米桩号,整桩桩号;纵向标出高程标尺。

2)在坐标系中,按照水准测量提供的各桩号地面高程与相应的桩号配合,点绘出各桩号地面标高点,并将各地面标高点用折线依次连接后成为纵断面图的地面线。

3)在坐标图上绘出各水准点的位置、编号,并注明高程。

4)将桥涵位置绘制在坐标图上,并注明孔数、孔径、结构类型、桩号等。

5)在纵断面设计图下部表格内分别注明土壤地质资料,描绘出平面直线和平曲线的位置、转向(平曲线以曲率图表现表示,开口向上为左转,开口向下为右转),并注明平曲线有关资料(交点编号、曲线要素)。

6)纵坡和竖曲线确定后,将设计线(包括直坡线和竖曲线)绘出,并注明纵坡度、坡长(以分式表示,分子为纵坡度,分母为坡长),在各竖曲线范围内分别注明各竖曲线的基本要素(包括变坡点、桩号、竖曲线半径、切线长和外距)。

能力训练

一、思考题

1. 道路纵断面线形由哪些要素组成?

2. 简述纵断面设计的一般步骤和方法。

3. 何谓平均纵坡、合成坡度、最小坡长？

4. 纵断面设计的最终成果是什么？其主要内容是什么？

二、计算题

某二级专用公路上有一变坡点，桩号为 K10+200，切线标高为 120.28 m，两相邻路段纵坡 $i_1=+5\%$，$i_2=-3\%$，试计算竖曲线要素及 K10+100 处的设计标高。

任务自测

任务能力评估表

知识学习	
能力提升	
不足之处	
解决方法	
综合自评	

任务三　道路横断面设计

任务目标
- 掌握道路横断面组成；
- 了解道路横断面的基本形式；
- 掌握横断面设计内容；
- 熟悉路基土石方调配的基本原则和方法。

道路横断面设计是根据道路的用途，结合当地的地形、地质、水文等自然条件来确定横断面的形式、各部分的组成和几何尺寸的过程。道路横断面是指沿道路前进方向的中线各里程桩号垂直的法向切面图，是由横断面设计线和地面线构成的。横断面设计线包括行车道、路肩、分隔带、边沟、边坡、截水沟、护坡道、取土坑、弃土堆及环境保护等设施。地面线是反映横断面方向地面起伏变化的线形，横断面线形设计中所讨论的设计内容主要和汽车几何尺寸及行驶特性相关，即各部分宽度、高度和坡度等问题。

道路用地是指为修建、养护道路及其沿线设施而按照国家规定所征用的土地。道路用地的征用，必须严格遵守国家有关的土地法规，依据道路横断面设计的要求，在保证其修建、养护所必须用地的前提下，尽量节省每一寸土地。

(1)公路用地范围。填方地段为公路路堤两侧排水沟外边缘(无排水沟时为路堤或护坡道坡脚)以外，挖方地段为路堑坡顶截水沟外边缘(无截水沟为坡顶)以外，不小于 1 m 的土地范围。在有条件的地段，高速公路、一级公路不小于 3 m，二级公路不小于 2 m 的土地范围。

桥梁、隧道、互通式立体交叉、分离式立体交叉、平面交叉、交通安全设施、服务设施、管理设施、绿化以及料场、苗圃等应根据实际需要确定用地范围。在风沙、雪害等特殊地质地带，设置防护设施(防护林、种植固沙植物、防沙、防雪栅栏)及反压护道设施等时，应根据实际需要确定用地范围。

对于改建公路，在原有的基础上，可以参考以上有关规定执行。

(2)城市道路用地范围。城市道路用地范围为城市道路红线宽度。城市道路红线是指划分城市道路用地和城市建筑用地、生产用地及其他备用地的分界控制线。红线宽度为包括车行道、人行道、绿化带等在内的规划道路的总宽度。因此也称为规划路幅。城市道路的红线规划考虑道路的功能与性质、横断面形式和其各组成部分的合理宽度以及今后发展的需要，其由城市规划部门确定。

3.1 道路横断面组成

道路是具有一定宽度的带状构筑物。在垂直道路中心线的方向上所作的竖向剖面称为道路横断面。道路横断面组成和各部分的尺寸要根据道路功能、等级、交通量、服务水平、设计速度、地形条件等因素确定。在保证必要的通行能力和交通安全与畅通的前提下，尽量做到节省用地、减少投资，使道路发挥其最佳的经济效益和社会效益。

3.1.1 公路的横断面组成与类型

1. 高速公路和一级公路

高速公路和一级公路的整体式路基横断面包括行车道、中间带、路肩及紧急停车带、爬地车道、避险车道等组成部分，而分离式不包括中间带，如图3-1所示。

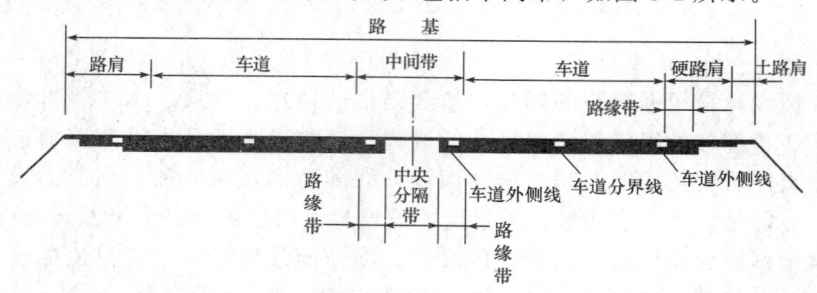

图3-1 高速公路、一级公路横断面组成

高速公路、一级公路的多车道公路，中间一般都设有分隔带或做成分离式路基而构成"双幅路"。有时公路为了利用地形或处于风景区等需要与自然条件相适应，设计成两条独立的单向行车道路，上下行车道不在同一平面。根据路基标准横断面可分为整体式横断面和分离式横断面，如图3-2和图3-3所示。这种类型的公路设计车速高、通行能力大、每条车道单幅交通量比一条双车道公路还多，而且行车顺适、事故率低，但是占地较多、造价较高。

图3-2 整体式路基 　　　　图3-3 分离式路基

2. 二、三、四级公路

不设置中间带公路的路基横断面包括行车道、路肩、错车道及避险车道等组成部分。城郊混合交通量大，实行快慢车道分开的路段，其横断面组成还有人行道、自行车道等，根据实际情况选用，如图3-4所示。

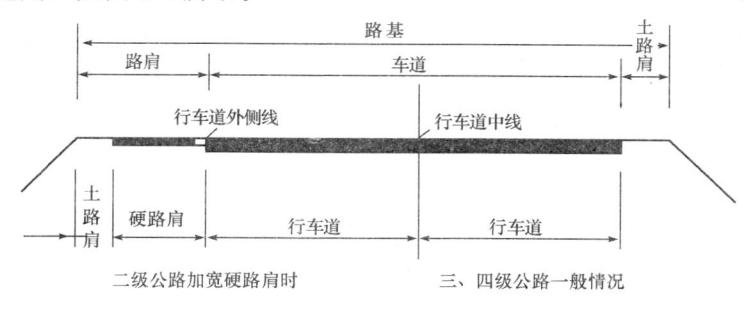

图3-4　二、三、四级公路横断面组成

单幅双车道（图3-5）公路是整体式路基形式供双向行车的双车道公路。这类公路在我同公路总里程中占的比重最大，二、三级和部分四级公路采用此形式的横断面。这类公路适应的交通量范围大，折合成小客车的年平均日最高交通量达15 000辆。行车速度允许范围为20～80 km/h。

在这种公路上行驶，只要各行其道，视距良好，车速一般都不会受到影响。当二级公路做"集散"公路或不可避免街道化时，应考虑交通量大、非机动车混入率高、视距条件又差时，其车速和通行能力大大降低。因此，对混合行驶相互干扰较大的此类路段，可以采取设置慢车道和人行道，将汽车和其他车辆分开。

对交通量小、地形复杂、工程艰巨的山区公路或地方性道路，可以采用单车道，其适用于地形困难的四级公路，《规范》中规定的四级公路路基宽度为4.50 m，路面宽度为3.50 m。此类公路虽然交通量很小，但仍然会出现错车和超车。为此，应在不大于300 m的距离内选择有利地点设置错车道、使驾驶人员能够看到相邻两错车道之间的车辆，如图3-6所示。

图3-5　单幅双车道　　　　**图3-6　设置错车道单车道**

公路路基横断面宽度为行车道和路肩宽度之和。当设置中间带、加减速车道、爬坡车道、紧急停车带、避险车道和错车道时，还应计入该部分宽度。在半径小于或等于250 m的平曲线上，会进行路基加宽。该曲线段的路基宽度包括路基加宽的宽度。

3. 城市道路横断面组成与布置形式

城市道路在行车道断面上，供汽车、无轨电车、摩托车等机动车行驶的部分称为机动车道；供自行车、三轮车、板车等非机动车行驶的部分称为非机动车道。另外，还有供行人步行使用的人行道和分隔各种车道(或人行道)的分隔带及绿化带。城市道路的横断面包括车行道(机动车道、非机动车道)、分隔带、路侧带(人行道、绿化带、设施带)等。

(1)单幅路。单幅路俗称"一块板"断面，如图 3-7 所示，各种车辆在车道上混合行驶。单幅路其适用于机动车交通量不大、非机动车较少的次干路、支路以及用地不足、拆迁困难的旧城改建的城市道路。

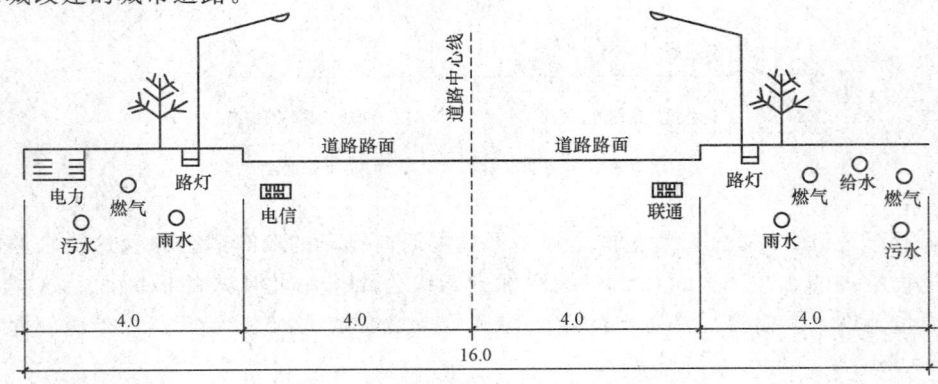

图 3-7 单幅路横断面示意图

(2)双幅路。双幅路俗称"两块板"断面，如图 3-8 所示，在行车道中心用分隔带或分隔墩将行车道分为两半，上下行车辆分向行驶，各自再根据交通需要决定是否划分快慢车道。双幅路主要用于各向两条机动车道以上、非机动车较少的道路，地形、地物特殊或有平行道路可供非机动车通行的快速路和郊区道路。

图 3-8 双幅路横断面示意图

(3)三幅路。三幅路俗称"三块板"断面，如图 3-9 所示，其中间为双向行驶的机动车车道，两侧为靠右侧行驶的非机动车道。对于机动车交通量大、非机动车多的城市道路宜优先考虑采用三幅路。但三幅式断面占地较多，只有当红线宽度大于或等于 40 m 时才能满足车道布置的要求。

图 3-9 三幅路横断面示意图

（4）四幅路。四幅路俗称"四块板"断面，如图 3-10 所示，即在三幅路的基础上，再将中间机动车车道分隔为二，分向行驶。四幅路不但将机动车和非机动车分开，还将对向行驶的机动车分开，安全和车速较二幅路更为有利。它适用于机动车辆车速较高、各向两条机动车道以上、非机动车多的快速路与主干路。

图 3-10 四幅路横断面示意图

城市道路的交通性质和组成比较复杂，行人和各种非机动车较多，各种交通工具及行人的交通问题都需要在横断面设计中综合考虑并予以解决。因此，城市道路路线设计中，横断面设计是难点。设计时，首先保证车辆和行人的安全畅通，同时，要与道路两侧的各种建筑物及自然景观相协调，并能满足地面、地下排水和各种管线埋设的要求。横断面设计应注意近期与远期相结合，使近期工程成为远期工程的组成部分，并预留管线位置，控制道路用地，给远期实施留有余地。

3.2 横断面各组成部分几何设计

3.2.1 行车道

行车道是指专为纵向排列、以安全顺适地通行车辆为目的而设置的公路带状部分。其横断面组成包括快车道和慢车道。在城市道路上，还有非机动车道。车道宽度是为了交通上的安全和行车上的顺适，根据汽车大小、车速快慢而确定的各种车辆以不同速度行驶时所需的宽度。行车道的宽度要根据车辆最大宽度，加上错车、超车所必需的余宽来确定。

1. 一般双车道公路车道宽度的确定

双车道公路有两条车道，车道宽度包括汽车宽度和应满足错车、超车行驶所必需的余宽。汽车宽度取载重汽车车厢的总宽度，为 2.5 m。余宽是指对向行驶时两车主箱之间的安全间隙、汽车轮胎至路面边缘的安全距离，如图 3-11 所示。

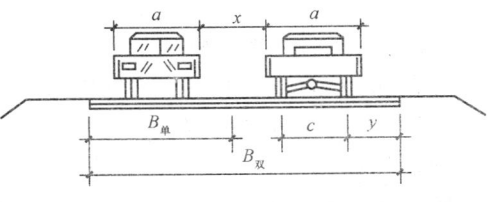

图 3-11 双车道公路的车道宽度

双车道公路每一条单向行驶的车道宽度可用下式计算：

$$B_单 = \frac{a+c}{2} + \frac{x}{2} + y \tag{3-1}$$

式中　a——车厢宽度(m);
　　　c——汽车轮距(m);
　　　x——两车厢安全间隙(m);
　　　y——轮胎与路面边缘之间的安全距离(m)。

根据大量实验观测,得出计算 x、y 的经验公式为:

$$x=y=0.50+0.05V \tag{3-2}$$

式中　V——行驶速度(km/h)。

由式(3-2)可知,行车道的余宽不仅与车速有关,还与路侧的环境、司机心理、车辆状况等有关。当设计速度为 80 km/h 时,一条车道宽度为 3.75 m 是合适的;对车速较低、交通量不大的公路可以取较小的宽度。

二、三级公路应是双车道。二级公路混合交通量大,非汽车交通对汽车运行影响较大时,可以画线分快慢车道(慢车道即利用硬路肩及加固土路肩的宽度),这种公路仍属于双车道范畴。四级公路宜采用双车道,交通量小且工程艰巨的路段可以采用单车道,但车道宽度应采用 3.50 m。《标准》中对于不同设计速度的公路做了相应的车道宽度的规定,见表 3-1。

表 3-1　车道宽度

设计速度/(km·h^{-1})	120	100	80	60	40	30	20
车道宽度/m	3.75	3.75	3.75	3.50	3.50	3.25	3.00

2. 有中央分隔带的车道宽度

高速公路、一级公路有四条以上的车道,应满足车辆并列行驶所需的宽度,一般设置中央分隔带。分隔带两侧的行车道只有同向行驶的汽车,如图 3-12 所示。车速、交通组成和大型车混入率对行车道宽度的确定有较大的影响。

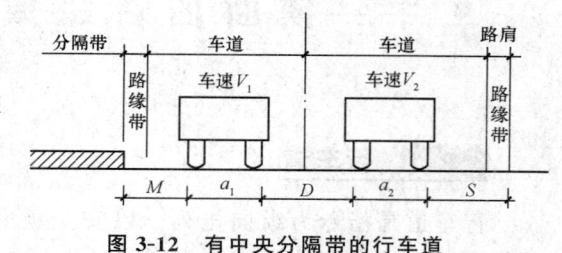

图 3-12　有中央分隔带的行车道

根据实地观测宽度,得出下列关系:

$$S=0.010\ 3V_1+0.56 \tag{3-3}$$

$$D=0.000\ 066(V_2^2-V_1^2)+1.49 \tag{3-4}$$

$$M=0.010\ 3V_2+0.46 \tag{3-5}$$

式中　S——右后车轮外缘与车道右侧之间的安全距离(m);
　　　D——两汽车后轮外缘之间的安全空隙(m);
　　　M——左后车轮外缘与车道左侧之间的安全距离;
　　　V_1,V_2——分别为超车与被超车的车速(km/h)。

则单侧行车道宽度:

$$B=S+D+M+a_1+a_2 \tag{3-6}$$

式中　a_1,a_2——汽车后轮外缘间距,对于普通车,$a_1=1.60$ m;对于大型车,$a_2=2.30$ m。

《标准》中设计速度为 80~120 km/h,每条车道宽度均采用 3.75 m。高速公路为八车道,内侧车道宽度可以采用 3.50 m。高速公路、一级公路各路段的车道数应根据设计交通量、设计速度、采用的服务水平确定。高速公路、一级公路的车道数为四车道以上时，应按照双数增加。

3. 城市道路的车道宽度

在城市道路上供各种车辆行驶的路面部分统称为车行道。其中，供汽车、无轨电车、摩托车等机动车行驶的部分称为机动车道；供自行车、三轮车、板车等非机动车行驶的部分称为非机动车道。

(1)机动车道。机动车道按车在行车方向上的不同位置，可以分为内侧车道、中间车道和外侧车道。按照车道的不同性质，可以分为变速车道、超车车道、爬坡车道、停车道、错车道、会车道、专用车道等。机动车道的宽度应计入分车带及两侧路缘带的宽度，路缘带宽度一般为0.5 m。一条机动车道的宽度见表3-2。

表3-2 一条机动车道宽度

车型及车道类型	设计速度/(km·h^{-1})	
	>60	≤60
大型车或混行车道/m	3.75	3.50
小客车专用车道/m	3.50	3.25

根据我国城市道路的实际经验，机动车道的宽度一般是：双车道为7.5～8.0 m，三车道为10.0～11.0 m，四车道为13.0～15.0 m，六车道为19.0～22.0 m。

(2)非机动车道。非机动车的单一车道宽度是根据车半身宽度和车身两侧所需的横向安全距离而确定的。根据调查，各种非机动车特性及所需车道宽度见表3-3。与机动车道合并设置的非机动车道，车道数单向不应小于2条，宽度不应小于2.5 m；非机动车专用道路面宽度应包括车道宽度及两侧路缘带宽度，单向不宜小于3.5 m，双向不宜小于4.5 m。

表3-3 一条非机动车道宽度

车辆种类	自行车	三轮车
非机动车道宽度/m	1.0	2.00

3.2.2 路肩

1. 路肩的作用

路肩是位于行车道外缘至路基边缘之间，具有一定宽度的带状结构部分。路肩通常包括路缘带(高速公路和一级公路才设置)、硬路肩、土路肩三部分，如图3-13所示。路肩的作用如下：

(1)为发生机械故障或紧急情况的车辆提供在车道外的停车空间；

(2)由于路肩紧靠在路面的两侧设置，保护行车道等主要结构的水、温度稳定性；

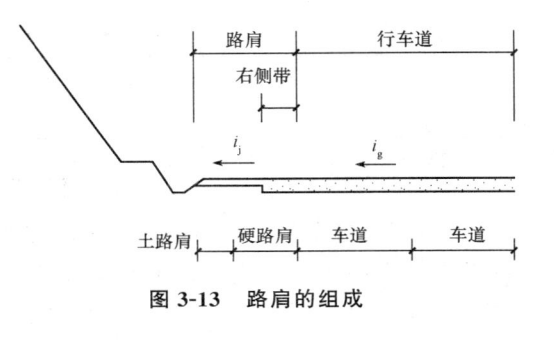

图3-13 路肩的组成

(3)提供侧向余宽，能够增强驾驶的安全性和舒适感；
(4)作为道路养护操作的工作场地；
(5)改善挖方路段视距，提高交通安全性；
(6)在满足公路建筑限界的前提下，为设置标志和护栏提供横向净距。

路肩按其功能和所用材料的不同，可以分为硬路肩和土路肩。硬路肩是指进行了铺装的路肩，它可以承受汽车荷载的作用力，在混合交通的公路上便于非机动车、行人通行。在填方路段，为使路肩能够汇集路面积水，在路肩边缘应设置路缘石。土路肩是指不加铺装的土质路肩，它起到保护路面和路基的作用，并提供侧向余宽。

2. 路肩的宽度

(1)右侧路肩宽度。《设计规范》规定各级公路的右侧路肩宽度，见表3-4。一般值在正常情况下采用，最小值在条件受限时采用。

表3-4 各级公路的右侧路肩宽度

设计速度/(km·h^{-1})		高速公路			一级公路			二级公路		三级公路		四级公路
		120	100	80	100	80	60	80	60	40	30	20
右侧硬路肩宽度/m	一般值	3.00或3.50	3.00	2.50	3.00	2.50	2.50	1.50	0.75	—	—	—
	最小值	3.00	2.50	1.50	2.50	1.50	1.50	0.75	0.25			
右侧土路肩宽度/m	一般值	0.75	0.75	0.75	0.75	0.75	0.50	0.75	0.75	0.75	0.50	0.25(双车道) 0.50(单车道)
	最小值	0.75	0.75	0.75	0.75	0.75	0.50	0.50	0.50			

注：表中所列"一般值"为正常情况下的采用值；"最小值"为条件受限制时可采用的值。

高等级公路应在右侧硬路肩宽度内设右侧路缘带，其宽度一般为0.50 m。二级公路在村镇附近及混合交通量大的路段，可以采用全铺式，以供非机动交通充分利用。计算行车速度为120 km/h的四车道高速公路，宜采用3.50 m宽的硬路肩；六车道、八车道高速公路可以采用3.00 m的硬路肩。二、三、四级公路在路肩上设置的标志、防护设施等不得侵入公路建筑限界，否则应加宽路肩。

(2)左侧路肩宽度。高速公路、一级公路采用分离式路基横断面时，行车道左侧应设置路肩，《规范》规定各级公路左侧路肩宽度见表3-5。左侧硬路肩宽度内含左侧路缘带宽度，其宽度一般为0.50 m。

表3-5 各级公路左侧路肩宽度

设计速度/(km·h^{-1})	120	100	80	60
左侧硬路肩宽度/m	1.25	1.00	0.75	0.75
左侧土路肩宽度/m	0.75	0.75	0.75	0.50

(3)紧急停车带。高速公路、一级公路，有条件时宜采用大于2.50 m的右侧硬路肩，使发生故障的车辆因避让其他车辆能够尽快离开车道。当右侧硬路肩的宽度小于2.50 m时，应设紧急停车带。紧急停车带的设置间距不宜大于2 000 m，包括右侧硬路肩在内的宽度为5.0 m，有效长度一般大于50 m。从干线进入和驶出紧急停车带应设缓和过渡段，

一般为 100 m 和 150 m 长。高速公路、一级公路的特长桥梁、隧道,根据需要设置紧急停车带,其间距不宜大于 750 m。二级公路根据需要可设置紧急停车带,其间距视实际情况而定。

考虑我国土地的利用情况和路肩的功能,在满足路肩功能最低需要的条件下,原则上尽量采用较窄的路肩。

3. 路肩横坡

(1)硬路肩。硬路肩一般应设置向外倾斜的横坡,其坡度值可以与车道横坡度相同;路线纵坡平缓,且设置拦水带时,其坡度值宜采用 3%~4%。曲线路段内外侧硬路肩横坡的横坡值及其方向:当曲线超高小于或等于 5%时,其横坡值和方向应与相邻车道相同;当曲线超高大于 5%时,其横坡值则不大于 5%,且方向相同。对于大中桥梁、隧道区段硬路肩的横坡度值,应与行车道相同。

(2)土路肩。直线或位于曲线较低一侧的土路肩横坡度,当行车道或硬路肩横坡度大于或等于 3%时,应与行车道或硬路肩横坡度相同,否则应比行车道或硬路肩横坡度大 1%或 2%。曲线或过渡段位于较高一侧的土路肩横坡度,应采用 3%或 4%的反向横坡度。

4. 城市道路路肩

城市道路一般设置地下管渠和集水井排水,两侧设置人行道。采用边沟排水的道路应在路面外侧设置保护性路肩,中间设置排水沟的道路应设置左侧保护性路肩。保护性路肩宽度自路缘带外侧算起,快速路不应小于 0.75 m;其他道路不应小于 0.50 m;当有少量行人时,不应小于 1.50 m。当需要设置护栏、杆柱、交通标志时,应满足其设置要求。

3.2.3 中间带

(1)中间带作用。中间带是指沿道路纵向路中线设置分隔上下行车道行驶的带状设施。《标准》规定,高速公路和一级公路整体式断面必须设置中间带。中间带由两条左侧路缘带和中央分隔带组成,如图 3-14 所示,其作用如下:

1)分隔不同方向交通流,防止无序的交叉运行和随意转弯运行,减少因车辆高速行驶进入对向行车道造成迎面碰撞的严重交通事故;

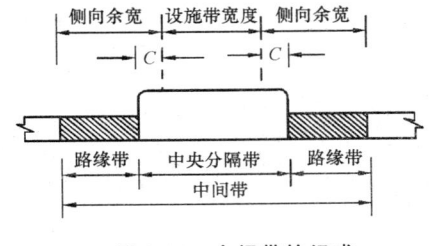

图 3-14 中间带的组成

2)可以作为预埋公路标志牌及其他交通管理设施的构件场地;

3)设置一定宽度的中间带并种植花草灌木或设置防眩网,可防止对向车辆灯光造成眩光的现象,还可起到美化路容和环境的作用;

4)设置于中央分隔带两侧的路缘带,由于具有一定宽度且颜色醒目,既引导驾驶员视线又增加了行车所必需的侧向余宽,从而提高了行车的安全性和舒适性;

5)为超高路段设置路面排水设施提供场所,并为养护人员提供避车带、安全岛。

(2)中间带宽度。中间带的宽度应根据行车安全、道路用地和经济条件等综合确定,《标准》规定的中间带宽度随公路等级、地形条件变化为 2.00~4.50 m。宽中间带的作用明显,但投资和占地多,不宜采用。我国原则上均采用窄的中间带,以节约用地,《规范》规定整体式断面中间带及各部分宽度见表3-6。

表 3-6 公路中间带宽度

设计速度/(km·h^{-1})		120	100	80	60
中央分隔带宽度/m	一般值	3.00	2.00	2.00	2.00
	最小值	2.00	2.00	1.00	1.00
左侧路缘带宽度/m	一般值	0.75	0.75	0.50	0.50
	最小值	0.75	0.50	0.50	0.50
中间带宽度/m	一般值	4.50	3.50	3.00	3.00
	最小值	2.50	2.00	2.00	2.00

《标准》规定，高速公路、一级公路整体式断面必须设置中间带。中间带由中央分隔带和两条左侧路缘带组成，中央分隔带的两侧设置左侧路缘带。中央分隔带由防护设施和两侧对应的余宽 C 组成。不再指定中央分隔带宽度推荐值，中央分隔带宽度应从对向隔离、安全防护的主要功能出发，综合考虑中央分隔带护栏的防护形式和防护功能确定。

（3）中间带的设计。中间带的设计是指中央分隔带的表面形式，有凹形和凸形两种，分别如图 3-15 和图 3-16 所示。前者用于宽度大于 4.5 m 的中间带；后者用于宽度小于 4.5 m 的中间带。宽度大于 4.5 m 的，一般植草皮、栽灌木；宽度不大 4.5 m 的可铺面封闭。

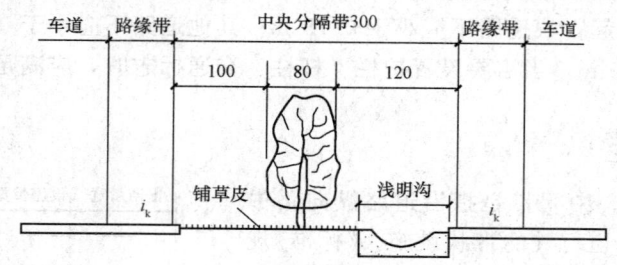

图 3-15 平(或凹)形中央分隔带

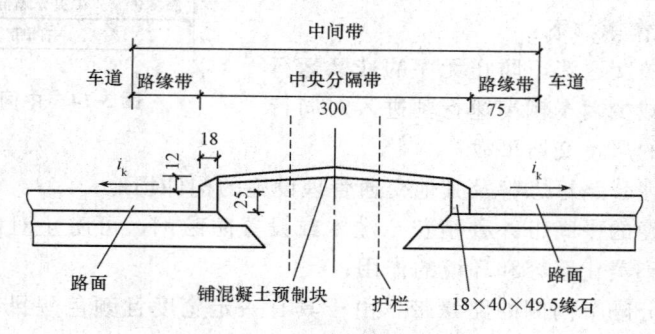

图 3-16 凸形中央分隔带

3.2.4 路侧带

路侧带由人行道、绿化带、公共设施带等组成，路侧带的宽度根据道路类别、功能、人流密度、绿化、沿街建筑性质及布设地下管线等要求来综合确定。

(1)人行道。人行道是指在城市道路上用路缘石或护栏及其他类似设施加以分隔的专门供人行走的部分，人行道宽度不仅取决于道路功能、沿街建筑物性质、人流密度，还应满足在人行道下埋设地下管线等的要求。《规范》规定人行道宽度不得小于表3-7所列的数值。

表3-7 人行道的最小宽度

项目	人行道最小宽度/m 一般值	人行道最小宽度/m 最小值
各级道路	3.0	2.0
商业区、文化中心区、大型公共文化机构集中路段	5.0	4.0
火车站、码头附近路段	5.0	4.0
长途汽车站	4.0	3.0

(2)绿化带。道路路侧一般种有树木或设置绿化带，为保证植物的正常生长，需要保证其合理的宽度。当种植单排行道树时，株距一般为4～6 m，植树带最小宽度为1.5 m，也有种植草皮与花丛的。绿化带宽度应符合现行标准《城市道路绿化规划与设计规范》(CJJ 75—1997)的相关要求。车行道两侧的绿化应满足侧向净宽度的要求，并不得侵入道路建筑限界和影响视距。

(3)设施带。设施带宽度包括设置行人护栏、照明灯柱、标志牌、信号灯等的宽度。设施带内各种设施布局应综合考虑，可与绿化带结合设置，但应避免相互之间的干扰。当红线宽度较窄或条件困难时，设施带与绿化带可以合并。经调查，我国各城市设置杆柱的设施带宽度多数为1.0 m，有些城市为0.5～1.5 m，考虑有些杆线需要制作基座，则宽度应更大一些，最小宽度不小于1.0 m，最大不超过1.5 m，设计时可根据实际情况选用。地下管线应尽可能布置在路侧带下面，并要布置得紧凑和经济。当管线埋设在路侧带下面时，如管线种类较多，且管线间还应有安全距离，则路侧带的宽度需要较宽。不同设施独立设置时所占用宽度见表3-8，同时设置护栏与杆柱时，取大值。

表3-8 设施带宽度

项目	行人护栏	灯柱	邮箱、垃圾箱	长凳、座椅	行道树
宽度/m	0.25～0.50	1.00～1.50	0.60～1.00	1.00～2.00	1.20～1.50

现有城市道路中，人行道的宽度按规划设计为3.0～5.0 m，设施和绿化所占用的宽度不计入在内，设计时，要明确人行道、绿化带、设施带各自合适的宽度。

3.2.5 分车带

分车带按照其在横断面中的不同位置及功能，可分为中间分车带(简称中间带)及两侧分车带(简称两侧带)。分车带的作用与公路中间带相同，分隔主路上对向车辆。两侧带可以分隔快车道与慢车道、机动车道与非机动车道、车行道与人行道等。《规范》规定分车带最小宽度参见表3-9。

表 3-9 分车带最小宽度

类别		中间带		两侧带	
设计速度/(km·h^{-1})		≥60	<60	≥60	<60
路缘带宽度/m	机动车道	0.50	0.25	0.50	0.25
	非机动车道	—	—	0.25	0.25
安全带宽度/m	机动车道	0.50	0.25	0.25	0.25
	非机动车道	—	—	0.25	0.25
侧向净宽度/m	机动车道	1.00	0.50	0.75	0.50
	非机动车道	—	—	0.50	0.50
分隔带最小宽度/m		2.00	1.50	1.50	1.50
分车带最小宽度/m		3.00	2.00	2.50(2.00)	2.00

注：1. 侧向净宽为路缘带宽度与安全带宽度之和；
2. 在两侧带分隔带宽度中，括号外为两侧均为机动车道时取值；括号内数值一侧为机动车道，另一侧为非机动车道时的取值；
3. 分隔带最小宽度值系按照设施带宽度为 1 m 考虑的，在具体应用时，应根据设施带实际宽度确定。

3.2.6 路缘石

路缘石是设置在路面与其他构造物之间的界石，简称缘石。在分隔带与路面之间、人行道与路面之间一般都需要设置路缘石，在公路的中央分隔带边缘、行车道右侧边缘或者路肩外侧边缘常设路缘石。其形状有立式、斜式和曲线式等几种，如图 3-17 所示。

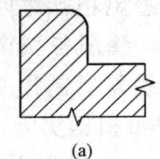

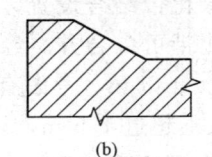

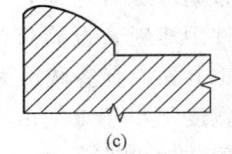

图 3-17 路缘石
(a)立式；(b) 斜式；(c)曲线式

高速公路和一级公路中央分隔带上的路缘石起导向、连接和便于排水的作用，高度不宜太高。因为高的路缘石（高度大于 20 cm），高速行驶的车辆一旦偏离方向驶入便会影响行车的安全，所以高速公路的分隔带因排水必须设置路缘石时，应使用低矮光滑的斜式或曲线式的路缘石，高度宜小于 12 cm。

城市道路的人行道及人行横道宽度范围内的路缘石宜做成低矮的，而且坡面为较平缓的斜式，便于儿童车、轮椅及残疾人通行。在分隔带端头或交叉口的小半径处，缘石宜做成曲线式。

路缘石宜高出路面 10～12 cm，桥上、隧道内线形弯曲段或陡峻路段等处可高出路面 25～40 cm，并应有足够的埋置深度，以保证稳定。缘石宽度宜为 10～15 cm。

3.2.7 边沟

边沟的主要作用是排除路面及边坡处汇集的地表水，以确保路基与边坡的稳定。一般在公路路堑及高度小于边沟深度的低填方地段设置边沟。

边沟的断面形状主要取决于排水流量的大小，公路性质、土质情况及施工方法等。石质地段大多采用三角形；排水量大的路段多采用梯形或矩形截面形式。

边沟设计遵循以下基本规定：

(1) 底宽与深度不小于 0.4 m。

(2) 边沟纵坡一般不应小于 0.5%，特殊困难路段也不得小于 0.2%；当陡坡路段沟底纵坡较大时，为防止边沟冲刷，应采取加固措施。

(3) 梯形边沟内侧一般为 1:1.5～1:1，边坡外侧：路堤段边坡与内侧边坡相同，路堑段边坡与挖方边坡一致；三角形边沟内侧边坡一般为 1:4～1:2，外侧边坡一般为 1:2～1:1。

(4) 边沟长度不宜过长，一般不宜超过 500 m，即应选择适当地点设置出水口，多雨地区不宜超过 300 m。三角形边沟长度一般不宜超过 200 m。

3.3 车行道路拱的形式及选择

为了迅速排除落在路面上的雨水，防止雨水渗入路基而降低路基强度及减少轮胎与路面之间的摩擦力，路面通常做成中间高并向两侧倾斜的拱形，称为路拱。其倾斜横坡度的大小以百分率表示。

路拱坡度的大小视路面类型、表面平整度、当地气候（降雨量）与道路纵坡大小等而定。在确定横坡时应考虑以下因素。

1. 横向排水

横向排水与路面结构类型和气候条件有关。车行道面层越粗糙，雨（雪）水在路面流动越缓慢，路拱横坡就要做得大一些。路拱坡度可以根据路面种类和当地自然条件，按照表 3-10 中的数值采用。在一般情况下，干旱地区可取低值，多雨地区宜取高值。

表 3-10　不同路面类型的路拱横坡度

路面类型	沥青混凝土、水泥混凝土、沥青碎石	沥青贯入式碎（砾）石、沥青表面处治	碎砾石等粒料路面
路拱坡度/%	1.0～2.0	1.5～2.0	2.0～3.0

2. 道路纵坡

当确定路拱横坡时，要考虑道路纵坡的大小，以控制合成坡度。如果道路纵坡较大，则路拱坡度宜用小值；反之，路拱坡度可以大些。

3. 车行道宽度

车行道宽，则路拱横坡度应选择得平缓一些，否则路拱各点间的高度太大，会影响行车和道路横断面的视觉效果。所以，在设计中，应算出路拱各点间的高度和横坡，从而检查是否都满足排水、行车和美观的要求。

由于高速公路和一级公路路面较宽，迅速排除其路面降水尤为重要。高速公路、一级公路整体式路基的路拱宜采用双向路拱坡度，由路中央向两侧倾斜。位于中等强度降雨地区时，路拱坡度宜为 2%；位于降雨强度较大地区时，路拱坡度可适当增大。高速公路、一级公路分离式路基的路拱宜采用单向横坡，并向路基外侧倾斜，也可以采用双向路拱坡度。积雪、冰冻地区，宜采用双向路拱坡度。六车道、八车道高速公路和六车道一级公路，当超高过渡段的路拱坡度过于平缓时，可以设置两个路拱。二、三、四级公路的路拱应采用双向路拱坡度，由路中央向两侧倾斜。路拱坡度应根据路面类型和当地自然条件确定，但不应小于1.5%。

城市道路路拱横坡应根据路面宽度、路面类型、纵坡及气候条件确定，宜采用1.0%~2.0%。快速路及降雨量大的地区宜采用1.5%~2.0%，严寒积雪地区、透水路面宜采用1.0%~1.5%。保护性路肩横坡度可比路面横坡度加大1.0%。人行道宜采用单向横坡，坡度为1.0%~2.0%。路缘带横坡与路面相同。

路拱的形式有直线形、直线加抛物线形、折线形、抛物线形四种。可以根据路面宽度和类型、排水和交通组成等选用，低等级公路可采用抛物线形路拱，高等级公路一般采用直线形或直线加抛物线形路拱，多车道水泥混凝土路面采用折线形路拱。

3.4 路基土石方计算与调配

土石方数量计算和调配通过计算土石方数量，提出挖方的利用、填方的来源及它们的运距、运量，为选定合适的施工方案和施工机具、安排工程进度、编制工程预算等提供依据。

3.4.1 横断面面积计算

路基填挖的断面面积是指断面图中原地面线与路基设计线所包围的面积，高于地面线者为填，低于地面线者为挖，两者应分别计算。下面介绍几种常用的面积计算方法。

1. 积距法

积距法如图3-18所示，按照单位宽度 b，把断面面积分成若干等份，当 b 足够小时，每一小块的面积为其平均高度 h_i 与 b 的乘积，即 $A = b \cdot h_i$，则总面积为：

$$A = b \cdot \sum_{i=1}^{n} h_i \tag{3-7}$$

2. 坐标法

如图3-19所示，由解析几何公式可以推出面积的计算公式为：

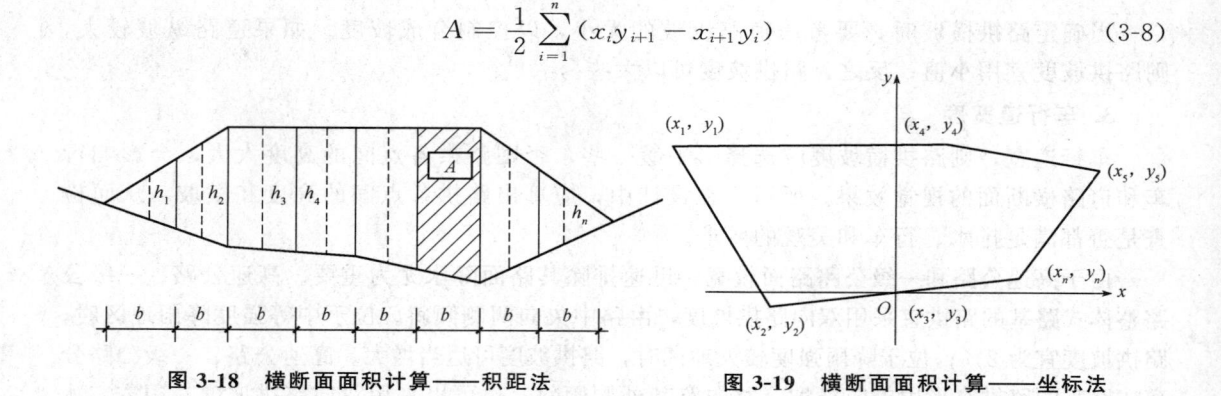

$$A = \frac{1}{2} \sum_{i=1}^{n} (x_i y_{i+1} - x_{i+1} y_i) \tag{3-8}$$

图3-18 横断面面积计算——积距法

图3-19 横断面面积计算——坐标法

3. 土石方量计算

路基土石方量计算在工程上通常采用近似计算，即假定相邻断面之间为一棱柱体。若相邻两断面均为填方或均为挖方且面积大小相近，则可假定两断面之间为图 3-20 所示，则其体积为：

$$V = \frac{1}{2}(A_1 + A_2)L \tag{3-9}$$

式中 A_1，A_2——相邻两断面的填方（或挖方）面积；

L——相邻两断面的桩距。

当 A_1、A_2 相差较大时，则按棱台体公式计算更为接近。其计算公式如下：

$$V = \frac{1}{3}(A_1 + A_2)L\left(1 + \frac{\sqrt{m}}{1+m}\right) \tag{3-10}$$

式中

$$m = \frac{A_1}{A_2}(A_2 > A_1) \tag{3-11}$$

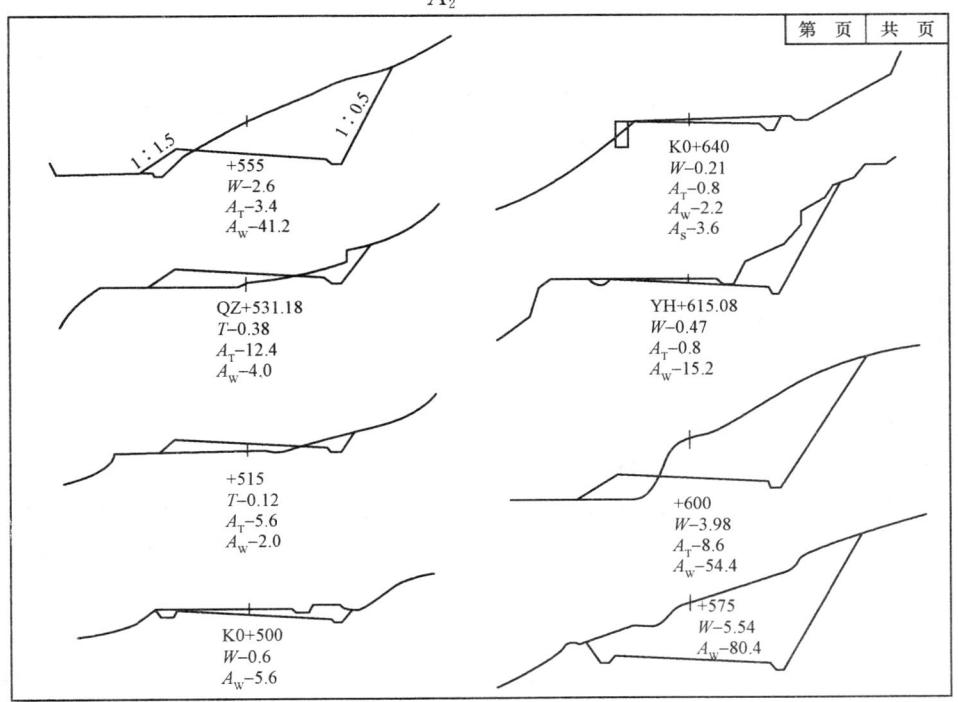

图 3-20 公路横断面设计图

3.4.2 土石方量调配

路基土石方调配的目的是将路堑的挖方合理地调用于路堤的填方或布置适当的弃土堆，合理地布设取土坑以满足路堤填方的需要，从而减少公路用地，且使运量最少。

1. 土石方调配原则

(1) 在半填半挖断面中，应首先考虑在本路段内移挖作填进行横向平衡，然后再作纵向调配，以减少总的运输量。

(2)土石方调配应考虑桥涵位置对施工运输的影响，一般大沟不做跨越调运，同时，应注意施工的可能与方便，尽可能避免和减少上坡运土。

(3)为使调配合理，必须根据地形情况和施工条件，选用适当的运输方式，确定合理的经济运距，用以分析工程用土是调运还是外借。

(4)对于土石方调配的借土和弃土，应事先同地方商量，妥善处理。借土应结合地形、农田规划等选择借土地点，并综合考虑借土还田、整地造田等措施。弃土应不占或少占耕地，在可能条件下宜将弃土平整为可耕地。防止乱弃乱堆、堵塞河流、损坏农田。

2. 土石方调配方法

路基土石方数量计算完毕后，应进行土石方调配，借以确定填方的来源及挖方的去向，以便合理地利用挖余方，减少借方，达到综合平衡、少占农田的目的。土石方的调配在路基土石方数量计算表上进行，见表3-11。

(1)调配时，首先进行横向调配，满足本桩号利用方的需要，然后计算挖余和填缺的数量。

(2)横向调配完毕后，根据挖余和填缺量分布情况，即能大抵看出调运的方向及数量，再根据纵坡和经济运距，就能对可利用方进行纵向调配。

(3)纵向调配一般在本公里范围进行；调配后填方如尚不足或者挖方尚未用尽，再选定适当借方及弃方地点，并计算借方和弃方数量。

(4)对于跨公里的调配，须注明数量及方向。

(5)调配完成后，应进行复核。

①横向调运＋纵向调运＋借方＝填方；

②横向调运＋纵向调运＋弃方＝挖方；

③挖方＋借方＝填方＋弃方。

最后算得计价土石方数量：

计价土石方数量＝挖方数量＋借方数量

3. 免费运距、平均运距和经济运距

(1)免费运距是指只计算挖方费用而不计算运费的某一特定距离。在该距离内的运输消耗已反映在公路工程概算定额和公路工程预算定额的基本定额工作中，因而不再计算运费。

人工运输的免费运距为 20 m，轻轨运输的免费运距为 50 m，推土机为 20 m，铲运机为 100 m 等。

(2)平均运距是指土石方调配时，从挖方体积重心到填方体积重心的距离。为简化设计计算，通常，平均运距按挖方路段中心到填方路段中心的距离计。

当平均运距小于或等于免费运距时，不另计运费；当平均运距大于免费运距时，超出的运距称为超运运距。超运运距的运输应另加运费。

(3)经济运距：在某限度距离内，可以用路堑挖方作为路堤的填方，该限度的距离称为经济运距，按照式(3-12)计算：

$$L_经 = \frac{B_1 + B_2}{T} + L_免 \tag{3-12}$$

式中　$L_经$——经济增运距(km)；

　　　B_1——借方单价(元/cm³)；

　　　B_2——弃方单价(元/cm³)；

表 3-11 路基土石方数量计算表

桩号	横断面面积/m² 挖方	横断面面积/m² 填方	距离/m	总数量	挖方分类及数量/m³ Ⅰ %	数量	Ⅱ %	数量	Ⅲ %	数量	Ⅳ %	数量	Ⅴ %	数量	Ⅵ %	数量	填方数量/m³ 总数量	土	石	利用方数量及调配/m³ 本桩利用 土	石	填缺 土	石	挖余 土	石	远运利用及纵向调整示意
1	2	3	4	5	6	7	8	9	10	11	12	13	14	15	16	17	18	19	20	21	22	23	24	25	26	
K15+620	46.19	123.17																								
K15+640	75.47	126.15	20.00	1 216.6			50	608.3	30	365.0	20	243.3					2 473.2	1 563.2	910.2	973.2	243.3	589.7	666.9	2 404.6	2 719.1	土10 825.2(123 m)石11 139.8(121 m)(搬至K15+540)
K15+660	9.29	102.50	20.00	847.6			50	423.8	30	254.3	20	169.5					2 266.5	1 344.0	922.5	678.1	169.5	665.9	753.0			
K15+680	91.30	31.45	20.00	1 005.9			20	201.2	30	301.8	40	402.4	10	100.6			1 339.5	659.5	680.0	502.9	502.9	156.5	177.0			
K15+700	452.52	0.00	20.00	5 348.1			20	1 087.6	30	1 631.4	40	2 175.3	10	543.8			314.5	314.5		314.5				5 947.3	5 947.3	土3 382.8(560 m)石3 382.9(560 m)(搬至K15+100)
K15+720	736.94	0.01	20.00	11 894.6			20	2 378.9	30	3 568.4	40	4 757.9	10	1 189.5			0.1	0.1		0.1				6 679.6	6 679.8	
K15+740	599.01	0.01	20.00	13 359.6			20	2 671.9	30	4 007.9	40	5 343.8	10	1 336.0			0.2	0.2		0.2						
K15+759.913	296.44	0.00	19.91	8 915.5			20	1 783.1	30	2 674.7	40	3 566.2	10	891.6			0.1	0.1		0.1				4 457.7	4 457.8	土6 858.9(734 m)石6 859.1(734 m)(搬至K15+000)
K15+760	296.46	0.00	0.09	25.8			20	5.2	30	7.7	40	10.3	10	2.6										12.9	12.9	
K15+780	17.56	0.00	20.00	3 140.2			20	628.0	30	942.0	40	1 256.1	10	314.0										1 570.1	1 570.1	
K15+797.100	4.39	20.03	17.10	187.7			20	37.5	30	56.3	30	56.3	20	37.5			171.3	75.1	96.2	75.1	96.2				16.4	土5.2(29 m)石21.5(14 m)
K15+797.400	8.17	32.47	0.30	1.9			20	0.4	30	0.6	30	0.6	20	0.4			7.9	0.8	7.1	0.8	1.1		6.0			
K15+800	8.04	30.83	2.60	21.1			20	4.2	30	6.3	30	6.3	20	4.2			82.3	22.8	59.4	8.4	12.6	14.4	46.8			
K15+801	8.03	30.30	1.00	8.0			20	1.6	30	2.4	30	2.4	20	1.6			30.6	8.4	22.2	3.2	4.8	5.2	17.4			
K15+801.700	2.85	21.39	0.70	3.8			20	0.8	30	1.1	30	1.1	20	0.8			18.1	4.8	13.3	1.5	2.3	3.3	11.0			
K15+809.913	3.84	17.28	8.21	27.5			20	5.5	30	8.2	30	8.2	20	5.5			158.8	41.0	117.8	11.0	16.5	30.0	101.3			土105.4(35 m)石355.5(35 m)
K15+820	1.02	8.72	10.09	24.5			20	4.9	30	7.4	30	7.4	20	4.9			131.2	34.2	97.0	9.8	14.7	24.4	82.2			
K15+840	0.84	7.70	20.00	18.6			20	3.7	30	5.6	30	5.6	20	3.7			164.2	40.7	123.5	7.4	11.1	33.3	112.3			
K15+860	58.41	5.46	20.00	592.5			20	118.5	30	177.7	30	177.7	20	118.5			131.6	131.6		131.6				105.4	355.5	
小计				46 729.3				9 965.1		13 930.2		18 190.3		4 643.6			7 289.7	4 240.6	3 049.1	2 717.8	1 075.1	1 522.8	1 973.9	21 177.5	21 758.8	

109

T——超运运距单价(元/cm³);

$L_免$——免费运距(km)。

经济运距是评价借土或调运的指标,当调运距离小于经济运距时,采用调运是经济的;反之,则可以就近借土。

工程实训　道路横断面设计

路基横断面设计的成果主要是"两图两表",即横断面设计图、路基标准横断面图、路基设计表和路基土石方计算表。

1. 设计要求

横断面设计,必须结合地形、地质、水文等条件,本着节约用地的原则,选用合理的断面形式,以满足行车顺适、工程经济、路基稳定且便于施工和养护的要求。路基横断面设计必须满足以下基本要求:

(1)路基的结构设计应根据其使用要求和当地自然条件(包括水文地质和材料情况),并结合施工条件进行设计。设计前,应充分收集沿线地质、水文、地形、气象等资料。在山岭重丘区要特别注意地形和地质条件的影响,选择适当的路基断面形式、边坡坡度及防治病害的措施;在平原微丘区应注意最小填土高度,并设置必要的排水设施。

(2)路基的断面形式和尺寸应根据道路的等级、设计标准和设计任务书的规定以及道路的使用要求,结合具体条件确定。一般路基可以参照典型横断面设计;特殊路基则应进行单独计算设计。

(3)路基设计应兼顾当地农田基本建设的需要。在取土、弃土、取土坑设置、排水设计等方面与农田改土、农田水利、灌溉沟渠等相配合,尽量减少废土占地,防止水土流失和淤塞河道。

2. 公路横断面设计

(1)横断面设计方法。

1)在计算纸上绘制横断面的地面线。地面线是在现场测绘的,若是纸上定线,可以从大比例尺的地形图上内插获得。在计算机辅助设计中,可以通过数字化或数字地面模型自动获得。横断面图的比例尺一般是1:200。

2)从路基设计表中抄入路基中心填挖高度,对于有超高和加宽的曲线路段,还应抄入左高、右高、左宽、右宽等数据。

3)根据现场调查的土壤、地质、水文资料,参照标准横断面图,画出路幅宽度,填或挖的边坡坡线,在需要设置各种支挡和防护工程的地方画出该工程结构的断面示意图。

4)根据综合排水设计,画出路基边沟、截水沟、排灌渠等的位置和断面形式。必要时需注明各部分尺寸。另外,也应尽可能画出取土坑、弃土堆、绿化等,如图3-21所示。

对于分离式断面的公路和具有变速车道、爬坡车道、紧急停车车道的断面,可以参照上述步骤绘制。一条道路的横断面因数量极大,为提高手工绘制的工作效率,可以事先制作若干透明模板;但根本的解决办法是"路线CAD",它不但能准确自动绘制横断面图,而且能自动解算横断面面积。对于一般的横断面设计,可以利用路基透明模板进行"戴帽子"。绘图比例尺按照需要采用。

(2)路基标准横断面。在具体设计每个横断面之前,先确定路基的标准横断面(或称典型横断面)。在标准横断面图中,一般要包括:路堤、路堑、半填半挖路基、护肩路基、挡土墙路基、砌石路基等,断面中的边坡坡率、边沟尺寸、挡墙断面等必须按照现行《公路路基设计规范》(JTG D30—2015)的规定处理。对于高填、深挖、特殊地质、浸水路堤等应单独设计。路基标准横断面图是路基横断面设计图中所出现的所有路基形式的汇总。它示出了所有设计线(包括边坡、边沟、挡墙、护肩等)的形状、比例及尺寸,用以指导施工,如图 3-21 所示。

(3)路基设计表。路基设计表是路线设计和路基设计成果的体现,在道路设计文件中占有重要地位。其样式见表 3-12。

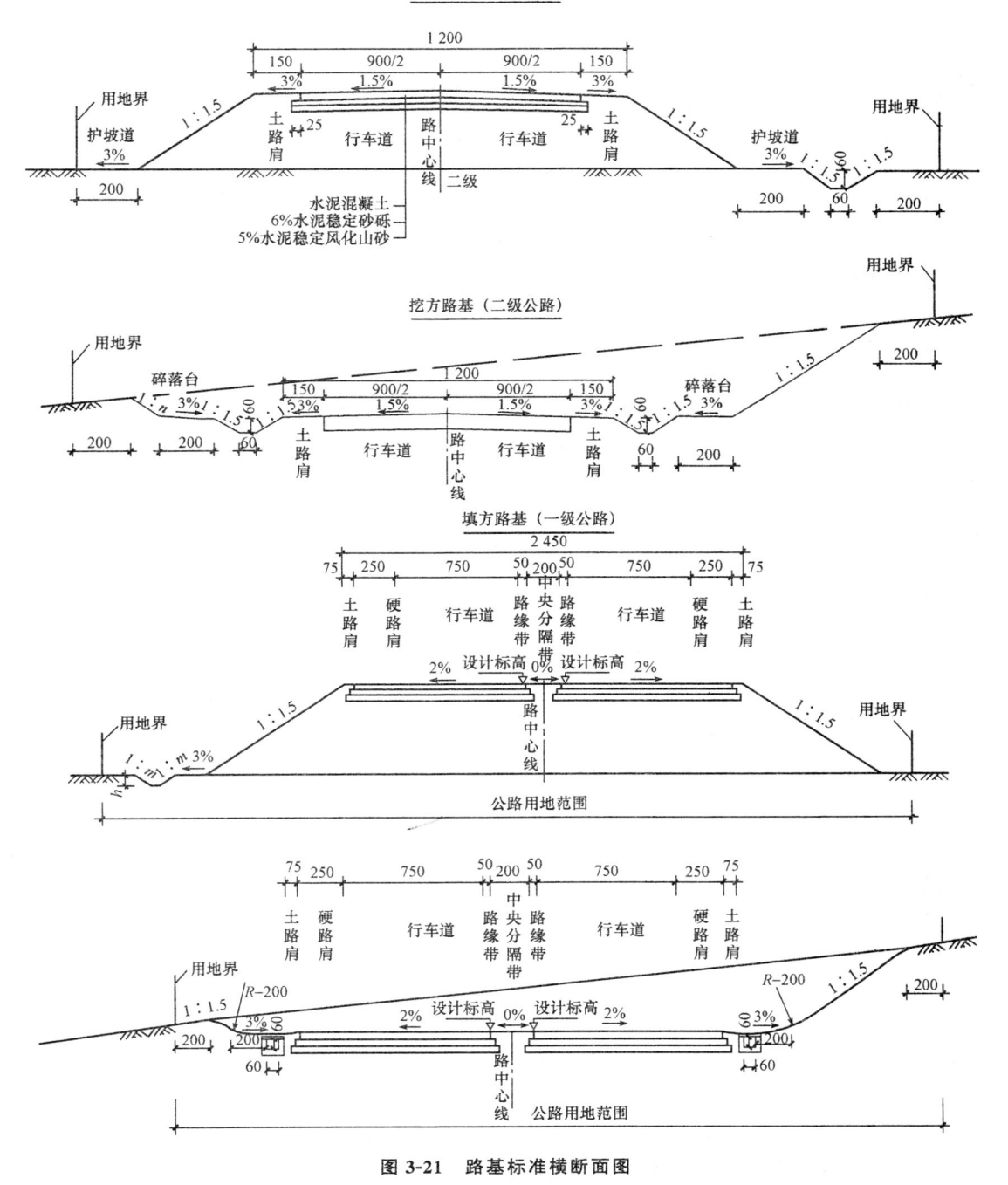

图 3-21 路基标准横断面图

表 3-12 路基设计表

项目名称：××二级公路改扩建工程 K0+700-K1+400

第1页 共1页

桩号	平曲线	变坡点高程 桩号及纵坡 坡度、坡长	竖曲线	地面高程	设计高程	填挖高度/m		路基宽度/m				以下各点与设计高程之差				坡脚坡口至中桩距离/m	
						填	挖	左侧 W₁	右侧 W₂	左侧 W₂	右侧 W₁	A₁	A₂	A₂	A₁	左	右
1	2	3	4	5	6	7	8	9	10	14	15	16	17	20	21	22	23
K0+700				149.77	151.80	2.03		1.500	3.500	3.500	1.500	−0.107 5	−0.070	−0.070	−0.107 5	11.27	12.17
720				149.81	152.50	2.69		1.500	3.500	3.500	1.500	−0.107 5	−0.070	−0.070	−0.107 5	17.18	9.82
740	R=∞			148.86	153.20	4.34		1.500	3.500	3.500	1.500	−0.107 5	−0.070	−0.070	−0.107 5	15.78	11.92
760				149.14	153.89	4.75		1.500	3.500	3.500	1.500	−0.107 5	−0.070	−0.070	−0.107 5	14.44	11.86
780				150.00	154.59	4.59		1.500	3.500	3.500	1.500	−0.107 5	−0.070	−0.070	−0.107 5	18.33	14.22
800	JD₃			153.53	155.29	1.76		1.500	3.500	3.500	1.500	−0.107 5	−0.070	−0.070	−0.018 0	16.94	16.95
820	1−48°15′57.1″			156.83	155.98		0.85	1.500	3.665	3.500	1.500	−0.111 0	−0.073	−0.012	0.082 0	11.94	14.79
840	(乙)R=200			157.42	156.68		0.74	1.500	3.865	3.500	1.500	−0.115 0	−0.074	0.058	0.182 0	13.41	13.80
860	L_s=60			157.77	157.42		0.35	1.500	4.065	3.500	1.500	−0.211 0	−0.149	0.128	0.200 0	7.98	15.34
880				158.54	158.19		0.56	1.500	4.100	3.500	1.500	−0.224 0	−0.164	0.140	0.200 0	12.89	12.28
900		i=3.486%		159.54	158.98		1.30	1.500	4.100	3.500	1.500	−0.224 0	−0.164	0.140	0.200 0	7.71	11.65
920		L=220(870)	凹曲线	161.11	159.81		1.98	1.500	4.100	3.500	1.500	−0.224 0	−0.164	0.140	0.200 0	7.67	11.18
940	K0+803.483		R=12 000	162.66	160.68		2.14	1.500	4.100	3.500	1.500	−0.224 0	−0.164	0.140	0.200 0	9.50	15.53
960		159.81	T=90.83	163.72	161.58		1.63	1.500	4.020	3.500	1.500	−0.210 0	−0.148	0.112	0.160 0	8.05	14.91
980		K0+920	E=0.34	164.14	162.51		0.44	1.500	3.820	3.500	1.500	−0.114 0	−0.073	0.042	0.060 0	9.42	13.71
K1+000				163.92	163.48	1.38		1.500	3.620	3.500	1.500	−0.110 0	−0.072	−0.028	−0.040 0	12.19	11.90
020		i=5.000%		163.09	164.47	3.62		1.500	3.500	3.500	1.500	−0.107 5	−0.070	−0.070	−0.107 5	14.02	11.21
040	R=∞	L=480(620)		161.58	165.20	4.74		1.500	3.500	3.500	1.500	−0.107 5	−0.070	−0.070	−0.107 5	17.40	10.47
060				161.73	166.47	5.19		1.500	3.500	3.500	1.500	−0.107 5	−0.070	−0.070	−0.107 5	19.64	9.26
080				162.28	167.47	6.52		1.500	3.500	3.500	1.500	−0.107 5	−0.070	−0.070	−0.107 5	20.00	10.21
100	K1+134.683			161.95	168.47	4.73		1.500	3.500	3.500	1.500	−0.107 5	−0.070	−0.070	−0.107 5	19.34	13.00
120	JD₁			164.74	169.47	7.27		1.500	3.500	3.500	1.500	−0.107 5	−0.070	−0.070	−0.107 5	16.60	13.95
140	1−24°43′58.8″			166.51	170.47	3.96		1.500	3.500	3.500	1.500	−0.080	−0.056	−0.011	−0.107 5	18.88	11.07
160	(Y)R=500			167.99	171.47	3.48		1.500	3.500	3.500	1.500	−0.015	0.040	0.070	−0.107 5	16.03	10.38
180	L_s=600			168.41	172.47	4.06		1.500	3.500	3.500	1.500	0.050 0	0.070	0.070	−0.107 5	18.67	10.97
200				166.30	173.47	7.17		1.500	3.500	3.500	1.500	0.100 0	0.070	0.070	−0.107 5	18.90	14.53
220				169.63	174.47	4.84		1.500	3.500	3.500	1.500	0.100 0	0.070	0.070	−0.107 5	16.40	14.88
240				173.62	175.47	1.85		1.500	3.500	3.500	1.500	0.100 0	0.070	0.070	−0.107 5	18.97	11.34
260				175.20	176.47	1.27		1.500	3.500	3.500	1.500	0.100 0	0.070	0.070	−0.107 5	15.45	8.01
280				174.97	177.47	2.50		1.500	3.500	3.500	1.500	0.100 0	0.070	0.070	−0.107 5	19.53	9.41
300				173.74	178.47	4.73		1.500	3.500	3.500	1.500	0.100 0	0.070	0.070	−0.107 5	18.11	11.53
320				172.20	179.47	7.27		1.500	3.500	3.500	1.500	0.100 0	0.070	0.070	−0.107 5	10.00	13.90
340				171.41	180.47	9.06		1.500	3.500	3.500	1.500	0.065 0	0.046	0.046	−0.107 5	8.32	17.34
360				172.13	181.47	9.34		1.500	3.500	3.500	1.500	0.000 0	0.000	0.000	−0.107 5	8.34	17.62
380				173.65	182.47	8.87		1.500	3.500	3.500	1.500	0.000 0	0.000	0.000	−0.107 5	8.32	20.00
400				175.64	183.47	7.83		1.500	3.500	3.500	1.500	−0.065	−0.046	−0.046	−0.107 5	8.42	21.36

W₁—单侧路肩宽度；W₂—单侧行车道宽度；A₁—路肩外缘与路基设计高程之差；A₂—行车道外缘与路基设计高程之差

编制：　　　复核：

3. 城市道路横断面设计

城市道路横断面设计是城市道路设计的主要内容之一。当按照城市道路的交通性质、地形条件及近期与远期相结合的原则确定了横断面组成和宽度以后，即可绘制横断面设计图。城市道路的横断面设计图与公路横断面图的作用是相同的，即指导施工和计算土石方数量。

城市道路横断面设计图一般要用的比例尺为 1∶100 或 1∶200，在图上应绘出红线宽度、行车道、人行道、绿化带、照明、新建或改建的地下管道等各组成部分的位置和宽度，以及排水方向、路面横坡等，如图 3-22 所示。

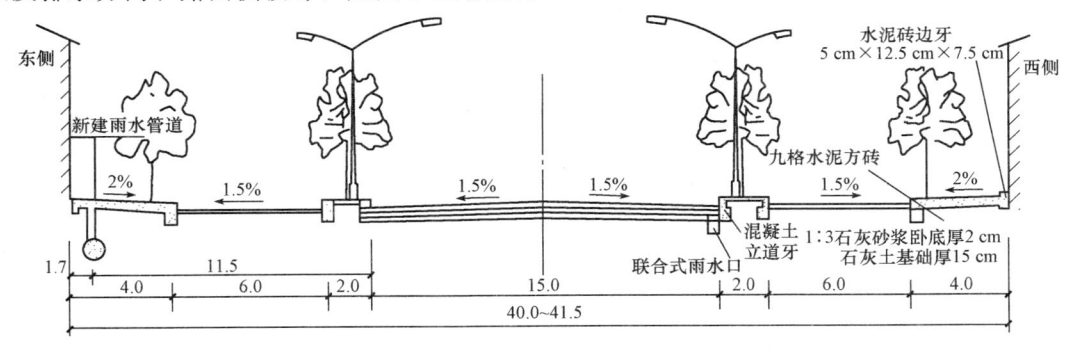

图 3-22 城市道路横断面设计图（单位：m）

对城市道路横断面的设计应特别注意下列要点：

(1) 应与道路上的交通性质与组成相协调。因为城市道路有机动、非机动车辆、行人交通以及公交汽车站，所以横断面要依据机动、非机动车辆与行人交通量的比例，并考虑公交线路及车辆停靠等问题进行布置设计。

(2) 要注意道路与环境的关系，特别是地形、气候以及噪声、灰尘、废气污染等环境影响，如在坡地上的路幅断面则可以布置为如图 3-23 所示的形式。

(3) 要根据道路路段的交通组织设计进行横断面设计。交通组织设计主要是合理地布置机动、非机动车道、人行道以及设置停车站、交通岛、交通信号灯和交通标志等，以保证道路车流和行人交通的畅通与安全。因此，路幅断面形式（单、双、三、四幅路）的选定及机动车辆的组织往往影响横断面的合理布置。例如，中小城市道路一般可以采取机、非混合交通，而大城市的城市道路则需要组织各机动车的专用车道。

(4) 要注意路幅与沿街建筑物高度的关系。从日照、通风、防震及建筑艺术要求，一般以 $H∶B=1∶2$ 左右为宜，如图 3-24 所示。

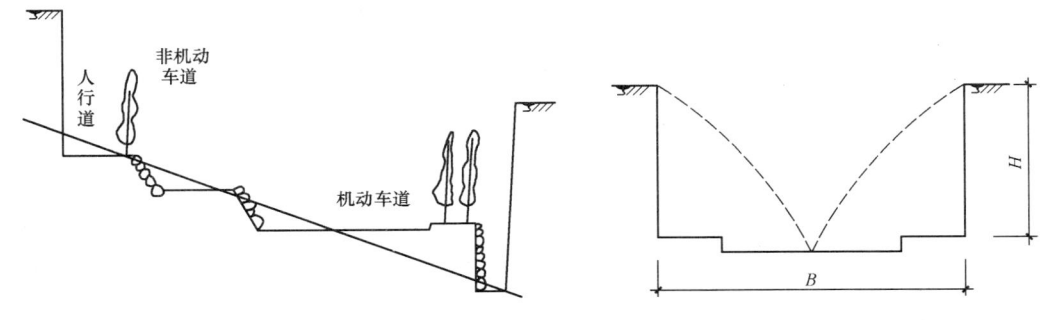

图 3-23 陡坡上的路幅断面 　　图 3-24 路幅与沿街建筑物高度的关系

(5)横断面布置与道路功能相适合。不同功能的道路应有不同的风貌与建筑艺术,如商业性大街,因沿街有大型商店、影剧院等,一般以行人与客运交通为主,禁止过境载货车辆入内,断面布置上人行道宜宽,车行道一般为四车道,并考虑车辆的沿街停靠,如图3-25所示。

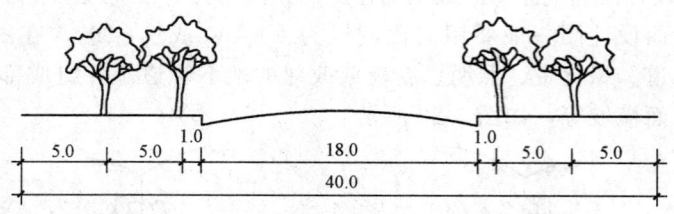

图 3-25　商业性干道(单位:m)

能力训练

1. 公路、城市道路的横断面主要由哪几部分组成?
2. 什么是平均运距、免费运距、经济运距?经济运距在土石方调配中有何作用?
3. 横断面设计的内容是什么?
4. 路基土石方调配的基本原则和方法分别是什么?

任务自测

任务能力评估表

知识学习	
能力提升	
不足之处	
解决方法	
综合自评	

任务四　道路交叉设计

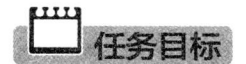

- 了解道路交叉口的分类；
- 掌握平面交叉设计选型原则和设计要点；
- 掌握立体交叉的设置条件和组成；
- 熟悉立交规划设计原则和内容。

4.1　概述

4.1.1　道路交叉

道路交叉是不同方向的两条或多条路线（包括道路、铁路、机耕道等各种交通线路）相交或相连的地点，有的路线要通过或跨越交叉，从而形成相交点；而有的路线到达交叉处就终止，从而形成相连点。交叉是道路的一个重要组成部分，它严重地影响到道路的使用效率、交通安全、行车车速、运营费用和通行能力。每条道路各个方向的交通车辆到达交叉后有的要直行通过，而有的则要改变行车方向（左转或右转），车辆之间相互干扰很大。因此，如何减少交叉行车的相互干扰，保证车辆快速、顺畅、安全地通过是道路交叉规划设计的根本任务。

把汽车作为一个质点，汽车行驶时所行走的轨迹称为交通流线（又称为行车路线）。在十字交叉口入口处，每一交通流线部将分为直行、左转和右转三个方向，在交叉口出口处，直行、左转和右转两个方向的交通流线将汇合成一条交通流线。交通流线相互交错的点位称为危险点，按照交通流线的不同形式，危险点又分为分流点（又称分岔点）、合流点（又称汇合点）和冲突点（又称交叉点）。

分流点是指一条交通流线分为不同方向的两条或多条交通流线的地点，通常产生于交叉口的入口处。合流点是指来自不同方向的交通流线以较小的角度向同一方向汇合行驶的地点，通常产生于交叉口的出口处。冲突点是指来自不同方向的交通流线以较大角度相互交叉的地点，通常产生于交叉口内。

无交通管制时，三路、四路和五路相交平面交叉口的危险点分布情况如图 4-1 所示，其数量见表 4-1。

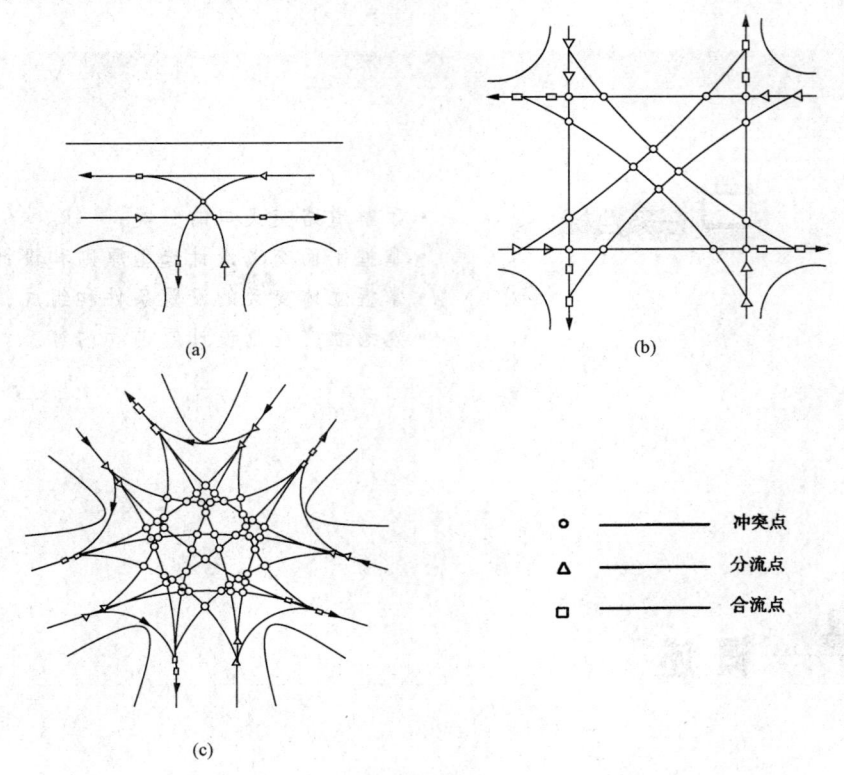

图 4-1 交叉口的危险点分布
(a)三路交叉口；(b)四路交叉口；(c)五路交叉口

表 4-1 平面交叉口危险点数量

交叉口类型	合流点/个	分流点/个	冲突点/个	总数/个
三路交叉口	3	3	3	9
四路交叉口	8	8	16	32
五路交叉口	15	15	50	80

从表中不难发现：

(1)危险点的数量随相交道路条数的增加而显著增加，其中增加最快的是冲突点。因此，在规划和设计交叉口时，应力求减少相交道路的条数，尽量避免五条或五条以上道路相交，使交通简化。

(2)产生冲突点最多的是左转弯车辆。如图 4-1(b)所示，四路交叉口若没有左转车流，则冲突点可由 16 个减至 4 个，而五路交叉口则从 50 个减至 5 个。因此，在交叉口设计如何正确地处理和组织左转弯车辆，是保证交叉口交通畅通和安全的关键所在。

三类危险点都存在相互尾撞、挤撞或碰撞的可能性，是影响交叉口行车速度、通行能力和发生交通事故的主要原因。其中，以直行与直行、左转与左转以及直行与左转车辆之间所产生的冲突点，对交通的干扰和行车的安全影响最大，其次是合流点，再次是分流点。因此，在交叉口设计时，应尽量采取措施减少冲突点和合流点，尤其要减少或消灭冲突点，可以采取的措施主要有以下几种：

(1) 实行交通管制。在交叉口设置交通信号灯或由交通警察指挥，使发生冲突的车流从通行时间上错开。如四路交叉口实行交通管制后，冲突点可由 16 个减至 2 个，分、合流点可由 8 个减至 4 个。若在此基础上禁止车流左转可完全消灭冲突点。

(2) 采用渠化交通。在交叉口内合理布置交通岛、交通标志和标线或增设车道等，引导各方向车流沿一定路径行驶，减少车辆之间的相互干扰，如环形平面交叉可消灭冲突点。

(3) 修建立体交叉。将相互冲突的车流从通行空间上分开，使其各行其道，互不干扰。这是解决交叉口交通问题最彻底的办法。

总之，在道路网中，由于各种道路纵横交错，必然会形成很多交叉口，交叉口是道路系统的重要组成部分，是道路交通的咽喉。相交道路的各种车辆和行人都要在交叉口汇集、通过和转换方向。因此，道路网畅通与否，很大程度上取决于交叉口交通问题处理的好坏。车辆在一条道路上行驶，在交叉口上产生的延误约占全程行车时间的 31%。而交叉口交通拥挤严重时会波及路段和整个路网系统，从而引起严重的延误，易发生交通事故，同时，引发了比路段更严重的噪声、废气污染、能源浪费等问题。因此，如何正确设计交叉口、合理组织交通，对提高交叉口的通行能力、避免交通阻塞、减少交通事故都具有重要意义。

4.1.2 车道数的确定

交叉口各进口道的车道数是确保交叉口通行能力的主要因素，应根据交通控制方法、交通量、车道的通行能力及交叉处用地条件等决定。在城市道路上，还应考虑大量非机动车交通存在的需要。

在选定交叉口形式的基础上，根据所预测的设计年限的高峰小时交通量和不同行驶方向的交通组成，进行交通组织设计，由此初步定出车道数。按照所确定的交通组织设计方案，对初定的车道数进行通行能力验算，如通行能力总和小于高峰小时交通量的要求，则必须增加车道重新验算，直到满足交通量的要求为止。

由于受信号控制的影响，在相同车道数下交叉口车道的通行能力总是比路段上要小，因此交叉口的车道数不应少于路段上的车道数。为了充分发挥整条道路的通行能力，交叉口的设计通行能力应与路段通行能力相适应，一般情况下，交叉口的车道数宜比路段上多设置一条。

常用的交通组织方法有限定车流行驶方向、设置专用车道、组织渠化交通、实行信号管制等。

1. 设置专用车道

组织不同行驶方向的车辆在各自的车道上分道行驶，互不干扰。根据行车道宽度和左、直、右行车辆的交通量大小可以做出多种组合的车道划分，如图 4-2 所示。某转向交通实际车道数应根据交通量来确定。

(1)当左、直、右方向车辆组成均匀时，各设置一专用车道，如图 4-2(a)所示。

(2)当直行车辆很多且左、右转也有一定数量时，设置两条直行车道和左、右转各一条车道，如图 4-2(b)所示。

(3)当左转车多而右转车少时，设置一条左转车道，直行和右转车共用一条车道，如图 4-2(c)所示。

(4)当左转车少而右转车多时，设置一条右转车道，直行和左转共用一条车道，如图 4-2(d)所示。

(5)当左、右转车辆都较少时，分别与直行车合用车道，如图 4-2(e)所示。

(6)当行车道宽度较窄时，不设置专用车道，只画快、慢车分道线，如图 4-2(f)所示。

(7)当行车道宽度很窄时，快、慢车也不划分，如图 4-2(g)所示。

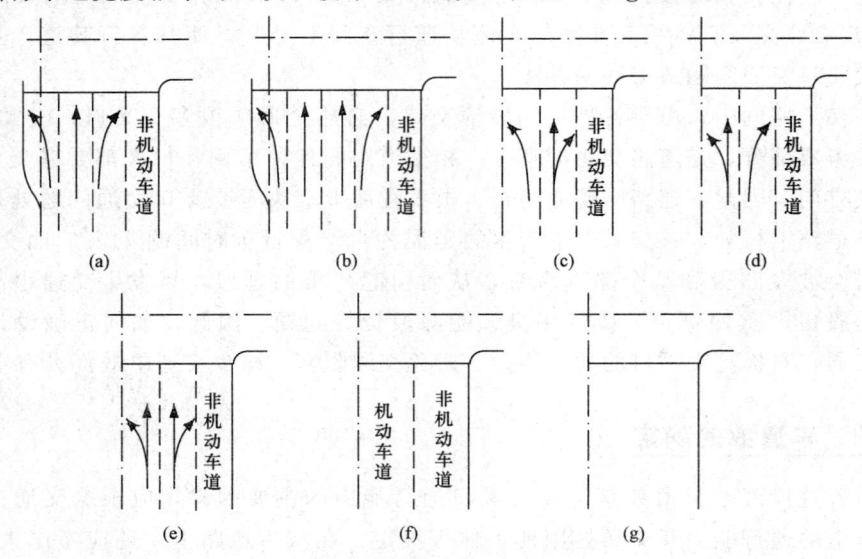

图 4-2 车道划分示意图

2. 左转弯车辆的交通组织

如前所述，左转弯车辆是引起交叉口车流冲突的主要原因，合理地组织左转弯车辆的交通，是保证交通安全、提高交叉口通行能力的有效方法。左转弯车辆交通组织方法可以采用以下几种形式。

(1)设置左转专用车道。左转车辆在交叉口等候通过时，为了避免影响其后直行和右转车辆的通过，在行车道内紧靠中线画出一条车道供左转车辆专用，如图 4-2(a)、(b)、(c)所示，设置专用左转车道后，左转车辆须在左转专用车道上等候和行驶。

(2)实行交通管制。通过信号灯控制或交通警手势指挥，在规定时间内不准左转。

(3)变左转为右转。

1)环形交通：在交叉口中央设置交通岛，利用环道组织逆时针单向交通，变左转为右转，使冲突车流变为分流与合流，如图 4-3(a)所示。

2)绕街坊变左转为右转：使左转车辆环绕邻近街坊道路右转行驶实现左转，如图4-3(b)所示。这种方法绕街坊行程增加很多，通常仅用于左转车辆所占比例不大，街坊较规整，旧城道路扩宽困难，或在桥头引道坡度大的十字形交叉口，为防止车辆高速下坡时直角转弯发生事故而采用。

3)绕远左转：如图4-3(c)所示，利用中间带开口绕行实现左转。

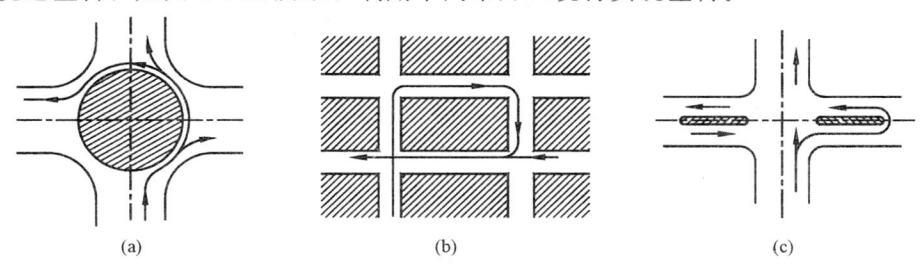

图 4-3 变左转为右转

3. 组织渠化交通

通过在车道上画线，或用绿化带和交通岛来分隔车流及行人和非机动车，使各种不同类型和不同速度的车辆沿规定的方向互不干扰地行驶，这种交通组织称为渠化交通。

渠化交通在一定条件下可以有效地提高道路的通行能力，减少交通事故。它对解决畸形交叉口的交通问题尤为有效。

渠化交通设计时，应充分考虑交叉口所具备的交通、几何及物理条件，渠化原则如下：
(1)交叉口供分流行驶的车道数，应根据路口流量、流向确定；
(2)交通岛的位置和形状应充分考虑车流特点进行设置；
(3)交叉口用于渠化的分隔带和交通标线应与路段上的相应设施衔接协调。

4. 调整交通组织

当旧城道路改建、扩建困难时，从整个城市道路网及交通需求考虑，可以采取改变交通路线，限制车辆行驶，控制行驶方向，组织单向交通，以及适当封闭一些主要干道上的支路，简化交叉口交通等措施，提高整个道路网的通行能力。

5. 实行信号管制

采用单点控制、线控、面控等自动控制的交通信号指挥系统，在时间上分离不同方向的车流，提高行车速度和通行能力。

4.1.3 道路交叉发展史

根据交叉口处相交道路所处的空间位置不同，道路交叉分为平面交叉（又称交叉口）和立体交叉（简称立交）两大类。相交道路在同一高程上相交称为平面交叉；相交道路在不同高程的立体空间交叉称为立体交叉。在道路与道路的平面交叉处，由于各方向车流以直行和左、右转的方式汇入到交叉路口，使平面交叉路口的交通情况最为复杂。采用立体交叉的交叉路口时，必须设置路线桥或地道。

交叉是随着交通产生而出现的。在道路发展早期，由于交通量和车速不大，道路相交采用简单的平面交叉就能满足交通的需求。第一次世界大战后，随着汽车工业的迅猛发展，交通量不断增长，人们对最早的平面交叉进行了改进，如加宽交叉口车行道、保证交叉口行车视距、加大交叉口转弯半径以及设置各种专用的交通标志。这些措施对改善交叉口的交通条件有一定的作用，在一定时期内，也缓解了交叉口的交通矛盾。但是，随着交通量和行车速度的不断提高，上述改良措施又变得不能满足行车的快速、安全、畅通的要求。此时，人们在交叉处通过设置环岛和方向岛来渠化组织交通，使平面交叉的功能进一步得到完善。环形平面交叉在英国、美国、加拿大、瑞士和其他国家得到了广泛的应用。即使在今天，它也不失为一种常见的交叉形式。

平面交叉交通流线的交叉点，给交通带来很大的危险性。据资料统计，交叉口上发生的车祸大约占道路上发生车祸的40%。随后，在城市中，由于步行、自行车交通及汽车交通的增多，使平面交叉的交叉点变得更加复杂起来。车流、人流的混合交通，大大地降低了道路交叉的通行能力，为解决这一问题，在英国出现了人与自行车从道路下面地道通过的环形交叉。这种使用地下通道使人、自行车与汽车在空间分离的形式，是道路立体交叉的雏形。

随着高速公路的出现及干线公路的发展，提高道路交叉口的通行能力和确保行车安全开始具有特别重要的意义。要保证车辆大量、快速、安全地通过交叉口，根本的途径是运用一种使交通流线在空间上实行分离的新的交叉形式——立体交叉。

世界上最早的立体交叉桥出现在德国，建于1925年，采用苜蓿叶形立交，如图4-4所示。三年后，美国于1928年在新泽西州修建了第一座苜蓿叶形立交桥。该立交的交通量平均每昼夜达

图4-4 苜蓿叶形立交

62 500辆，高峰小时交通量达6 074辆，即每分钟允许通过100辆汽车。1930年在美国芝加哥兴建了一座拱形立交桥，这是世界上最早的城市立交桥。随后，世界各国的立体交叉桥如雨后春笋般地发展起来。

我国的立体交叉桥历史悠久，最早从修建人行立交桥开始，公元1256年，在浙江省绍兴市修建了第一座人行立交桥，叫作"八字桥"。我国的车行立交桥最早是从城市道路开始的，1955年武汉滨江路建成了我国第一座车行立交桥，该立交桥为部分苜蓿叶形立交。

4.2 平面交叉设计

1. 设计要求

交叉口设计的基本要求有两个方面：一是保证相交道路上所有车辆与行人的交道畅通与安全，交叉口的通行能力满足各条道路的行车要求；二是满足行车稳定的前提下，保证

交叉口范围内的地面水迅速排除。

2. 设计内容

(1)平面设计：正确选择交叉口的形式，确定各组成部分的几何尺寸(包括车行道宽度、缘石转弯半径、绿带、交通岛等)；

(2)立面设计：交叉口的立面设计和雨水口、排水管道的布置；

(3)合理布置各种交通设施，包括交通信号标志、人行横道线、照明、停车位置等。

4.2.1 道路平面交叉口类型

平面交叉是相交道路在同一平面上相交的地方，一般不用于高速公路。平面交叉形式多样，运用灵活。根据平面交叉的几何形状，常见的平面交叉口可以分为十字形交叉口、X字形交叉口、T字形交叉口、Y字形交叉口、错位交叉口、复合式交叉口，如图4-5所示。

(1)十字形交叉口是指两条道路以90°交角垂直相交的形式。它是平面交叉中用得最多的一种形式，具有形式简单、交通组织方便、适用范围广、外形整洁、行车视线好等特点。

(2)T字形交叉口一般用于主要道路与次要道路的交叉，或用于一条尽头式道路与另条道路搭接。

(3)Y字形交叉口通常用于道路的合流或分流处。

(4)X字形交叉口是两条道路以非90°交角斜交的形式。平面交叉路线应为直线并尽量正交；当必须斜交时，交叉角应大于45°，这主要是考虑交叉角如果太小，则增加交叉口的面积，导致行车视线不良，出现斜方向的对向行车，对交通安全及交通组织都不利；同时，交叉口面积增大，会增加车辆通过时间而降低通行能力。

(5)错位交叉口相邻两T字形或Y字形交叉口，相隔很近，形成错位的交叉形式。

(6)复合式交叉口是指五条或五条以上道路相交的交叉口形式。

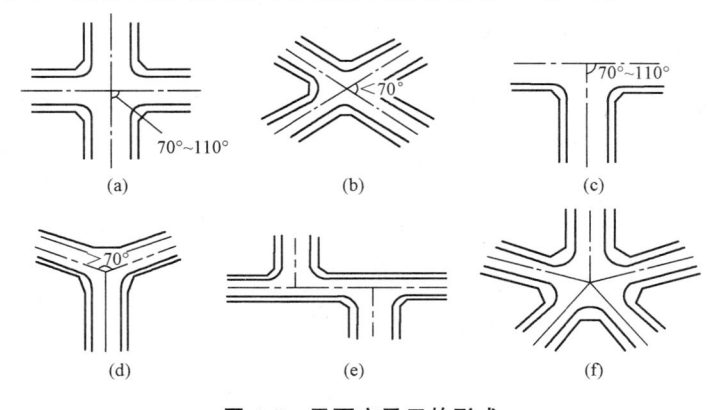

图4-5 平面交叉口的形式

(a)十字形交叉口；(b)X字形交叉口；(c)T字形交叉口；
(d)Y字形交叉口；(e)错位交叉口；(f)复合式交叉口

同时，根据交叉口的交通组织形式和交通特性，平面交叉口又分为以下几种形式：

(1)加铺转角式：用适当半径的圆曲线将相交道路的路基、路面直接相连的平面交叉形式，如图4-6所示。此类交叉口具有形式简单、占地少、造价低、设计方便、通行能力小等特点,适用于交通量小、车速低、转弯车辆少的三、四级公路或地方公路。若斜交不大时,也可以用于转弯交通量较小的主要道路与次要道路的交叉。设计的关键是确定合适的加铺转角半径,以满足行车和通视的要求。

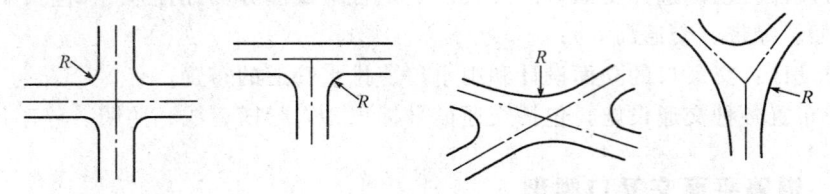

图 4-6 加铺转角式交叉口

(2)扩宽路口式:为保证转弯车辆不影响其他车辆的正常行驶,在交叉口连接处增设变速车道和转弯车道的平面交叉形式,如图 4-7 所示。此类交叉口可减少转弯交通对直行交通的干扰,具有车速较高、交通事故少、通行能力大等优点,但其占地多、投资大,适用于交通量较大、转弯车辆较多的二级公路和城市主干道。设计的关键是确定扩宽车道数以满足交通量要求。

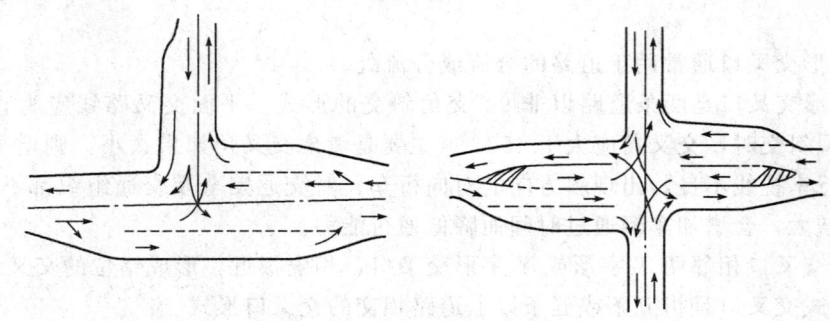

图 4-7 扩宽路口式交叉口

(3)分道转弯式:通过设置交通岛、划分车道等措施,使单向右转或双向左、右转车流以较大的半径分道行驶的平面交叉形式,如图 4-8 所示。由于此类交叉口转弯车辆分道行驶,因此其行车速度和通行能力都较高。其适用于车速较高、转弯车辆较多的一般道路。设计的关键是确定较大的转弯半径,并设置合理的交通导流岛。

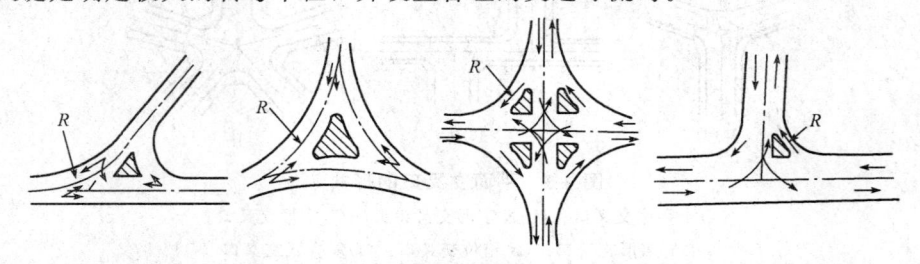

图 4-8 分道转弯式交叉口

(4)环形交叉:中央设置中心岛,用环道组织渠化交通,使进入环道的所有车辆一律按逆时针方向绕岛单向行驶,直至所要去的路口离岛驶出的平面交叉,俗称转盘,如图 4-9

所示。环形交叉适用于交通量适中，转弯车辆较多且地形较平坦时的 3～5 路交叉。设计时，主要解决中心岛的形状和半径、环道的布置和宽度、交织段长度、交织角、进出口曲线半径、入口车道数和视距要求等问题。

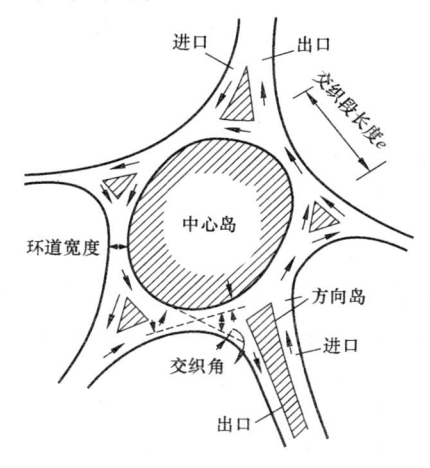

图 4-9　环形交叉口

4.2.2　平面交叉口类型的选择

交叉口形式的选择涉及的因素较多，如交叉口现状、交通量及交通组成、地形地物和道路用地等，应根据具体情况进行具体分析，做出不同设计方案加以比较，择优选用。选择和改建交叉口的形式，应有利于减少或消除冲突点以及提高交叉口通行能力。

1. 交叉口形式选择的要求

(1)既占地面积小又能安全迅速地通过最大交通量。
(2)平面形式、断面组成应符合道路等级、交通量的要求。
(3)交叉口立面设计既能满足排水、管线的要求，又与周围地形环境相适应。
(4)具有合理的交通管理、导流及防护安全等措施。

2. 交叉口形式的选择和改建的原则

(1)形式要尽量简单，应避免锐角相交。尽量采用正交十字形交叉或 T 字形交叉。
1)适当改线，改 X 字形交叉口为十字形交叉口，如图 4-10 所示。
2)改斜交为双 T 字形错位交叉口，如图 4-11 所示。

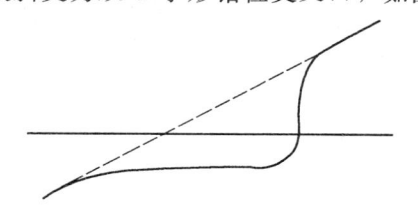

图 4-10　改 X 字形交叉口为十字形交叉口 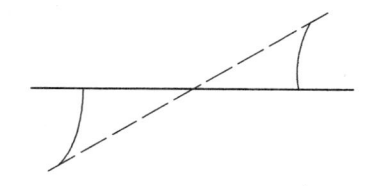　　图 4-11　改斜交为双 T 字形错位交叉口

(2)尽量使相邻交叉口之间的道路直通，对于斜交的平面交叉口，宜做部分改进和优化。

1) 改小交角为大交角(尽可能改为正交)，如图 4-12 所示。
2) 改 Y 字形交叉口为 T 字形交叉口，如图 4-13 所示。

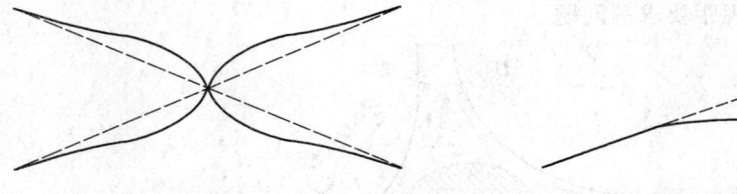

图 4-12　改小交角为大交角　　　　图 4-13　改 Y 字形交叉口为 T 字形交叉口

(3) 主次分明，主流交通的道路线形应尽量顺直，任何一侧不宜有两条以上路段与之交汇。例如，当交叉口的主流交通为左、右转弯时，如图 4-14 中的粗线所示，此时其一侧有两条路线与之交会，这样，会影响主流方向的交通安全和通行能力。为此，可以把主流交通的转弯半径加大，待两条支路会合后，再与主流路线形成 T 字形交叉。

(4) 应尽量避免近距离的错位交叉。当相邻的两个 T 字形交叉口(错位交叉)之间的距离很短时，如图 4-15 所示，由于交织段长度很短，将影响进出错位交叉口的车辆不能顺利行驶，因此阻碍主干道上的直行交通，这时可把相邻的两个交叉口合二为一。

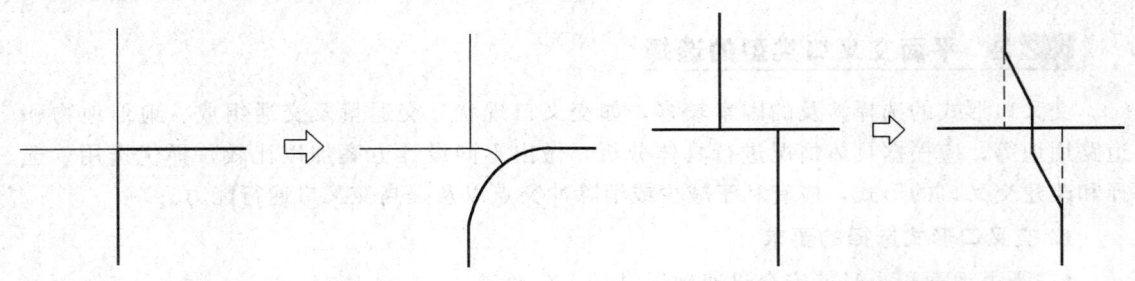

图 4-14　主流交通道路改善　　　　图 4-15　相近的错位交叉合二为一

(5) 畸形和多条道路($n>4$)的交叉，应尽量避免或予以简化。
1) 设置中心岛，简化交通流，如图 4-16 所示。

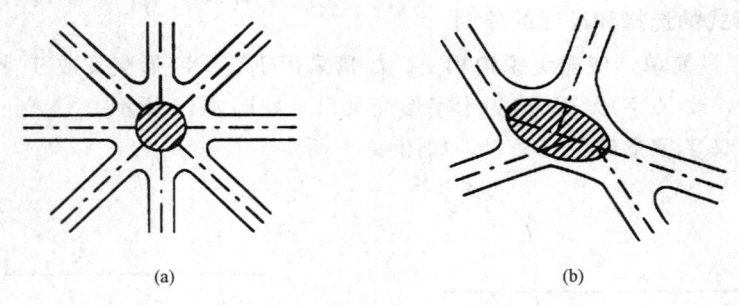

(a)　　　　(b)

图 4-16　设置中心岛简化交通流

2) 封路改道，把多路交叉或畸形交叉改为正交。

4.2.3 平面交叉口立面设计

1. 交叉口立面设计的要求

交叉口立面设计的目的，是要统一解决相交道路之间，以及交叉口和周围建筑物之间在立面位置上的行车、排水和建筑艺术三个方面的要求。设计要求包括以下几点：

(1)使相交的道路在交叉口内有一个平顺的共同面，便于车辆和行人通行；

(2)使交叉口范围内的地面水能迅速排除；

(3)使车行道和人行道的各点标高可以与建筑物的地面标高相协调而具有良好的空间观感。

2. 交叉口立面设计的一般原则

交叉口的立面设计，在很大程度上取决于相交道路的等级、交通量、横断面形状、纵坡的方向和大小以及当地的地形情况。设计时，首先应照顾主要道路上的行车方便，在不影响主要道路行车方便的前提下，也应适当改变主要道路的纵横坡，以照顾次要道路的行车方便。交叉口立面设计的一般原则如下：

(1)主、次道路相交，主要道路的纵横坡度一般均保持不变(非机动车道纵横坡度可变)，次要道路的纵横坡度可适当改变。

(2)同级道路相交，纵坡度一般不变，横坡度可变。

(3)路口设计纵坡度不宜太大，一般不大于2%，在困难情况下，不大于3%。

(4)交叉口立面设计标高应与四周建筑物地表标高相协调。

(5)为了保证交叉口排水流畅，设计时至少应有一条道路的纵坡背向交叉口。如遇困难地形，如交叉口设在盆形的地形，所有道路纵坡都向着交叉口时，必须预先考虑修筑地下排水管道和设置进水口。

(6)合理确定变坡点和布置雨水口。在交叉口布置进水口，应不使地面水流过交叉口的人行横道，也不应使地面水在交叉口内积水或流入另一条道路。为此，进水口应设置在交叉口人行横道的前面能截住来水的地方和立面设计的低洼处。

3. 交叉口立面设计的方法与步骤

交叉口立面设计的方法有方格网法、设计等高线法以及方格网设计等高线法三种。方格网法是在交叉口范围内以相交道路中心线为坐标基线打方格网，测出方格点上的地面标高，求出其设计标高，并标出相应的施工高度；设计等高线法是在交叉口范围内选定路脊线和划分标高计算线网，并计算其上各点的设计标高，勾绘交叉口设计等高线，最后标出各点施工高度。比较上述两种方法可见，设计等高线法比方格网法更能清晰地反映出交叉口的立面设计形状，但等高线上的标高点在施工放样时不如方格网法方便。为此，通常把以上两种方法结合使用，称为方格网设计等高线法。它可以取长补短，既能直观地看出交叉口的立面形状，又能满足施工放样方便的要求。下面以方格网设计等高线法为例，介绍交叉口立面设计的方法和步骤。在实际工作中，若采用方格网法，则不需要勾绘设计等高线；而采用设计等高线法时，可以不打方格，只加注一些特征点的设计标高即可。

(1)收集资料。

1)测量资料，包括交叉口的控制标高和控制坐标，收集或实测1∶500或1∶200地形图,详细标注附近地坪及建筑物的标高。

2)道路资料,包括相交道路的等级、宽度、半径、纵坡、横坡等平纵横设计和规划资料。

3)交通资料,包括交通量及交通组成(直行、左转、右转的比例)资料。

4)排水资料,包括已建或拟建地上、地下排水管渠的位置和尺寸。

(2)绘出交叉口平面图。交叉口平面图包括路中心线、车行道的宽度、缘石半径和方格线。

(3)确定交叉口的设计范围。交叉口的设计范围一般为缘石半径的切点以外5~10 m(即相当一个方格)。这是考虑到自双向横坡逐渐过渡到单向横坡所需要的一定距离,并应与相交道路的路面标高完全衔接。

(4)确定立面设计的图式。根据相交道路的等级、纵坡方向、地形和排水的要求,确定采用的立面设计等高线形式,并根据纵坡的大小和精度的要求,选定相邻等高线的高差Δh,一般为0.02~0.10 m,取偶数便于计算。

(5)确定路段上的设计标高。确定路段上的设计标高(通常用设计等高线表示),如图4-17所示。图中,i_1、i_3分别为车行道中心线和街沟线的设计纵坡度(通常情况下$i_1=i_3$),%;i_2为车行道的设计横坡度,%;B为车行道宽度,m;h_1为车行道路拱的拱高,m;Δh为相邻设计等高线的高差,m。

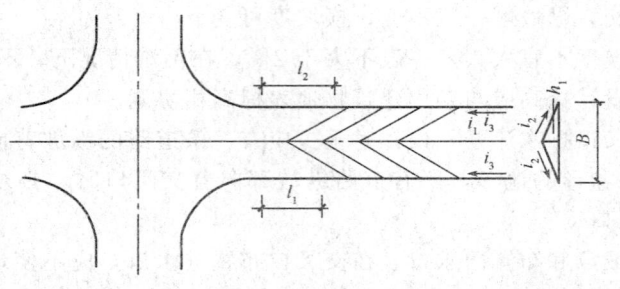

图 4-17 路段上设计等高线的绘制

首先,在车行道中心线上,根据设计纵坡度定出某一整数的设计标高位置,并选定相邻等高线的高差Δh,然后算出车行道中心线相邻等高线的水平间距$l_1=\Delta h/i_1$,根据l_1即可定出车行道中心线上其余的等高线位置。

其次,定出等高线在街沟线上的位置。由于行车道横坡度的影响,等高线在街沟线上的位置向纵坡的上方偏移了一水平距离l_2,根据l_2即可定出车行道街沟线上其余的等高线位置。

$$l_2=\frac{h_1}{i_3}=\frac{B}{2}\cdot\frac{i_2}{i_3} \tag{4-1}$$

求出l_1和l_2的位置后,连接同一等高线上的各点,即得到以设计等高线表示的道路路段立面设计图。路面为抛物线形路拱,路段上的设计等高线均可以用折线,如图4-17所示。

(6)确定交叉口上的设计标高。

1)选定交叉口范围内合适的路脊线和控制标高。所谓路脊线是路拱顶点(分水点)的连线，如图 4-18 所示。路脊线位置的选定合理与否，将直接影响交叉口上的排水、行车和立面观瞻。所以，要做好立面设计，首先要选好路脊线的位置。一般路中即为其路脊线。在斜交的丁字形交叉口上，当斜交的偏角过大时，其路中心线就不宜作为路脊线。**路脊线应调整成对向车辆行驶轨迹的分界线。**

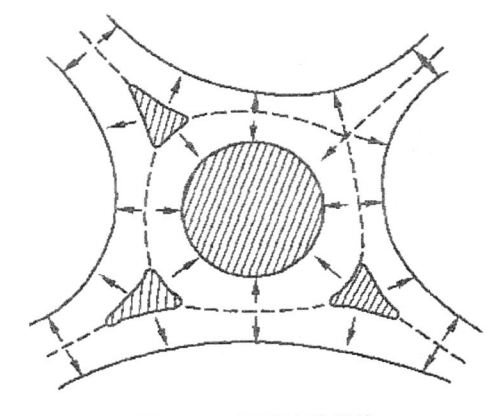

图 4-18 环道的路脊线

交叉口的控制标高应根据相交道路的纵坡、交叉口四周地形、路面厚度和建筑物的布置等综合考虑确定。在确定相交道路中心线交点的控制标高时，应尽量使交叉口处相交道路的纵坡大致相等，有利于立面设计的处理。

2)确定标高计算线网并计算标高计算线上各点的设计标高。只有路脊线上的设计标高，还不能足够反映交叉口设计范围内的立面设计形状，还必须计算出路脊线以外各点的设计标高。平面交叉口立面设计的关键问题是选择合适的路脊线和标高计算线网。

标高计算线网是立面设计中计算交叉口范围内各点标高必不可少的辅助线。标高计算线网的确定可以采用方格网法、圆心法、等分法和平行线法。在这四种方法中，推荐采用方格网法。方格网法的计算方法如下：

在交叉口平面图上，平行于道路中心线画出 5 m×5 m 或 10 m×10 m 的方格网线，如图 4-19 所示，在遇到特殊情况时，方格网的大小也可酌情增减。方格网法适宜用在道路正交的交叉口。

根据路脊线交点 A 的控制标高 h_A 可以逐一求出以下各点的设计标高。

缘石半径切点横断面上的三点标高：

$$h_G = h_A - \overline{AG} \cdot i_1 \tag{4-2}$$

$$h_{E_3}(h_{E_2}) = h_G - \frac{B}{2} \cdot i_2 \tag{4-3}$$

同理，可求得 N、F_3 等点的标高。

根据以上已求得 A、E_3、F_3 点的控制标高，则可算出交叉口范围内的标高点。

缘石延长线交点 C_3 的标高：分别按 F_3、E_3 算出 C_3 点的标高，如两者不相等时，则取其平均值，即：

$$h_{C_3} = \frac{(h_{E_3} + R \cdot i_1) + (h_{F_3} + R \cdot i_1)}{2} \tag{4-4}$$

连接 AO_3，与缘石曲线相交于 D_3，则 D_3 点的标高为：

$$h_{D_3} = h_A - \frac{h_A - h_{C_3}}{\overline{AC_3}} \overline{AD_3} \qquad (4-5)$$

根据求得的 E_3、F_3、D_3 各点标高，在缘石曲线 E_3F_3 和路脊线 AG、AN 上，用补插法求出所需要的等高点。同理，可以求得 4 个角的等高点。

(7) 勾画交叉口上的设计等高线。参照已知的立面设计图式和形状，把各等高点连接起来，即得初步的以设计等高线表示的交叉口立面设计图。

(8) 调整标高。按照行车平顺和排水迅速的要求，调整等高线的疏密和均匀变化，调整个别不合理的标高，补设进水口。检查方法：使用大三角板或直尺沿行车、横断面或任一方向，检查设计等高线分布是否合理，以判别纵坡、横坡和

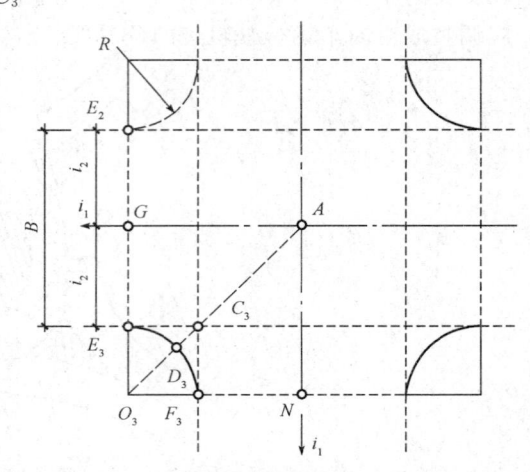

图 4-19　方格网法设计标高的计算图式

合成坡度是否满足行车和排水要求；最后再检查街沟线的纵坡能否顺利排水，以及进水口的布置是否合理。

(9) 计算施工高度。根据等高线的标高，用补插法求出方格点上的设计标高，最后可以求出施工高度(它等于设计标高减去地面标高)，以符合施工要求。

4.3　立体交叉设计

道路立体交叉是指两条或多条路线(道路与道路、道路与铁路、道路与其他交通线路)用跨线桥、隧道或地道在不同水平面上相互交叉的连接方式。立体交叉是高速公路和城市快速路必不可少的组成部分；由于在交叉处设置跨线结构物(路线桥、隧道或地道)，使不同的交通流在平面和空间上分隔，同时，用专门设置的交换车道(匝道)进行联系。从而使各路的交通流互不干扰，避免冲突点，保证交通流安全、迅速地通过交叉口或方便地完成转向运行，从根本上解决了道路交叉口的交通问题。它具有行车速度快、通行能力大、相互干扰小等优点。立体交叉适用于行车速度高和交通量大的道路主干线上的路线交叉。

4.3.1　立体交叉的组成

一个完整的全互通式立体交叉由主体和附属设施两大部分组成。

1. 主体部分

立交的主体是指直接提供车辆的直行、转向行驶的组成部分，包括跨越设施、主线、匝道三个部分。立交的组成如图 4-20 所示。

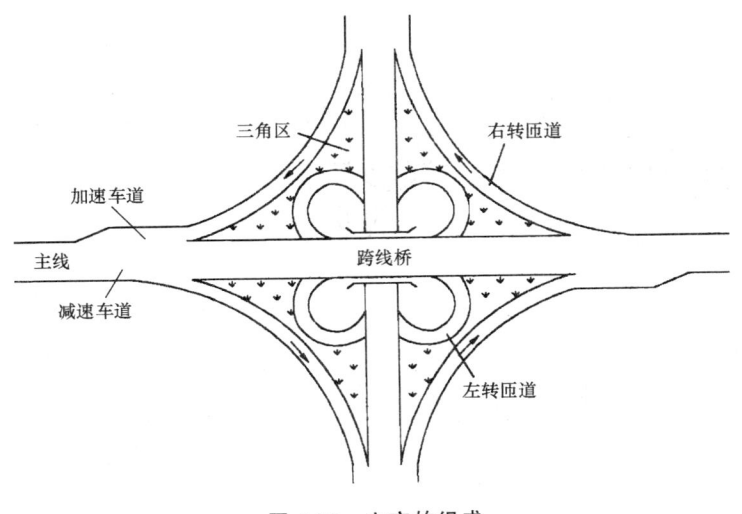

图 4-20 立交的组成

(1) 跨越设施。跨越设施是立交实现交通流线空间分离的主体构造物。立体交叉主线之间的相互跨越方式可分为上跨式和下穿式。上跨式采用桥跨结构跨越；下穿式采用隧道或地道的方式跨越。跨越设施是立交的重要组成部分，其工程量可以占全立交的 50%～70%。

(2) 主线。主线又称为正线，是指相交道路的直行车道。两条相交主线，在空间分离时又有上线和下线之分。上跨的正线从立交桥到两端主线起点的路段叫作引道；下穿的正线从立交桥下到两端主线的降坡点路段叫作坡道。引道和坡道使相交的路线与跨越设施连接而实现空间的分离。

(3) 匝道。匝道为不同水平面相交道路的转弯车辆转向使用的连接道。匝道使空间上分离的主线连接起来，形成互通式结构。根据功能的不同，匝道可分为左转匝道、右转匝道和左右转共行匝道。匝道的转弯半径是决定互通式立交形式、占地、造价及规模的主导因素，并直接影响到立交的使用功能。

2. 附属设施

附属设施包括出口、入口、辅助车道、三角区、收费口等部分。

(1) 出口与入口。出口与入口是主线与匝道的结合部位。由主线驶出进入匝道的路口称为出口；由匝道驶入主线的线的路口称为入口。

(2) 辅助车道。辅助车道是指在交叉口分合流处，用作停车、减速、转弯、转弯储备、交织、车道数平衡、载重汽车爬坡，以及其他辅助直行交通运行的所有车道的总称。

(3) 三角区。在立交范围内，匝道与主线之间或匝道与匝道之间的旷地统称为立交三角区。三角区是立交绿化和美化布置、照明及布置交通设施等的用地。三角区的布置是立交规划设计的重要内容之一。

4.3.2 立体交叉的分类

立体交叉形式多样，根据不同的分类方式可以分为各种不同的类型。

(1) 按照立交的外形可以分为喇叭形立交、苜蓿叶形立交、叶形立交、环形立交、菱形立交等，如图4-21所示。

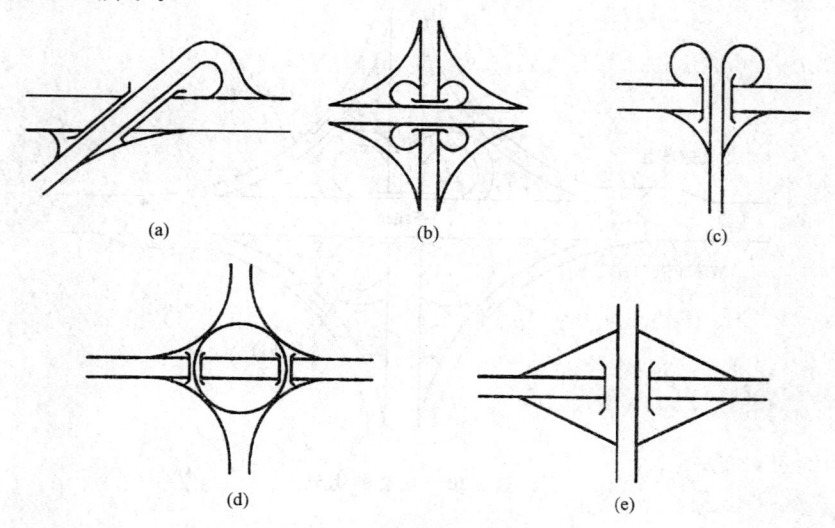

图4-21 立交按形状的分类
(a)喇叭形立交；(b)苜蓿叶形立交；(c)叶形立交；(d)环形立交；(e)菱形立交

（2）按照交通功能可以分为分离式立交、部分互通式立交和完全互通式立交，如图4-22所示。

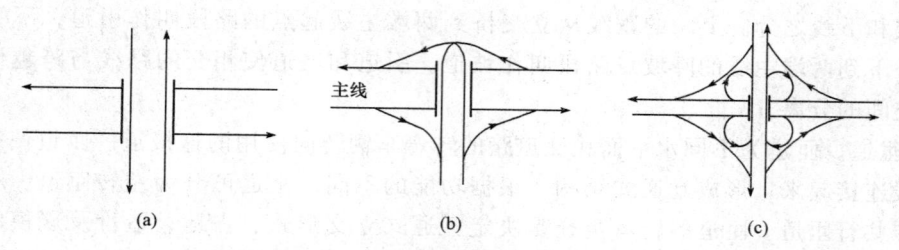

图4-22 立交按交通功能的分类
(a)分离式立交；(b)部分互通式立交；(c)完全互通式立交

1）分离式立交：相交道路完全空间分离，彼此间无匝道连接，车辆不能相互转换的立交形式。这种类型立交结构简单，占地少，造价低，但相交道路的车辆不能转弯行驶。其适用于高速道路与铁路或次要道路之间的交叉。

2）部分互通式立交：只允许部分方向上的车辆转换运行的立交。当个别方向的交通量很小或分期修建时，高速道路与次要道路相交或用地和地形等限制时可以采用这种类型立交。

3）完全互通式立交：所有方向上的车辆均能相互转换运行的立交。它是一种比较完善的高级形式，匝道数与转弯方向数相等，各转向都有专用匝道，适用于高速道路之间及高速道路与其他高等级道路相交。

（3）按相交道路的跨越方式可以分为上跨式立交和下穿式立交，如图4-23所示。

1）上跨式立交：用跨线桥从相交道路上方跨过的交叉方式。这种立交施工方便，造价较低，排水易处理，但占地大，引道较长，高架桥影响视线和市容并不利于非机动车辆的行驶。

2)下穿式立交:用地道(或隧道)从相交道路下方穿过的交叉方式。这种立交占地较少,立面易处理,对视线和市容影响小,但施工工期较长,造价较高,排水困难,养护和管理所需的费用多。

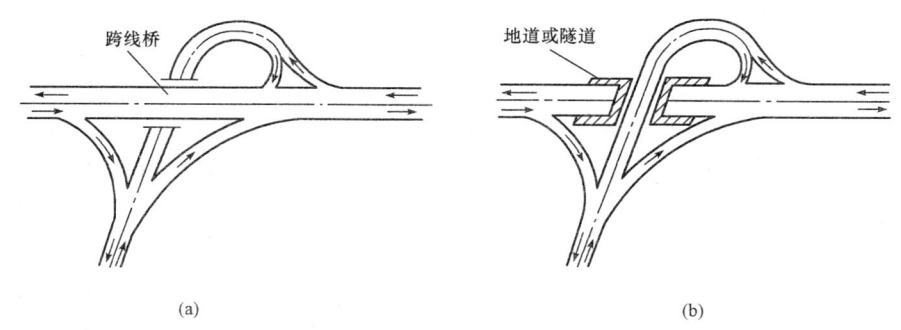

图 4-23 立交按道路跨越方式的分类
(a)上跨式;(b)下穿式

4.3.3 立体交叉设置条件

立体交叉占地面积大、工程造价高、施工复杂、不易改造,因此,立交的设置应根据规划,经过技术、经济和环境效益的比较和分析,详细论证后确定。一般来说,在下列情况下应采用立体交叉:

(1)高速公路与城市各级道路交叉时,必须采用立体交叉。

(2)快速路与快速路交叉,必须采用立体交叉;快速路与主干路交叉,应采用立体交叉。

(3)城市道路交叉口,如不修建立体交叉就无法改善交叉口及其相连道路的交通现状时,需采用立体交叉;如不修建立体交叉就无法改善交叉口及其相连道路的交通现状时,需采用立体交叉。城市交叉口交通量很大,当经常发生拥挤、阻塞、排队现象时,需考虑采用立体交叉。《规范》规定:主干路与主干路相交的路口,当进入路口的交通量超过4 000~6 000辆/h(当量小客车),相交道路为四车道以上,且对平面交叉口采取改善措施、调整交通组织均难收效时,可以设置立体交叉。

(4)结合修建跨河桥,城市主干路跨河桥梁的两端,可以根据需要扩建桥梁边孔,修建主干路与滨河路的立体交叉。

(5)铁路与道路相交满足以下条件时,需采用立体交叉:

1)高速公路(或一级公路)、铁路交叉,必须设置立体交叉;

2)高速铁路或路段旅客列车设计行车速度为140 km/h的铁路与公路交叉,必须设置立体交叉;

3)铁路、二级公路交叉时,必须设置立体交叉;

4)路段旅客列车设计行车速度为120 km/h的铁路、公路交叉时,必须设置立体交叉;

5)由于铁路调车作业对公路上行驶的车辆会造成较严重延误时,必须设置立体交叉;

6)受地形等条件限制,采用平面交叉会危及行车安全时,必须设置立体交叉;

7)城市主干路、次主干路与铁路交叉,在道路高峰时间内,经常发生一次封闭时间超过15 min时设置立体交叉。

4.3.4 立体交叉设计

1. 立交规划设计的内容

交叉规划设计范围宽、内容多,它包括多层次、多方面的设计内容。按照立交设计的阶段不同可以分为以下几项:

(1)立交规划。立交规划主要内容有立交设置与否;位置确定;间距;设置数目;立交规模;立交分类及分级;初步确定立交类型和立交设置原则及依据等方面的研究;规划工作。立交规划是立交设计的前期工作,其目的是为下阶段的方案设计或初步设计提供依据。

(2)方案设计。方案设计是指在立交设计前进行的总体安排和布局的工作。其核心是类型选择。其主要内容有立交的形式和类型选择;方案拟定与比选;方案的推荐与确定;立交的总体布局;工程估算等方面。其目的是通过方案设计最终为初步设计和施工图设计提供适用、可行、合理、经济、美观的最优的立交方案。

(3)初步设计。初步设计是在规划设计和方案设计的基础上,对立体交叉进行的进一步深化设计的工作。其内容包括立交的定位、方案的确定、初步测量、初步设计图表编制、设计概算编制等工作。初步设计成果是上报立项、审批的重要资料、批准后的初步设计,是下一步施工图设计的依据。

(4)施工图设计。施工图设计是以提交详细的施工图为目的的详细设计工作。其内容包括详细测量、施工图表的编制和施工图预算的编制等工作。批准后的施工图设计是工程招投标和具体施工的基本依据。

另外,按照立交设计内容还可以分为立交总体设计、立交平面设计、立交纵面设计、立交横断面设计、桥跨设计、其他附属工程设计等方面。

2. 立交规划设计的原则

设计时,除应遵循道路设计的一般原则外,考虑到立交工程是一项综合性的、涉及道路路线、桥梁、路基、路面以及各种交通设施的复杂工程,还应遵循以下原则:

(1)功能性原则。
1)确保行车安全,减少交叉口交通事故;
2)车辆行驶快速、顺畅、路线短捷,使交叉口耽误时间尽可能缩短;
3)行车方向明确;
4)主次分明,首先确保主线的交通;
5)通行能力大,能满足远景设计年限的交通量要求。

(2)经济性原则。
1)投资少,工程费用节省;
2)少拆迁,少占地;
3)运营费以及车辆行驶的油耗、轮耗、车损最小;
4)养护和管理费用最小。

(3)适应性原则。
1)因地制宜,立交应与自然环境、社会及经济条件相适应;

2)立交应与其所在的路网中的作用及地位相适应;
3)立交应与其周围的土地利用及经济发展相适应;
4)立交规划应与区域规划相适应。
(4)艺术性原则。
1)立交的造型和结构,要保证其自身的建筑艺术性和完美性,并具有独特的艺术风格;
2)要注意与自然景物相协调,达到与外界相融洽的自然美;
3)立交的建设不能对区域的自然景观产生破坏或削弱作用。

3. 立体交叉线形设计

立体交叉线形设计的技术要求如下:
(1)立体交叉的计算行车速度规定。
1)立体交叉直行方向和定向方向计算行车速度。分离式、苜蓿叶形、环形立体交叉的直行方向和定向式立体交叉的定向方向的计算行车速度应采用与路段相应等级道路的计算行车速度。在菱形立体交叉中,通过其平面交叉直行车流的计算行车速度应采用与路段相应等级道路的计算行车速度的 0.7 倍。
2)匝道计算行车速度。匝道的计算行车速度通常取道路计算行车速度的 0.5~0.7 倍,以便使车辆适应匝道的行车条件。
3)环形立体交叉环道的计算行车速度。环形立体交叉环道的计算行车速度一般采用 25~35 km/h。
(2)立体交叉的间距。
1)互通式立体交叉在城市道路中,两个相邻立体交叉之间的最小净距离应符合表 4-2 的规定。
2)互通式立体交叉在高速公路上,两个相邻交叉口之间的最小净距应大于 4 km。

表 4-2 互通式立体交叉最小净距

干道计算行车速度 /(km·h^{-1})	80	60	50	40
最小净距/m	1 000	900	800	700

(3)立体交叉道路的横断面设计。立体交叉道路横断面形式和组成部分宽度,应根据道路的规划、等级、交通量、机动车与非机动车所占比重和交通组织方式等要求决定。为确保立体交叉上高速行驶的车辆安全,直行道路应设置中央分隔带,所以通常采用双幅路和四幅路的横断向形式。双幅路型用于机动车和非机动车分层行驶的立体交叉,机动车道一般设 4 条或 6 条车道,每条车道宽度采用 3.75 m,中央分隔带宽度为 0.5~2 m,安全距离为 0.5~1.5 m。四幅路型用于机动车和非机动车在同一层行驶的立体交叉。
(4)立体交叉的纵断面设计。立体交叉中主线的纵坡,直接影响到主体交叉的工程规模和行车安全,所以,设计纵坡应尽可能平缓一些。立体交叉引道和匝道的最大纵坡度应符合相应的规定值。机动车与非机动车在同一坡道上行驶时,最大纵坡度按非机动车行道的有关规定处理。立体交叉范围内的回头曲线的纵坡度宜小于或等于 2%。

立体交叉范围内竖曲线设计,其半径和最小长度应按照道路纵断面设计的有关规定执行。非机动车道凸形或凹形竖曲线的最小半径为 500 m。

立体交叉范围内的视距应符合行车视距要求。

4. 匝道设计

(1)匝道端部的设计。匝道端部为匝道与干道相连接的部分,包括变速车道、锥形车道、分叉点交通岛等。匝道端部设计是立体交叉几何构造很重要的一部分,它与立体交叉的交通运行有着密切的关系,设计中应予以重视。

1)匝道口的设计:匝道口的设计具体分为匝道出口和进口的布置、分流点和合流点交通岛的布置、匝道端部出口或入口横断面的布置。

2)匝道口的净距:立体交叉范围内相邻匝道口之间的最小净距应符合相关规范的规定。

3)变速车道:变速车道包括加速车道和减速车道。变速车道的布置分为直接式变速车道和平行式变速车道两种形式。直接式变速车道适用于立交直行方向交通量较少时;直行方式交通量较大时则采用平行式变速车道。变速车道与干线正常路段应设置一定的过渡段来衔接,如图 4-24 所示。

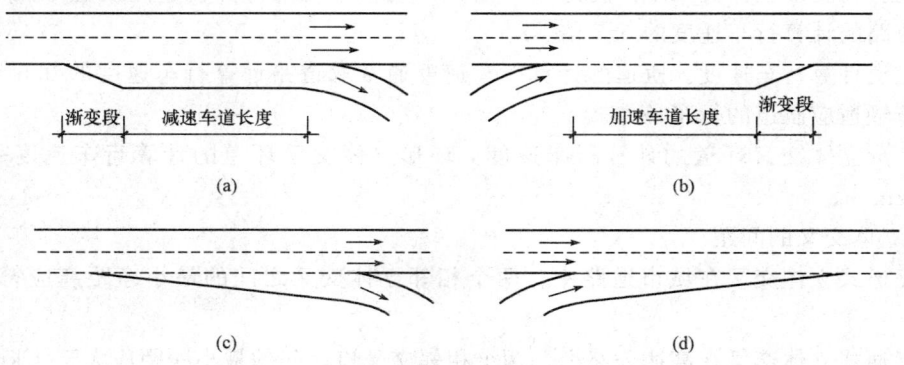

图 4-24 变速车道的形式
(a)平行式减速车道;(b)平行式加速车道;(c)直接式减速车道;(d)直接式加速车道

(2)匝道的"平、纵、横"设计。

1)匝道的平面线形:匝道的半径是匝道平面设计的依据,它也将影响立交规模的大小,城市道路立体交叉中匝道半径取决于立交所在位置的地形和地物。为了不扩大拆迁和增加占地,半径不宜过大,但半径过小将影响立交的使用效果,所以,匝道半径应符合表 4-3 和表 4-4 的规定。

表 4-3 公路立体交叉匝道圆曲线半径

匝道设计速度/(km·h^{-1})		80	70	60	50	40	35	30
圆曲线最小半径/m	一般值	280	210	150	100	60	40	30
	极限值	230	75	120	80	50	35	25

匝道曲线超高一般规定单向匝道超高横坡为 2%～4%,最大不得超过 6%。

城市立体交叉的匝道曲线加宽,一般结合平面几何设计用路缘石曲线接顺,所以,未设置超高的平曲线路段可以不设置缓和曲线。

表 4-4　城市道路立体交叉匝道圆曲线半径及平曲线最小长度

匝道设计速度/(km·h^{-1})	60	50	45	40	35	30	25	20
横向力系数	\multicolumn{6}{c|}{0.18}			0.16	0.14
超高 i_h=6%的最小半径/m	120	80	65	50	40	30	20	15
超高 i_h=4%的最小半径/m	130	90	75	60	45	35	25	20
超高 i_h=2%的最小半径/m	145	100	80	65	50	40	30	20
不设超高最小半径/m	180	125	100	80	60	45	35	30
平曲线最小长度/m	100	85	75	65	60	50	40	35

2)匝道的纵断面设计：由于上下道路高差较大，匝道的纵坡也较大，一般可取 4%；匝道与主干道连接处匝道的端部应设置小于 2% 的缓坡段，缓坡长度应大于缓坡与陡坡之间设置竖曲线的切线长度。单向匝道的纵坡可以大于双向匝道，上坡匝道的纵坡可以比下坡的稍大。匝道弯道的最大纵坡度，应符合合成坡度的规定。

3)匝道的横断面设计：匝道宜设计为单向行驶，若采用双向行驶，则应设置分隔带（交通量较小时，也可以用路面画线分隔）。单向行驶的匝道路面宽度不得小于 7 m，若为机、非混行则不宜小于 12 m，而且弯道处应加宽。城市立交匝道上的人行道宽度不小于 3 m。

工程实训　道路交叉设计案例

如图 4-25 所示，两主干道相交，交叉口为斜坡地形，南北向、东西向主干道中心线及街沟纵坡为 $i_1=i_3=0.03$，南北向由北向南倾斜，东西向由东向西倾斜。行车道宽度均为 15 m，缘石曲线半径均为 10 m，交叉口中心点 A 设计标高 $H_A=2.05$ m，相邻等高线高差 $\Delta h=0.10$ m，路面横坡 $i_2=0.02$，试进行交叉口立面设计。

解：(1)计算路段设计等高线间距

南北向、东西向：$l_1=\dfrac{\Delta h}{i_1}=\dfrac{0.10}{0.03}=3.33(\text{m})$，$l_2=\dfrac{i_2}{i_3}\cdot\dfrac{B}{2}=\dfrac{0.02}{0.03}\times\dfrac{15}{2}=5.00(\text{m})$

(2)计算各特征点标高

南西象限各特征点：

$\overline{O_3F_3}=R=10$ m，$\overline{F_3N}=B/2=7.5$ m，则 $AG=17.5(\text{m})$

$\overline{O_3E_3}=R=10$ m，$\overline{E_3G}=B/2=7.5$ m，则 $AN=17.5(\text{m})$

$H_G=2.05-17.5\times0.03=1.52(\text{m})$

$H_{E_3}=1.52-7.5\times0.02=1.37(\text{m})$

$H_N=2.05-17.5\times0.03=1.52(\text{m})$

$H_{F_3}=1.52-7.5\times0.02=1.37(\text{m})$

$H_{C_3}=(1/2)\times(H_{E_3}+R\times i_3+H_{F_3}+R\times i_3)=(1/2)\times(1.67+1.67)=1.67(\text{m})$

$H_{D_3}=H_A-\dfrac{H_A-H_{C_3}}{\overline{AC_3}}\times\overline{AD_3}=2.05-\dfrac{2.05-1.67}{7.5\sqrt{2}}\times(17.5\sqrt{2}-10)=1.52(\text{m})$

同理可求出其他象限内特征点：

$h_M=2.58$ m，$h_{E_1}=2.43$ m，$h_{F_1}=2.43$ m，$h_{C_1}=2.13$ m，$h_{D_1}=2.16$ m

$h_K=2.58$ m，$h_{E_2}=1.37$ m，$h_{F_2}=2.43$ m，$h_{C_2}=1.90$ m，$h_{D_2}=1.84$ m

$h_N=1.52$ m，$h_{E_4}=2.43$ m，$h_{F_4}=1.37$ m，$h_{C_4}=1.90$ m，$h_{D_4}=1.84$ m

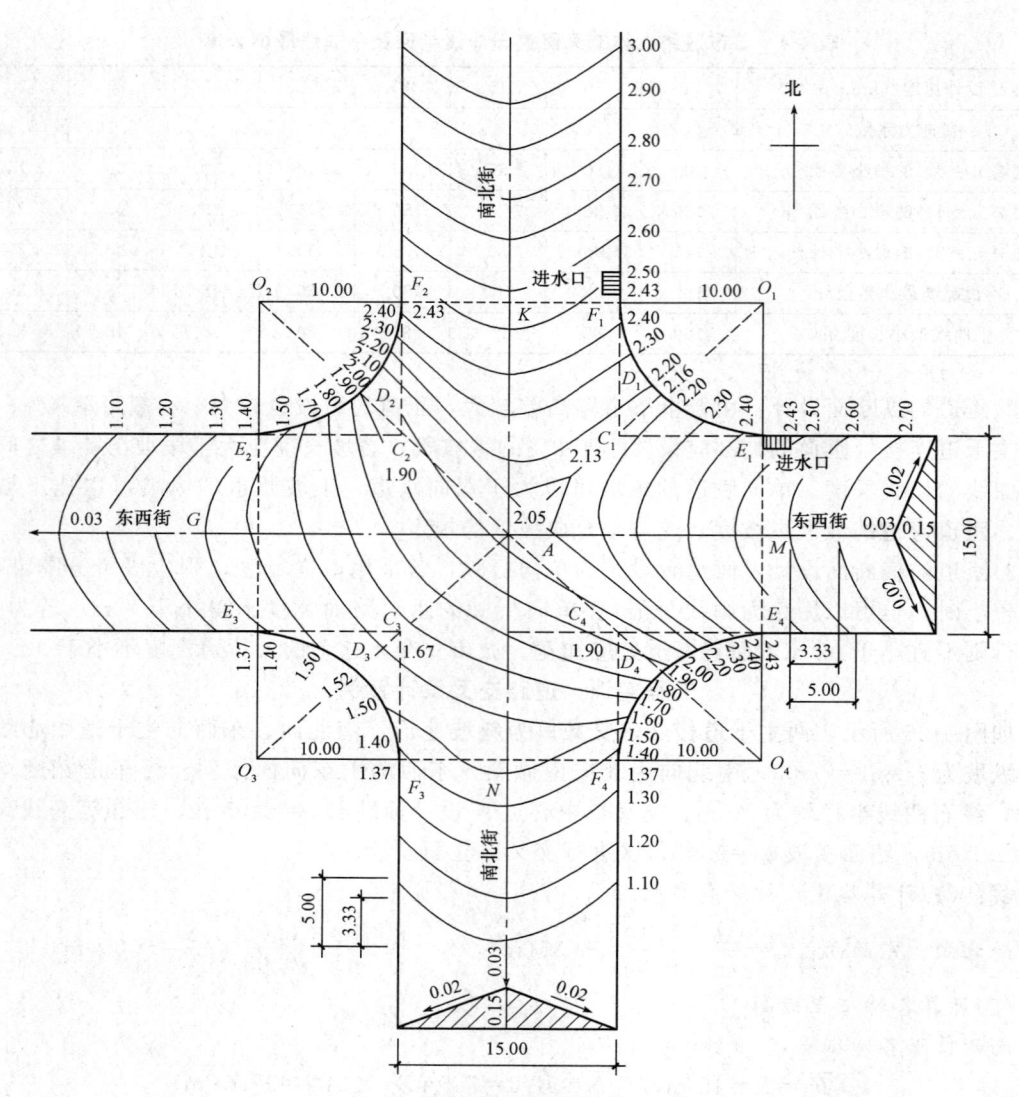

图 4-25 交叉口立面设计图例(尺寸单位：m)

(3) 计算各缘石曲线弧上等高线数及间距

弧长 $E_1D_1 = D_1F_1 = 2\pi R/8 = 7.85(m)$

E_1D_1 上应有等高线数为 $\dfrac{2.43-2.16}{0.10} = 2.7 \approx 3$(根)

D_1F_1 上应有等高线数为 $\dfrac{2.43-2.16}{0.10} = 2.7 \approx 3$(根)

E_2D_2 上应有等高线数为 $\dfrac{1.84-1.37}{0.10} = 4.7 \approx 5$(根)，等高线间距 $\dfrac{7.85}{5} = 1.57(m)$

D_2F_2 上应有等高线数为 $\dfrac{2.43-1.84}{0.10} = 5.9 \approx 6$ 根，等高线间距 $1.31\ m$

同理，可以求出其他曲线上的等高线数和间距。

(4) 计算路脊线上等高线

· 136 ·

AK 段：(2.58－2.05)/0.10＝5.3≈5(根)
AN 段：(2.05－1.52)/0.10＝5.3≈5(根)
AM 段：(2.58－2.05)/0.10＝5.3≈5(根)
AG 段：(2.58－1.52)/0.10＝5.3≈5(根)

（5）勾绘等高线如图 4-25 所示。

（6）检查：按照行车平顺和排水迅速的要求，调整等高线的疏密和均匀变化，调整个别不合理的标高，补设进水口。

能力训练

一、思考题

1. 简述平面交叉口的形式及选择。
2. 立体交叉的设置条件是什么？
3. 立体交叉的组成是什么？
4. 简述立交规划设计的原则与内容。

二、计算题

已知东西一路、南北二路，交叉口中心标高为 10.0 m，东西一路纵坡为 1.5%，由西向东倾斜，南北二路，纵坡为 1%，由交叉口中心向南、向北倾斜，两条道路正交，道路宽度均为 30 m，横坡均为 1.5%，路缘石半径均为 20 m。试进行此交叉口的立面设计。

任务自测

任务能力评估表

知识学习	
能力提升	
不足之处	
解决方法	
综合自评	

任务五　路基设计与施工

任务目标

- 熟悉路基设计工程特点与要求；
- 掌握路基工作区及土基的强度指标；
- 熟悉路基的破坏形式与原因分析；
- 熟悉公路自然区划和路基干湿类型的划分；
- 熟悉边坡稳定性的因素和边坡稳定性分析的直线法，了解边坡稳定性分析的圆弧法；
- 熟悉挡土墙的土压力计算和挡土墙稳定性验算；
- 掌握路基施工技术，掌握压实技术。

5.1　概　述

路基是指按照路线位置和一定技术要求修筑的作为路面基础的带状构造物，是铁路和公路的基础。路基是用土或石料修筑而成的线形结构物。路基基本构造如图5-1所示。路基作为道路工程的重要组成部分，是路面的基础，是路面的支撑结构物。同时，与路面共同承受交通荷载的作用，路基质量的好坏，必然反映到路面上来，路面损坏往往与路基排水不畅、压实度不够、温度低等因素有关。建造路基的材料，不论填或挖，主要是土石类散体材料，所以，路基是一种土工结构，经常受到地质、水、降雨、气候、地震等自然条件变化的侵袭和破坏，抵抗能力差，因此，路基应具有足够的坚固性、稳定性和耐久性。

路基主要由路基本体、排水、防护等几部分组成。路基从材料上可以分为土路基、石路基、土石路基三种。由于路基高程与原地面高程有差异，且各路段岩土性质的变化，各处附属设施的布置不尽相同，因此各段的路基横断面形状差别很大。路基横断面形式的选定和各项附属设施的设计都是路基设计的基本内容，具体来说，主要包括以下几部分：

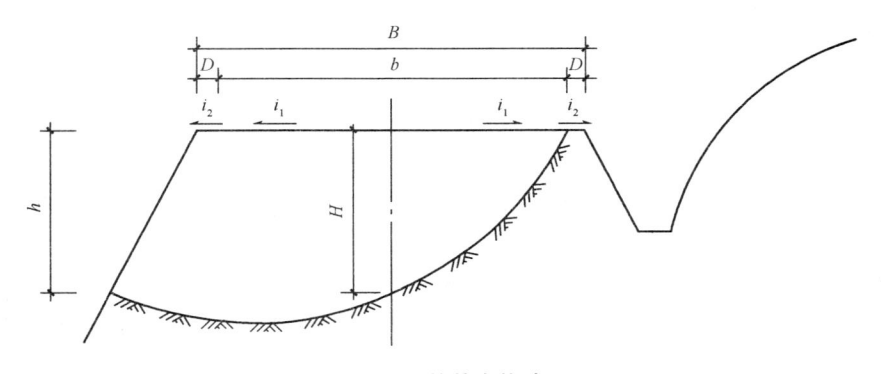

图 5-1 路基基本构造图

H—路基填挖高度；B—路基宽度；D—路肩宽度；
b—路面宽度；i_1—路面横坡；i_2—路肩横坡

(1)做好沿线自然情况的勘察工作，收集必要的设计资料，作为路基设计的依据。

(2)根据路线纵断面设计确定的填挖高度，结合沿线地质、水文调查资料，进行路基主体工程(路堤、路堑、半挖半填路基及有关工程等)设计。一般路基，可以根据相关规范的规定，按照路基典型断面直接绘制路基横断面图。对下列情况需进行单独设计：工程地质、水文条件复杂或边坡高度超过规范规定高度的路基；修筑在陡坡上的路堤；在各种特殊条件下的路基，如浸水路堤，采用大爆破施工的路基及软土或震害严重地区的路基等。

(3)根据沿线地面水流及地下水埋藏情况，进行路基排水系统的总体布置，以及地面和地下排水结构物的设计与计算。

(4)路基防护与加固设计，包括坡面防护、冲刷防护与支挡结构物等的布置与计算。

(5)路基工程其他设施的设计，包括取土坑、弃土堆、护坡道、碎落台及辅道等的布设与计算。

路基施工质量好坏直接影响道路的使用品质，根据实际情况选择适当的施工方法，确保路基的施工质量，施工主要内容有以下几项：

(1)进行现场调查，研究和核对设计文件。编制施工组织计划，确定施工方案，选择施工方法，安排施工进度。完成施工前的组织、物质和技术准备工作。

(2)开挖路堑，填筑路堤，修建排水及防护加固结构物，进行路基主体工程及其他工程的施工。

(3)按照设计要求，对各项工程进行检查验收，绘制路基施工竣工图。

5.1.1 路基工程的特点与要求

路基工程的特点：工艺较简单，工程数量大(微丘区的三级公路每公里的土石方数量为 8 000~10 000 m³，山岭重丘区为每公里 20 000~60 000 m³)，耗费劳力多，涉及面较广，耗资也较多。路基是一项线形工程，决定了路基工程复杂多变的特点，给施工带来了很多难度。路基施工改变了沿线原有自然状态，挖填借弃土石方涉及当地生态平衡、水土保持和农田水利。土石方相对集中或条件比较复杂的路段，路基工程往往是施工期限的关键之一。

为了保证公路与城市道路最大限度的满足车辆运行的要求，提高车辆行驶速度、增强安全性和舒适性、降低运输成本和延长道路使用年限，路基不仅应具有足够的承载能力、良好的稳定性和耐久性，还应具有一定的表面平整度。

(1)承载能力。汽车在路面上行驶时，车辆通过车轮把垂直荷载和水平荷载传递给路基；在路基结构内部产生应力、应变及位移。如果路基结构的强度或抗变形能力，不足以抵抗这些应力、应变及位移，则路基结构会出现沉陷，路面表面会出现波浪或车辙，使路况恶化，服务水平下降。因此，要求路基结构整体具有与行车荷载相适应的承载能力，即具有足够的强度和刚度。

路基结构承载能力，主要包括强度和刚度两个方面，这是两个既相互联系又相互区别的力学特性。路面结构应具有足够的强度，以抵抗车轮荷载引起的各个部位的各种应力，保证路基不发生压碎、拉断、剪切等各种破坏。路基应具有足够的刚度，使得在车轮荷载作用下不发生过大的变形，保证不发生沉陷等病害。

(2)稳定性。在天然地表面建造的道路结构物，改变了原来的自然平衡，在达到新的平衡状态之前，道路结构物处于一种暂时不稳定状态。新的路基结构暴露在大气之中，经常受到大气温度、降水与湿度变化的影响，结构物的物理状态、力学性质将随之发生变化，处于另一种不稳定状态。路基结构能否经受这种不稳定的状态，保持工程设计要求的几何形态及物理力学性质，称为路基结构的稳定性。

在地表上开挖或填筑路基时，必然会改变原地面地层结构的原来结构和受力状态。原来处于稳定状态的地层结构，有可能由于填挖筑路而引起不平衡，从而导致路基失稳。如在软土地层上修筑高路堤，或者在岩质或土质山坡上开挖深路堑时，有可能由于软土层承载力不足，或者由于坡体失去支承，而出现路堤的沉陷或坡体坍塌。路线如果选择在不稳定的地层上，则填筑或开挖路基会引发滑坡或坍塌等病害的出现。因此，在道路的选线、勘测、设计和施工中，应给予足够的重视，并采取必要的工程措施，以确保路基具有足够的稳定性。

大气降水使路基结构的内部湿度状态发生较大变化，如果低洼地带的路基排水不良，造成长期积水，会使低路堤发生软化，失去承载能力。如果是山坡路基，有时还会因排水不良，引发滑坡或边坡滑塌。

大气温度周期性的变化对路面结构的稳定性有着重要影响。在严重冰冻地区，低温引起的路基不稳定更是体现在多方面，低温会引起路基收缩裂缝，地下水源丰富的地区，低温会引起冻胀变形，路基上面的路面结构也随之断裂。在春天升温融冻季节，在交通繁重的路段，有时会引发翻浆，路基路面发生严重的破坏。

(3)耐久性。高等级公路的路基标准高、距离长、宽度大，不仅工程量巨大，投资也非常高，从规划、勘测、设计、施工到建成通车需要较长的时间。这种大型工程应有较长的使用年限，一般道路工程的使用年限至少数十年，因此，路基工程应具有良好的耐久性能。

路基的稳定性可能在长期经受自然因素的侵袭后，逐年削弱。因此，提高路基的耐久性，保持其强度刚度和良好的几何形态，除了精心设计、精心施工和精选材料之外，还要把长年的养护、维修、恢复路用性能的工作放在非常重要的位置。

(4)表面平整度。路基的平整度虽没有路面平整度要求那么高，在路面标高一定的情况下，路基的平整度直接影响路面结构层的厚度，路面结构层的厚度对承载能力会产生影响，影响路面结构层的使用寿命。同时，路基的平整度会影响工程造价，平整度差会造成投资的增加。

5.1.2 公路自然区划与土基干湿类型

1. 公路自然区划原则

由于我国地幅辽阔，各地气候、地形、地貌、水文地质条件等相差很大，而自然条件与公路建设密切相关，各种自然因素对公路构造物产生的影响和造成的病害也各不相同，因此，在不同地区的路基设计中，应考虑的问题也各有侧重，如季节性冰冻地区的道路病害主要是冻胀和翻浆，而干旱地区主要病害则是路基的干稳性问题。因此，根据各地自然条件特点对路线勘测、路基路面的设计、筑路材料选择、施工方案的拟定等问题进行综合考虑是十分必要的。有关部门根据我国各地自然条件及其对公路建筑影响的主要特征，提出了中国公路自然区划，绘制成了《中华人民共和国公路自然区划图》。

根据影响公路工程的地理、地貌及气候的差异特点，公路自然区划按照以下三项原则进行划分：

(1) 道路工程特征相似性原则，即在同一区划内，在同样自然条件下筑路具有相似性，如北方不利季节主要是春融时期，有翻浆病害，南方不利季节在雨季，有冲刷、水毁等病害。

(2) 地表气候区域差异性原则，即地表气候是地带性差异与非地带性差异的综合结果。通常，地表气候随当地纬度而变，如北半球，北方寒冷，南方温暖，这称为地带性差异。除此之外，还与高程变化有关，即沿垂直方向变化，如青藏高原，由于海拔高，与纬度相同的其他地区相比，气候更加寒冷，称为非地带性差异。

(3) 自然气候因素既综合又有主导作用的原则，即自然气候的变化是各种因素综合作用的结果，但其中又有某种因素起主导作用。如道路冻害是水和热综合作用的结果，但在南方，有水而没有寒冷气候的影响，就不会有冻害，说明温度起主导作用；西北干旱地区与东北潮湿区，同样都有负温，但前者冻害轻于后者，说明水起主导作用。

2. 公路自然区划划分

根据1987年交通部《公路自然区划标准》(JTJ 003—1986)的规定，我国公路自然区划分为三个等级。

一级区划首先将全国划分为多年冻土、季节冻土和全年不冻土三大地带，再根据水热平衡和地理位置，划分为冻土、温湿、干湿过渡、湿热、潮暖、干旱和高寒七个一级区。二级区划是在一级区划基础上以潮湿系数为主进一步划分。三级区划是在二级区划内划分更低一级的区划或类型单元。一、二级区划的具体位置与界限，见《中华人民共和国公路自然区划图》。

(1) 一级自然区划。根据不同地理、气候、地貌界限的交错和重叠，全国七个一级区的代号与名称为：

Ⅰ—北部多年冻土区；

Ⅱ—东部温润季冻区；

Ⅲ—黄土高原干湿过渡区；

Ⅳ—东南湿热区；

Ⅴ—西南潮暖区；

Ⅵ—西北干旱区；

Ⅶ—青藏高寒区。

(2)二级区划。二级区划是在一级区划范围内进一步划分，其主要依据是潮湿系数 K。潮湿系数是指年降雨量 R 与年蒸发量 Z 之比，即 $K=R/Z$，据此划分为 6 个潮湿等级。同时，结合各大区的地理、气候特征(如雨季、冰冻深度)、地貌类型和自然病害等因素，将全国分为 33 个二级区和 19 个二级副区。

(3)三级区划。三级区划的划分方法有两种，一种是以水热、地理和地貌为依据，分为若干个具有相似性的区域单元；另一种是以地表的地貌、水文和土质为依据分为若干个类型单元。三级区划未列入全国性的区划中，由各省区结合当地自然情况自行划分。

各级区划的范围不同，在公路工程中的应用亦各有侧重，一级区划主要为全国性的公路总体规划和设计服务；二级区划主要为各地的公路路基路面设计、施工、养护提供较全面的地理、气候依据和有关参数，如土基和路面材料的回弹模量、路基临界高度、土基压实标准等。

3. 土基干湿类型划分

(1)路基潮湿的来源。引起路基湿度变化的水源主要有：大气降水；通过路面、路肩和边坡渗入路基；边沟水及排水不良时的地表积水，以毛细水的形式渗入路基；靠近地面的地下水，借助毛细作用上升到路基内部；在土粒空隙中流动的水汽凝结成的水分。

各种水源对路基的影响，因路基所在地的地形、地质与水文等具体条件而不同，同时也随路基结构、断面尺寸、排水设施及施工方法而变化。

(2)路基干湿类型划分。路基的强度与稳定性不但与土质有关，而且与干湿状态密切相关，并在很大程度上影响路面结构及厚度的确定。因此，确定土基干湿类型对路面结构设计具有重要的意义。在路基路面设计中，把路基干湿类型划分为干燥、中湿、潮湿和过湿。由于土的稠度较准确地表示了土的各种形态与湿度的关系，稠度指标综合了土的塑性特性，包含了液限与塑限，全面直观地反映了土的软硬程度，物理概念明确，因此，用稠度作为划分土基干湿类型的指标。其计算公式如下：

$$w_c=(w_L-w)/(w_L-w_p) \tag{5-1}$$

式中　w_c——土的稠度；

　　　w_L——土的液限；

　　　w_p——土的塑限；

　　　w——土的含水率；

当 $w_c=1$，即 $w=w_p$，为半固体与硬塑状的分界值；

当 $w_c=0$，即 $w=w_L$，为流塑与流动状的分界值；

当 $0<w_c<1$，即 $w_p<w<w_L$，土处于可塑状态。

以稠度作为路基干湿类型的划分标准是合理的，但是不同的自然区划，不同土的分界稠度是不同的。在公路勘测设计中，确定路基的干湿类型需要在现场进行勘查，对于原有公路，按不利季节路槽底面以下 80 cm 深度内土的平均稠度确定。在路槽底面以下 80 cm 内，每 10 cm 取土样测定其天然含水率、塑限含水率和液限含水率，按照下列计算公式计算：

$$w_{ci}=(w_{Li}-w_i)/(w_{Li}-w_{pi}) \tag{5-2}$$

$$\overline{w}_c = \frac{\sum_{i=1}^{8} w_{ci}}{8} \tag{5-3}$$

式中 w_i——路槽底面以下 80 cm 内，每 10 cm 为一层，第 i 层上的天然含水率；

w_{Li}——同一层土的液限含水率；

w_{pi}——同一层土的塑限含水率；

w_{ci}——第 i 层的稠度；

$\overline{w}_c$——路槽以下 80 cm 内土的算术平均稠度。

根据 $\overline{w}_c$ 判别路基土的干湿类型，要按照道路所在的自然区划和路基土的类别按表 5-1 所列区划界限确定道路所述的路基干湿类型。

表 5-1 路基干湿类型

路基干湿类型	路基平均稠度$\overline{w}_c$与分界相对稠度的关系	一般特性
干燥	$w_{c1} \leqslant \overline{w}_c$	路基干燥稳定，路面强度和稳定性不受地下水和地表积水影响，路基高度 $H \geqslant H_1$
中湿	$w_{c2} \leqslant \overline{w}_c \leqslant w_{c1}$	路基上部土层处于地下水或地表积水影响的过渡带区内，路基高度 $H_2 \leqslant H < H_1$
潮湿	$w_{c3} \leqslant \overline{w}_c \leqslant w_{c2}$	路基上部土层处于地下水或地表积水毛细影响区内，路基高度 $H_3 \leqslant H < H_2$
过湿	$\overline{w}_c \leqslant w_{c3}$	路基极不稳定，冰冻区春融翻浆，非冰冻区软弹，路基经处理后方可铺筑路面，路基高度 $H < H_3$

注：H_1 相对应于 w_{c1}，为干燥和中湿状态的分界标准；H_2 相对应于 w_{c2}，为中湿与潮湿状态的分界标准；H_3 相对应于 w_{c3}，为潮湿和过湿状态的分界标准。w_{c1}、w_{c2}、w_{c3}、H_1、H_2、H_3 均可查相关表得到。

新建道路的路基尚未建成，不能得到路槽底以下 80 cm 范围内土基的平均含水率，这时土基的干湿类型可以用路基临界高度为标准来确定。

路基临界高度是指在最不利季节，当路基分别处于干燥、中湿或潮湿状态时，路槽底距地下水位或长期地表积水水位的最小高度，如图 5-2 所示。图中 H 为最不利季节路槽底距地下水位的高度，H_1、H_2、H_3 分别为路基处于干燥、中湿、潮湿状态时的临界高度，m。若以 H 表示路槽底距地下水位的高度，当路基的高度 H 变化时，平均含水率 w_m 将变化，土的平均稠度亦随之改变，路基的干湿状态相应地变化。路基高度、临界高度、土的平均稠度 $\overline{w}_c$ 与路基干湿类型的关系见表 5-1。

5.1.3 土基的受力与强度

土基的力学表征取决于采用何种地基模型表示土基的受力状态和性质。

1. 土基的受力

路基在工作过程中，受到由路面上传递下来的车辆荷载及路基和路面的自重作用，如

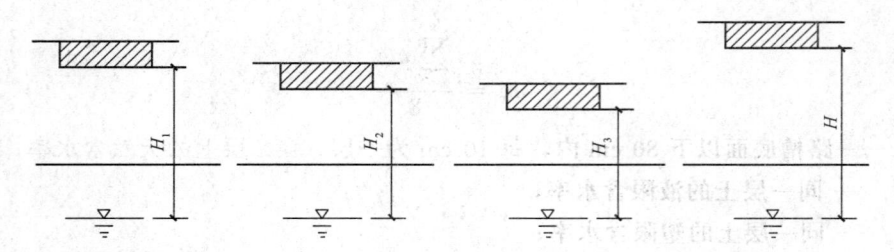

图 5-2 路基临界高度与路基干湿类型关系示意图

图 5-3 所示为土质路基(以下简称"土基")受力时,不同深度 Z 范围内的应力分布图。

路基土在车轮荷载作用下所引起的垂直应力 σ_z 计算时假定车轮荷载为一圆形均布垂直荷载,路基为一弹性均质半空间体,近似计算为:

$$\sigma_z = K \cdot \frac{p}{Z^2} \tag{5-4}$$

式中 p——一侧轮轴荷载(kN);
K——系数,一般取 $K=0.5$;
Z——荷载中心下应力作用点的深度(m)。

路基土本身自重在路基内深度为 Z 处所引起的垂直应力 σ_B:

$$\sigma_B = \gamma Z \tag{5-5}$$

图 5-3 土基中沿深度的应力分布示意图

式中 γ——土的重度(kN/m³);
Z——应力作用点深度(m)。

因此,土基中任一点受到的竖向压应力为:

$$\sigma = \sigma_z + \sigma_B = K \cdot \frac{p}{Z^2} + \gamma Z \tag{5-6}$$

式中 σ_z——车辆荷载引起的应力;
σ_B——土基自重引起的应力;
σ——应力之和。

由式(5-4)和式(5-5)可见,车辆荷载产生的垂直应力 σ_z 随深度的增加而减小,自重应力 σ_B 则随深度的增加而增大,因此,车轮荷载在土基中产生的应力与土基自重应力比 σ_z/σ_B 亦随之急剧变小。如果此比值减小到一定数值,例如,$\sigma_z/\sigma_B=0.1\sim0.2$,在某一深度 Z_a 处,行车荷载在土基中产生的应力仅为土基自重应力的 1/10~1/5,与土基自重引起的应力 σ_B 相比,车辆荷载在 Z_a 以下土基中产生的应力已经很小,可忽略不计。

在路基某一深度 Z_a 处,当车轮荷载引起的垂直应力 σ_z 与路基土自重引起的垂直应力 σ_B 相比所占比例很小,仅为 1/10~1/5 时,该深度范围内的路基称为路基工作区。在工作区范围内的路基,对于支承路面结构和车轮荷载影响较大,在工作区范围以外的路基,影响逐渐减少。路基工作区内,土基强度和稳定性对保证路面结构的强度和稳定性极为重要,对工作区深度范围内的土质选择,路基压实度应提出更高的要求。当工作区深度大于路基填土高度时,行车荷载的作用不仅施加于路堤,而且施加于天然地基的上部土层,因此,天然地基上部土层和路堤应同时满足工作区的要求,都应充分压实,保证工作区内原地面下部土层具有足够的强度和稳定性,使天然地基下部土层和路堤同时满足路基工作区的设计要求。

路基是路面结构的支承体，车轮荷载通过路面结构传至路基，所以，路基土的应力-应变特性对路基路面结构的整体强度和刚度有很大影响。路基土的变形包括弹性变形和塑性变形两部分。路基土的塑性变形将引起板块断裂，在路面结构总变形中，土基的变形占很大部分，占70%～95%，所以，提高路基土的抗变形能力是提高路基路面结构整体刚度和强度的重要保证。

2. 土基的强度

路基作为路面结构的基础，它的抵抗车轮荷载能力的大小主要取决于路基顶面在一定应力级位下抵抗变形的能力。所以，路基的承载能力采用一定应力级位下的抗变形能力来表示。路基强度可以用回弹模量、地基反应模量和加州承载比(CBR)等来表示。

(1)回弹模量。回弹模量是指路基在荷载作用下产生的应力与其相应的回弹应变的比值。土基回弹模量表示土基在弹性变形阶段内，在垂直荷载作用下，抵抗竖向变形的能力，如果垂直荷载为定值，土基回弹模量值越大则产生的垂直位移就越小；如果竖向位移是定值，回弹模量值越大，则土基承受外荷载作用的能力就越大，因此，路面设计中采用回弹模量作为土基抗压强度的指标。以回弹模量表征土基的承载能力，可以反映土基在瞬时荷载作用下的可恢复变形性质，因而，可以应用弹性理论公式来描述荷载与变形之间的关系。回弹模量作为表征土基承载能力的参数，可以在以弹性理论为基本体系的各种设计方法中得到应用。为了模拟车轮印迹的作用，通常都以圆形承载板压入土基的方法测定回弹模量，如图5-4所示。

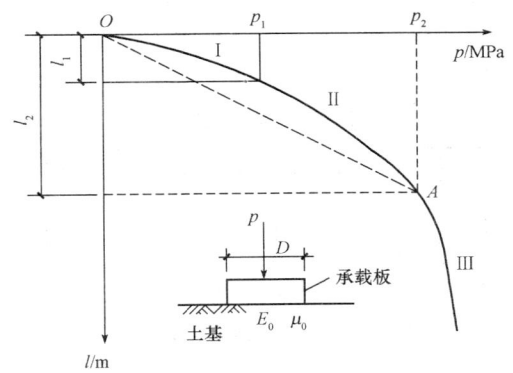

图5-4 土基的应力-应变关系曲线

根据弹性力学原理，用圆形刚性承载板测试计算土基回弹模量的计算公式为：

$$E_0 = \frac{\pi}{4} \frac{pD}{l}(1-\mu_0^2) \tag{5-7}$$

式中 E_0——土基的回弹模量(MPa)；

l——承载板下的土基回弹变形值(m)；

D——承载板的直径(m)；

μ_0——土的泊松比，一般取0.35；

p——承载板压强(MPa)。

设计中，以此回弹模量作为设计标准。但由于承载板测试回弹模量的野外测试速度较慢，因此，工程中常用标准汽车做前进卸载试验，根据测得的回弹变形（回弹弯沉 l_0）计算土基回弹模量值。其计算公式为：

$$E_0' = \frac{pd}{l_0}(1-\mu_0^2) \times 0.712 \tag{5-8}$$

式中　p——标准试验车的轮胎压力（MPa）；
　　　d——试验车轨迹当量圆直径（cm）；
　　　μ_0——土的泊松比，一般取 0.35；
　　　l_0——土基不利季节的计算弯沉值，取平均值加两倍方差（cm）。

与用承载板做加载测试相比，两者结果相差不大，但后者测试工作大为简化，且两个回弹模量之间可以建立关系进行换算，也可以根据下列经验公式直接计算承载板标准回弹模量：

$$E_0 = 2430 \times l_0^{-0.7} \tag{5-9}$$

（2）地基反应模量。在刚性路面设计中，除用弹性模量表征土基强度（刚度）外，也常用土基反应模量 K_0 作为指标。该力学模型假设地基上任一点的反力与该点的挠度成正比，而与其他点无关，即土基相当于由互不联系的弹簧组成，如图 5-5 所示。这种地基力学模型首先由捷克工程师温克勒提出，因此，又称温克勒地基。地基反应模量 K_0 为压力 p 与沉降 l 之比，即：

$$K_0 = \frac{p}{l} \tag{5-10}$$

地基反应模量 K_0 值，用承载板试验确定。承载板的直径规定为 76 cm。测试方法与回弹模量测试方法相类似，但采用一次加载法，施加的最大荷载由两种方法控制：当地基较为软弱时，用 0.127 cm 的沉降控制承载板的荷载；若地基较为坚硬，沉降难以达到 0.127 cm 时，以单位压力 $p=70$ kPa 控制承载板的荷载。

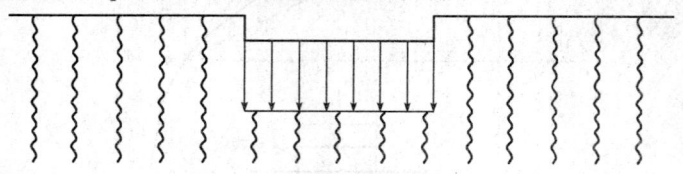

图 5-5　温克勒地基力学模型

（3）加州承载比。加州承载比（CBR）是美国加利福尼亚州提出的一种评定土基及路面材料承载能力的试验方法。承载能力以材料抵抗局部荷载压入变形的能力表征，并采用标准碎石的承载能力为标准，以相对值的百分数表示 CBR 值。这种方法后来也用于评定土基的强度。由于 CBR 的试验方法简单，设备造价低廉，在许多国家得到广泛应用。CBR 加州承载比是评定土基材料承载能力的指标。CBR 试验设备有室内试验与室外试验两种。室内试验装置如图 5-6 所示。

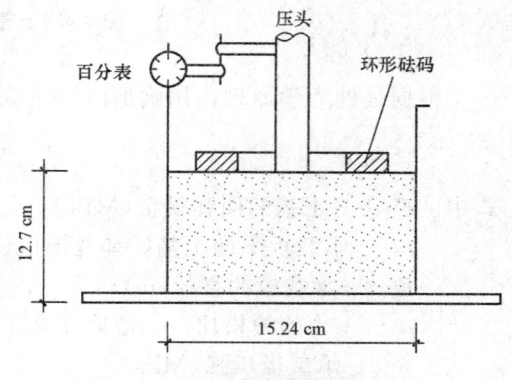

图 5-6　CBR 试验装置示意图

试验时，用一个端部面积为 19.35 cm² 的标准压头，以 0.127 cm/min 的速度压入土中。记录每贯入 0.254 cm(0.1 in)时的单位压力，直到总深度达到 1.27 cm 为止，此时的贯入单位压力与达到该贯入深度时的标准压力之比即为土基的 CBR 值，即：

$$\text{CBR} = \frac{p}{p_s} \tag{5-11}$$

式中　p——对应于某一贯入深度的土基单位压力(MPa)；

　　　p_s——与土基贯入深度相同的标准单位压力(MPa)，见表 5-2。

表 5-2　标准压力值

贯入深度/cm	0.254	0.508	0.762	1.016	1.270
标准压力/MPa	7.03	10.55	13.36	16.17	18.23

试件按照路基施工时的含水量及压实度要求在试筒内制备，并在加载前浸泡在水中饱水 4 d。为模拟路面结构对土基的附加应力，在浸水过程中及压入试验时，在试件顶面施加环形砝码，其质量根据预计的路面结构质量确定，但不得小于 45.3 N。试件浸水至少淹没顶部 2.54 cm。CBR 值的野外试验方法基本与室内试验相同，但其压入试验直接在土基顶面进行。

5.1.4 路基破坏形式与原因分析

1. 路基的破坏形式

路基在自然因素及荷载的作用下，产生不断累计的变形，最后导致破坏，这就是路基的病害现象。路基病害的形状多种多样，常见的路基病害现象有以下几种：

(1)路堤沉陷：填方路基下沉导致断面尺寸改变的病害现象称为路堤沉陷。沉陷是不均匀的，严重时会破坏局部路段造成交通中断。它有路堤本身的下陷和地基的沉陷两种，如图 5-7 和图 5-8 所示。

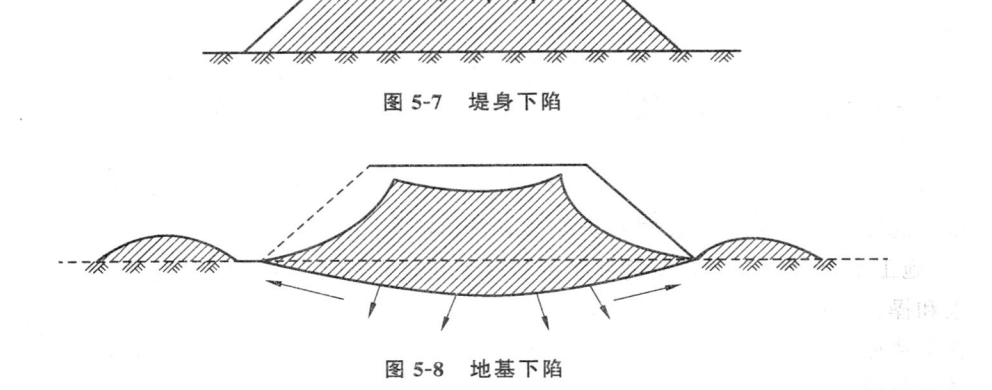

图 5-7　堤身下陷

图 5-8　地基下陷

(2)路基边坡的塌方：边坡的塌方是常见的病害，也是水毁的普遍现象，尤其在山区新建公路上，几乎是普遍的病害现象。塌方的具体表现形式有剥落、碎落、滑塌和崩塌，如图 5-9 所示。

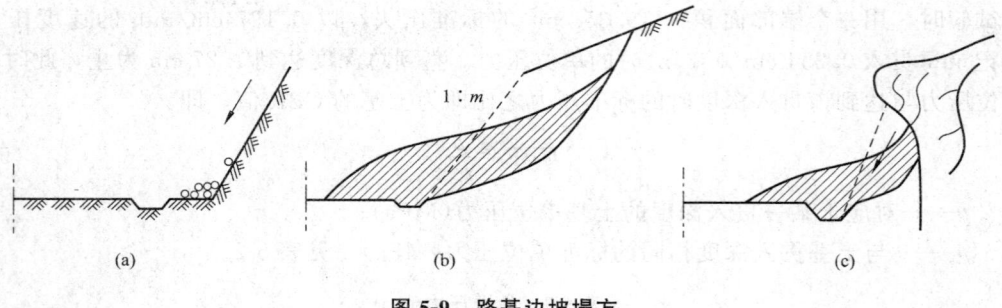

图 5-9　路基边坡塌方

(a)碎落；(b)滑坍；(c)崩塌

(3)路基沿山坡的滑动：在较陡的山坡上填筑路基，如果原地面较光滑，未经处理，坡脚处又未进行必要的支撑，特别在受到水的浸润后，填方路基与原地面之间摩擦力减小，在荷载、自重作用下，有可能使路基整体或局部沿地面移动，使路基失去整体稳定性，如图 5-10 所示。

(4)不良的地质水文条件造成的路基破坏：巨型滑坡、泥石流、地震、特大暴雨等，都可以导致路基的大规模毁坏。在公路勘测中，要求尽可能避开这些地区或采取相应的技术措施，保证公路的正常使用。

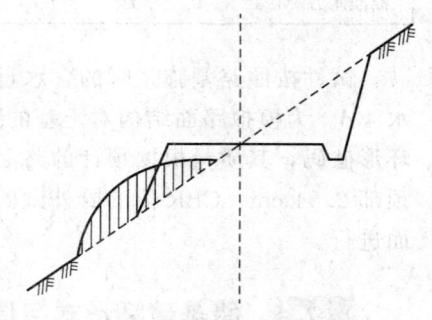

图 5-10　路基沿山坡滑动

(5)碎落和崩塌：剥落和碎落是指路堑边坡风化岩层表面，在大气温度和湿度的交替作用及雨水冲刷和动力作用之下，表层岩石从坡面上剥落下来，向下滚落，大块岩石脱离坡面沿边坡滚落称为崩塌。

2. 路基破坏的原因

路基破坏的原因是多方面的，各种变形破坏既具有各自特点，又具有共同原因，大致可以归纳为以下几个方面：

(1)不良的工程地质和水文地质条件，如地质构造复杂、岩层走向及倾角不利、岩性松软、风化严重、土质较差、地下水位较高以及其他特殊不良地质灾害等。

(2)不利的水文与气候因素，如降雨量大、洪水猛烈、干旱、冰冻、积雪或温差特大等。

(3)设计不合理，如断面尺寸不符合要求，包括边坡取值不当、挖填布置不符合要求、最小填土高度不足、未进行合理的防护、加固和排水设计等。

(4)施工不符合规定，如填筑顺序不当、土基压实不足、盲目采用大型爆破以及不按设计要求和操作规程施工、工程质量不满足标准等。

在上述原因中，地质条件是影响路基工程质量和产生病害的基本前提，水是造成路基病害的主要原因。为此，设计前，应必须详细地进行地质与水文的勘察工作，针对具体条件及各种因素的综合作用，采取正确的设计方案与施工方法，消除和尽可能减少路基病害，确保路基工程达到规定的质量要求。

3. 保证路基强度和稳定性的措施

路基稳定性是指路基在各种外界因素作用下保持其强度的性质。路基在水的作用下保持其强度的性质称为水稳性，在温度作用下保持其强度的性质称为温度稳定性。路基稳定性包括两种含义：一方面是指路基整体在车辆荷载及自然因素作用下，不致产生过大的变形和破坏，称为路基整体稳定性；另一方面是指路基在水温等自然因素的长期作用下保持其强度，称为路基强度稳定性。

路基的整体稳定性，一方面取决于路基土的强度；另一方面取决于路基与基底的结合情况（路堤）或边坡岩层的稳定性（路堑）。根据水温状况对路基强度的影响，在进行路基设计时，必须充分考虑当地的自然环境条件，采取有效措施，保证路基在各种气候条件下具有足够的强度和稳定性。

为保证路基强度和稳定性，必须深入进行调查研究，细致分析各种自然因素与路基之间的关系，抓住主要问题，采取有效措施。一般采取的措施如下：

(1)合理选择路基断面形式，正确确定边坡坡度。

(2)选择强度和水、温稳定性良好的土填筑路堤，并采取正确的施工方法。公路路基用土将土分成砂土、砂性土、粉性土、黏性土及重黏土五大类。作为路基材料，砂性土最优，粉性土次之，黏性土属于不良材料，最容易引起路基病害，重黏土特别是蒙脱土也是不良路基土。

(3)充分压实土基，提高土基的强度和水稳定性。

(4)搞好地面排水，保证水流畅通，防止路基过湿或水毁。

(5)保证路基有足够高度，使路基工作区保持干燥状态。

(6)设置隔离层或隔温层，切断毛细水上升，阻止水分迁移，减少负温差的不利影响。

(7)采取边坡加固与防护措施并修筑支挡结构物。

5.2 一般路基设计

一般路基是指在良好的水文地质等条件下，填方高度不超过 20 m 或挖方深度不超过 30 m 可以结合当地的地形、地质情况直接选用长期生产实践和科学研究总结拟定的典型横断面图或设计规范进行设计，而不必进行个别论证和验算的路基。对于超过相关规范规定高度的高填、深挖路基及特殊水文地质条件下的路基（即特殊路基），必须进行个别设计和验算，合理地选择路基断面形式，正确确定边坡坡度，并采取相应的防护和加固结构。

为了确保路基的强度与稳定性，使路基在各种外界因素作用下，不致产生不允许的变形，路基的整体结构设计中还必须包括路基排水、路基防护与加固以及与路基工程直接相关的附属设施（如弃土堆、取土坑、护坡道、碎落台、堆料坪和错车道等）的设计。因此，路基横断面结构形式的确定与路基排水设施及防护加固结构物的设计都是路基设计的基本内容。

5.2.1 路基基本构造

路基本体由路基宽度、高度和边坡坡度三者组成。路基宽度取决于公路技术等级；路基高度取决于路线的纵坡设计及地形；路基边坡坡度取决于土质、地质构造、水文条件及边坡高度，并由边坡稳定性和横断面经济性等因素比较确定。路基宽度、高度和边坡是路基本体设计的基本要素，就路基稳定性和横断面经济性的要求而论，路基边坡坡度及相应的防护、加固措施，是路基本体设计的基本内容。

(1) 路基宽度。路基宽度为行车道路面及其两侧路肩宽度之和。路基宽度组成如图 5-11 所示。当设有中间带、紧急停车带、爬坡车道、变速车道、错车道时，路基宽度还包括这些部分的宽度。路面是供机动车辆行驶，两侧路肩可以保护路面稳定，并兼供错车、临时停车及行人和非机动车通行。路面宽度根据设计通行能力及交通量大小而定，一般每个车道宽度为 3.50~3.75 m，技术等级高的公路及城镇近郊的一般公路，路肩宽度尽可能增大，一般取 1~3 m，并铺筑硬质路肩，以保证路面行车不受干扰。《设计规范》要求各级公路的路基宽度的要求见表 5-3。《标准》取消对路基总宽度的指标规定，只规定公路路基横断面中各部分宽度，包括发挥各部分基本功能和与行车安全密切关联的"最小值"指标，以鼓励根据项目综合建设条件，因地制宜选用横断面布置形式和宽度。

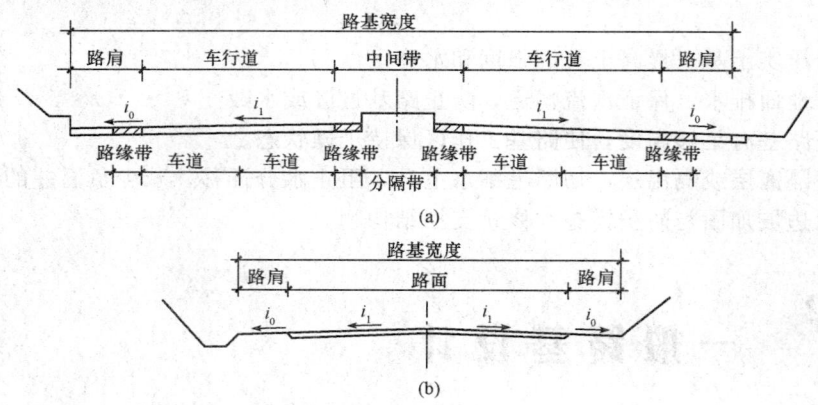

图 5-11 各级公路路基宽度
(a) 高速公路和一级公路；(b) 二、三、四级公路

表 5-3 各级公路路基宽度

公路等级		高速公路、一级公路							
设计速度/(km·h^{-1})		120			100			80		60
车道数		8	6	4	8	6	4	6	4	—
路基宽度	一般值	45.0	34.5	28.0	44.0	33.5	26.0	32.0	24.5	23.0
	最小值	42.0	—	26.0	41.0	—	24.5	—	21.5	20.0
公路等级		二级公路、三级公路、四级公路							
设计速度/(km·h^{-1})		80		60		40	30	20		
车道数		2		2		2	2	2 或 1		
路基宽度	一般值	12.0		10.0		8.5	7.5	6.5(双)	4.5(单)	
	最小值	10.0		8.5		—	—	—	—	

(2)路基高度。路基高度是指路堤的填筑高度或路堑的开挖深度,是路基设计标高和地面标高之差。路基设计标高通常以路肩边缘为准,即路肩边缘标高路基设计标高。对新建公路、高速公路和一级公路采用中央分离带外侧边缘标高,二、三、四级公路采用路基边缘标高,在设置超高和加宽路段则指在设置超高和加宽之前该处的标高。改建公路一般按照新建公路的规定办理,也可采用中央分离带中线或行车道中线标高。对城市道路,路基设计标高一般指车道中心标高。边坡高度指填方坡脚或挖方坡顶标高与路基设计标高之差。当原地面平坦时,路基高度与边坡高度相等,而山坡地面上,两者不等,且两侧边坡高度也不相等。

路基高度由路线纵坡设计确定。确定时,要综合考虑地形、地质、地貌、水文等自然条件;重要构造物(如桥梁、涵洞)的控制标高;纵坡坡度应平顺,纵坡设计时要满足平包竖的原则;土石方工程数量的平衡,尽量满足挖填平衡的原则;以及路基的强度和稳定性,设计合理的路基高度。

在进行平原或者湖区公路设计时,路基的最小填筑高度应根据临界高度,并结合沿线具体条件和排水及防护措施,按照公路等级及有关的规定确定,一般应保证路基处于干燥或中湿状态。沿河受水浸淹的路基,其高度一般应根据现行《标准》所规定的设计洪水频率确定,见表5-4,求得设计水位,在此基础上再增加0.5 m的安全高度,若河道因路堤而压缩河床使上游有壅水,或河面宽阔而有风浪,那么还应增加壅水的高度和波浪冲上路堤的高度。沿河浸水路堤的高度,应高出上述各值之和,以保证路基不致被淹没,并据此进行路基的防护加固设计。

表 5-4 路基设计洪水频率

公路等级	高速公路	一级公路	二级公路	三级公路	四级公路
设计洪水频率	1/100	1/100	1/50	1/25	依实际情况而定

(3)路基边坡坡度。路基边坡坡度是指边坡高度与边坡宽度的比值,通常取边坡高度为1,用 $1:m$ 来表示;也可以用边坡角(边坡与水平面的倾角)表示。路基边坡坡度对于路基稳定十分重要,确定边坡坡度是路基设计的重要任务。

路基边坡坡度的大小,取决于边坡的土质、岩石的性质及水文地质条件等自然因素和边坡的高度。一般路基的边坡坡度可根据多年工程实践经验和设计规范推荐的数值采用。填方路基边坡坡度应根据填料种类、边坡高度、水文条件和基底工程地质条件等确定。基底良好时,边坡坡度按规范确定。土质挖方边坡设计应根据边坡高度,土的湿度密实程度,地下水、地面水的情况,土的成因类型及生成时代等因素确定。在一般情况下,土质挖方边坡坡度应根据调查路线附近已建工程的人工边坡及自然山坡稳定状况,参照规范确定。岩石挖方边坡坡度应根据岩性、地质构造、岩石的风化破碎程度、边坡高度、地下水及地面水等因素综合分析确定。岩石挖方边坡应注意岩体结构面的情况,如受结构面控制的挖方边坡,则应按结构面的情况设计边坡。当岩层倾向路基时,应避免设计高的挖方边坡。在一般情况下,岩石挖方边坡坡度可以参照规范来确定。当软质岩层倾向路基,倾角大于25°,走向与路线平行或交角较小时,边坡坡度宜与倾角一致。当挖方边坡高度超过20~30 m时,可根据现场情况,调查附近已建工程的人工边坡及自然山坡情况进行边坡稳定性分析,参照规范确定。

(4)路拱。为迅速地排除路面上的积水需将路面做成一定的横向坡度,称为路拱横坡。

路拱横坡坡度的确定既要保证排水通畅又要保证行车安全,路拱横坡坡度一般依照路面类型和当地自然条件而定。一般情况下,路拱横坡的取值可以参照表5-5确定。

表 5-5 路拱横坡的取值

路面类型	路拱横坡坡度/%
沥青混凝土、水泥混凝土	1~2
其他黑色路面、整齐石块	1.5~2.5
半整齐石块、不整齐石块	2~3
碎、砾石等粒料路面	2.5~3.5
低级路面	3~4

5.2.2 路基附属设施

与一般路基有关的附属设施有取土坑、弃土堆、护坡道、碎落台、堆料坪及错车道等。

(1)取土坑。取土坑指的是在道路沿线挖取土方填筑路基或用于养护所留下的整齐土坑,如图5-12所示。取土坑的设置应有统一规划,使之具有规则的形状及平整的底部。取土坑的边坡,内侧宜为1:1.5,外侧不宜小于1:1,当地面横坡陡于1:10时,路侧取土坑应设置在路基上方一侧。平原地区的高速公路及一级公路不宜设路侧取土坑。取土坑底应设纵、横向坡度,以利排水。填方路基设置路侧取土坑,路基边缘与取土坑底的高差大于2m时,应设置护坡道。一般公路的护坡道宽度为1~2m。高速公路、一级公路,护坡道宽度不应小于3m。取土坑还可以起排水沟渠的作用。

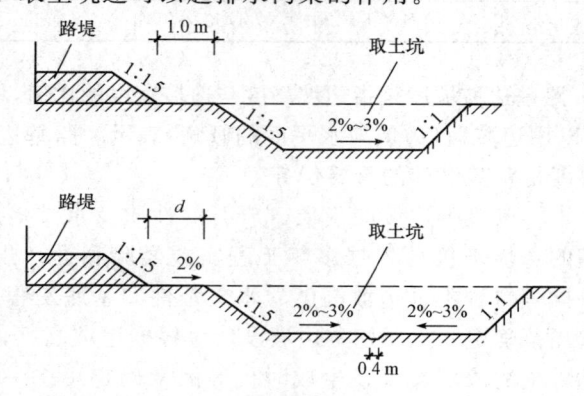

图 5-12 取土坑示意图

(2)弃土堆。弃土堆指的是将开挖路基所废弃的土地放于道路沿线一定距离的整齐土堆。弃土场应符合设计要求并及时完成防护工程,如图5-13所示。

弃土场的位置与高度应保证路堑边坡、山体和自身的稳定,并不得影响附近建筑物、农田、水利、河道、交通和环境等。当不能符合上述要

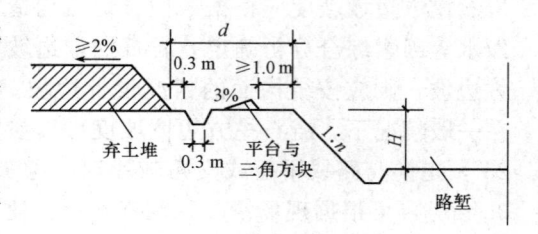

图 5-13 弃土堆示意图

求时，应加设挡护或采取其他措施。弃土堆不宜在堑顶设置。弃土堆还应符合下列要求：

1）严禁在岩溶漏斗、暗河口、泥石流沟上游及贴近桥墩、台弃土弃渣；

2）沿河岸或傍山路堑的弃土，不得弃入河道、挤压桥孔或涵管口、改变水流方向和加剧对河岸的冲刷，必要时应设置挡护设施；

3）严禁向江、河、湖泊、水库、沟渠弃土、弃渣。

（3）护坡道。护坡道是为保护路基坡脚不受流水侵蚀，保证边坡稳定，而在路基坡脚与取土坑内侧坡顶之间预留的 1～2 m 甚至 4 m 以上宽度的平台。

当路堤较高时，为保证边坡稳定，在取土坑与坡脚之间或边坡坡面上，沿纵向保留或筑成有一定宽度的平台也称为护坡道。其目的是加宽边坡横距，减缓边坡平均坡度。护坡道越宽，越有利于边坡稳定，但工程量随之增加，根据实际情况，宽度至少为 1.0 m，并随填土高度增加而增大。一般公路的护坡道的宽度为 1～2 m；高速公路、一级公路的护坡道宽度不应小于 3 m。一般情况下，护坡道宽度 d 为：$h<3.0$ m，$d=1.0$ m；$h=3\sim 6$ m，$d=2$ m；$h=6\sim 12$ m，$d=2\sim 4$ m。

（4）碎落台。碎落台是指在路堑边坡坡脚与边沟外侧边缘之间或边坡上，为防止碎落物落入边沟而设置的有一定宽度的纵向平台。碎落台设置于容易产生碎落的风化破碎岩石、软质岩石、砾（碎石）类土等地段，主要供零星土石碎块下落时临时堆积之用，以保护边沟不致堵塞，亦有保护坡道的作用。其宽度视边坡高度和土质而定，最小不得小于 1 m，高速公路、一级公路边坡高度超过 12 m 时，宽度不宜小于 2 m。在砂类土、黄土、易风化碎落的岩石和其他不良的土质路堑中，其边沟外侧边缘与边坡坡脚之间，宜设置碎落台。其宽度视边坡高度和土质而定，一般不小于 1 m。当边坡已适当加固或其高度小于 2 m 时，可以不设置碎落台。如碎落台兼有护坡作用，宽度应适当加大。高度与路肩齐平的碎落台上的堆积物应定期清理。

（5）堆料坪。路面养护用矿质材料，可以就近选择路旁合适地点堆置备用，也可以在路肩外缘设置堆料坪，其面积可以结合地形与材料数量而定，例如，每隔 50～100 m 设置一个堆料坪，长为 5～8 m，宽为 2 m。高级路面或采用机械化养路的路段可以不设置，或另外设置集中备用料场，以维护公路外形的视觉平顺和景观优美。

（6）错车道。错车道是指在单车道道路上可通视的一定距离内，供车辆交错避让用的一段加宽车道。当四级公路采用 4.5 m 单车道路基时，为错车而在适当距离内设置加宽车道。

错车道应设置在有利地点，并使驾驶员能够看到相邻两错车道间驶来的车辆。设置错车道路段的路基宽度不小于 6.5 m，有效长度不小于 20 m。为了便于错车车辆的驶入，在错车道的两端应设置不小于 10 m 的过渡段。有效长度为至少能容纳一辆全挂车的长度。

错车道的间距是根据错车时间、视距、交通量等情况而决定的，如果间距过长，错车时间长，通行能力就会下降。国外有的规定错车时间为 30 s 左右，其最大间距应不大于 300 m。我国相关标准未作硬性规定，只规定要结合地形等情况，在适当距离内，能看到相邻两个错车道的有利地点设置即可。

5.2.3 路基的防护与加固

1. 路基防护工程类型

路基防护工程是防治路基病害，保证路基稳定，改善环境景观，保护生态平衡的重要设施。其类型可以分为以下几种：

(1)边坡坡面防护。坡面防护，主要是保护路基边坡表面，免受雨水冲刷，减缓温差及温度变化的影响，防止和延缓软弱岩土表面的风化、碎裂、剥蚀演变进程，从而保护路基边坡的整体稳定性，在一定程度上还可美化路容，协调自然环境。

植物防护：种草、铺草皮、植树。

工程防护（矿料防护）：框格防护、封面、护面墙、干砌片石护坡、浆砌片石护坡、浆砌预制块护坡、锚杆钢丝网喷浆、喷射混凝土护坡。

(2)沿河河堤河岸冲刷防护。

直接防护：植物、砌石、石笼、挡土墙等。

间接防护：丁坝（图5-14）、顺坝（图5-15）等导流构造物以及改河营造护林带。

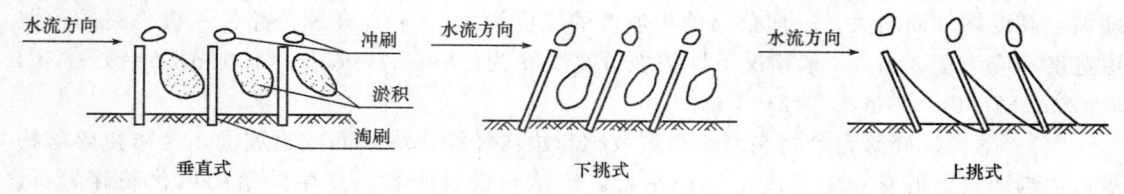

图5-14 不同布置形式的丁坝示意图

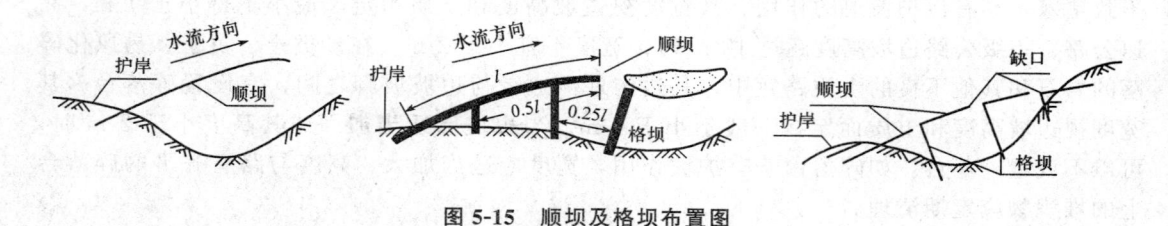

图5-15 顺坝及格坝布置图

2. 路基加固工程的类型划分

路基加固工程的主要功能是支撑天然边坡或人工边坡以保持土体稳定或加强路基强度和稳定性，以及防护边坡在水温变化条件下免遭破坏。按照路基加固的不同部位分为坡面防护加固、边坡支挡、湿弱地基加固三种类型。

(1)坡面防护加固：路基防护中均具有加固的作用。

(2)边坡支挡：边坡支挡包括路基边坡支撑和堤岸支挡。路基边坡支撑包括护肩墙、护坡、护面墙、护脚墙、挡土墙等。堤岸支撑包括驳岸、浸水挡墙、石笼、抛石、护坡、支垛护脚等。

(3)湿弱地基加固：碾压密实、排水固结、挤密、化学固结、换填土等。

5.2.4 路基横断面形式与设计要求

1. 路基横断面形式

路基横断面是指垂直于线路中心线截取的路基断面。根据其所处的地形条件不同，具有各种断面形式。路基按照其横断面的挖填情况分为路堤、路堑、半路堤半路堑以及不填不挖断面等。在进行路基设计时，先要进行横断面设计，待横断面确定以后，再全面综合考虑路基工程在纵断面上的配合以及路基本体工程与其他各项工程的配合。路基典型横断面的形式包括路堤(填方)、半填半挖和路堑(挖方),如图 5-16 所示。

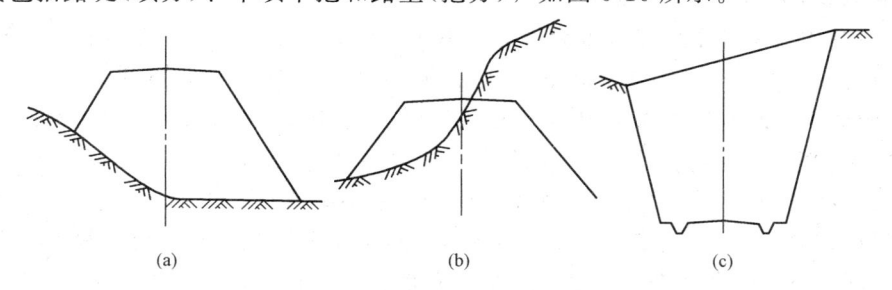

图 5-16 路基横断面形式
(a)路堤;(b)半填半挖;(c)路堑

(1)路堤是指全部用岩土填筑而成的路基。路堤的几种常用横断面形式:矮路堤(填土高度低于 1.0 m 者),高路堤[填土高度大于 18 m(土质)或 20 m(石质)],一般路堤(填土高度介于两者之间),浸水路堤,护脚路堤,挖沟填筑路堤。

(2)当原地面横坡大,且路基较宽,需一侧开挖另一侧填筑时,为挖填结合路基,也称为半填半挖路基。在丘陵或山区公路上,挖填结合是路基横断面的主要形式。

(3)路堑是指全部在原地面开挖而成的路基。路堑横断面的几种基本形式为全挖式路基、台口式路基、半山洞式路基。

2. 路基设计要求

路基应根据其使用要求和当地自然条件(包括地质、水文和材料情况等)并结合施工方案进行设计,既应有足够的强度和稳定性,又要经济合理。影响路基强度和稳定的地面水和地下水,必须采取拦截或排出路基以外的措施,并结合路面排水,做好综合排水设计,形成完整的排水系统。修筑路基取土和弃土时,应符合环保要求,宜将取土坑、弃土堆栈加以处理,减少弃土侵占耕地,防止水土流失和淤塞河道。通过特殊地质、水文条件地带时,应做调查研究,并结合当地实践经验,进行特别设计。

5.3 路基边坡稳定性设计

路基边坡稳定性是指路基结构的稳定性。一般情况下,路基结构按相关规范要求确定,无须进行稳定性设计。在特殊条件下,包括高路堤、深路堑、陡坡路堤、浸水路堤及滑坡与软土等不良地质水文条件下的路基,需要通过稳定性分析与验算,做出合理的路基结构设计。路基边坡稳定性设计的任务,就是对路基边坡的稳定性进行分析与验算,判定边坡的稳定性,以寻求安全可靠、经济合理的路基结构形式和稳定的边坡的加固措施。

路基边坡滑坍是公路上常见的一种破坏现象,它影响到车辆的正常运营和安全,严重者甚至造成事故,中断交通。根据土力学原理,路基边坡滑坍是由于边坡土体中的剪应力超过其抗剪强度所产生的剪切破坏,因此,凡是使土体剪应力增加或抗剪强度降低的因素,都可能引起边坡滑坍。

1. 影响路基边坡稳定性的因素

(1)边坡土质。土的抗剪强度首先取决于土的性质,土质不同则抗剪强度也不同。路堑边坡,除与土或岩石的性质有关外,还与岩石的风化破碎程度和形状有关。

(2)水的活动。水是影响边坡稳定性的主要因素,边坡的破坏总是或多或少地与水的活动有关。土体的含水量增加,既降低了土体的抗剪强度,又增加了土体的剪应力。在浸水情况下,还有浮力和动水压力作用,都使边坡处于最不利状态。

(3)边坡的几何形状。边坡的高度、坡度等直接关系到边坡的稳定性,高大、陡直的边坡,因重心高、稳定性条件差,易发生滑坍或其他形式的破坏。

(4)活荷载增加。坡脚因水流冲刷或其他不适当的开挖而造成边坡失去支撑等,均可能加大边坡土体的剪应力。

(5)地震及其他振动荷载。

2. 边坡稳定性分析的力学分析方法

边坡稳定性分析与验算方法有力学验算法和工程地质比拟法两类。

(1)力学验算法称为极限平衡法,根据滑动面形状不同又分为直线法、圆弧法和折线法三种。力学验算法的基本假定是:①不考虑滑动土体本身内应力的分布;②土的极限平衡状态只在破裂面上达到;③极限滑动面位置要通过试算来确定。用力学验算法进行边坡稳定性分析时,为简化计算,通常都按照平面问题来处理。

(2)工程地质比拟法是根据已成不同土类或岩体边坡的大量经验数据,拟定出路基边坡稳定值参考表,供设计采用。一般情况下,土质边坡的设计是先按照力学验算法进行验算,再以工程地质比拟法予以校核。岩石或碎石土类边坡则主要采用工程地质比拟法,有条件时也以力学验算法进行校核。

3. 边坡稳定性分析的计算参数

(1)土的试验资料。对路堤边坡为压实后土的重度 γ、内摩擦角 φ 和黏聚力 c;对路堑或天然边坡为原状土的重度 γ、内摩擦角 φ 和黏聚力 c。对多层土体组成的边坡,可以采用加权平均法求 φ、c、γ。

$$c = \frac{\sum_{i=1}^{n} c_i h_i}{\sum_{i=1}^{n} h_i} \tag{5-12}$$

$$\tan\varphi = \frac{\sum_{i=1}^{n} h_i \tan\varphi_i}{\sum_{i=1}^{n} h_i} \tag{5-13}$$

$$\gamma = \frac{\sum_{i=1}^{n} \gamma_i h_i}{\sum_{i=1}^{n} h_i} \tag{5-14}$$

式中 c_i,φ_i,γ_i——各分层土的黏聚力、内摩擦角和重度(kN/m^3);

h_i——各土层厚度。

选用参数需力求与路基使用过程中的最不利的实际情况一致。因此,路堑边坡应取原状土作土样，测定其重度 γ 和抗剪强度参数 c、φ 值；路堤边坡应采用与将来实际压实后情况相符的土样重度 γ 及抗剪强度参数 c、φ 值。

（2）边坡取值。对于折线形或阶梯形边坡，在进行边坡稳定性分析时，一般取平均值，如图 5-17 所示的折线形边坡和图 5-18 所示的阶梯形边坡，平均坡度取 AB 线。

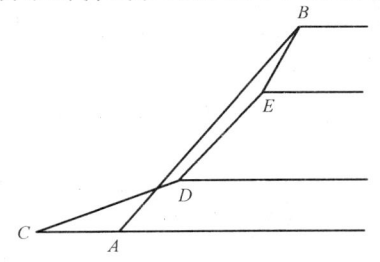

图 5-17　折线形边坡取值示意图 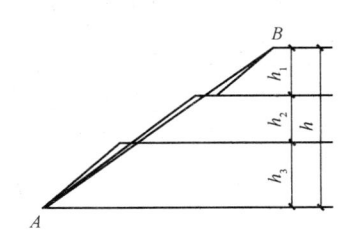　　　　图 5-18　阶梯形边坡取值示意图

4. 汽车荷载当量换算

公路路基除承受自重作用外，同时还要承受行车荷载作用。在进行边坡稳定性分析时，需要将车辆按照最不利情况排列，并将车辆的设计荷载换算成当量土柱高，即以相等压力的土层厚度来代替车辆荷载，然后连同滑动土体一并进行力学计算，如图 5-19 所示。

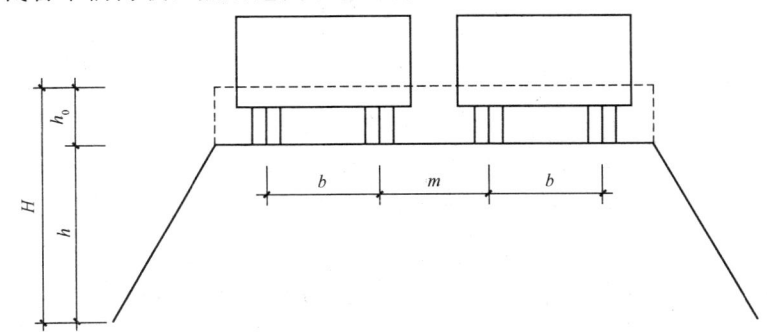

图 5-19　计算荷载换算示意图

$$h_0 = \frac{NG}{\gamma BL} \tag{5-15}$$

式中　h_0——当量土柱的高度（m）；

N——横向分布车辆数，双车道 $N=2$，单车道 $N=1$；

G——每一辆车的重力（kN）；

L——车辆前后轮胎着地长度，按《标准》规定对于标准车辆荷载为 12.8 m，再加上轮胎着地长度 0.2 m，因此，$L=13$ m；

γ——土的重度（kN/m³）；

B——横向分布车辆轮胎外边缘之间的距离。

$$B = Nb + (N-1)m + d \tag{5-16}$$

b——后轮轮距，取 1.8 m；

m——相邻两辆车后轮的中心间距，取 1.3 m；

d——轮胎着地宽度，取 0.6 m。

关于荷载的分布宽度,可以分布在行车道(路面)的范围之内,考虑到实际行车可能有横向偏移或车辆停放在路肩上,也可认为 h_0 当量土层分布在整个路基宽度上。荷载当量土柱高度与路基填土高度相比还是很小,对路基的稳定性影响较小。

【例 5-1】 以二级公路为例,计算当量土柱高度。

解: 二级公路为双车道公路,因此车道数为 2,即 $N=2$。由标准知:$G=550$ kN。另外,横向分布宽度为:

$$B = Nb + (N-1)m + d = 2 \times 1.8 + (2-1) \times 1.3 + 0.6 = 5.5 \text{(m)}$$

假设路基填料的重度 $\gamma = 17.5$ kN/m³,则:

$$h_0 = \frac{NG}{\gamma BL} = \frac{2 \times 550}{17.5 \times 5.5 \times 13} = 0.879 \text{(m)}$$

5.3.1 直线法

直线法适用于砂类土,破裂面为平面,并假定滑动面通过坡脚。取路基长度 1 延米计算,设滑裂土楔体 ABD 与等效土层的总重为 G,滑裂体沿滑动面 AD 滑动,如图 5-20 所示,其稳定系数按照下式计算:

$$K = \frac{F}{T} = \frac{G\cos\omega\tan\varphi + cL}{G\sin\omega} \tag{5-17}$$

式中 F——滑动面的抗滑力(kN);
T——沿滑动面的下滑力(kN);
L——滑动面 AD 的长度(m);
ω——滑动面对水平面的倾角(°);
φ——路堤土的内摩擦角(°);
c——填料的黏聚力(kPa)。

当路堤的填料为纯净的粗砂、中砂或砾石、碎石时,填料的黏聚力 c 近似为零,边坡稳定系数 K 为:

$$K = \frac{F}{T} = \frac{G\cos\omega\tan\varphi}{G\sin\omega} = \frac{\tan\varphi}{\tan\omega} \tag{5-18}$$

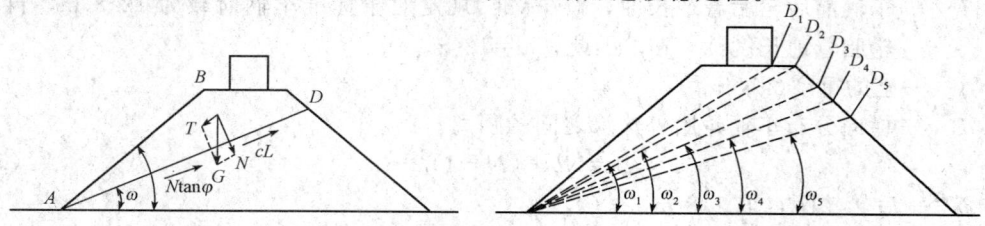

使用直线法验算边坡的稳定性时,可以做出不同倾角 ω_i 的破裂面,求出相应的 K_i,画出相应的 K_i-ω_i 曲线及曲线最低点的水平切线,如图 5-21 所示,曲线的切点即为稳定边坡的最小稳定系数 K_{min} 值,其所对应的破裂角为最危险破裂面倾角 ω_0 值。通常,以最小稳定系数 K_{min} 来判定边坡稳定性;若 $K_{min} \geqslant [K]$,$[K] = 1.25 \sim 1.50$,则边坡稳定,$K_{min} < [K]$,边坡不安全,此时可减缓边坡,修建挡土墙等,以增加边坡稳定性。

图 5-20 边坡稳定性分析示意图

利用$K=F(\omega)$的函数关系，对式(5-17)求导数，可得边坡稳定系数最小值的表达式，用以代替试算法，计算工作可以大为简化。

$$K_{\min}=(2\alpha_0+f)\cdot\cot\theta+2\sqrt{\alpha_0(f+\alpha_0)}\cdot\csc\theta \quad (5-19)$$

式中　θ——边坡的坡角(°)；

　　　α_0——参数，$\alpha_0=\dfrac{2c}{\gamma h}$；

　　　h——边坡的竖向高度(m)；

　　　γ——边坡土体的重度(kN/m^3)。

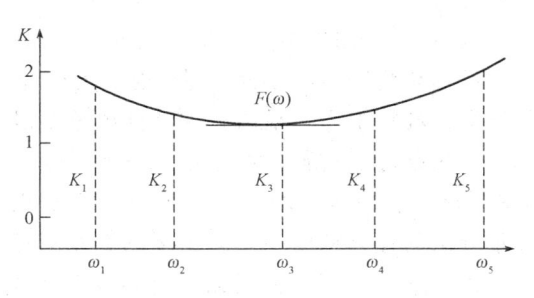

图 5-21　最小稳定性系数计算图

【例 5-2】 某挖方边坡，已知土体内摩擦角$\varphi=22°$，单位黏聚力$c=15.0$ kPa，边坡土体的重度$\gamma=17.5$ kN/m³，边坡的高度$h=6.0$ m。拟采用1∶0.5的边坡，试验算其稳定性，并求其合理坡度和最大允许高度$H_{\max}$。

解：(1)验算边坡稳定性。因为边坡率为1∶0.5，可得边坡角度$\theta=63.435°$，并且：

$$f=\tan\varphi=\tan22°=0.404$$
$$\alpha_0=2c/(\gamma h)=2\times15.0/(17.5\times6)=0.285\ 7$$

把已知和计算的值代入式(5-19)得最小稳定系数：

$$K_{\min}=(f+2\alpha_0)\cot\theta+2[\alpha_0(f+\alpha_0)]^{1/2}\csc\theta$$
$$=(0.404+2\times0.285\ 7)\cot63.453°+2[0.285\ 7\times(0.404+0.285\ 7)]^{1/2}\csc63.453°$$
$$=1.48$$

根据边坡稳定系数应该大于或等于1.25的要求，该路基边坡稳定。

(2)求合理边坡。考虑设计安全和经济性，稳定系数为1.48有些大，偏为保守。因此，假定$K_{\min}=1.25$，根据计算式(5-19)反推θ值：

$$1.25=(0.404+2\times0.285\ 7)\cot\theta+2[0.285\ 7\times(0.404+0.285\ 7)]^{1/2}\csc\theta$$

解方程得：

$$\theta=67.34°，\tan\theta=0.42$$

因此，边坡可以取1∶0.42。

求最大允许高度$H_{\max}$。

在现有条件不变即$\theta=63.435°$，$f=0.404$情况下，稳定系数仍取经济安全的系数1.25，则解方程：

$$1.25=(0.404+2\alpha_0)\cot63.453°+2[\alpha_0\times(0.404+\alpha_0)]^{1/2}\csc63.453°$$

得$\alpha_0=0.22$，根据

$$\alpha_0=2c/(\gamma H_{\max})=2\times15.0/(17.5\times H_{\max})=0.02$$

得

$$H_{\max}=7.8\text{ m}$$

5.3.2　圆弧滑动面法

圆弧滑动面法，假定滑动面为一圆弧，适用于一般黏性土组成的路堤或路堑边坡稳定性验算。在地基较坚实的条件下，认为边坡滑动圆弧通过坡脚点。最常用的计算方法是条分法。

(1)条分法的基本原理。条分法是圆弧滑动面稳定计算方法中一种代表性的方法。其基本原理是将圆弧滑动面上的土体划分为若干竖向土条,然后依次计算每一土条沿滑动面的下滑力和抗滑力,最后叠加计算出整个滑动土体的稳定性。

用条分法进行边坡稳定性分析计算时,一般假定土为均质和各向同性,滑动面通过坡脚,不考虑土体的内应力分布及各土条之间相互作用力的影响,土条也不受侧向力的作用。条分法的计算精度主要与土条的数量有关,分的土条数量越多,则计算结果越精确,一般分为8~10条,以便简化计算和确保计算精度。

(2)条分法的计算步骤。条分法计算如图5-22所示,其具体计算步骤如下:

1)通过坡脚任选可能发生的圆弧滑动面AB,半径R,沿路线纵向取单位长度1 m。将滑动土体分成若干个一定宽度的垂直土条,宽度一般为2~4 m。

2)计算土条的土体重G_i(包括小段土重和其上部换算为土柱的荷载在内),G_i可以分解为切向力$T_i=G_i\sin\alpha_i$,法向力$N_i=G_i\cos\alpha_i$,α_i为该弧中点的半径线与通过圆心的竖线之间的夹角,$\alpha_i=\arcsin\dfrac{x_i}{R}$($x_i$为圆弧中心点与圆心竖线的水平距离),计算$G_i$时,滑动圆弧线近似取直线,将图形简化为梯形或三角形,$G_i=S_i\gamma$,S_i为面积,γ为土的重度。

3)计算每一小段滑动面上的反力,即内摩擦力$N_if=N_i\tan\varphi_i$和黏聚力cL_i(L_i为i小段弧长)。填料的内摩擦角和黏聚力c值,最好通过土工试验求得,一般情况下可以参考表5-6选用。当填料层次明显时,取各层的加权平均值,否则取代表性的土层有关指标。

4)以圆心O为转动圆心,半径R为力臂,计算滑动面上各力对O点的滑动力矩和抗滑力矩。

5)求稳定系数$K=\dfrac{M_r}{M_s}=\dfrac{f\sum\limits_{i}^{n}g_i\cos\alpha_i+cL}{\sum\limits_{i}^{n}G_i\sin\alpha_i}$($\alpha_i$——圆心竖曲线左侧为负,右侧为正)。

6)假定几个可能滑动面,按照上述步骤计算对应的稳定系数K,在圆心辅助线上MI上绘出稳定系数K_1,K_2,…,K_n对应于圆心O_1,O_2,…,O_n的关系曲线$K=f(O)$,在该曲线最低点作MI的平行线,与曲线$f(O)$相切的切点对应的圆心为极限滑动面圆心,对应滑动面为极限滑动面,如图5-23所示。极限滑动面相应稳定系数为最小稳定系数$K_{\min}$。一般情况下,还可以沿圆心辅助线选择3~5个圆心,进行条分计算,求得最小稳定系数$K_{\min}$。最小稳定系数$K_{\min}$一般应为1.25~1.5。

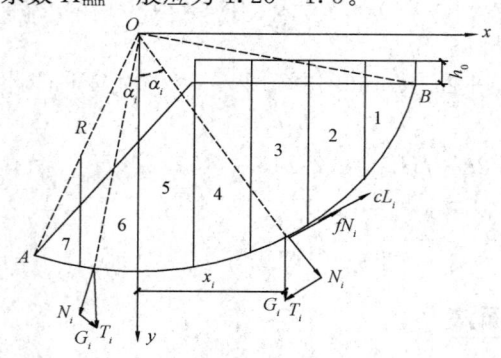

图5-22 条分法计算示意图

表 5-6 土的摩擦系数 f 和黏聚力 c 数值表

土壤名称	内摩擦角 $\varphi/(°)$	摩擦系数 $f=\tan\varphi$	黏聚力 c/MPa	土壤名称	内摩擦角 $\varphi/(°)$	摩擦系数 $f=\tan\varphi$	黏聚力 c/MPa
粗砂	33～38	0.65～0.78	—	干黏土	13～17	0.23～0.31	0.05～0.10
中砂	25～33	0.47～0.65	—	湿黏土	13～17	0.23～0.31	0.05～0.20
细砂、粉砂	20～25	0.36～0.47	—	极湿黏土	0～10	0～0.12	0.60～1.00
干的杂砂土	17～22	0.31～0.40	0.10～0.20	泥煤	0～10	0～0.12	0.05
湿的杂砂土	17～22	0.31～0.40	0.05～0.10	淤泥	0～10	0～0.12	0.02
极湿杂砂土	13～17	0.23～0.31	0.25～0.40	—	—	—	—

(3) 滑动面圆心辅助线的确定。条分法验算稳定性 K 值曲线与圆心辅助线确定示意图如图 5-23 所示。

1) 4.5H 法。

① 由坡脚 E 向下引垂线，截取 $H=h_0+h_1$ 得 F 点。

② 由 F 点向右引水平线，在水平线上截取 $4.5H$ 得 M 点。

③ 连接坡脚 E 和顶点 S 求得 $i_0=1/m$，据此查表 5-7 得 β_1、β_2 值。由 E 作 SE 成 β_1 角直线，再由 S 作与水平线成 β_2 角直线，相交得 I 点，连接 MI 即得圆心辅助线。

④ 连接两圆弧端点，并作该线段得垂直平分线，与 MI 相交即得圆心。

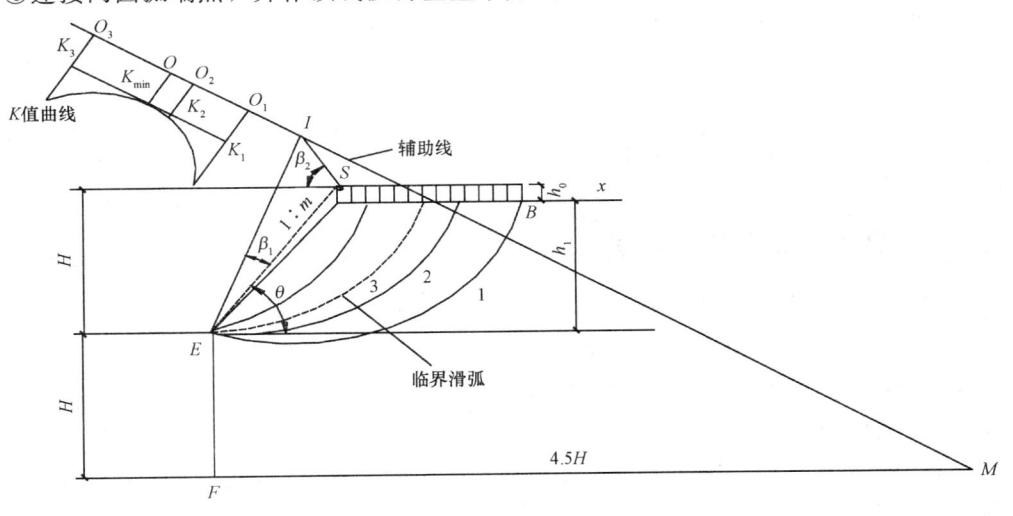

图 5-23 条分法验算稳定性 K 值曲线与圆心辅助线

表 5-7 黏土边坡有关参数

边坡坡度 i	边坡倾斜角 θ	β_1	β_2
1∶0.50	63°26′	29°30′	40°
1∶0.75	53°08′	29°	39°
1∶1.00	45°00′	28°	37°
1∶1.25	38°40′	29°	35°00′

续表

边坡坡度 i	边坡倾斜角 θ	β_1	β_2
1∶1.50	33°41′	26°	35°
1∶1.75	29°45′	26°	35°
1∶2.00	26°34′	25°	35°
1∶2.25	22°45′	25°	35°
1∶2.50	21°48′	25°	35°
1∶3.00	18°26′	25°	35°
1∶4.00	14°02′	25°	36°
1∶5.00	11°19′	25°	37°

2)36°法。由换算土柱高顶点作与水平线成36°角得线，即为圆心辅助线，如图5-24所示。但4.5H法比较精确，求出的稳定系数小，适用于重要场合。

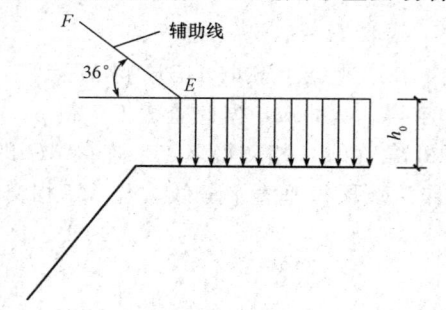

图 5-24　36°法确定滑动圆心辅助线示意图

5.3.3　浸水路堤稳定性验算

浸水路堤除承受自重和行车荷载作用外，还受到水浮力和渗透动水压力的作用。水的浮力取决于浸水深度，渗透动水压力则视水的落差而定。

水位变化对路堤边坡不利的为水流向外，如果落水迅猛，渗透流速高，坡降大，则易带出路堤内的细粒土，动水压力使边坡失稳。透水性强的砂性土路堤，动水压力较小。黏性土路堤经过人工压实后，透水性差，动水压力也不大。介于两者之间的土质路堤，如粉质砂或粉质黏土等，浸水时的边坡稳定性较差。遇水膨胀及易溶或严重风化的岩土，浸水路堤边坡的稳定性更差。

浸水路堤的设计中，一般按照设计洪水位及考虑雍水和浪高等因素，选定路堤高程。浸水部分采用较缓边坡，必要时设置护坡道，流速较大时应进行防护加固或设置导流结构物。为使设置更加合理，浸水路堤的边坡需要进行稳定性计算。

浸水路堤的边坡稳定性计算，通常假定滑动面为圆弧，最危险的滑动面通过坡脚，圆心位置的确定与条分法相似。稳定性计算方法有多种，常用的方法有假想摩擦角法、悬浮法和条分法。

无论采用何种计算方法，浸水路堤的稳定性分析应按照路堤处于最不利的情况进行。

其破坏一般发生在高洪水位骤然降落时，边坡稳定性分析的原理和方法与普通路堤稳定性的圆弧法基本相同。当路堤一侧浸水时，只要注意浸水土条基本参数的变化即可。这时浸水路堤除受到普通路堤所承受的外力和自重外，还有水的浮力及渗透动水压力，如图 5-25 所示，渗透动水压力为：

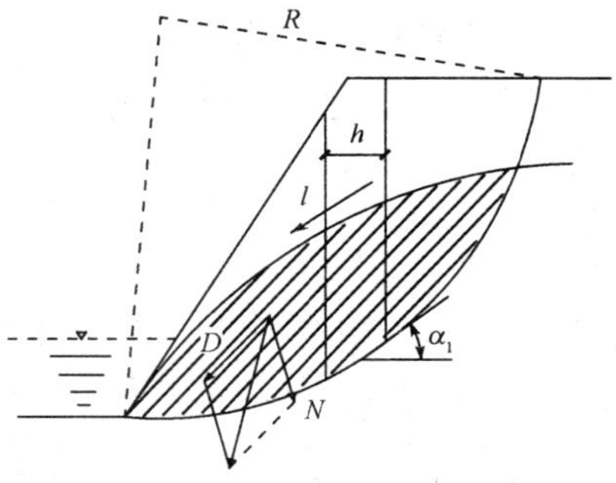

$$D = I\Omega_B \gamma_0 \tag{5-20}$$

式中　D——作用于浸润线以下土体重心的渗透动水压力(kN/m)；

图 5-25　渗透动水压力计算

　　　　I——渗透水力坡降(采用浸润线的平均坡降)；

　　　　Ω_B——浸润曲线与滑动圆弧之间的面积(m^2)；

　　　　γ_0——水的重度(kN/m^3)。

采用圆弧法进行浸水路堤边坡稳定性分析，其稳定性系数 K 为：

$$K = \frac{M_{抗滑}}{M_{下滑}} = \frac{(f_C \sum N_C + f_B \sum N_B + c_C L_C + c_B L_B)R}{(\sum T_C + \sum T_B)R + \sum D_n S_n} \tag{5-21}$$

式中　K——稳定系数，一般取 1.25～1.50；

　　　　$f_C \sum N_C$——浸润线以上部分沿滑动面的内摩擦力(kN)，$f_C = \tan\varphi_C$；

　　　　$f_B \sum N_B$——浸润线以下部分沿滑动面的内摩擦力(kN)，$f_B = \tan\varphi_B$；

　　　　c_C——浸润线以上部分沿滑动面的单位黏聚力(kPa)；

　　　　c_B——浸润线以下部分沿滑动面的单位黏聚力(kPa)；

　　　　L_C——浸润线以上部分沿滑动面的弧长(m)；

　　　　L_B——浸润线以下部分沿滑动面的弧长(m)；

　　　　$\sum T_C$——浸润线以上部分沿滑动面的下滑力(kN)；

　　　　$\sum T_B$——浸润线以下部分沿滑动面的下滑力(kN)；

　　　　D_n——分段渗透动水压力(kN/m)；

　　　　S_n——分段渗透动水压力作用点距圆心的垂直距离(m)。

5.3.4　陡坡路堤稳定性验算

当路堤修建在陡坡上，且原地面横坡陡于 1∶2.5(土质基底)或 1∶2(不易风化的岩石基底)时，路基不仅要分析路堤边坡稳定性，还要分析路堤沿陡坡或不稳定山坡下滑的稳定性。

陡坡路堤下滑的主要原因是地面横坡较陡、基底土层软弱。因此，陡坡路堤下滑的情况有：由于基底接触面较陡或强度较弱，路堤沿着基底接触面产生滑动；由于基底修建在较厚的软弱土层上，路堤连同其下的软弱土层沿基岩下滑。

陡坡路堤稳定性分析方法一般基于滑动面为直线滑动面和折线滑动面，采用剩余下滑力 E 评定。若 $E \leqslant 0$，路堤稳定；若 $E > 0$，路堤不稳定。剩余下滑力为下滑力与考虑了某种安全系数的抗滑力的差值。

1. 直线滑动面验算法

陡坡路堤稳定性直线验算法，如图 5-26 所示。其计算公式为：

$$E=T-\frac{1}{K}(N\tan\varphi+cL)=W\sin\alpha-\frac{1}{K}(N\cos\alpha\tan\varphi+cL) \tag{5-22}$$

式中　E——剩余下滑力(kN)；
　　　T——在滑动面上的切线方向分力，或 W 在滑动面上的法向分力(kN)；
　　　W——路堤及荷载换算土柱重(kN)；
　　　c——边坡土体的单位黏聚力(kPa)；
　　　L——滑动面长度(m)；
　　　K——稳定系数，一般为 1.25。

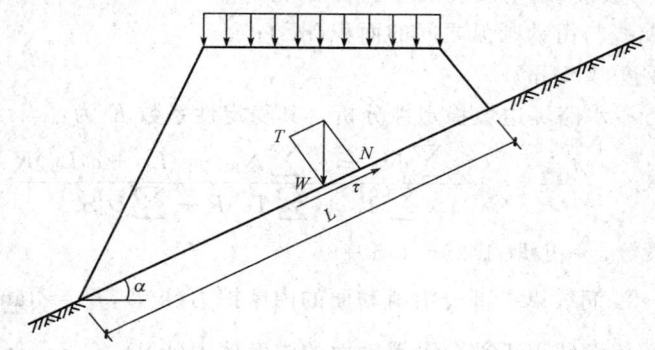

图 5-26　陡坡路堤稳定性直线验算法

2. 折线滑动面验算法

当地面由多个坡度的折线构成，此时采用折线滑动面验算法。如图 5-27 所示，将滑动面以上土体按照折线段划分为若干土条块，由上侧山坡到下侧山坡，逐块计算其相应直线滑动面的剩余下滑力，并将此下滑力传递到下一块土体，但若此时的剩余下滑力为负值，则可以不列入下一块土体的计算。

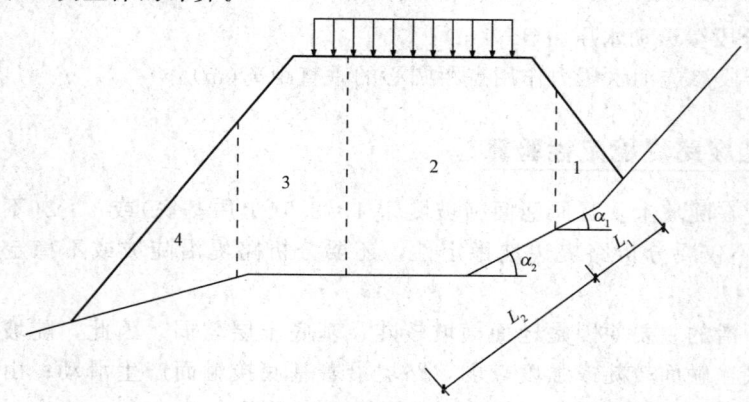

图 5-27　陡坡路堤稳定性折线验算法

$$E_n = [T_n + E_{n-1}\cos(\alpha_{n-1}-\alpha_n)] - \frac{1}{K}\{[N_n + E_{n-1}\sin(\alpha_{n-1}-\alpha_n)]\tan\varphi_n + c_n L_n\} \quad (5-23)$$

式中　　E_n——第 n 个土条剩余的下滑力(kN)；

　　　　E_{n-1}——第 $n-1$ 个土条剩余的下滑力(kN)；

　　　　α_{n-1}, α_n——第 $n-1$ 和第 n 个土条滑动面分段的倾斜角(°)；

　　　　T_n, N_n——第 n 个土条的自重和荷载的切向力和法向力(kN)；

　　　　φ_n, L_n, c_n——分别表示第 n 个土条滑动面上软土的内摩擦角(°)、滑动面长度(m)和单位黏聚力(kN)。

滑动面是折线时，先根据滑动面折线的数量确定滑动砌体的数量，由上到下计算各土条的剩余下滑力，根据最后一块的剩余下滑力确定其整体稳定性，如图 5-27 所示。如果最后一块的剩余下滑力小于 0，则满足稳定性的要求，如果最后一块的剩余下滑力大于 0，则不满足稳定性要求，如果中间一块的下滑力为 0 或负值，则这一块以上的土体是稳定的，可以从下一块开始计算剩余下滑力。

【例 5-3】 陡坡稳定性某路堤拟定横断面如图 5-28 所示，已知土体的重度 $\gamma = 18.33$ kN/m³，内摩擦角 $\varphi = 20°52'$，黏聚力 $c_n = 9.8$ kPa，设计行驶车辆荷载为 550 kN，边坡稳定系数 $K = 1.25$。试判断路堤整体稳定性。

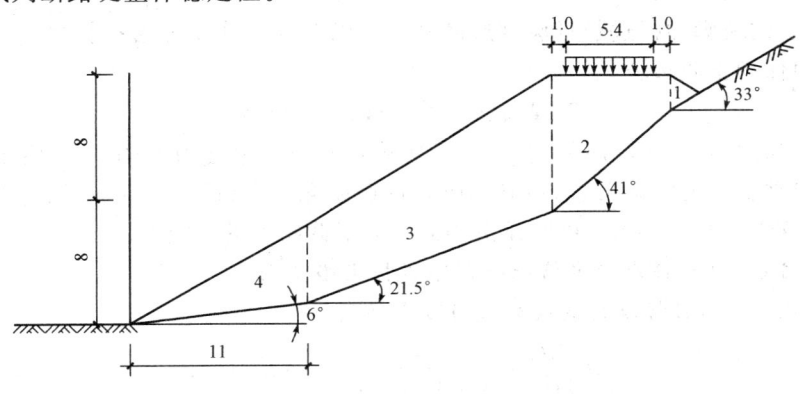

图 5-28　陡坡路堤断面尺寸

解：(1)先将车辆荷载换算成土体高度，计算方法同前，得到 $h_0 = 0.91$ m，并居中布置。

(2)参照原来的地面线，将填筑的路堤划分为 4 块，并按比例绘图直接量得或计算出分块面积 S，当为单位长度时，该面积的数值则等于土块的体积，据此可以计算出各土块的重力。

(3)根据划分的土块测得各折线处地面线的倾角 α_i。

(4)代入已知值，按公式进行相关计算并填入表 5-8 中。

经计算，边坡的剩余下滑力为 101.95 kN，其值远大于 0，依此判定该路堤不稳定，必须采取一定的工程措施。

当计算的最后土体剩余下滑力大于零时，陡坡是不稳定的，应当根据实际情况采取相应的工程措施。在实际工程中常用的工程措施如下所述：

表 5-8 最终下滑力计算表

i	S_i /m²	G_i /kN	α_i /(°)	$\alpha_{i-1}-\alpha_i$ /(°)	T_i /kN	N_i /kN	L_i /m	$\cos(\alpha_{i-1}-\alpha_i)$	$\sin(\alpha_{i-1}-\alpha_i)$	cL_i /(kN·m)	E_{i-1} /kN	E_i /kN
1	2.39	43.88	33	—	23.90	36.80	2.27	—	—	22.29	0	5.15
2	47.22	865.56	41	−8	567.86	653.24	9.78	0.990	−0.139	95.89	−5.15	296.82
3	103.84	1 903.46	21.5	19.5	697.62	1 771.01	16.12	0.943	0.334	157.99	296.82	−278.87
4	28.21	517.14	6	15.5	54.06	514.30	11.06	0.964	0.267	108.39	−278.87	101.95

(1)适当的位置开挖台阶,将土体边坡放缓,这样可以大大减小土体的下滑力,使其最终剩余下滑力小于零。

(2)清除边坡上的软弱积层,压实基底,这样可以使基础稳定,避免出现土坡滑动。

(3)在降水比较多的地区,在路堤上侧开挖截水沟或边沟,阻止地面水流入边坡土体中,这样可以大大减少因地面水而浸湿滑动面的情况。

(4)当边坡受到地下水的影响时,设置必要的渗沟以疏干基底土层中的水。

(5)在填筑路堤时,首先选择大颗粒的材料嵌入地面,这样可以增加填料与地面之间的摩擦系数,增大接触面之间的稳定性。

(6)当填土的坡脚伸得过长且厚度过薄时,可以在坡脚处设置砌石护脚、干砌或浆砌挡土墙等,以便保护土质边坡。

工程实训 某边坡稳定性分析

已知路基高度为 13 m,顶宽为 10 m,其横断面初步拟定为如图 5-29 所示。路基填土为粉质中液限黏土,土的黏聚力 $c=10$ kPa,内摩擦角 $\varphi=24°$,土的重度 $\gamma=17.0$ kN/m³,汽车荷载为标准荷载 550 kN。用圆弧滑动面法分析此路基的稳定性。

解:(1)用 CAD 软件或者方格纸绘制路堤拟定横断面。

(2)根据式(5-15)将标准荷载换算成当量土柱高:

$$h_0=\frac{NG}{\gamma BL}=\frac{2\times 550}{17.0\times 5.5\times 13}=0.91(\text{m})$$

(3)按照 4.5H 法确定滑动圆心辅助线。边坡的坡度角 $\theta=\arctan\dfrac{13}{27.5}=25.30°$,为便于计算取 $\theta=25°$。由表 5-7 得 $\beta_1=25°$,$\beta_2=35°$。据此两个角分别自坡脚和左坡顶点作辅助线相交于 O 点,BO 的延长线即为滑动圆心的辅助线。

(4)绘制出三个不同位置的滑动曲线:一条通过路基中线,一条通过距右边缘 1/4 路基宽度处,一条通过路基右边缘,如图 5-29 所示。

(5)圆弧滑动中心可以通过试算加以确定,也可以采用另一种方法,即用直线连接可能滑弧的两端,并作此连接线的中点垂线交 BO 于 A 点,即滑动曲线的圆心。

(6)将圆弧范围内的土体划分为 8~10 块,本例以 5 m 水平长度为一段,最后一块有可能不足 5 m 作为一段。

(7)算出滑动体每一分段与圆心竖线之间的偏角 α_i。

$$\sin\alpha_i=X_i/R \tag{5-24}$$

式中 X_i——分段中心与圆心竖曲线的水平距离,竖线左侧为负,右侧为正;

R——滑动圆弧半径。

(a)

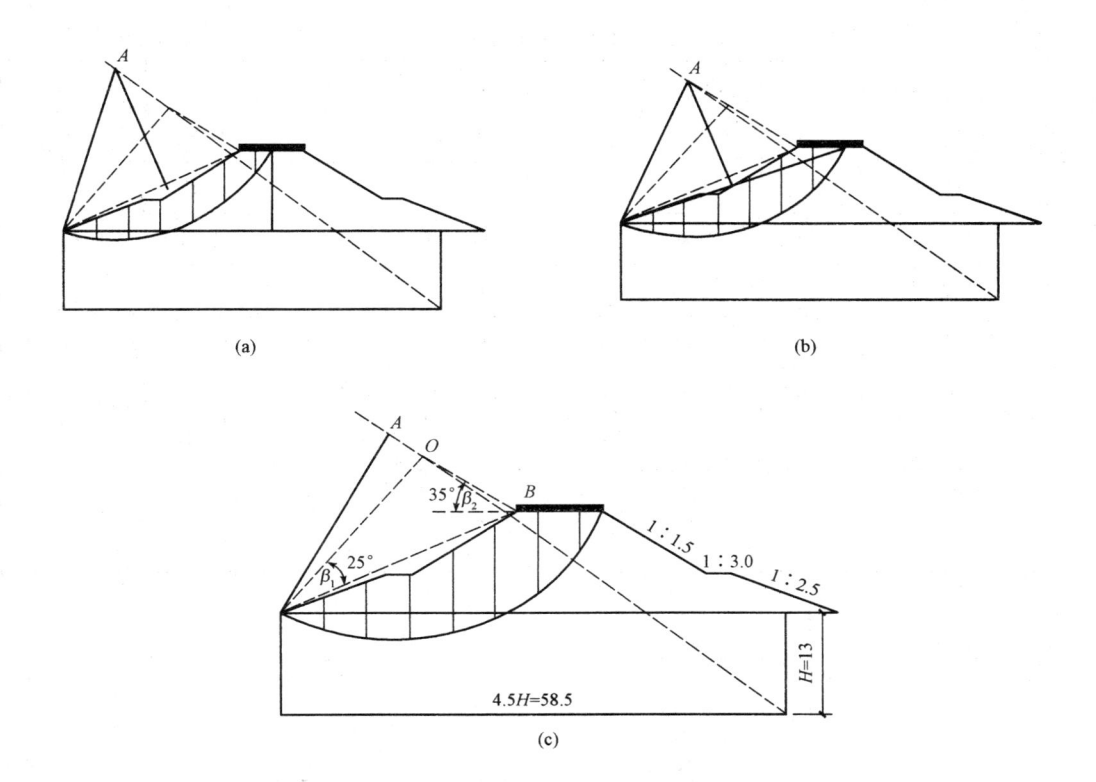

(b)

(c)

图 5-29　圆弧滑动法计算图示(单位：m)
(a)通过路基中线；(b)通过距右边缘 1/4 路基宽度处；(c)通过路基右边缘

(8)计算分块土体的面积 S_i，纵向取单位长度 1 m，可计算分块土体的体积，乘以土体重度得到重力 G_i。

(9)分别将重力分解得曲线法线和切向方向的 $N_i = G_i \cos\alpha_i$，$T_i = G_i \sin\alpha_i$，并求出 $\sum N_i$ 和 $\sum T_i$。

(10)计算出滑动圆弧长 L。

(11)计算土条的稳定系数 K。

$$K = \frac{f \sum N_i + cL}{\sum T_i} = \frac{\tan 24° \times 4\,436.58 + 10 \times 44.8}{1\,537.26} = 1.57$$

计算结果见表 5-9。

同理，求得通过滑动面通过路基中心的稳定系数和通过距路基右边缘 1/4 的稳定系数分别为 1.47、1.50。从数列 1.47、1.50、1.57，滑动曲线依次递增，仍然看不出极小点位置。为此在中心左边再增加一个滑动面，该滑动面距左边缘 2.5 m，即 1/4 路基宽度，同理计算得 $K=1.53$。图 5-30 中滑动面 i 为通过距路基左边缘 1/4 路基宽。从图 5-30 可以看出，通过路基中心的滑断面的稳定系数最小，即 $K_{\min}=1.47 > 1.25$。因此，初拟边坡满足边坡稳定要求，并且也较经济。

表 5-9　计算结果

土条号	$\alpha_i/(°)$	$\sin\alpha_i$	$\cos\alpha_i$	S_i/m^2	G_i/kN	N_i/kN	T_i/kN	L/m
1	59.55	0.862	0.507	8.59	146.03	74.01	125.89	
2	46.38	0.724	0.690	43.05	731.85	504.88	529.81	
3	33.24	0.548	0.836	60.14	1 022.38	855.10	560.41	
4	22.14	0.377	0.926	56.15	954.55	884.17	359.74	44.8
5	10.04	0.174	0.985	46.5	790.5	778.39	137.81	
6	−1.00	−0.017	1.000	40.44	687.48	687.38	−12.00	
7	−11.41	−0.198	0.908	28.81	489.77	480.09	−96.89	
8	−21.37	−0.364	0.931	10.9	185.3	172.56	−67.52	
总计	—	—	—	—	—	44 436.58	1 537.26	—

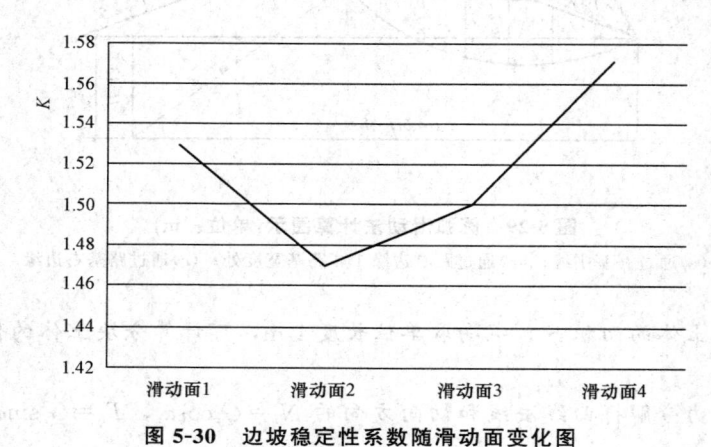

图 5-30　边坡稳定性系数随滑动面变化图

5.4　挡土墙设计

挡土墙是指支承路基填土或山坡土体、防止填土或土体变形失稳的构造物。如图 5-31 所示，在挡土墙横断面中，与被支承土体直接接触的部位称为墙背；与墙背相对的、临空的部位称为墙面；与地基直接接触的部位称为基底；与基底相对的、墙的顶面称为墙顶；基底的前端称为墙趾；基底的后端称为墙踵。一般地区，根据挡土墙的设置位置不同，分为路肩墙、路堤墙、路堑墙和山坡墙等，如图 5-31 所示。设置在路堤边坡的挡土墙称为路堤墙；墙顶位于路肩的挡土墙称为路肩墙；设置于路堑边坡的挡土墙称为路堑墙；设置于山坡上、支承山坡上可能坍塌的覆盖层土体或破碎岩层的挡土墙称为山坡墙。

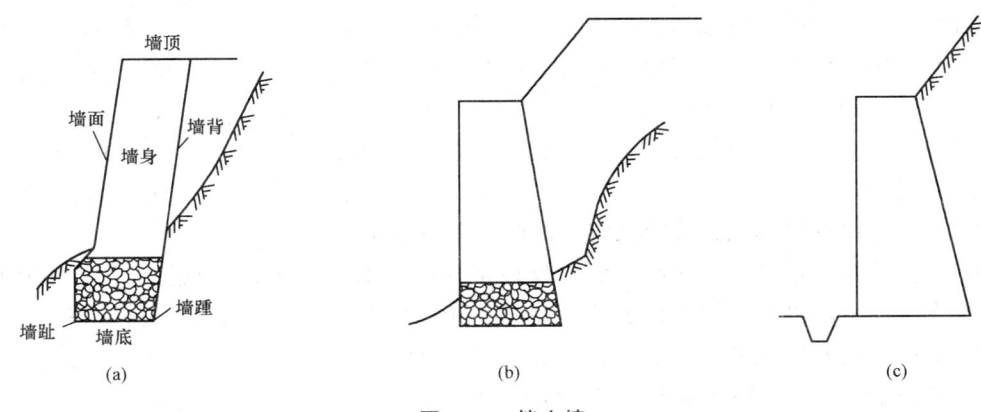

图 5-31 挡土墙
(a)路肩墙；(b)路堤墙；(c)路堑墙

5.4.1 挡土墙的分类与使用条件

1. 挡土墙的分类

按照挡墙结构形式，挡土墙可以分为重力式挡土墙、悬壁式及扶壁式挡土墙、锚杆挡土墙、锚定板挡土墙、加筋土挡土墙等；按照墙体结构材料，挡土墙可以分为石砌挡土墙、混凝土挡土墙、钢筋混凝土挡土墙、钢板挡土墙等。一般应根据工程需要、土质情况、材料供应、施工技术及造价等因素合理地选择。

(1)重力式挡土墙。重力式挡土墙依靠墙身自重平衡墙后填土的土压力来维持墙体稳定，一般用块(片)石、砖或素混凝土筑成，如图 5-32(a)所示。

重力式挡土墙结构形式简单，易于施工，施工工期短，可以就地取材，适应性较强，应用广泛。其适用于一般地区、浸水地区、地震地区等的边坡支挡工程。但其工程量大，对地基承载要求高，当地基承载力较低时或地质条件复杂时适当控制墙高。

(2)悬壁式及扶壁式挡土墙。悬臂式挡土墙多用钢筋混凝土做成，悬臂式挡土墙由立臂、墙趾板、墙踵板三部分组成，如图 5-32(b)所示。它的稳定性主要靠墙踵悬臂以上的土所受重力维持。当墙身较高(超过 6 m)时，沿墙长每隔一定距离设置一道扶壁连接墙面板及踵板，以减小立臂下部的弯矩，称为扶壁式挡土墙，如图 5-32(c)所示。

它们的共同特点是：墙身断面较小，结构的稳定性不是依靠本身的重量，而主要依靠踵板上的填土重量来保证。它们自重轻，圬工省。其适用于墙高较大的情况，由于它的悬臂部分的拉应力由钢筋来承受，因此需要使用一定数量的钢材。宜在石料缺乏、地基承载力较低的填方地段使用。

(3)锚杆挡土墙。锚杆挡土墙是一种轻型挡土墙，主要由预制的钢筋混凝土立柱、挡土板构成墙面，与水平或倾斜的钢锚杆联合组成。锚杆挡土墙适用于墙高较大、石料缺乏或挖基困难地区，且具备锚固条件的一般岩质边坡加固工程。

按照墙面构造的不同，挡土墙分为柱板式和壁板式两种。柱板式锚杆挡土墙是由挡土板、肋柱和锚杆组成，肋柱是挡土板的支座，锚杆是肋柱的支座，墙后的侧向土压力作用于挡板上，并通过挡土板传递给肋柱，再由肋柱传递给锚杆，由锚杆与周围地层之间的锚固力即锚杆抗拔力使之平衡，以维持墙身及墙后土体的稳定。壁板式锚杆挡土墙是由墙面板和锚杆组成，墙面板直接与锚杆连接，并以锚杆为支撑，土压力通过墙面板传给锚杆，依靠锚杆与周围地层之间的锚固力（即抗拔力）抵抗土压力，以维持挡土墙的平衡与稳定。

锚杆挡土墙的特点有以下几点：

1）结构质量小，使挡土墙的结构轻型化，与重力式挡土墙相比，可以节约大量的圬工和节省工程投资。

2）利于挡土墙的机械化、装配化施工，可以提高劳动生产率。

3）不需要开挖大量基坑，能够克服不良地基开挖的困难，并利于施工安全。但是锚杆挡土墙也有一些不足之处，使设计和施工受到一定的限制，如施工工艺要求较高，要有钻孔、灌浆等配套的专用机械设备，且要耗用一定的钢材。

(4)锚定板挡土墙。锚定板挡土墙由墙面系、钢拉杆及锚定板和填料共同组成，如图 5-32(d)所示。墙面是由预制的钢筋混凝土肋柱和挡土板拼装，或者直接用预制的钢筋混凝土面板拼装而成。钢拉杆外端与墙面的肋柱或面板连接，而内端与锚定板连接。

锚定板挡土墙是一种适用于填土的轻型挡土结构，锚定板挡土墙和锚杆挡土墙一样，也是依靠"拉杆"的抗拔力来保持挡土墙的稳定。但是，这种挡土墙与锚杆挡土墙又有着明显的区别，锚杆挡土墙的锚杆必须锚固在稳定的地层中，其抗拔力来源于锚杆与砂浆、孔壁地层之间的摩擦力；而锚定板挡土墙的拉杆及其端部的锚定板均埋设在回填土中，其抗拔力来源于锚定板前填土的被动抗力。因此，墙后侧向土压力通过墙面传给拉杆，后者则依靠锚定板在填土中的抗拔力抵抗侧向土压力，以维持挡土墙的平衡与稳定。在锚定板挡土墙中，一方面填土对墙面产生主动土压力，填土越高，主动土压力越大；另一方面填土又对锚定板的移动产生被动的土抗力，填土越高，锚定板的抗拔力也越大。

从防锈、节省钢材和适应各种填料三个方面比较，锚定板挡土结构都有较大的优越性，但施工程序较为复杂。

(5)加筋挡土墙。加筋挡土墙，如图 5-32(e)所示，它是由填土、填土中布置的拉筋条以及墙面板部分组成，在垂直于墙面的方向，按照一定间隔和高度水平地放置拉筋材料，然后填土压实，通过填土与拉筋之间的摩擦作用，把土的侧压力传给拉筋，从而稳定土体。拉筋材料通常为镀锌薄钢带、铝合金、高强塑料及合成纤维等。墙面板一般用混凝土预制，也可以采用半圆形铝板。

加筋挡土墙属于柔性结构，对地基变形适应性大，建筑高度大，通用于填方挡土墙。其结构简单，圬工量少，与其他类型的挡土墙相比，可以节省投资 30%～70%，经济效益大。

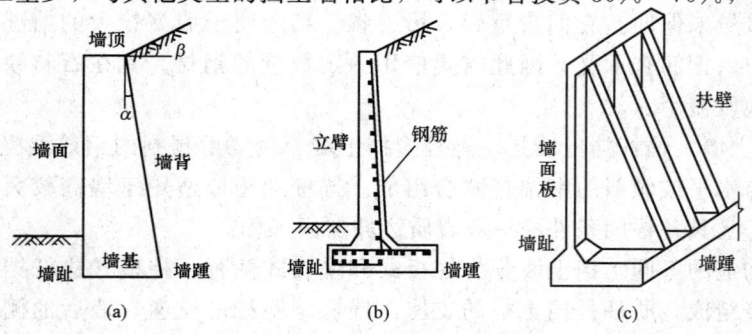

图 5-32 挡土墙主要类型

(a)重力式挡土墙；(b)悬壁式挡土墙；(c)扶壁式挡土墙

(d)

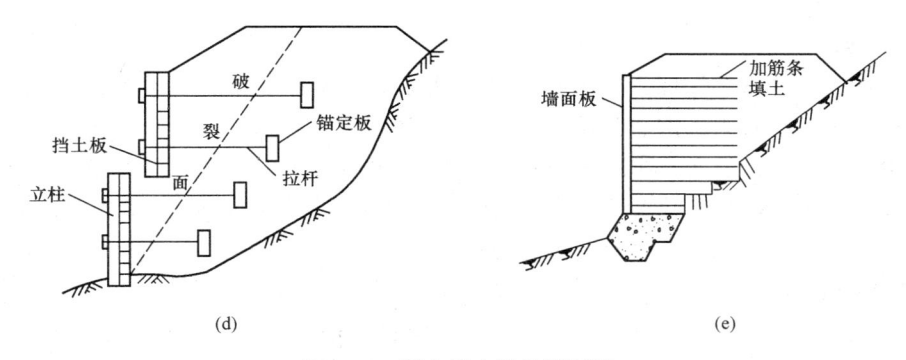

(e)

图 5-32 挡土墙主要类型(续)

(d)锚定板挡土墙；(e)加筋挡土墙

2. 挡土墙的使用条件

挡土墙类型应综合考虑工程地质、水文地质、冲刷深度、荷载作用情况、环境条件、施工条件、工程造价等因素，按照表 5-10 的规定采用。

表 5-10 各类挡土墙适用条件

挡土墙类型	适用条件
重力式挡土墙	适用于一般地区、浸水地区和地震地区的路肩、路堤和路堑等支挡工程。墙高不宜超过 12 m，干砌挡土墙不宜超过 6 m，高速公路、一级公路不应采用干砌挡土墙
半重力式挡土墙	适用于不宜采用重力式挡土墙的地下水位较高或较软弱的地基上，墙高不宜超过 8 m
悬臂式挡土墙	宜在石料缺乏、地基承载力较低的填方路段采用，墙高不宜超过 5 m
扶壁式挡土墙	宜在石料缺乏、地基承载力较低的填方路段采用，墙高不宜超过 15 m
锚杆挡土墙	宜用于墙高较大的岩质路堑地段，可用作抗滑挡土墙，可采用肋柱式或板壁式单级墙或多级墙，每级墙高不宜大于 8 m，多级墙的上下级墙体之间应设置宽度不小于 2 m 的平台
锚定板挡土墙	宜使用于缺少石料地区的路肩墙和路堤式挡土墙，但不应建筑于滑坡、坍塌、软土及膨胀土地区。可采用肋柱式或板壁式，墙高不宜超过 10 m。肋柱式锚定板挡土墙可采用单级墙或双级墙，每级墙高不宜大于 6 m，上下级墙体之间应设置宽度大于 2 m 的平台。上下级墙的肋柱宜交错布置
加筋挡土墙	适用于一般地区的路肩式挡土墙、路堤式挡土墙，但不应修建在滑坡、水流冲刷、崩塌等不良地质地段。高速公路、一级公路墙高不宜大于 12 m，二级及二级以下公路不宜大于 20 m。当采用多级墙时，每级墙高不宜大于 10 m，上、下级墙体之间应设置宽度大于 2m 的平台

5.4.2 挡土墙的构造措施

在设计重力式挡土墙时，为了保证其安全合理、经济，除进行验算外，还需要采取必要的构造措施。主要从基础埋深、墙背的倾斜形式、墙面坡度选择、基底坡度、墙趾台阶、伸缩缝、墙后排水措施及填土质量要求等几个方面考虑。

1. 基础埋深

重力式挡土墙的基础埋深，应根据地基承载力、水流冲刷、岩石裂隙发育及风化程度等因素进行确定。在特强冻胀、强冻胀地区应考虑冻胀的影响。对于土质地基，一般在地面以下至少 1 m，且位于冰冻线以下的深度不少于 0.25 m，对于风化后强度锐减的地基至少在地下以下 1.5 m；对于砂夹砾石，可以不考虑冰冻线的影响，但埋深至少 1 m；对于一般岩石至少埋深为 0.6 m，松软岩石至少为 1 m。

2. 墙背的倾斜形式

当采用相同的计算指标和计算方法时，挡土墙背以仰斜时主动土压力最小，直立居中，俯斜最大，如图 5-33 所示。墙背倾斜形式应根据使用要求、地形和施工条件等因素综合考虑确定。如对于支挡挖方工程的边坡，挡墙宜采用仰斜墙背；对于支挡填方工程的边坡，挡墙宜采用俯斜或垂直墙背，以便夯实填土。

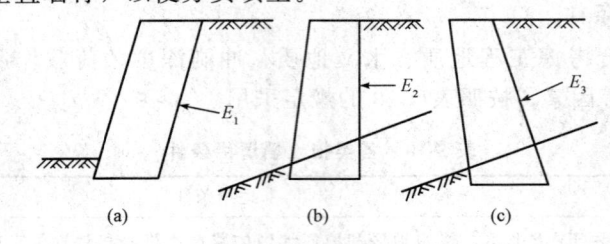

图 5-33 墙背构造形式

(a)仰斜；(b)直立；(c)倾斜 $E_1 < E_2 < E_3$

3. 墙面坡度选择

当墙前地面陡时，墙面可取 1∶0.05～1∶0.2 的仰斜坡度，也采用直立墙面。当墙前地形较为平坦时，对中高挡土墙，墙面坡度可较缓，但不宜缓于 1∶0.4。

4. 基底坡度

为增加挡土墙身的抗滑稳定性，重力式挡土墙可以在基底设置逆坡，但逆坡坡度不宜过大，以免墙身与基底下的三角形土体一起滑动。对于土质地基的基底逆坡坡度不宜大于 1∶10；对于岩质地基，基底逆坡坡度不宜大于 1∶5。

5. 墙趾台阶

当墙高较大时，为了提高挡土墙抗倾覆能力，可以加设墙趾台阶(图 5-34)。墙趾台阶的高宽比可以取 $h∶a = 2∶1$，$a \geq 20$ cm。

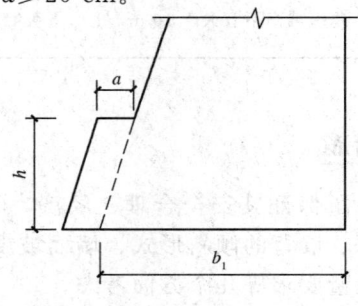

图 5-34 墙趾台阶尺寸

6. 设置伸缩缝

重力式挡土墙应每间隔 10～20 m 设置一道伸缩缝。当地基有变化时宜加设沉降缝。在挡土结构的拐角处，应采取加强的构造措施。

7. 墙后排水措施

挡土墙因排水不良，雨水渗入墙后填土，使填土的抗剪强度降低，对挡土墙的稳定产生不利的影响。当墙后积水时，还会产生静水压力和渗流压力，使作用于挡土墙上的总压力增加，对挡土墙的稳定性更为不利。因此，在设计挡土墙时，必须采取排水措施。

(1)截水沟：凡挡土墙后有较大面积的山坡，则应在填土顶面与挡土墙适当的距离设置截水沟，把坡上径流截断排除。截水沟的剖面尺寸要根据暴雨集水面积计算确定，并应用混凝土衬砌。截水沟出口应远离挡土墙，如图 5-35(a)所示。

(2)泄水孔：已渗入墙后填土中的水，则应将其迅速排出。通常，在挡土墙设置泄水孔，泄水孔的尺寸一般为 5 cm×10 cm、10 cm×10 cm、15 cm×20 cm 的方孔或直径5～10 cm 的圆孔。孔眼间距一般为 2～3 m，排水孔应沿横竖两个方向设置，其间距一般取 2～3 m，排水孔外斜坡度宜为 5%。泄水孔应高于墙前水位，以免倒灌。在泄水孔入口处，应用易渗的粗粒材料做滤水层[图 5-35(b)]，必要时做排水暗沟，并在泄水孔入口下方铺设黏土夯实层，防止积水渗入地基不利墙体的稳定。墙前也要设置排水沟，在墙顶坡后地面宜铺设防水层，如图 5-35(c)所示。

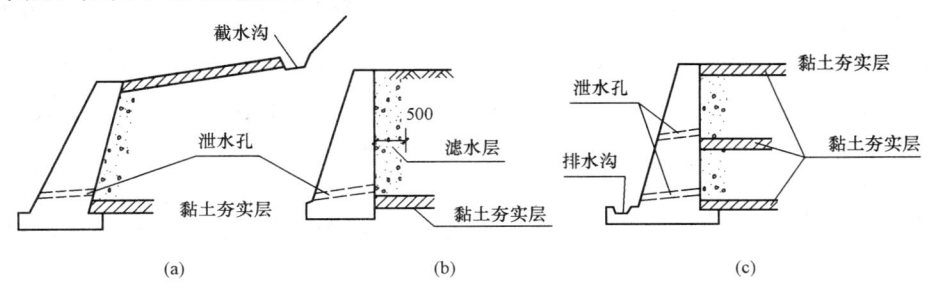

图 5-35 挡土墙的排水措施
(a)截水沟；(b)滤水层；(c)排水沟

8. 填土质量要求

挡土墙后填土应尽量选择透水性较强的填料，如砂、碎石、砾石等。因这类土的抗剪强度较稳定，易于排水。当采用黏土作填料时，应掺入适当的碎石。在季节性冻土地区，应选择炉碴、碎石、粗砂等非冻结填料。不宜采用淤泥、耕植土或膨胀土等作为填料。

5.4.3 挡土墙土压力计算

公路、铁路工程中的许多结构物，如各种挡土墙、桥台、板桩、隧道等都支撑着土体，使之不致坍塌，因而，它们经常承受着土体的侧压力，简称为土压力作用。保证这些结构物的经济合理，最关键的是计算土压力，其中，包括土压力的大小、方向、合力作用点与土压力的分布规律等。

支挡结构物所承受的土压力，与填料的性质、含水量、填土的过程、墙顶面土体形状、顶部车辆荷载外荷载、墙的高度、墙背的倾斜度、墙背形状、粗糙度、墙和地基的刚度等因素有关。目前,想要充分考虑上述因素来计算土压力,还不可能。现有的计算方法都是基于各种不同的假定和简化而求得的。

挡土墙的位移对所承受的土压力有很重大的影响,根据墙的移动情况和墙后土体所处的应力状态,土压力可分为主动土压力、被动土压力和静止土压力。

1. 挡土墙受力分析

挡土墙设计关键是确定作用于挡土墙上的力系,其中主要是确定土压力。作用在挡土墙上的力系,按照力的作用性质分为主要力系、附加力和特殊力。主要力系是经常作用于挡土墙的各种力,如图 5-36 所示,它包括:

(1)挡土墙自重 G 及位于墙上的恒载;
(2)墙后土体的主动土压力 E_a(包括作用在墙后填料破裂棱体上的荷载,简称超载);
(3)基底的法向反力 N 及摩擦力 T;
(4)墙前土体的被动土压力 E_p。

对浸水挡土墙而言,在主要力系中还应包括常水位时的静水压力和浮力。

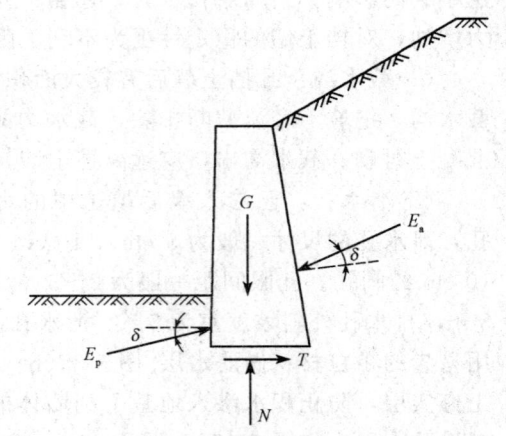

图 5-36 作用在挡土墙上的主要力系

附加力是季节性作用于挡土墙的各种力,如洪水时的静水压力和浮力、动力压力、波浪冲击力、冻胀压力及冰压力等。特殊力是偶然出现的力,如地震力、施工荷载、水流漂浮物的撞击力等。

在一般地区,挡土墙设计仅考虑主要力系,在浸水地区还应考虑附加力,而在地震区应考虑地震对挡土墙的影响。各种力的取舍应根据挡土墙所处的具体工作条件,按照最不利的组合作为设计的依据。

2. 库仑主动土压力计算

(1)一般条件下库仑主动土压力计算。土压力是挡土墙的主要设计荷载。挡土墙的位移情况不同,可以形成不同性质的土压力(图 5-37)。当挡土墙向外移动时(位移或倾覆),土压力随之减少,直到墙后土体沿破裂面下滑而处于极限平衡状态,作用于墙背的土压力称为主动土压力;当墙向土体挤压移动,土压力随之增大,土体被推移向上滑动处于极限平衡状态,此时土体对墙的抗力称为被动土压力;墙处于原来位置不动,土压力介于两者之间称为静止土压力。采用何种性质的土压力作为挡土墙设计荷载,要根据挡土墙的具体条件而定。

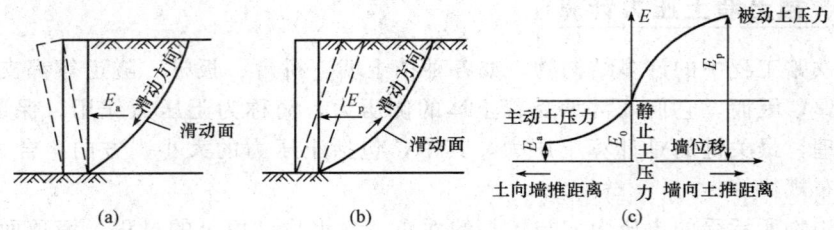

图 5-37 三种不同性质的土压力

路基挡土墙一般都可能有向外的位移或倾覆,因此,在设计中按墙背土体达到主动极限平衡状态,且设计时取一定的安全系数,以保证墙背土体的稳定。对于墙趾前土体的被动土压力 E_p,在挡土墙基础一般埋深的情况下,考虑到各种自然力和人畜活动的作用,一般均不计,有利于安全。

(2)各种边界条件下主动土压力计算。路基挡土墙因路基形式和荷载分布的不同,土压力有多种计算图式。以路堤挡土墙为例,按照破裂面交于路基面的位置不同,可以分为五种图式:即破裂面交于内边坡,破裂面交于荷载的内侧、中部和外侧,以及破裂面交于外边坡。现分述如下:

1)破裂面交于内边坡。这一图式(图5-38)适用于路堤式或路堑式挡土墙。图5-38中为挡土墙墙背,BC为破裂面,BC与铅垂线的夹角θ为破裂角,ABC为破裂棱体。棱体上作用着三个力,即破裂棱体自重G、主动土的反力E_a和破裂面上的反力R。E_a的方向与墙背法线成δ角,且偏于阻止棱体下滑的方向;R的方向与破裂面法线成φ角,且偏于阻止棱体下滑的方向。取挡土墙长度为1 m计算,作用于棱体上的平衡力三角形abc可得:

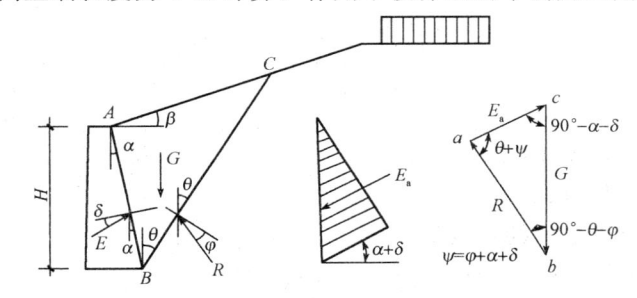

图 5-38 破裂面交于内边坡

$$E_a = [\sin(90°-\theta-\varphi)] \times G/\sin(\theta+\psi) = \cos(\theta+\varphi) \times G/\sin(\theta+\psi) \quad (5\text{-}25)$$

式中:
$$\psi = \varphi + \alpha + \delta$$

因
$$G = [\gamma \overline{AB} \cdot \overline{BC} \sin(\alpha+\beta)]/2$$

而
$$AB = H\sec\alpha$$
$$BC = \sin(90°-\alpha+\beta) \times AB/\sin(90°-\theta-\beta) = H\sec\alpha\cos(\alpha-\beta)/\cos(\theta+\beta)$$
$$G = \frac{1}{2}\gamma H^2 \sec^2\alpha \cos(\alpha-\beta)\sin(\alpha+\theta)/\cos(\theta+\beta) \quad (5\text{-}26)$$

将式(5-26)代入式(5-25),得:

$$E_a = \frac{1}{2}\gamma H^2 \sec^2\alpha \frac{\cos(\alpha-\beta)\sin(\alpha+\theta)}{\cos(\theta+\beta)} \cdot \frac{\cos(\theta+\varphi)}{\sin(\theta+\psi)} \quad (5\text{-}27)$$

令 $A = \frac{1}{2}H^2\sec^2\alpha\cos(\alpha-\beta)$,则:

$$E_a = \gamma A\cos(\theta+\varphi)\sin(\alpha+\theta)/[\cos(\theta+\beta)\sin(\theta+\psi)] \quad (5\text{-}28)$$

当参数γ、φ、δ、α、β固定时,E_a随破裂面的位置而变化,即E_a是破裂角θ的函数。为求最大土压力E_a,首先要求对应最大土压力的破裂角θ。取$\dfrac{dE_a}{d\theta}$,得:

$$\gamma A\left[\frac{\cos(\theta+\varphi)}{\sin(\theta+\psi)}\times\frac{\cos(\theta+\beta)\cos(\theta+\alpha)+\sin(\theta+\beta)\sin(\theta+\alpha)}{\cos^2(\theta+\beta)}-\right.$$
$$\left.\frac{\sin(\theta+\alpha)}{\cos(\theta+\beta)}\times\frac{\sin(\theta+\psi)\sin(\theta+\varphi)+\cos(\theta+\psi)\cos(\theta+\varphi)}{\sin^2(\theta+\psi)}=0\right]$$

简化整理得：
$$P\tan^2\theta+Q\tan\theta+R=0$$
$$\tan\theta=\frac{-Q\pm\sqrt{Q^2-4PR}}{2P} \tag{5-29}$$

式中
$$P=\cos\alpha\sin\beta\cos(\psi-\varphi)-\sin\varphi\cos\psi\cos(\alpha-\beta)$$
$$Q=\cos(\alpha-\beta)\cos(\psi+\varphi)-\cos(\psi-\varphi)\cos(\alpha+\delta)$$
$$R=\cos\varphi\sin\psi\cos(\alpha-\beta)-\sin\cos(\psi-\varphi)\cos\beta$$

将式(5-29)求得的 θ 值代入式(5-28)，即可求得最大主动土压力 E_a 值。最大主动土压力 E_a 也可用式(5-30)表示：

$$E_a=\frac{1}{2}\gamma H^2 K_a=\frac{1}{2}\gamma H^2\frac{\cos^2(\varphi-\alpha)}{\cos^2\alpha\cos(\alpha+\delta)\left[1+\sqrt{\frac{\sin(\varphi+\delta)\sin(\varphi-\beta)}{\cos(\alpha+\delta)\cos(\alpha-\beta)}}\right]^2} \tag{5-30}$$

式中　γ——墙后填土的重度(kN/m^3)；
　　　φ——填土的内摩擦角(°)；
　　　δ——墙背与填土之间的摩擦角(°)；
　　　α——墙背倾斜角，俯斜墙角 α 为正，仰斜墙角 α 为负(°)；
　　　β——墙后填土表面的倾斜角(°)；
　　　H——挡土墙高度(m)；
　　　K_a——主动土压力系数。

土压力的水平和垂直分力为
$$\begin{cases}E_x=E_a\cos(\alpha+\delta)\\ E_y=E_a\sin(\alpha+\delta)\end{cases} \tag{5-31}$$

2)破裂角交于路基面。

①破裂角交于荷载中部，如图5-39(a)所示。

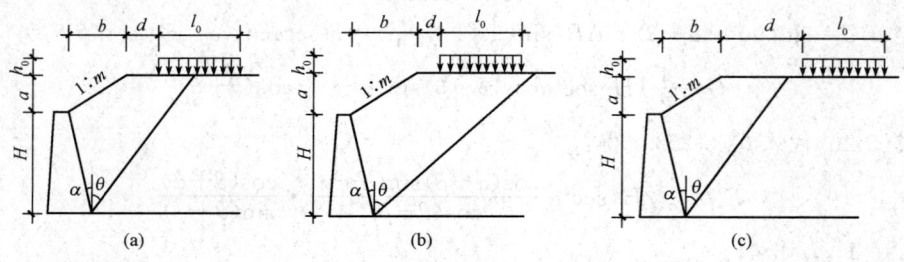

图 5-39　破裂面交于路基面

(a)交于荷载中部；(b)交于荷载外侧；(c)交于荷载内侧

破裂棱体的断面面积 S 为：

$$S = \frac{1}{2}(a+H)^2(\tan\theta + \tan\alpha) - \frac{1}{2}(b+a\tan\alpha)a + [(a+H)\tan\theta + H\tan\alpha - b - d]h_0$$

$$= \frac{1}{2}(a+H+2h_0)(a+H)\tan\theta - \frac{1}{2}ab - (b+d)h_0 + \frac{1}{2}H(H+2a+2h_0)\tan\alpha$$

令

$$A_0 = \frac{1}{2}(a+H+2h_0)(a+H)$$

$$B_0 = \frac{1}{2}ab + (b+d)h_0 - \frac{1}{2}H(H+2a+2h_0)\tan\alpha \tag{5-32}$$

则

$$S = A_0 \tan\theta - B_0$$

因此，破裂棱体的重量为：

$$G = \gamma(A_0 \tan\theta - B_0)$$

将 G 代入式(5-25)得：

$$E_a = \gamma(A_0 \tan\theta - B_0)\frac{\cos(\theta+\varphi)}{\sin(\theta+\psi)} \tag{5-33}$$

令 $\dfrac{dE_a}{d\theta} = 0$，即：

$$\gamma\left[(A_0\tan\theta - B_0)\frac{-\sin(\theta+\psi)\sin(\theta+\varphi) - \cos(\theta+\psi)\cos(\theta+\varphi)}{\sin^2(\theta+\psi)} + \frac{A_0\cos(\theta+\varphi)}{\sin(\theta+\psi)\cos^2\theta}\right] = 0$$

经简化整理得：

$$\tan^2\theta + 2\tan\psi\tan\theta - \cot\varphi\tan\psi - \frac{B_0}{A_0}(\cot\varphi + \tan\psi) = 0$$

故

$$\tan\theta = -\tan\psi \pm \sqrt{(\cot\varphi + \tan\psi)\left(\frac{B_0}{A_0} + \tan\psi\right)} \tag{5-34}$$

将求得的值代入式(5-33)，即可求得主动土压力 E_a。

必须指出的是，式(5-33)和式(5-34)具有普遍意义。因为无论破裂面交于荷载中部、荷载的内侧或外侧，破裂棱体的断面面积 S 都可以归纳为一个表达式，即：

$$S = A_0\tan\theta - B_0 \tag{5-35}$$

式中　A_0，B_0——边界条件系数。将不同边界条件下的 A_0、B_0 代入式中，即可求得与之相应的破裂角和最大主动土压力。

②破裂面交于荷载外侧，如图 5-39(b)所示。

$$S = \frac{1}{2}(a+H)^2(\tan\theta + \tan\alpha) - \frac{1}{2}(b+a\tan\alpha)a + l_0 h_0$$

$$= \frac{1}{2}(a+H)^2\tan\theta + \frac{1}{2}H(H+2a)\tan\alpha - \frac{1}{2}ab + l_0 h_0$$

则

$$\begin{cases} S = A_0\tan\theta - B_0 \\ A_0 = \frac{1}{2}(a+H)^2 \\ B_0 = \frac{1}{2}ab - l_0h_0 - \frac{1}{2}H(H+2a)\tan\alpha \end{cases} \tag{5-36}$$

③破裂面交于荷载内侧,如图5-39(c)所示。

在式(5-32)或式(5-36)中,令 $h_0=0$,则:

$$\begin{cases} S = A_0\tan\theta - B_0 \\ A_0 = \frac{1}{2}(a+H)^2 \\ B_0 = \frac{1}{2}ab - \frac{1}{2}H(H+2a)\tan\alpha \end{cases} \tag{5-37}$$

3)破裂面交于外边坡(图5-40)。

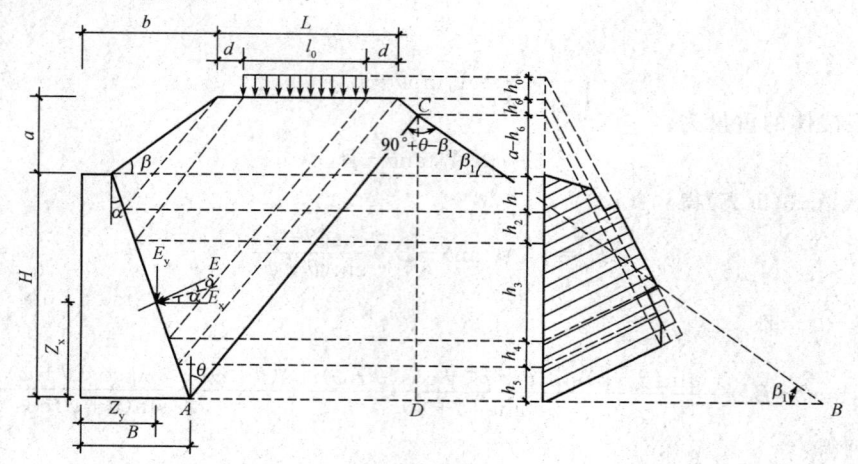

图5-40 破裂面交于外边坡

$$AB = b + L + (H+a)\cot\beta_1 - H\tan\alpha$$

$$BC = AB\frac{\sin(90°-\theta)}{\sin(90°+\theta-\beta_1)} = AB\frac{\cos\theta}{\cos(\theta-\beta_1)}$$

$$CD = BC\sin\beta_1 = AB\frac{\cos\theta\sin\beta_1}{\cos(\theta-\beta_1)}$$

△ABC 的面积为:

$$S_{\triangle ABC} = \frac{1}{2}AB \cdot CD = \frac{1}{2}[b+L+(H+a)\cot\beta_1 - H\tan\alpha]^2 \frac{\cos\theta\sin\beta_1}{\cos(\theta-\beta_1)}$$

破坏棱体的面积 S 为:

$$S = (H+a)(b+L) + (H+a)^2\cot\beta_1 - \frac{1}{2}ab - \frac{1}{2}H^2\tan\alpha + l_0h_0 -$$

$$\frac{1}{2}[b+L+(H+a)\cos\beta_1 - H\tan\alpha]^2 \frac{\cos\theta\sin\beta_1}{\cos(\theta-\beta_1)}$$

$$= -\frac{1}{2}[b+L+(H+a)\cot\beta_1 - H\tan\alpha]^2 \frac{\cos\theta\sin\beta_1}{\cos(\theta-\beta_1)} +$$

$$\frac{1}{2}\{(H+a)[2(b+L)+(H+a)\cot\beta_1] - ab - H^2\tan\alpha\} + l_0h_0$$

令

$$A_0 = -\frac{1}{2}[b+L+(H+a)\cot\beta_1 - H\tan\alpha]^2\sin\beta_1$$

$$B_0 = \frac{1}{2}\{(H+a)[2(b+L)+(H+a)\cot\beta_1] - ab - H^2\tan\alpha\} + l_0 h_0$$

则

$$S = A_0 \frac{\cos\theta}{\cos(\theta-\beta_1)} + B_0$$

$$G = \gamma S = \gamma\left[A_0 \frac{\cos\theta}{\cos(\theta-\beta_1)} + B_0\right]$$

代入式(5-25)得：

$$E_a = \gamma\left[A_0 \frac{\cos\theta}{\cos(\theta-\beta_1)} + B_0\right]\frac{\cos(\theta+\varphi)}{\sin(\theta+\varphi)} \tag{5-38}$$

令 $\dfrac{dE_a}{d\theta} = 0$，则

$$\gamma\left\{\left[A_0 \frac{\cos\theta}{\cos(\theta-\beta_1)} + B_0\right]\frac{-\sin(\theta+\psi)\sin(\theta+\varphi) - \cos(\theta+\psi)\cos(\theta+\varphi)}{\sin^2(\theta+\psi)} + \right.$$

$$\left. A_0 \frac{\cos(\theta+\varphi)}{\sin(\theta+\psi)} \cdot \frac{-\cos(\theta-\beta_1)\sin\theta + \sin(\theta-\beta_1)\cos\theta}{\cos^2(\theta-\beta_1)}\right\} = 0$$

经整理简化得

$$P\tan^2\theta + Q\tan\theta + R = 0$$

$$\tan\theta = \frac{-Q \pm \sqrt{Q^2 - 4PR}}{2P} \tag{5-39}$$

式中

$$P = -A_0 \sin\beta_1 \sin\varphi\cos\psi + B_0 \cos(\psi-\varphi)\sin^2\beta_1$$

$$Q = 2A_0 \sin\beta_1 \cos\varphi\cos\psi + B_0 \cos(\psi-\varphi)\sin^2\beta_1$$

$$R = \cos\beta_1 \cos(\psi-\varphi)(A_0 + B_0 \cos\beta_1) + A_0 \sin^2\beta_1 \cos\varphi\sin\psi$$

以上是路堤挡土墙俯斜墙背的几种计算图式，荷载在行车道上布置。这些计算式也可以用于其他类型的挡土墙：

①当为路肩墙时，式中 $a=b=0$。

②对于俯斜墙背，a 取正值；垂直墙背，a 为零；仰斜墙背，a 为负值。

③当荷载沿路肩边缘布置时，取 $d=0$。

计算挡土墙压力 E_a，首先要确定产生最大土压力的破裂面，求出破裂角 θ，但是事先不知道，需要进行试算。试算时，通常先假定破裂面位置通过荷载中心，按此图式及相应的计算公式算出角 θ，与原假定的破裂面位置作比较，看二者是否相符。如与假定不符，则应根据计算的角 θ 重新假定破裂面，重复以上计算，直到相符为止，最后根据此破裂角计算最大主动土压力。

(3)大俯角墙背的主动土压力——第二破裂面法。

在挡土墙设计中，往往会遇到墙背俯斜很缓，即墙背倾角 α 很大的情况，如折线形挡土墙的上墙墙背、衡重式挡土墙上墙的假想墙背，如图 5-41 所示。当墙后土体达到主动极限平衡状态时，破裂棱体并不沿墙背或假想墙背 CA 滑动，而是沿着土体的另一破裂面 CD 滑动，CD 称为第二破裂面，而远离墙的破裂面 CF 称为第一破裂面，α_i 和 θ_i 为相应的破裂角。这时，挡土墙承受着第二破裂土压力 E_a，E_a 是 α_i 和 θ_i 的函数。因 E_x 是 E_a 的水平分力，故可以列出以下函数关系：

$$E_x = f(a_i, \theta_i) \tag{5-40}$$

为了确定最不利的破裂角 α_i 和 θ_i 相应的主动土压力值，可以求解下列偏微分方程组：

$$\begin{cases} \dfrac{\partial E_x}{\partial \alpha_i} = 0 \\ \dfrac{\partial E_x}{\partial \theta_i} = 0 \end{cases} \tag{5-41}$$

并满足下列条件：

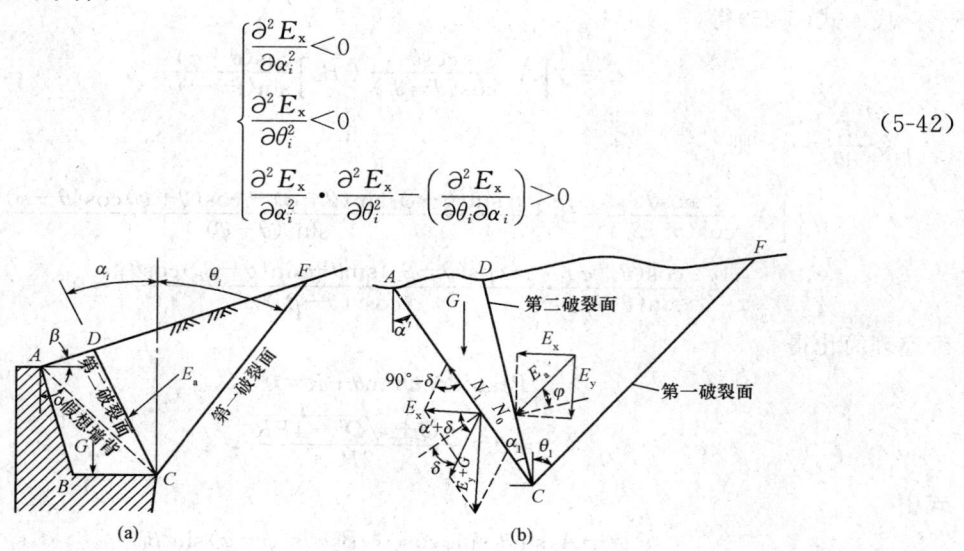

$$\begin{cases} \dfrac{\partial^2 E_x}{\partial \alpha_i^2} < 0 \\ \dfrac{\partial^2 E_x}{\partial \theta_i^2} < 0 \\ \dfrac{\partial^2 E_x}{\partial \alpha_i^2} \cdot \dfrac{\partial^2 E_x}{\partial \theta_i^2} - \left(\dfrac{\partial^2 E_x}{\partial \theta_i \partial \alpha_i}\right) > 0 \end{cases} \tag{5-42}$$

图 5-41　出现第二破裂面的条件

出现第二破裂面的条件如下：

1) 墙背或假想墙背的倾角 α' 必须大于第二破裂面的倾角 α_i，即墙背或假想墙背不妨碍第二破裂面的出现。

2) 在墙背或假想墙背面上产生的抗滑力必须大于其下滑力，即 $N_R > N_G$，或 $E_x \tan(\alpha' + \delta) > E_y + G$，使破裂棱体不会沿墙背或假想墙背下滑。

第二条件的又一表达方式为：作用于墙背或假想墙背上的土压力对墙背法线的倾角 δ' 应小于或等于墙背摩擦角 δ。

一般俯斜式挡土墙为避免土压力过大，很少采用平缓背坡，故不易出现第二破裂面。衡重式的土墙或悬臂式墙，由于是假想墙背，$\delta = \varphi$，只要满足第一个条件，即出现第二破裂面。设计时，应首先判别是否出现第二破裂面，然后再用相应的公式计算土压力。

现以衡重式路堤墙墙后土体第一破裂交于荷载内，第二破裂交于边坡的情况为例（图 5-42）说明公式的推导过程。

根据边界条件，计算破裂棱体（包括棱体上的荷载）的重量 G。自衡重台后缘 O 点作边坡线的垂线 OB_0，设其长度为 h''，则：

$$h'' = H_1 \sec\alpha \cos(\alpha - \beta) = (m+n) H_1 \sin\beta$$

$$f = H_0 \cot\beta - \dfrac{h''}{\sin\beta}$$

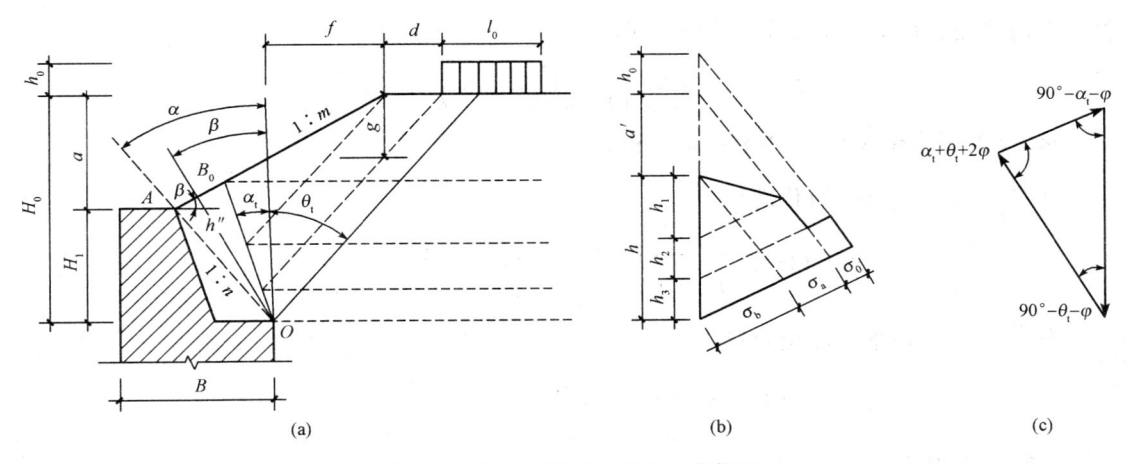

图 5-42 第二破裂面土压力公式推导

$$g = H_0 - \frac{h''}{\cos\beta}$$

$$G = \frac{1}{2}\gamma h''^2 \left[\tan(\alpha_i - \beta) + \frac{H_0^2}{h''^2}(1 + \frac{2h_0}{H_0})\tan\theta - \frac{fg + 2(f+d)h_0}{h''^2}\right] \tag{5-43}$$

将包含变量 α_i 和 β 的两函数表示为：

$$\begin{cases} x = \tan(\alpha_i - \beta) \\ y = \tan\theta_i \end{cases}$$

将各常数项表示为：

$$a = \tan(\alpha + \beta)$$

$$A = \frac{1}{2}\gamma h''^2$$

$$c = \frac{H_0^2}{h''^2}(1 + \frac{2h_0^2}{H_0})$$

$$s = \tan\beta - \frac{fg + 2(f+d)h_0}{h''^2}$$

则

$$G = A(x + cy + s) \tag{5-44}$$

从力三角形求 E_x 的方程式：

$$E_a = G \cdot \frac{\cos(\theta_i + \varphi)}{\sin[(\alpha_i + \varphi) + (\theta_i + \varphi)]}$$

$$E_x = E_a \cos(\alpha_i + \varphi) = \frac{G}{\tan(\alpha_i + \varphi) + \tan(\theta_i + \varphi)} \tag{5-45}$$

令 $b = \tan\varphi$，因

$$\tan(\alpha_i + \varphi) = \tan[(\alpha_i - \varphi) + (\varphi + \beta)] = \frac{x + a}{1 - ax}$$

$$\tan(\theta_i + \varphi) = \frac{y + b}{1 - by}$$

将以上两式及式(5-44)代入式(5-45)，则：

$$E_x = A\frac{(x+cy+s)(1-ax)(1-by)}{(x+a)(1-by)+(y+b)(1-ax)} \tag{5-46}$$

求 E_x 的最大值及相应的破裂角 α_i 和 θ_i。

令 $\dfrac{\partial E_x}{\partial x}=0$，经整理简化后得：

$$\frac{(x+a)(1-by)+(y+b)(1-ax)}{x+cy+s}=\frac{(1-by)(1+a^2)}{1-ax} \qquad [5-47(a)]$$

令 $\dfrac{\partial E_x}{\partial y}=0$，经整理简化后得：

$$\frac{(x+a)(1-by)+(y+b)(1-ax)}{x+cy+s}=\frac{(1-ax)(1+b^2)}{c(1-by)} \qquad [5-47(b)]$$

解联立方程式[5-47(a)]，式[5-47(b)]，得：

$$\frac{1-ax}{1-by}=\pm\sqrt{\frac{c(1+a^2)}{1+b^2}}=\pm e \qquad [5-47(c)]$$

式[5-47(c)]中的 e 取正号还是负号，要根据 E_x 出现最大值，即按照式(5-42)的二阶偏微商而定。计算结果为 e 取正号，则式[5-47(c)]可写成：

$$x=\frac{1-e(1-by)}{a} \qquad [5-47(d)]$$

代入式[5-47(a)]，经整理简化得：

$$y^2+2\left[\frac{1+a^2}{e(a+b)}-\frac{1-ab}{a+b}\right]y+\frac{1-ab}{b(a+b)}+\frac{1+a^2}{be^2(a+b)}(1+ax-2e)=0 \qquad [5-47(e)]$$

式[5-47(e)]为 $y=\tan\theta_i$ 的一元二次方程，求解得：

$$\tan\theta_i = -Q \pm \sqrt{Q^2-R} \tag{5-48}$$

式中

$$Q=\frac{1}{\sqrt{1+\dfrac{2h_0}{H_0}}}\csc(2\varphi+\beta)\frac{h''}{H_0}-\cot(2\varphi+\beta)$$

$$R=\cot\varphi\cot(2\varphi+\beta)+\frac{1}{1+\dfrac{2h_0}{H_0}}\cdot\frac{\cos(\varphi+\beta)}{\sin\alpha\sin(2\varphi+\beta)}\left\{\frac{h''^2}{H_0^2}+\right.$$

$$\tan(\alpha+\beta)\left[\frac{2}{\sin\beta}\cdot\frac{h''}{H_0}-\cot\left(1+\frac{h''^2}{H_0^2}\right)\right]-$$

$$\left.\frac{2h_0}{H_0}\left(\cot\beta-\frac{1}{\sin\beta}\cdot\frac{h''}{H_0}+\frac{d}{H_0}\right)\right]-\frac{2h''}{H_0}\sqrt{1+\frac{2h_0''}{H_0}}\cdot\frac{\cos\alpha}{\cos(\alpha+\beta)}\right\}$$

式(5-48)中 $\tan\theta_i$ 可得两个根，有效根可取其正值较小的一个，将求得的第一破裂角 θ_i 代入式[5-47(c)]，其中 $x=\tan(\alpha_i-\beta)$，可得：

$$\tan(\alpha_i-\beta)=\cot(\alpha+\beta)-\frac{\cos\varphi}{\sin(\alpha+\beta)}\cdot\frac{H_0}{h''}\sqrt{1+\frac{2h_0}{H_0}}\cdot(1-\tan\varphi\tan\theta_i)$$

由式(5-46)和式[5-47(a)]或式[5-47(b)]可得：

$$E_x=\frac{A(1-ax)^2}{1+a^2}=\frac{1}{2}\gamma h''^2\left[1-\tan(\varphi+\beta)\tan(\alpha-\beta)\right]^2\cos(\varphi+\beta)$$

或

$$E_x = \frac{Ac(1-by)^2}{1+b^2} = \frac{1}{2}\gamma H_0^2 \left(1 + \frac{2h_0}{H_0}\right)(1-\tan\varphi\tan\theta)^2\cos^2\varphi$$

$$E_y = E_x \tan(\alpha_i + \varphi)$$

$$E_a = E_x \sec(\alpha_i + \varphi) \tag{5-49}$$

求主动土压力 E_a 的作用点，绘制土压应力分布图，如图 5-42(b)所示，图中：

$$h = h'' \sec(\beta + \varphi)\cos\alpha_i$$

$$a' = H_0 - h$$

$$b' = a'\cot\beta$$

$$h_1 = \frac{b' - a'\tan\theta_i}{\tan\alpha_i + \tan\beta_i}$$

$$h_2 = \frac{d}{\tan\alpha_i + \tan\beta_i}$$

$$h_3 = h - h_1 - h_2$$

$$\sigma_0 = \gamma h_0 K_a$$

$$\sigma_a = \gamma a' K_a$$

$$\sigma_h = \gamma h K_a$$

$$Z_a = \frac{\int_0^h \sigma y\, dy}{\int_0^h \sigma\, dy} = \frac{h^3 + a'(3h^2 - 3h_1 h + h_1^2) + 3h_0 h_3^2}{3h^2 + 2a'h - a'h_1 + 2h_0 h_3}$$

$$Z_y = B - Z_x \tan\alpha_i$$

各种边界条件土压力计算见表 5-11～表 5-13。

3. 车辆荷载换算及计算参数

(1)车辆荷载换算。作用于墙后破裂棱体上的车辆荷载，使土体中出现附加的竖直应力，从而产生附加的侧向压力。考虑这种影响，可将车辆荷载近似地按均布荷载考虑，换算成重度与墙后填料相同的均布土层。

1)按照墙高确定的附加荷载强度进行换算。在挡土墙设计中，换算均布土层厚度 h_0，可以直接由挡土墙高度所确定的荷载强度计算(图 5-43)：

$$h_0 = \frac{q}{\gamma} \tag{5-50(a)}$$

式中 h_0——土层厚度(m)；

q——附加荷载强度，按照表 5-14 取用(kN/m²)；

γ——墙背填入土的重度(kN/m³)。

表 5-11 主动土压力计算公式

编号	类型	计算图式及土压应力分布图形	计算公式
1	路堑墙或路堤墙后填土表面为平面，无荷载		破裂角：$\tan\theta = \sqrt{\dfrac{\tan(\varphi-\beta)[\tan(\varphi-\beta)+\cot(\varphi-\alpha)][1+\tan(\varphi-\delta)\cot(\varphi-\alpha)]}{1+\tan(\varphi-\beta)+\cot(\varphi+\delta)}} - \tan(\varphi-\beta)$ 主动土压力：$E = \dfrac{1}{2}\gamma H^2 K$，$E_x = E\cos(\alpha+\delta)$，$E_y = E\sin(\alpha+\delta)$ 主动土压力系数：$K = \dfrac{\cos^2(\varphi-\alpha)}{\cos^2\alpha\cos(\alpha+\delta)\left[1+\sqrt{\dfrac{\sin(\varphi+\delta)\sin(\varphi-\beta)}{\cos(\alpha+\delta)\cos(\alpha-\beta)}}\right]^2}$ 土压力作用点：$Z_y = \dfrac{1}{3}H$，$Z_x = B - Z_y\tan\alpha$
2	墙后填土表面为折面，破裂面交于路肩		$\tan\theta = -\tan\psi \pm \sqrt{(\cot\varphi+\tan\psi)(\tan\psi+A)}$，$\psi = \varphi + \alpha + \delta$，$A = ab - \dfrac{H(H+2a)\tan\alpha}{(H+\alpha)^2}$ $E = \dfrac{1}{2}\gamma H^2 KK_1$，$E_x = E\cos(\alpha+\delta)$，$E_y = E\sin(\alpha+\delta)$ $K = \dfrac{\cos(\theta+\varphi)}{\sin(\theta+\varphi)}(\tan\theta+\tan\alpha)$，$K_1 = 1 + \dfrac{2a}{H}\left(1-\dfrac{h_3}{2H}\right)$ $h_3 = \dfrac{b-a\tan\alpha}{\tan\theta+\tan\alpha}$，$Z_y = \dfrac{H}{3} + \dfrac{\alpha(H-h_3)^2}{3H^2K_1}$，$Z_x = B - Z_y\tan\alpha$

续表

编号	类型	计算图式及土压应力分布图形	计算公式
3	墙后填土表面为折面,破裂面交于荷载内		$\tan\theta = -\tan\psi \pm \sqrt{(\cot\varphi + \tan\psi)(\tan\psi + A)}$, $\psi = \varphi + \alpha + \delta$ $A = \dfrac{ab + 2h_0(b+d) - H(H+2a+2h_0)\tan\alpha}{(H+a)(H+a+2h_0)}$ $E = \dfrac{1}{2}\gamma H^2 K K_1$, $E_x = E\cos(\alpha+\delta)$, $E_y = E\sin(\alpha+\delta)$ $K = \dfrac{\cos(\theta+\varphi)}{\sin(\theta+\psi)}(\tan\theta+\tan\alpha)$, $K_1 = 1 + \dfrac{2a}{H}\left(1-\dfrac{h_3}{2H}\right) + \dfrac{2h_0 h_4}{H^2}$ $h_1 = \dfrac{d}{\tan\theta + \tan\alpha}$, $h_3 = \dfrac{b - a\tan\theta}{\tan\theta + \tan\alpha}$, $h_4 = H - h_1 - h_3$ $Z_y = \dfrac{H}{3} + \dfrac{a(H-h_3)^2 + h_0 h_4(3h_4 - 2H)}{3H^2 K_1}$, $Z_x = B - Z_y\tan\alpha$
4	墙后填土表面为折面,破裂面交于荷载外		$\tan\theta = -\tan\psi \pm \sqrt{(\cot\varphi + \tan\psi)(\tan\psi + A)}$, $\psi = \varphi + \alpha + \delta$ $A = \dfrac{ab - 2b_0 h_0 - H(H+2a)\tan\alpha}{(H+a)^2}$ $E = \dfrac{1}{2}\gamma H^2 K K_1$, $E_x = E\cos(\alpha+\delta)$, $E_y = E\sin(\alpha+\delta)$ $K = \dfrac{\cos(\theta+\varphi)}{\sin(\theta+\psi)}(\tan\theta+\tan\alpha)$, $K_1 = 1 + \dfrac{2a}{H}\left(1-\dfrac{h_3}{2H}\right) + \dfrac{2h_0 h_2}{H^2}$ $h_1 = \dfrac{d}{\tan\theta + \tan\alpha}$, $h_2 = \dfrac{b_0}{\tan\theta + \tan\alpha}$, $h_3 = \dfrac{b - a\tan\theta}{\tan\theta + \tan\alpha}$, $h_4 = H - h_1 - h_2 - h_3$ $Z_y = \dfrac{H}{3} + \dfrac{a(H-h_3)^2 + h_0 h_2(3h_2 + 6h_4 - 2H)}{3H^2 K_1}$, $Z_x = B - Z_y\tan\alpha$

注:1. 在第2、3、4三种情况中取 $a = 0$,可得路肩墙的计算公式。
2. 应用本表各公式时,仰斜墙背、α 取负值;俯斜墙背、α 取正值;垂直墙背,$\alpha = 0$。
3. 破裂角公式中的 $\pm\sqrt{(\cot\varphi + \tan\psi)(\tan\psi + A)}$ 项,$\psi < 90°$ 时,取正号;$\psi > 90°$ 时,取负号。

表 5-12 各种边界条件下出现第二破裂面时的主动土压力计算公式

编号	类型	计算图式及土压力分布图形	破裂角计算公式	主动土压力及土压力系数计算公式
1	路肩墙 破裂面交于荷载内		$\alpha_i = \theta_i = 45° - \dfrac{\varphi}{2}$	$E_1 = \dfrac{1}{2}\gamma H_1^2 K K_1$, $E_{1x} = E_1\cos(\alpha_i+\varphi)$, $E_{1y} = E\sin(\alpha_i+\varphi)$ $K = \dfrac{\tan^2\left(45°-\dfrac{\varphi}{2}\right)}{\tan\left(45°+\dfrac{\varphi}{2}\right)}$, $K_1 = 1+\dfrac{2h_0}{H_1}$, $Z_{1y} = \dfrac{H_1}{3}+\dfrac{h_0}{3K_1}$
2	路肩墙 第一破裂面交于荷载外边缘		$\tan\theta_i = \dfrac{b_0}{H_1} - \tan\alpha_i'$ $\tan\alpha_i = -\tan\psi \pm \sqrt{(\cot\psi+\tan\psi)(\tan\psi-\tan\theta_i)}$ $\psi = 2\varphi + \theta_i$	$E_1 = \dfrac{1}{2}\gamma H_1^2 K K_1$, $E_{1x} = E_1\cos(\alpha_i+\varphi)$ $E_{1y} = E_{1y}\sin(\alpha_i+\varphi)$, $K = \dfrac{\cos(\theta_i+\varphi)}{\sin(\theta_i+\alpha_i+2\varphi)}(\tan\theta_i+\tan\alpha_i)$ $K_1 = 1+\dfrac{2h_0}{H_1}$, $Z_{1y} = \dfrac{H_1}{3}+\dfrac{h_0}{3K_1}$
3	路肩墙 第一破裂面交于荷载外		$\tan\theta_i = -Q \pm \sqrt{Q^2-R}$ $Q = p\csc2\varphi - \cot2\varphi$ $p = \sqrt{\left(1+\dfrac{2h_0}{H_1}\right)}$ $R = \cot\varphi\cot\varphi + \dfrac{1}{2}\csc^2\varphi \cdot$ $\left[p^2 + \tan\varphi\left(\dfrac{2b_0h_0}{H_1^2} - \dfrac{2h_0}{H_1}\cot\alpha_i'\right) - 2p\right]$ $\tan\alpha_i = \left(1-\dfrac{1}{p}\right)\cot\varphi + \dfrac{\tan\theta_i}{p}$	$E_1 = \dfrac{1}{2}\gamma H_1^2 K K_1$, $E_{1x} = E_1\cos(\alpha_i+\varphi)$ $E_{1y} = E_{1y}\sin(\alpha_i+\varphi)$, $K = \dfrac{\cos(\theta_i+\varphi)}{\sin(\theta_i+\alpha_i+2\varphi)}(\tan\theta_i+\tan\alpha_i)$ $K_1 = 1+\dfrac{2h_0}{H_1} + \dfrac{b_0-H_1(\tan\alpha_i'-\tan\alpha_i)}{H_1^2}$ $Z_{1y} = \dfrac{H_1}{3} + \dfrac{h_0h_2(4H_1-3h_2)}{3H_1^2 K_1}$
4	路堤墙 路肩墙第一破裂面交于路基边坡		$\theta_i = \dfrac{1}{2}(90°-\varphi) + \dfrac{1}{2}(\varepsilon-\beta)$ $\alpha_i = \dfrac{1}{2}(90°-\varphi) - \dfrac{1}{2}(\varepsilon-\beta)$ $\varepsilon = \arcsin\dfrac{\sin\beta}{\sin\varphi}$	$E_1 = \dfrac{1}{2}\gamma H_1'^2 K K_1$, $E_{1x} = E_1\cos(\alpha_i+\varphi)$, $E_{1y} = E_{1y}\sin(\alpha_i+\varphi)$ $K = \dfrac{\cos^2(\varphi-\alpha_i)}{\cos^2\alpha_i\cos(\alpha_i+\varphi)\left[1+\sqrt{\dfrac{\sin2\varphi\sin(\varphi-\beta)}{\cos(\alpha_i+\varphi)\cos(\alpha_i-\beta)}}\right]}$ $H_1' = H_1\dfrac{1+\tan\alpha_i\tan\beta}{1+\tan\alpha_i\tan\beta}$, $Z_{1y} = \dfrac{1}{3}H_1'$

· 186 ·

续表

编号	类型	计算图式及土压力分布图形	破裂角计算公式	主动土压力及土压力系数计算公式
5	路堤墙第一破裂面交于路肩		$\tan\theta_i = -Q \pm \sqrt{Q^2 - R}$ $Q = \dfrac{h''}{H_0}\csc(2\varphi+\beta) - \cot(2\varphi+\beta)$ $R = \cot\varphi\cot(2\varphi+\beta) + \dfrac{h''^2\cos(\varphi+\beta)}{H_0^2\sin\varphi\sin(2\varphi+\beta)} \cdot$ $\left[1 + \dfrac{H_0^2}{h''^2}\tan(\varphi+\beta)\left(\dfrac{2h''}{H_0\sin\beta} - \cot\beta - \dfrac{h''^2}{H_0^2}\cot\beta\right) - \dfrac{2H_0\cos\varphi}{h''\cos(\varphi+\beta)}\right]$ $\tan(\alpha_i - \beta) = \cot(\varphi+\beta) - \dfrac{H_0\cos\varphi}{h''\cos(\varphi+\beta)}\cdot$ $(1 - \tan\varphi\tan\theta_i)$ $h'' = H_1\sin\beta(\cot\beta + \tan\alpha_i')$	$E_1 = \dfrac{1}{2}\gamma H_1'^2 KK_1,\ E_{1x}=E_1\cos(\alpha_i+\varphi),\ E_{1y}=E_1\sin(\alpha_i+\varphi)$ $K = \dfrac{\cos(\theta_i+\varphi)}{\sin(\theta_i+\alpha_i+2\varphi)}(\tan\theta_i+\tan\alpha_i)$ $K_1 = 1 + \dfrac{2a'}{H_1''}\left(1 - \dfrac{h_3}{2H_1''}\right)$ $H_1' = H_1\dfrac{1+\tan\alpha_i\tan\beta}{1+\tan\alpha_i\tan\beta_i},\ a' = H_0 - H_1'$ $b' = a'\cot\beta,\ h_3 = \dfrac{b' - a'\tan\theta_i}{\tan\alpha_i + \tan\alpha_i}$ $Z_{1y} = \dfrac{H_1'}{3} + \dfrac{a'^2(H_1'-h_3)^2}{3H_1'^2 K_1}$
6	路堤墙第一破裂面交于荷载内		$\tan\theta_i = -Q \pm \sqrt{Q^2 - R}$ $Q = \dfrac{h''}{pH_0}\csc(2\varphi+\beta) - \cot(2\varphi+\beta)$ $p = \sqrt{\left(1 + \dfrac{2h_0}{H_0}\right)}$ $R = \cot\varphi\cot(2\varphi+\beta) + \dfrac{h''^2\cos(\varphi+\beta)}{p^2 H_0^2\sin\varphi\sin(2\varphi+\beta)}\cdot$ $\left\{1 + \dfrac{H_0^2}{h''^2}\tan(\varphi+\beta)\left[\dfrac{2h''}{H_0\sin\beta} - \cot\beta - \dfrac{h''^2}{H_0^2}\cot\beta\right] - \dfrac{2h_0}{H_0}\right\}\cdot$ $\left(\cot\beta - \dfrac{h''}{H_0\sin\beta} + \dfrac{d}{H_0}\right) - \dfrac{2pH_0\cos\varphi}{h''\cos(\varphi+\beta)}$ $\tan(\alpha_i-\beta)=\cot(\varphi+\beta)-\dfrac{pH_0\cos\varphi}{h''\sin(\varphi+\beta)}\cdot$ $(1-\tan\varphi\tan\theta_i')$ $h'' = H_1\sin\beta(\cot\beta+\tan\alpha_i')$	$E_1=\dfrac{1}{2}\gamma H_1'^2 KK_1,\ E_{1x}=E_1\cos(\alpha_i+\varphi),\ E_{1y}=E_1\sin(\alpha_i+\varphi)$ $K=\dfrac{\cos(\theta_i+\varphi)}{\sin(\theta_i+\alpha_i+2\varphi)}(\tan\theta_i+\tan\alpha_i)$ $K_1=1+\dfrac{2a'}{H_1''}\left(1-\dfrac{h_3}{2H_1''}\right)+\dfrac{2h_0 h_4}{H_1'^2}$ $H_1'=H_1\dfrac{1+\tan\alpha_i\tan\beta}{1+\tan\alpha_i\tan\beta_i},\ a'=H_0-H_1'$ $b'=a'\cot\beta,\ h_3=\dfrac{b'-a'\tan\theta_i}{\tan\alpha_i+\tan\alpha_i}$ $h_1=\dfrac{d}{\tan\alpha_i+\tan\alpha_i},\ h_4=H_1'-h_3-h_1$ $Z_{1y}=\dfrac{H_1'}{3}+\dfrac{a'^2(H_1'-h_3)^2+h_0 h_4(3h_4-2H_1')}{3H_1'^2 K_1}$

续表

编号	类型	计算图式及土压力分布图形	破裂角计算公式	主动土压力及土压力系数计算公式
7	路堤墙第一破裂面交于荷载外缘		$\tan\theta_i$ 按几何尺寸求 $\tan(\alpha_i-\beta)=\tan\psi_1\pm$ $\left(\sqrt{\tan\psi_1\left[\tan\psi_1+\cot(\varphi+\beta)-\dfrac{H_0^2}{h''^2}\right]-p\dfrac{H_0^2}{h''^2}}\right)\cdot$ $\cot(\varphi+\beta)$ $p=\dfrac{h''}{H_0}\cdot\dfrac{1}{\sin\beta}-\dfrac{h''^2}{H_0^2}\cot\beta+\dfrac{2b_0h_0}{H_0^2}+\dfrac{d+b_0}{H_0}$ $\psi_1=2\varphi+\theta_i+\beta$ $h''=H_1\sin\beta(\cot\beta+\tan\alpha_i')$	$E_1=\dfrac{1}{2}\gamma H_1^2KK_1$, $E_{1x}=E_1\cos(\alpha_i+\varphi)$, $E_{1y}=E_1\sin(\alpha_i+\varphi)$ $K=\dfrac{\cos(\theta_i+\varphi)}{\sin(\theta_i+\alpha_i+2\varphi)}(\tan\theta_i+\tan\alpha_i)$ $K_1=1+\dfrac{2a'}{H_1'}\cdot\dfrac{1+\tan\alpha_i\tan\beta}{1+\tan\alpha_i\tan\beta}\cdot a'=H_0-H_1'$ $b'=a'\cot\beta, h_3=\dfrac{b'-a'\tan\theta_i}{\tan\theta_i+\tan\alpha_i}$ $h_2=\dfrac{b_0}{\tan\theta_i+\tan\alpha_i}$ $Z_{1y}=\dfrac{H_1'}{3}+\dfrac{a'(H_1'-h_3)^2+h_0h_2(3h_2-2H_1')}{3H_1'^2K_1}$
8	路堤墙第一破裂面交于荷载外		$\tan(\alpha_i-\beta)=-Q\pm\sqrt{Q^2-R}$ $Q=\dfrac{h''}{pH_0^2}\csc(2\varphi+\beta)-\cot(2\varphi+\beta)$ $R=\cot\varphi\cot(2\varphi+\beta)+\dfrac{h''^2\cos(\varphi+\beta)}{H\beta\sin\varphi\sin(2\varphi+\beta)}\cdot$ $\left[1+\dfrac{H_0^2}{h''^2}\tan(\varphi+\beta)\left(\dfrac{2h^2}{H_0\sin\beta}-\cot\beta-\dfrac{h''^2}{H_1'^2}\cot\beta+\dfrac{2b_0h_0}{H_0^2}\right)\right.$ $\left.-\dfrac{2H_0\cos\varphi}{h''\cos(\varphi+\beta)}\right]$ $\tan(\alpha_i-\beta)=\cot(\varphi+\beta)-\dfrac{H_0\cos\varphi}{h''\sin(\varphi+\beta)}\cdot$ $(1-\tan\varphi\tan\theta_i)$ $h''=H_1\sin\beta(\cot\beta+\tan\alpha_i')$	$E_1=\dfrac{1}{2}\gamma H_1^2KK_1$, $E_{1x}=E_1\cos(\alpha_i+\varphi)$, $E_{1y}=E_1\sin(\alpha_i+\varphi)$ $K=\dfrac{\cos(\theta_i+\varphi)}{\sin(\theta_i+\alpha_i+2\varphi)}(\tan\theta_i+\tan\alpha_i)$ $K_1=1+\dfrac{2a'}{H_1'}\cdot\dfrac{1+\tan\alpha_i\tan\beta}{1+\tan\alpha_i\tan\beta}\cdot a'=H_0-H_1'$ $b'=a'\cot\beta, h_3=\dfrac{b'-a'\tan\theta_i}{\tan\theta_i+\tan\alpha_i}$ $h_2=\dfrac{b_0}{\tan\theta_i+\tan\alpha_i}$ $h_1=\dfrac{d}{\tan\theta_i+\tan\alpha_i}, h_4=H_1'-h_1-h_2-h_3$ $Z_{1y}=\dfrac{H_1'}{3}+\dfrac{a'(H_1'-h_3)^2+h_0h_2(6h_4+3h_2-2H_1')}{3H_1'^2K_1}$

表 5-13 各种边界条件下折线形挡土墙墙下土压力计算公式

编号	类型	计算图式及土压应力分布图形	计算公式
1	路堤墙或路肩墙上墙第一破裂面交于路肩,下墙破裂面交于荷载内		破裂角:$\tan\theta_2 = -\tan\psi \pm \sqrt{(\cot\varphi + \tan\psi)(\tan\psi + A)}$, $\psi = \varphi + \alpha_2 + \delta_2$, $A = \dfrac{2d'h_0}{H_2(H_2 + 2H_0 + 2h_0)} - \tan\alpha_2$ 主动土压力:$E_2 = \dfrac{1}{2}\gamma H_2^2 K K_1$, $E_{2x} = E_2\cos(\alpha_2 + \delta_2)$, $E_{2y} = E_2\sin(\alpha_2 + \delta_2)$ 土压力系数:$K = \dfrac{\cos(\theta_2 + \varphi)}{\sin(\theta_2 + \psi)}(\tan\theta_2 + \tan\alpha_2)$, $K_1 = 1 + \dfrac{2H_0}{H_2} + \dfrac{2h_0 h_4}{H_2^2}$ $h_1 = \dfrac{d'}{\tan\theta_2 + \tan\alpha_2}$, $h_4 = H_2 - h_1$, $d' = b + d - H_1\tan\alpha'_1 - H_0\tan\theta_1$ 土压力作用点:$Z_{2y} = \dfrac{H_2}{3} + \dfrac{H_0}{3K_1} - \dfrac{h_0 h_4(2H_2 - 3h_4)}{3H_2^2 K_1}$, $Z_{2x} = B - Z_{2y}\tan\alpha_2$
2	路堤墙或路肩墙上墙第一破裂面交于路肩,下墙破裂面交于荷载外		$\tan\theta_2 = -\tan\psi \pm \sqrt{(\cot\varphi + \tan\psi)(\tan\psi + A)}$, $\psi = \varphi + \alpha_2 + \delta_2$, $A = \dfrac{2d'h_0}{H_2(H_2 + 2H_0)} - \tan\alpha_2$ $E_2 = \dfrac{1}{2}\gamma H_2^2 K K_1$, $E_{2x} = E_2\cos(\alpha_2 + \delta_2)$, $E_{2y} = E_2\sin(\alpha_2 + \delta_2)$, $K_1 = 1 + \dfrac{2H_0}{H_2} + \dfrac{2h_0 h_2}{H_2^2}$ $K = \dfrac{\cos(\theta_2 + \varphi)}{\sin(\theta_2 + \psi)}(\tan\theta_2 + \tan\alpha_2)$, $h_2 = \dfrac{b_0}{\tan\theta_2 + \tan\alpha_2}$, $d' = b + d - H_1\tan\alpha'_1 - H_0\tan\theta_1$ $h_1 = \dfrac{d'}{\tan\theta_2 + \tan\alpha_2}$ $Z_{2y} = \dfrac{H_2}{3} + \dfrac{H_0}{3K_1} - \dfrac{h_0 h_2(6h_1 + 3h_2 - 4H_2)}{3H_2^2 K_1}$, $Z_{2x} = B - Z_{2y}\tan\alpha_2$

· 189 ·

续表

编号	类型	计算图式及土压应力分布图形	计算公式
3	路堤墙或路肩墙,上墙第一破裂面交于荷载内,下墙破裂面交于荷载内		$\tan\theta_2 = -\tan\psi \pm \sqrt{(\cot\varphi + \tan\psi)(\tan\psi + A)}$, $\psi = \varphi + \alpha_2 + \delta_2$, $A = -\tan\alpha_2$ $E_2 = \frac{1}{2}\gamma H_2^2 KK_1$, $E_{2x} = E_2\cos(\alpha_2+\delta_2)$, $E_{2y} = E_2\sin(\alpha_2+\delta_2)$ $K = \frac{\cos(\theta_2+\varphi)}{\sin(\theta_2+\psi)}(\tan\theta_2+\tan\alpha_2)$ $K_1 = 1 + \frac{2H_0}{H_2} + \frac{2h_0 h_2}{H_2^2}$ $Z_{2y} = \frac{H_2}{3} + \frac{H_0 + h_0}{3K_1}$, $Z_{2x} = B - Z_{2y}\tan\alpha_2$
4	路堤墙或路肩墙,上墙第一破裂面交于荷载内,下墙破裂面交于荷载外		$\tan\theta_2 = -\tan\psi \pm \sqrt{(\cot\varphi+\tan\psi)(\tan\psi+A)}$, $\psi = \varphi + \alpha_2 + \delta_2$ $A = -\frac{2b_0' h_0}{H_2(H_2+2H_0)} - \tan\alpha_2$ $b_0' = b_0 + d + b - H_1\tan\alpha_1' - H_0\tan\theta_1$ $E_2 = \frac{1}{2}\gamma H_2^2 KK_1$, $E_{2x} = E_2\cos(\alpha_2+\delta_2)$, $E_{2y} = E_2\sin(\alpha_2+\delta_2)$ $K = \frac{\cos(\theta_2+\varphi)}{\sin(\theta_2+\psi)}(\tan\theta_2+\tan\alpha_2)$, $h_2 = \frac{b_0'}{\tan\theta_2 + \tan\alpha_2}$ $K_1 = 1 + \frac{2H_0}{H_2} + \frac{2h_0 h_2}{H_2^2}$, $\frac{h_0 h_2 (3h_2 - 4H_2)}{3H_2^2 K_1}$ $Z_{2y} = \frac{H_2}{3} + \frac{H_1}{3K_1}$, $Z_{2x} = B - Z_{2y}\tan\alpha_2$

续表

编号	类型	计算图式及土压应力分布图形	计算公式
5	路堤墙或路堑墙上、下墙破裂面均交于边坡	(图)	$\tan\varepsilon = \sqrt{\tan(\varphi-\beta)\left[\dfrac{\tan(\varphi-\beta)+\cot(\varphi-\alpha_2)}{1+\tan(\alpha_2+\delta_2)\left[\tan(\varphi-\beta)+\cot(\varphi-\alpha_2)\right]}\right]} - \tan(\varphi-\beta)$ $\theta_2 = 90° - \varphi - \varepsilon$ $E_2 = \dfrac{1}{2}\gamma H_2^2 K K_1$, $E_{2x} = E_2\cos(\alpha_2+\delta_2)$, $E_{2y} = E_2\sin(\alpha_2+\delta_2)$ $K = \dfrac{\cos^2(\varphi-\alpha_2)}{\cos^2\alpha_2\cos(\alpha_2+\delta_2)\left[1+\sqrt{\dfrac{\sin(\varphi+\delta_2)\sin(\varphi-\beta)}{\sin(\alpha_2+\delta_2)\cos(\alpha_2-\beta)}}\right]^2}$ $K_1 = 1 + \dfrac{2h_0'}{H_2}$, $h_0' = H_1\dfrac{1+\tan\alpha_1\tan\beta}{1+\tan\alpha_2\tan\beta}$ $Z_{2y} = \dfrac{H_2}{3} + \dfrac{h_0'}{3K_1}$, $Z_{2x} = B - Z_{2y}\tan\alpha_2$
6	路堤墙上墙破裂面交于边坡、下墙破裂面交于路肩	(图)	$\tan\theta_2 = -\tan\psi \pm \sqrt{(\cot\varphi+\tan\psi)(\tan\psi+A)}$, $\psi = \varphi + \alpha_2 + \delta_2$ $A = \dfrac{a'b' - H_2(H_2+2H_0)\tan\alpha_2 + 2a'h_0\tan\theta_1}{(H_2+a')(H_2+a'+2h_0)}$ $h_0' = H_1\dfrac{1+\tan\alpha_1'\tan\beta}{1-\tan\theta_1\tan\beta}$, $a' = H_0 - h_0'$, $b' = a'\cot\beta$ $E_2 = \dfrac{1}{2}\gamma H_2^2 K K_1$, $E_{2x} = E_2\cos(\alpha_2+\delta_2)$, $E_{2y} = E_2\sin(\alpha_2+\delta_2)$ $K = \dfrac{\cos(\theta_2+\varphi)}{\sin(\theta_2+\psi)}(\tan\theta_2+\tan\alpha_2)$, $K_1 = 1 + \dfrac{2H_0}{H_2} - \dfrac{a'h_3}{H_2^2}$, $h_3 = \dfrac{b'-a'\tan\theta_2}{\tan\theta_2+\tan\alpha_2}$ $Z_{2y} = \dfrac{H_2}{3} + \dfrac{H_0}{3K_1} - \dfrac{a'h_3(2H_2-h_3)}{3H_2^2K_1}$, $Z_{2x} = B - Z_{2y}\tan\alpha_2$

· 191 ·

续表

编号	类型	计算图式及土压应力分布图形	计算公式
7	路堤墙上墙破，下墙破交于边坡，裂面交于墙踵内		$\tan\theta_2 = -\tan\psi \pm \sqrt{(\cot\varphi + \tan\psi)(\tan\psi + A)}, \quad \psi = \varphi + \alpha_2 + \delta_2$ $A = \dfrac{a'b' + 2(b'+d)h_0 - H_2(H_2 + 2H_0 + 2h_0)\tan\alpha_2 + 2a'h_0\tan\theta_0}{(H_2 + a')(H_2 + a' + 2h_0)}$ $h_0' = H_1 \dfrac{1 + \tan\alpha'\tan\beta}{1 - \tan\theta_1 \tan\beta}, \quad a' = H_0 - h_0', \quad b' = a'\cot\beta$ $E_2 = \dfrac{1}{2}\gamma H_2^2 K K_1, \quad E_{2x} = E_2\cos(\alpha_2 + \delta_2), \quad E_{2y} = E_2\sin(\alpha_2 + \delta_2)$ $K = \dfrac{\cos(\theta_2 + \varphi)}{\sin(\theta_2 + \psi)}(\tan\theta_2 + \tan\alpha_2), \quad K_1 = 1 + \dfrac{2H_0}{H_2} + \dfrac{2h_0h_4 - a'h_3}{H_2^2}$ $h_1' = \dfrac{d}{\tan\theta_2 + \tan\alpha_2}, \quad h_3 = \dfrac{b' - a'\tan\theta_2}{\tan\theta_2 + \tan\alpha_2}, \quad h_4 = H_2 - h_1 - h_3$ $Z_{2y} = \dfrac{H_2}{3} - \dfrac{H_0}{3K_1} - \dfrac{a'h_3(2H_2 - h_3) + h_0h_4(2H_2 - 3h_4)}{3H_2^2 K_1}, \quad Z_{2x} = B - Z_{2y}\tan\alpha_2$
8	路堤墙上墙破，下墙破交于边坡，裂面交于墙踵外		$\tan\theta_2 = -\tan\psi \pm \sqrt{(\cot\varphi + \tan\psi)(\tan\psi + A)}, \quad \psi = \varphi + \alpha_2 + \delta_2$ $A = \dfrac{a'b' - H_2(H_2 + 2H_0)\tan\alpha_2 - 2b_0h_0 2a'h_0 + 2a'h_0\tan\theta_0}{(H_2 + a')(H_2 + a' + 2h_0)}$ $h_0' = H_1 \dfrac{1 + \tan\alpha'\tan\beta}{1 - \tan\theta_1 \tan\beta}, \quad a' = H_0 - h_0', \quad b' = a'\cot\beta$ $E_2 = \dfrac{1}{2}\gamma H_2^2 K K_1, \quad E_{2x} = E_2\cos(\alpha_2 + \delta_2), \quad E_{2y} = E_2\sin(\alpha_2 + \delta_2)$ $K = \dfrac{\cos(\theta_2 + \varphi)}{\sin(\theta_2 + \psi)}(\tan\theta_2 + \tan\alpha_2), \quad K_1 = 1 + \dfrac{2H_0}{H_2} + \dfrac{2h_0h_4 - a'h_3}{H_2^2}$ $h_1' = \dfrac{d}{\tan\theta_2 + \tan\alpha_2}, \quad h_2 = \dfrac{b_0}{\tan\theta_2 + \tan\alpha_2}, \quad h_3 = \dfrac{b' - a'\tan\theta_2}{\tan\theta_2 + \tan\alpha_2}$ $Z_{2y} = \dfrac{H_2}{3} + \dfrac{H_0}{3K_1} - \dfrac{a'h_3(2H_2 - h_3) + h_0h_2(6H_1 + 3h_2 + 6h_3 - 4H_2)}{3H_2^2 K_1}$ $Z_{2x} = B - Z_{2y}\tan\alpha_2$

注：1. 应用本表各式时，仰斜墙背的 α_2 均须以负值代入。
2. 以 $H_0 = H_1$（即 $\alpha = 0$）及 $b = 0$ 代入第 1~4 类各式，即得路肩墙的计算式。

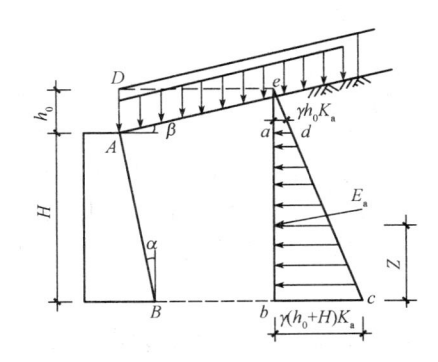

图 5-43 均布荷载换算图式

表 5-14 附加荷载强度

墙高 H/m	q/(kN·m^{-2})	墙高 H/m	q/(kN·m^{-2})
$H \leqslant 2.0$	20	$H \geqslant 10.0$	10
注：中间值可以由表中数值直线内插计算。			

2) 根据破裂棱体范围内布置的车辆荷载换算。根据墙后破裂棱体上的车辆荷载换算为重度与墙后填土相同的均布土层(图 5-44)时，其厚度 h_0 为：

$$h_0 = \frac{\sum Q}{\gamma B_0 L} \quad [5\text{-}50(b)]$$

$$B_0 = (H+a)\tan\theta - H\tan\alpha - b$$

式中 γ——墙后填土的重度(kN/m³)。

B_0——不计车辆荷载作用时破裂棱体的宽度(m)；对于路堤墙，为破裂棱体范围内的路基宽度(不计边坡部分的宽度)(图 5-44)。

L——挡土墙的计算长度(m)。

$\sum Q$——布置在 $B_0 L$ 范围内的车轮总重(kN)，Q 为每辆标准汽车总重，$Q = 550$ kN。

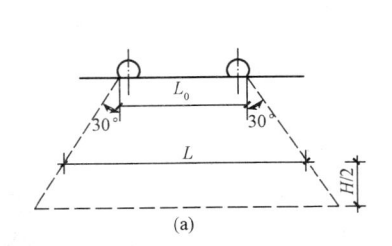

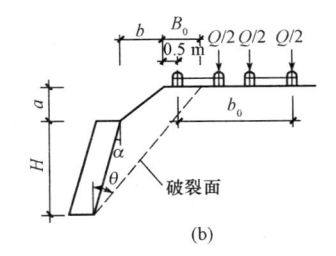

图 5-44 车辆荷载图式

挡土墙的计算长度 L(图 5-44)，按照下式计算：

$$L = L_0 + (H+2a)\tan 30° \tag{5-51}$$

式中 L_0——标准汽车前后轴轴距加轮胎着地长度，$L_0 = 14.0$ m。

车辆荷载总重 $\sum Q$ 按下述规定计算。

①纵向：当取用挡土墙分段长度时，为分段长度内可能布置的车轮重力；当取一辆标

准汽车的扩散长度时为一辆标准汽车重力。

②横向：破裂棱体宽度 B_0 范围内可能布置的车轮重力，车辆外侧车轮中心距路面（或硬路肩）、安全带边缘的距离为 0.5 m。

(2)计算参数。

1)填料的计算内摩擦角和重度。设计挡土墙时，最好按填料的实际工作情况进行试验，并考虑一定的安全度后，来确定填料的计算内摩擦角及密度。无条件试验时，可参考表 5-15 所列的经验数据选用。

表 5-15 填料的计算内摩擦角和重度参考值

填料种类	计算内摩擦角 $\varphi/(°)$	重度 $\gamma/(kN \cdot m^{-3})$
黏性土	15～30	17
砂类土	28～40	18
砂砾、卵石土	35～40	18～19
碎石土、不易风化的岩石碎块	40～45	19
不易风化的石块	45～50	19～20

路堑挡土墙的墙后除利用开挖的土石回填部分外，其余均为天然土石，因此，一般多参考自然山坡的坡角来确定设计 φ 值。

2)墙背摩擦角。影响墙背摩擦角 δ 值的因素是多方面的，主要有墙背的粗糙度（墙背越粗糙 δ 值越大）、填料的性质（φ 值越大 δ 值越大）和墙后排水条件（排水条件越好 δ 值越大）等。表 5-16 所列为墙背摩擦角 δ 的经验参考数据。

表 5-16 墙背摩擦角 δ 参考值

挡土墙墙背性质	填料排水情况	δ 值
墙背光滑	不良	$(0～1/3)\varphi$
片、块石砌体，粗糙	良好	$(1/3～1/2)\varphi$
干砌片、块石，很粗糙	良好	$(1/2～2/3)\varphi$
第二破裂面体，无滑动	良好	φ

4. 荷载组合和设计准则

(1)荷载组合。施加于挡土墙上的荷载根据性质可以分为永久荷载、可变荷载和偶然荷载三类，见表 5-17 和表 5-18。

(2)挡土墙的设计准则。挡土墙按照"极限状态分项系数法"进行设计。挡土墙设计极限状态分为构件承载力极限状态和正常使用极限状态。承载力极限状态是当挡土墙出现以下任何一种状态，即认为超过了承载力极限状态：

1)整个挡土墙或挡土墙的一部分作为刚体失去平衡；

2)挡土墙构件或连接部件因材料承受的强度超过极限而破坏，或因过量塑性变形而不适于继续承载；

3)挡土墙结构变为机动体系或局部失去平衡。

表 5-17 荷载分类

作用(或荷载)分类		作用(或荷载)名称
永久作用(或荷载)		挡土墙结构重力
		填土(包括基础襟边以上土)重力
		墙土侧压力
		墙顶上的有效永久荷载
		墙顶与第二破裂面之间的有效荷载
		计算水位的浮力及静水压力
		预加力
		混凝土收缩及徐变
		基础变位影响力
可变作用(或荷载)	基本可变作用(或荷载)	车辆荷载引起的土侧压力
		人群荷载引起的土侧压力
	其他可变作用(或荷载)	水位退落时的动水压力
		流水压力
		波浪压力
		流胀压力和冰压力
		温度影响力
	施工荷载	与各类挡土墙施工有关的临时荷载
偶然作用(或荷载)		地震作用力
		滑坡、泥石流作用力
		作用于墙顶护栏上的车辆碰撞力

表 5-18 荷载组合

组合	作用(或荷载)名称
Ⅰ	挡土墙结构重力、墙顶土的有效永久荷载、填土重力、填土侧压力及受其他永久荷载组合
Ⅱ	组合Ⅰ与基本可变荷载相组合
Ⅲ	组合Ⅱ与其他可变荷载、偶然荷载相组合

注：1. 洪水与地震力不同时考虑。
　　2. 冻胀力、冰压力与流水压力或波浪压力不同时考虑。
　　3. 车辆荷载与地震力不同时考虑。

当正常使用极限状态是指挡土墙出现下列状态之一时，即认为超过了正常使用极限状态：
1)影响正常使用或外观变形；
2)影响正常使用或耐久性的局部破坏(包括裂缝)；
3)影响正常使用的其他特定状态。
挡土墙按构件承载能力极限状态设计时，采用下列表达式：

$$\gamma_0(\gamma_G + S_{GK} + \gamma_{Q1} + S_{Q1K} + \sum \gamma_{Qi}\varphi_{ci}S_{QiK}) \geqslant \frac{R_k}{\gamma_k} \tag{5-52}$$

式中　γ_0——结构重要性系数,见表 5-19;
　　　γ_G——垂直恒荷载引起的效应分项系数;
　　　γ_{Q1}——恒荷载及汽车活荷载的土压力效应分项系数;
　　　γ_k——抗力安全系数;
　　　γ_{Qi}——其他荷载效应分项系数($i \geqslant 2$);
　　　S_{GK}——恒荷载效应(包括挡土墙自重及后踵板上或基础襟边以上的土重);
　　　S_{Q1K}——恒荷载及汽车活荷载的土压力效应;
　　　S_{QiK}——其他荷载效应($i \geqslant 2$);
　　　φ_{ci}——荷载效应组合系数;
　　　R_k——结构抗力标准值。

表 5-19　结构重要性系数 γ_0

墙高/m	公路等级	
	高速公路	二级以下公路
≤5.0	1.0	0.95
>5.0	1.05	1.0

挡土墙按正常使用极限状态设计时,通常采用表 5-20 所列的各分项系数;当对挡土墙进行基础合力偏心距和圬工结构合力偏心距计算时,除被动土压力采用 0.3 外,其他全部荷载系数规定采用 1.0。

表 5-20　承载能力极限状态作用(或荷载)分项系数

情况	荷载增大对挡土墙结构起有利作用时		荷载增大对挡土墙结构起不利作用时	
组合	Ⅰ、Ⅱ	Ⅲ	Ⅰ、Ⅱ	Ⅲ
垂直恒载 γ_G	0.9		1.2	
恒载或车辆荷载、人群荷载的主动土压力 γ_{Gi}	1.0	0.95	1.4	1.3
被动土压力 γ_{Q2}	0.3		0.3	
水浮力 γ_{Q3}	0.95		1.1	
静水压力 γ_{Q4}	0.95		1.05	
动水压力 γ_{Q5}	0.95		1.1	

5.4.4　重力式挡土墙设计

重力式挡土墙的一般破坏形式及原因如下:
(1)由于基础滑动而造成的破坏[图 5-45(a)];
(2)墙身绕墙趾转动所引起的倾覆[图 5-45(b)];
(3)因基础产生过大的或不均匀的沉陷而引起的墙身倾覆[图 5-45(c)];

(4)因墙身材料强度不足而产生的墙身剪切破坏[图 5-45(d)]。

其他还有沿通过墙踵的某一滑动圆弧的浅层剪切破坏[图 5-45(e)]和沿基底下某一深度(如通过软土下卧层底面)的滑弧的深层剪切破坏[图 5-45(f)]。实际上,基础的滑动破坏,在大多数情况下也是沿紧靠基底的某一剪切面的剪切破坏。

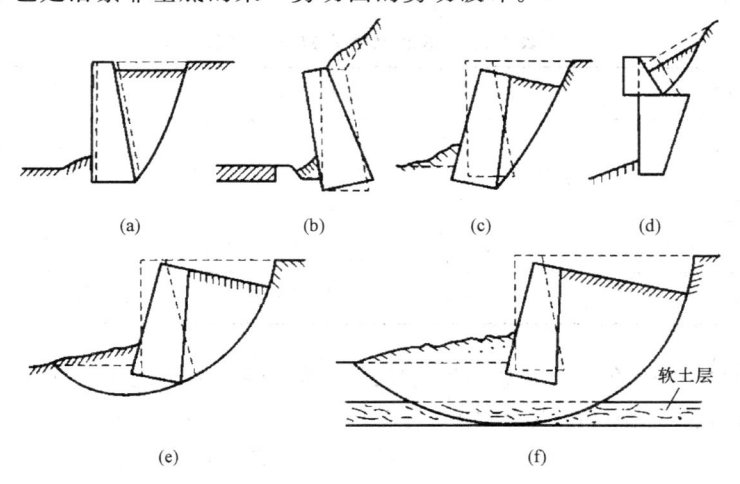

图 5-45 挡土墙的破坏形式

为避免发生图 5-45 所示的挡土墙的破坏形式,保证挡土墙具有足够的整体性和结构强度,使之在使用过程中能充分发挥良好的作用,设计挡土墙时,一般均应验算沿基底的滑动稳定性、绕墙趾转动的倾覆稳定性、基底应力及偏心距以及墙身断面的强度。如地基有软弱下卧层存在时,还应验算沿基底某一可能的滑动面的滑动稳定性。

1. 挡土墙稳定性验算

(1)抗滑稳定性验算。为保证挡土墙抗滑稳定性,应验算在土压力及其他外力作用下,基底摩擦力抵抗挡土墙滑移的能力。计算图式如图 5-46 所示,验算式如下:

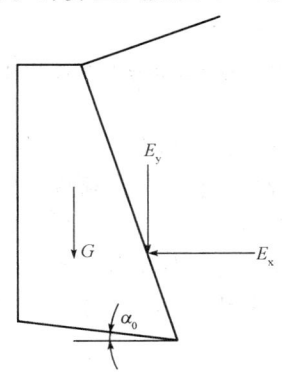

图 5-46 挡土墙抗滑稳定计算示意图

$$(0.9G + \gamma_{Q1} E_y)\mu + 0.9G \tan\alpha_0 > \gamma_{Q1} E_x \tag{5-53}$$

式中 G——挡土墙自重(kN);

E_x,E_y——墙背主动土压力 E_a 的水平分力和垂直分力(kN);

α_0——基底倾角(°);

μ——基底摩擦系数,可通过现场试验确定。无试验资料时可参考表 5-21 的经验数据;

γ_{Q1}——主动土压力分项系数,当组合为Ⅰ、Ⅱ时,$\gamma_{Q1}=1.4$;当组合为Ⅲ时,$\gamma_{Q1}=1.3$。

表 5-21 基底摩擦系数 μ 参考值

地基土分类	μ	地基土分类	μ
软塑黏土	0.25	碎石类土	0.5
硬塑黏土	0.3	软质岩土	0.4~0.6
砂类土、黏砂土、半干硬黏土	0.3~0.4	硬质岩土	0.6~0.7
砂类土	0.4	—	—

(2)抗倾覆稳定性验算。当墙身产生绕墙趾转动的倾覆力矩超过阻止其转动的抗倾覆力矩时,挡土墙即发生绕墙趾 O 点的倾覆(图 5-47)。

$$0.9GZ_G + \gamma_{Q1}(E_y Z_x - E_x Z_y) > 0 \tag{5-54}$$

式中 Z_G, Z_x, Z_y——G, E_y, E_x 对墙趾 O 点的力臂(m)。

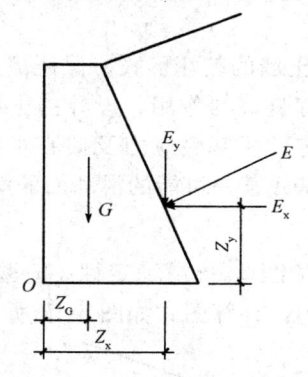

图 5-47 挡土墙的抗倾覆稳定性验算

在验算挡土墙的稳定性时,一般均未计墙趾前土层对墙面所产生的被动土压力。如验算结果不满足以上要求,则表明抗滑稳定性或抗倾覆稳定性不够,应改变墙身断面尺寸重新核算。

(3)基底应力及合力偏心距验算。为了保证挡土墙基底应力不超过地基承载力,应进行基底应力验算;同时,为了避免挡土墙不均匀沉陷,需控制作用于挡土墙基底的合力偏心距。

1)基础底面的压应力。

①轴心荷载作用时:

$$p = \frac{N_1}{A} \tag{5-55}$$

式中 p——基底平均压应力(kPa);

A——基础底面每延米的面积，$A=B\times1.0(\text{m}^2)$，B 为基础宽度；

N_1——每延米作用于基底的总竖向力设计值(kN)；

$$N_1=(G\gamma_G+\gamma_{Q1}E_y-W)\cos\alpha_0+\gamma_{Q1}E_x\sin\alpha_0$$

式中 E_y——墙背主动土压力(含附加荷载引起的)的垂直分力(kN)；

E_x——墙背主动土压力(含附加荷载引起的)的水平分力(kN)；

W——低水位浮力(指常年淹没水位)(kN)。

②偏心荷载作用时，作用于基底的合力偏心距 e 为：

$$e=\frac{M}{N_1} \tag{5-56}$$

式中 M——作用于基底形心的弯矩，可以按照表 5-22 采用。

表 5-22　基底弯矩值计算

荷载组合	作用于基底形心的弯矩设计值
Ⅰ	$M=1.4M_E+1.2M_G$
Ⅱ	$M=1.4M_{E1}+1.2M_G$
Ⅲ	$M=1.3M_E+1.2M_G+1.05M_W+1.1M_f+1.2M_P$

注：M_E——由填土恒载土压力所引起的弯矩；

　　M_G——由墙身及基础自重和基础上的土重引起的弯矩；

　　M_{E1}——由填土及汽车活载引起的弯矩；

　　M_W——由静水压力引起的弯矩；

　　M_P——由地震力土压力引起的弯矩；

　　M_f——由浮力引起的弯矩。

当 $|e|\leq\dfrac{B}{6}$ 时：

$$\begin{cases}P_{\max}=\dfrac{N_1}{A}\left(1+\dfrac{6e}{B}\right)\\ P_{\min}=\dfrac{N_1}{A}\left(1-\dfrac{6e}{B}\right)\end{cases} \tag{5-57}$$

式中 $P_{\max}$，$P_{\min}$——基底边缘最大、最小应力设计值(kPa)；

B——基础宽度(m)。

当 $|e|>\dfrac{B}{6}$ 时，可以不考虑地基拉应力，而压应力重新分布如下：

$$\begin{cases}P_{\max}=\dfrac{2N_1}{3C}\\ P_{\min}=0\end{cases} \tag{5-58}$$

式中

$$C=\frac{B}{2}-e\left(e\leq\frac{B}{2}\right)$$

2)基底合力偏心距。基底合力偏心距应满足表 5-23 的要求。

表 5-23 基底合力偏心距 e_0

地基条件	合力偏心距	地基条件	合力偏心距
非岩石地基	$e_0 \leq \dfrac{B}{6}$	松土、松砂、一般黏土	$e_0 \leq \dfrac{B}{6}$
较差的岩石地	$e_0 \leq \dfrac{B}{5}$	紧密细砂、黏土	$e_0 \leq \dfrac{B}{5}$
紧密的岩石地基	$e_0 \leq \dfrac{B}{4}$	中密碎石、砾石、中砂	$e_0 \leq \dfrac{B}{4}$

3) 地基承载力抗力值。基底压应力的设计值应满足地基承载力的抗力值要求,即满足以下各式。

①轴向荷载作用时:

$$p \leq f \tag{5-59}$$

式中 p——基底平均压应力(kPa);

f——地基承载力的抗力值(kPa)。

②当偏心荷载作用时:

$$p \leq 1.2f \tag{5-60}$$

③地基承载力抗力值的规定。挡土墙的基础宽度大于 3 m,或埋置深度大于 0.5 m 时,除岩石地基外,地基承载力的抗力值按照下式计算:

$$f = f_k + k_1 \gamma_1 (b-3) + k_2 \gamma_2 (h-3) \tag{5-61}$$

式中 f——地基承载力抗力值。

f_k——地基承载力标准值。

k_1, k_2——承载力修正系数,见表 5-24。

γ_1——基底下持力层土的天然重度,如在水面以下且不透水者,应采用有效重度 (kN/m³)。

γ_2——基底底面以下各土层的加权平均表观密度,水面以下用有效重度(kN/m³)。

b——基底底面小于 3 m 时,取 3 m;大于 6 m 时,取 6 m;

h——基底底面的埋置深度,从天然地面算起;有水流冲刷时,从一般冲刷线算起(m)。

表 5-24 承载力修正系数

土的类别		k_1	k_2
淤泥和淤泥质土	$f_k < 50$	0	1.0
	$f_k \geq 50$	0	1.2
人工填土 e 或者 I_L 大于或等于 0.85		0	1.1
红黏土	$I_L > 0.8$	0	1.2
	$I_L \leq 0.8$	0.15	1.4
e 或者 I_L 小于 0.85 的黏质土		0.3	1.6
$e < 0.85$ 及 $S_r \leq 0.5$ 的粉质土		0.5	2.2
粉砂细砂(不包括很湿、稍密)		2.0	3.0

续表

土的类别	k_1	k_2
中砂、粗砂、砂砾和碎石土	3.0	4.4

注：1. S_r 为土的饱和度，$S_r<0.5$，稍湿；$0.5<S_r<0.8$，很湿；$S_r>0.8$，饱和。
2. 强风化岩土，可以参照相应土的承载力取值。
3. I_L 为液性指数。
4. e 为孔隙比。

④当不满足式(5-59)的计算条件或计算出的结果 $f<1.1f_k$ 时，可以按照 $f=1.1f_k$ 直接确定地基承载力抗力值。

⑤f 值可以根据不同荷载组合予以提高，提高系数按表 5-25 取值。

表 5-25 提高系数 k

荷载组合	提高系数
主要组合Ⅰ	1.0
附加组合Ⅱ	1.3
偶然组合Ⅲ	1.5

⑥当偏心距 e 小于或等于 0.333 倍基础底面宽度时，可根据土的抗剪强度指标确定地基承载力抗力值（图 5-48）。

(4) 墙身截面强度验算。为了保证墙身具有足够的强度，应根据经验选择 1~2 个控制断面进行验算，如墙身底部、1/2 墙高处、上下墙（凸形及衡重式墙）交界处（图 5-49）。

根据《公路圬工桥涵设计规范》（JTG D61—2006）的规定，当构件采用分项安全系数的极限状态设计时，荷载效应不利组合的设计值，应小于或等于结构抗力效应的设计值。

1) 强度计算（图 5-50）：

$$N_i \leqslant \frac{\alpha_K A R_K}{\gamma_K} \quad (5-62)$$

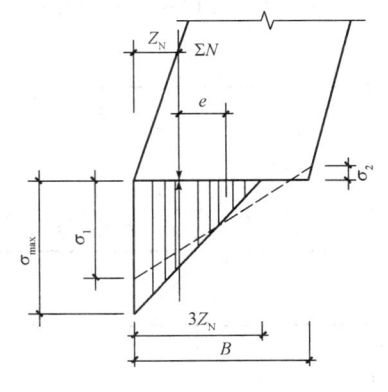

图 5-48 基底应力重分布

式中 R_K——材料极限抗压强度(kPa)；
A——挡土墙构件的计算截面面积(m^2)；
α_K——轴向力偏心影响系数。

$$\alpha_K = \frac{1-256\left(\dfrac{e_0}{B}\right)^8}{1+12\left(\dfrac{e_0}{B}\right)^2}$$

按每延米墙长计算：

$$N_j = \gamma_0(\gamma_G N_G + \gamma_{Q1} N_{Q1} + \sum \gamma_{Qi} \psi_{ci} N_{Qi})(i \geqslant 2) \quad (5-63)$$

式中 N_i——设计轴向力(kN)；
γ_0——重要性系数；
ψ_{ci}——荷载组合系数(表 5-26)；

N_G、γ_G——恒载(自重及襟边以上土重)引起的轴向力(kN)和相应的分项系数(表 5-20);

N_{Q1}——主动土压力引起的轴向力(kN);

$N_{Qi}(i \geqslant 2)$——被动土压力、水浮力、静水压力、动水压力、地震力引起的轴向力(kN);

$\gamma_{Q_i}(i \geqslant 2)$——各项轴向力的分项系数(表 5-20);

γ_K——抗力分项系数,按照表 5-27 选用。

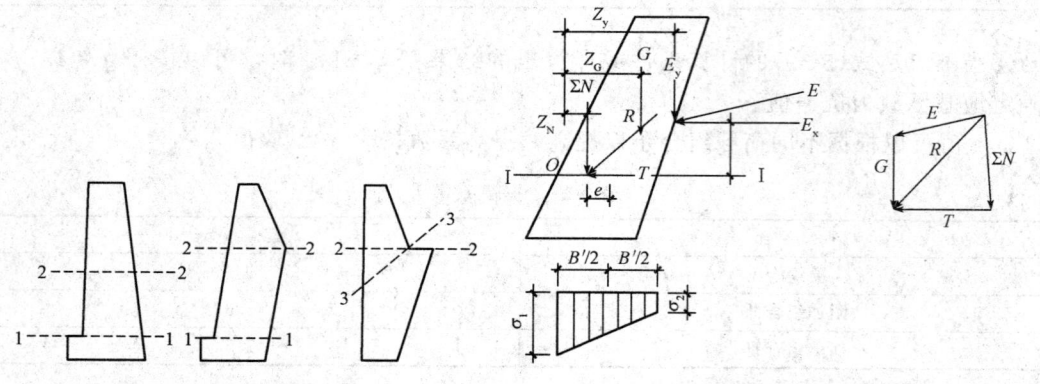

图 5-49 验算截面的选择

图 5-50 墙身截面法向应力验算

表 5-26 荷载组合系数

荷载组合	ψ_{ei}
Ⅰ、Ⅱ	1.0
Ⅲ	0.8
施工荷载	0.7

表 5-27 抗力分项系数

圬工种类	受力情况	
	受压	受弯、剪、拉
石料	1.85	2.31
片石砌体、片石混凝土砌体	2.31	2.31
块石砌体、粗料石砌体、混凝土预制块砌体	1.92	2.31
混凝土	1.54	2.31

挡土墙墙身或基础为纯圬工截面时,其偏心距应小于表 5-28 的要求。

表 5-28 圬工结构容许偏心距

荷载组合	容许偏心距
Ⅰ、Ⅱ	$0.25B$
Ⅲ	$0.30B$
施工荷载	$0.33B$

2)稳定计算：

$$N_i \leqslant \frac{\psi_K \alpha_K A R_K}{\gamma_k} \tag{5-64}$$

式中　N_i，α_K，A，γ_K——意义同式(5-62)。

　　　ψ_K——弯曲平面内的纵向翘曲系数，按下式计算：

$$\psi_K = \frac{1}{1 + \alpha_s \beta_s (\beta_s - 3)\left(1 + 16\dfrac{e_0}{B}\right)}$$

式中　β_s——$2H/B$，H 为墙的有效高度(m)(视下端固定，上端自由)，B 为墙的宽度(m)；

　　　α_s——系数，查表5-29。

表5-29　α_s 系数

砌体砂浆强度等级	≥M5	M2.5	M1	混凝土
α_s	0.002	0.0025	0.004	0.002

一般情况下，挡土墙尺寸不受稳定控制，但应判断是细高墙还是矮墙。

当 $H/B<10$ 时为矮墙，其余则为细高墙。但当墙顶自由时，$H/B<30$。对于矮墙可取 $\psi_K=1$，即不考虑纵向稳定。

3)当 e_0 超过规定值时的验算。当 e_0 超过表5-28的规定时，还可以利用弯曲抗拉极限强度 R_{WL} 进行验算或确定截面尺寸：

$$N_i \leqslant \frac{A R_{WL}}{\left(\dfrac{A e_0}{W} - 1\right) \gamma_K} \tag{5-65}$$

式中　W——截面系数(m^3)。

当挡土墙长度取1延米为计算单位时，$A=1\times B$，则式(5-65)为：

$$N_i \leqslant \frac{B R_{WL}}{\left(\dfrac{6 e_0}{B} - 1\right) \gamma_k} \tag{5-66}$$

4)正截面直接受剪时的验算：

$$Q_i \leqslant \frac{A_i R_i}{\gamma_K} + f_m N_i \tag{5-67}$$

式中　Q_i——正截面剪力(kN)；

　　　A_i——受剪截面面积(m^2)；

　　　R_i——砌体截面抗剪极限强度(kPa)；

　　　f_m——摩擦系数，取0.42。

2. 挡土墙稳定性的措施

(1)增加抗滑稳定性的方法。

1)设置倾斜基底。设置向内倾斜的基底(图5-51)，可以增加抗滑力和减少滑动力，从而增加了抗滑稳定性。

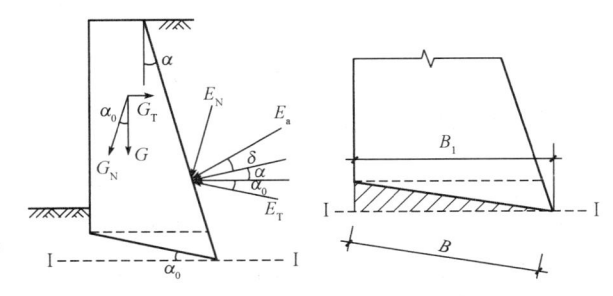

图5-51　倾斜基底增加挡土墙抗滑稳定性

基底倾斜角 α_0 越大，越有利于抗滑稳定性，但应考虑挡土墙连同地基土体一起滑走的可能性，因此对地基倾斜度应加以控制。通常，对土质地基，不陡于 $1:5(\alpha_0 \leqslant 11°10')$；对岩石地基，不陡于 $1:3(\alpha_0 \leqslant 16°42')$。

另外，在验算沿基底的抗滑稳定性的同时，还应验算通过墙踵的地基水平面（图 5-51 中 Ⅰ—Ⅰ 水平面）的滑动稳定性。

2) 采用凸榫基础。如图 5-52 所示，在挡土墙基础底面设置混凝土凸榫，与基础连成整体，利用榫前土体产生的被动土压力以增加挡土墙的抗滑稳定性。

为了增加榫前被动阻力，应使榫前被动土楔不超过墙趾。同时，为了防止因设凸榫而增加墙背的主动土压力，应使凸榫后缘与墙趾的连线同水平线的夹角不超过 φ 角。因此，应将整个凸榫置于通过墙趾并与水平线成 $(45°-\varphi/2)$ 角线和通过墙踵并与水平线成 φ 角线所形成的三角形范围内。

当 $\varphi=0°$（填土表面水平），$\alpha=0°$（墙背垂直），$\delta=0°$（墙光滑）时，榫前的单位被动土压力 σ_p 按照朗金理论计算。

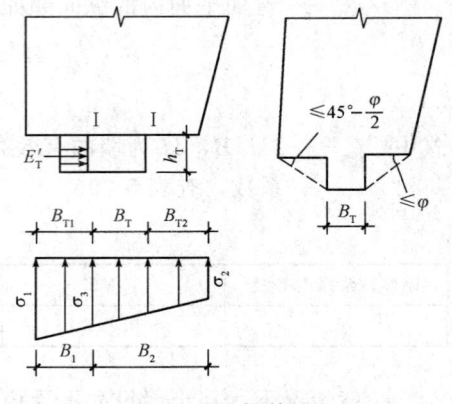

图 5-52 凸榫基础

$$\sigma_p = \gamma h \tan^2\left(45°+\frac{\varphi}{2}\right) \approx \frac{1}{2}(\sigma_1+\sigma_2)\tan^2\left(45°+\frac{\varphi}{2}\right)$$

考虑到产生全部被动土压力所需要的墙身位移量大于墙身设计所允许的位移量，为工程安全所不允许，因此铁路规范规定，凸榫前的被动土压力按照朗金被动土压力的 1/3 采用，即：

$$\sigma_p = \frac{1}{3} \times \left[\frac{1}{2}(\sigma_1+\sigma_3)\tan^2\left(45°+\frac{\varphi}{2}\right)\right]$$

$$E_p = e_p \cdot h_T \tag{5-68}$$

在榫前 B_T 内，因已考虑了部分被动土压力，故未计其基底摩擦阻力。按照抗滑稳定性的要求，令 $K_c = [K_c]$，代入式(5-68)，即可以得出凸榫高度 h_T 的计算公式为：

$$h_T = \frac{[K_c]E_x - \frac{1}{2}(\sigma_1+\sigma_3)B_2 f}{e_p} \qquad [5\text{-}69(a)]$$

凸榫宽度 B_T 根据以下两个方面的要求进行计算，取其大者。

① 截面 Ⅰ—Ⅰ（图 5-52）上的弯矩 M_T，则：

$$B_T = \sqrt{\frac{6M_T}{[\sigma_{WL}]}} = \sqrt{\frac{6 \times \frac{1}{2}e_p h_T^2}{[\sigma_{WL}]}} = \sqrt{\frac{3h_T^2 e_p}{[\sigma_{WL}]}} \qquad [5\text{-}69(b)]$$

② 该截面上的容许剪应力 $[\tau]$，则：

$$B_T = \frac{e_p h_T}{[\tau]} \qquad [5\text{-}69(c)]$$

式中 $[\sigma_{WL}]$，$[\tau]$——混凝土的容许拉弯应力和容许剪应力。

(2) 增加抗倾覆稳定性的方法。为增加抗倾覆稳定性，应采取加大稳定力矩和减小倾覆力矩的办法。

1) 展宽墙趾。在墙趾处展宽基础以增加稳定力臂是增加抗倾覆稳定性的常用方法。但在地面横坡较陡处，会由此引起墙高增加。

2)改变墙面及墙背坡度。改缓墙面坡度可以增加稳定力臂[图 5-53(a)],改陡俯斜墙背或改为仰斜墙背可以减少土压力[图 5-53(b)、(c)]。在地面纵坡较陡处,均需要注意对墙高的影响。

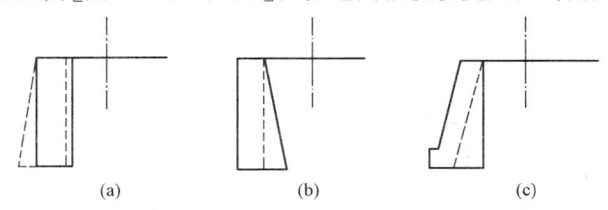

图 5-53 改变墙面及墙背坡度
(a)改缓墙面坡度;(b)改陡俯斜墙背;(c)改为仰斜墙背

3)改变墙身断面类型。当地面横坡较陡时,应使墙胸尽量陡立。这时可以改变墙身断面类型,如改用衡重式墙或墙后加设卸荷平台、卸荷板(图 5-54),以减少土压力并增加稳定力矩。

图 5-54 改变墙身类型措施

5.4.5 挡土墙的布置

挡土墙的布置,通常在路基横断面图和墙趾纵断面图上进行(图 5-55)。布置前,应在现场核对路基横断面图,不足时应补测;测绘墙趾处的纵断面图;收集墙趾处的地质和水文资料。一般做法如下:

(1)根据地形地质条件,初步拟定一两个可能的挡土墙类型方案。路肩挡土墙可充分收缩坡脚,大量减少占地和填方,但其侧向土压力较大,需用圬工较多。当路肩墙与路堤墙墙高或截面圬工数量相近、基础情况相似时,应优先选用路肩墙,在路基宽度范围外边缘布置挡土墙。若路堤墙的高度或圬工数量比路肩墙显著降低,而且基础可靠时,宜选用路堤墙,并作经济比较后确定墙的具体位置。

路堑挡土墙大多设在边沟旁,一般将墙基础外侧面作为边沟壁。山坡挡土墙应考虑设在基础可靠处,墙的高度应保证设置墙后墙顶以上边坡的稳定。沿河路堤设置挡土墙时,应结合河流情况来布置,注意设墙后应仍然保持水流顺畅,不致挤压河道而引起局部冲刷。经上述对比论证,可以初步确定布置挡土墙的位置、墙的断面形式、基础类型及埋深。

(2)在路基横断面图上布置挡墙;在墙高最大处、墙身断面或基础形式变化处,以及其他必要桩号处的路基横断面图上,按照拟定墙身方案及其相应位置布置挡土墙,来初步确定其断面形式、位置、基础类型及埋深。

确定墙身断面形式的一般原则是:路堑墙宜用仰斜式或折线式;对路肩墙和路堤墙,当地形陡峻时宜选用俯斜式或衡重式;地形平坦时选用仰斜式。

(3)在墙趾纵断面图上布置挡墙。按照横向布置初步确定的挡墙位置、基础埋深绘制或补测墙趾纵断面图,并在墙趾纵断面图上纵向布置挡土墙,确定挡土墙的起讫点、墙分段长、沿纵向的墙高变化、两端与路基或其他结构物的衔接方式和泄水孔位置等,如图 5-55 所示。

图5-55 挡土墙设计布置图（尺寸单位：cm；高程单位：m）

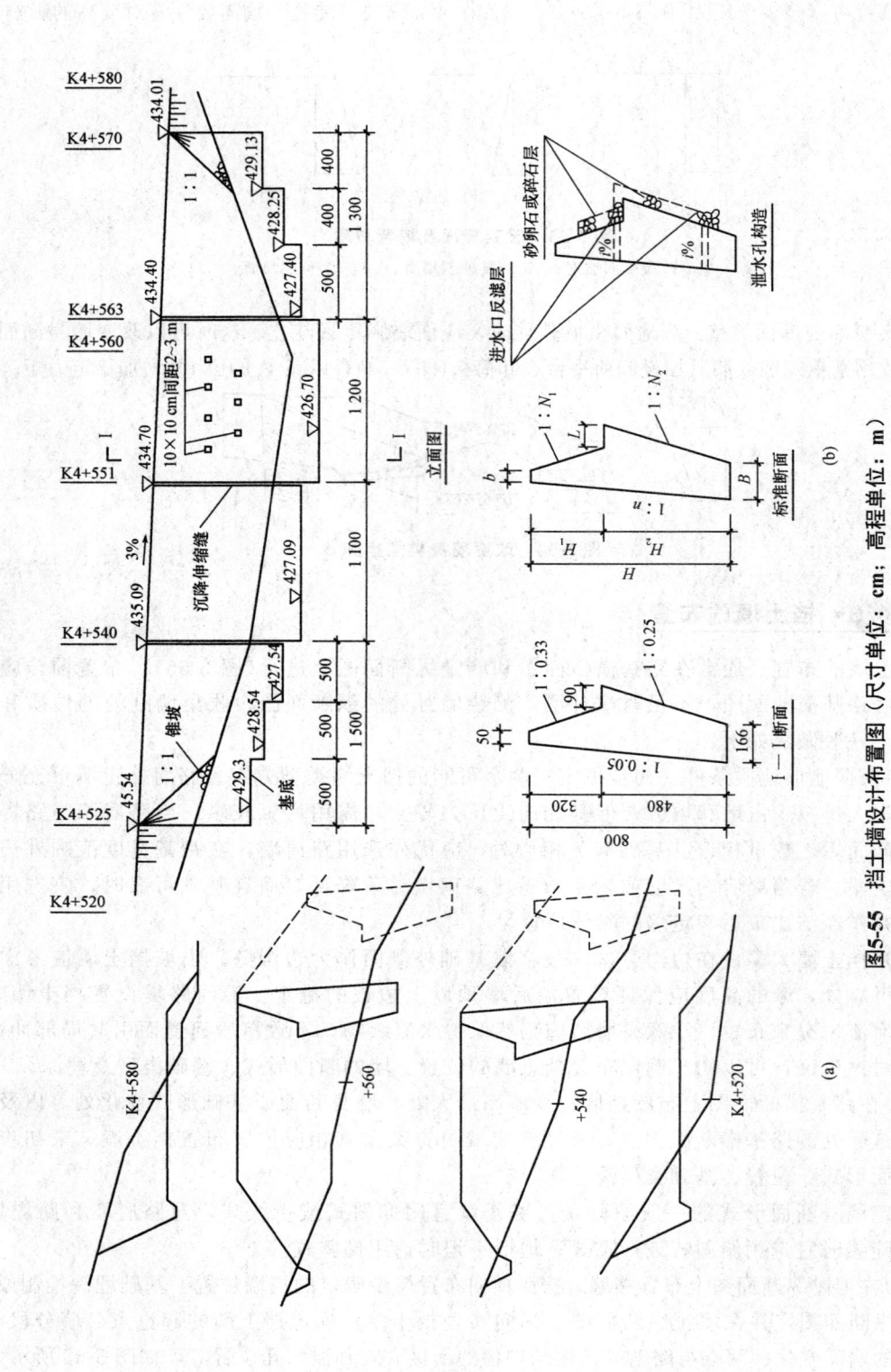

挡土墙分段长按设置沉降伸缩缝的要求进行，一般为 10～15 m。

挡土墙基础布置应根据地形和地质情况变化而定。墙趾地面有纵坡时，挡土墙的基底宜做成不大于 5% 的纵坡。当地基为岩石时，为减少开挖，可以沿纵向做成台阶。台阶尺寸随纵坡大小而定，但其高宽比不宜大于 1:2。

挡土墙与路基或其他结构物的衔接方式，关系到前后工程的衔接是否协调顺适和挡土墙的长度与稳定性。一般路肩墙与路堤的衔接，应采用锥坡；路肩墙与桥台连接需在台尾与挡土墙之间设置隔墙（与挡土墙纵断面垂直）和接头墙（与隔墙垂直）。

(4) 根据初步确定的墙型、墙高、地基及填料的物理力学指标等设计资料进行验算定墙身断面尺寸。

(5) 根据验算结果，选择其中最合理经济的断面作为设计断面。

(6) 根据上述反复计算和调整后得出的断面尺寸方案，绘制挡土墙的横断面图、纵断面图，必要时还需要绘制平面图。

在墙趾纵断面图上，需要标明挡土墙的起点、墙长、两端连接方式、沉降伸缩缝位置、基底线、泄水孔位置及各特征断面（布置有挡土墙的路基横断面）的桩号，以及标明墙顶、基础顶面、基底、各特征水位线、冲刷线和冰冻线等的高程。

个别复杂的挡土墙，如高、长的沿河曲线挡土墙，应作平面布置，绘制平面图，并标明挡土墙与路线的平面位置及附近的地貌与地物情况。沿河挡土墙还应绘出河道及水流方向、防护与加固工程等。

(7) 编制设计说明。简要说明可以直接写在设计图上，如有必要则另外编写专门的说明书，说明书的内容包括选用挡土墙方案的理由；挡土墙结构类型和设计参数的选择依据；对材料及施工的要求和注意事项；主要工程数量等。如采用标准图，应注明其编号。

工程实训　某重力式挡土墙设计

某山区二级公路，路基宽 12 m，其 K4+520～K4+580 段的路基横断面如图 5-56 所示，路线纵坡为 3%。根据该路段的原地面横坡、地质及材料来源情况，拟在该路右侧设置挡土墙，以保证其路基稳定。试作该段挡土墙设计。

解：(1) 挡土墙类型与形式选择。根据路基横断面图，以路堤墙和路肩墙方案在路基横断面上进行初步布置和工程量估算得知：路堤墙比路肩墙的圬工数量略少，但填方量却增长 1/3，因此决定选用路肩墙。以俯斜式和衡重式（按路肩墙）比较得知：二者墙高基本相同，但衡重式断面较小。故决定采用衡重式断面进行设计。

(2) 挡土墙基础与断面设计。从 K4+520～K4+580 的路基横断面（图 5-56）可知，以 K4+560 断面的路基边坡最高，故先在此断面上布置挡土墙，以确定挡土墙的修建位置、基础形式与埋置深度、墙身断面尺寸等。

1) 设计资料。根据工地调查与试验，设计资料如下浆砌片石衡重式路肩墙（图 5-56）。墙高 $H=8$ m，现选用上墙 $H_1=3.2$ m，墙背俯斜 1:0.33（$\alpha_1=18°15'$）；衡重台宽 $d_1=0.9$ m；下墙 $H_2=4.8$ m，墙背仰斜 1:0.25（$\alpha_2=-14°02'$）；墙面坡 1:0.05。填料 $\varphi=35°$，$\gamma=18$ kN/m³，下墙 $\delta=\varphi/2$，上墙（假想墙背）$\delta=\varphi$。墙身重度 $\gamma_K=22$ kN/m³，基底摩擦系数 $f=0.6$，地基容许承载力 $[\sigma_0]=800$ kPa；圬工材料 $[\sigma_a]=600$ kPa，$[\tau_j]=500$ kPa。车辆荷载换算等代土层高度 $h_0=0.458$ m，分布宽度 $b_0=5.5$ m，如图 5-56 所示。

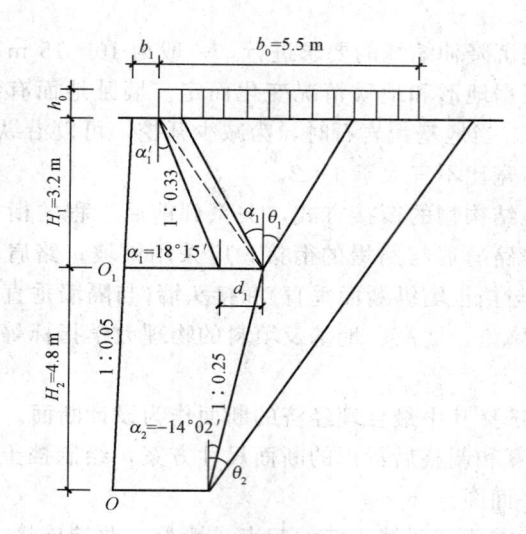

图 5-56 拟定衡重式挡土墙横断面构造

2)上墙土压力计算。

①计算破裂角,判别是否出现第二破裂面。

假想墙背倾角:

$$\tan\alpha_i' = \frac{H_1\tan\alpha_1 + d_1}{H_1}$$

$$= \frac{3.2 \times 0.33 + 0.90}{3.2}$$

$$= 0.611$$

$$\alpha_i' = 32°26'$$

假想破裂面交于荷载内,采用表 5-12 第 1 类公式。

$$\alpha_i = \theta_i = 45° - \frac{35°}{2} = 27°30'$$

$$\tan\theta_i = 0.521$$

第一破裂面距墙顶内缘 $H_1(\tan\theta_i + \tan\alpha_i') = 3.2 \times (0.521 + 0.611) = 3.622(\text{m}) < b_0 = 5.5(\text{m})$

破裂面交于荷载内,与假设相符,故采用此类计算式。

$\alpha_i < \alpha_i'$,故出现第二破裂面。

②计算第二破裂面上的主动土压力 E_1,采用表 5-12 第 1 类公式。

$$K = \frac{\tan^2\left(45° - \frac{\varphi}{2}\right)}{\cos\left(45° + \frac{\varphi}{2}\right)} = \frac{\tan^2(45° - 17°30')}{\cos(45° + 17°30')} = 0.587$$

$$K_1 = 1 + \frac{2h_0}{H_1} = 1 + \frac{2 \times 0.458}{3.2} = 1.286$$

$$E_1 = \frac{1}{2}\gamma H_1^2 K K_1 = \frac{1}{2} \times 18 \times 3.2^2 \times 0.587 \times 1.286 = 69.6(\text{kN})$$

$$E_{1x} = E_1\cos(\alpha_i + \varphi) = 69.6 \times \cos(27°30' + 35°) = 32.1(\text{kN})$$

· 208 ·

$$E_{1y}=E_1\sin(\alpha_i+\varphi)=69.6\times\sin(27°30'+35°)=61.7(\text{kN})$$

对上墙 O_1 的力臂 $Z_{1y}=\dfrac{H_1}{3}+\dfrac{h_0}{3K_1}=\dfrac{3.2}{3}+\dfrac{0.458}{3\times1.286}=1.19(\text{m})$

③上墙实际墙背上的土压力 E_1'。设 E_{1x}'、E_{1y}' 为 E_1' 分别在 x、y 轴上的分量（图 5-57），根据作用在土体 G 上的力系平衡则可得：$E_{1x}'=E_{1x}=E_1\cos(\alpha_1+\varphi)=69.6\times\cos(27°30'+35°)=32.1(\text{kN})$

$$E_{1y}'=E_{1x}'\tan\alpha=E_x\cos(\alpha_1+\varphi)=32.1\times0.33=10.6(\text{kN})$$

对上墙 O_1 的力臂 $Z_{1y}=\dfrac{H_1}{3}=\dfrac{3.2}{3}=1.07(\text{m})$

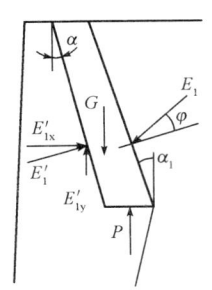

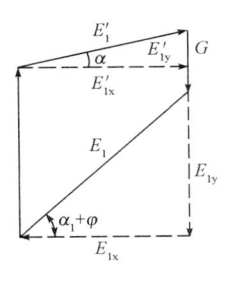

图 5-57　上墙实际墙背上的土压力计算

3）下墙土压力计算。

①求破裂角 θ_2（图 5-58）。

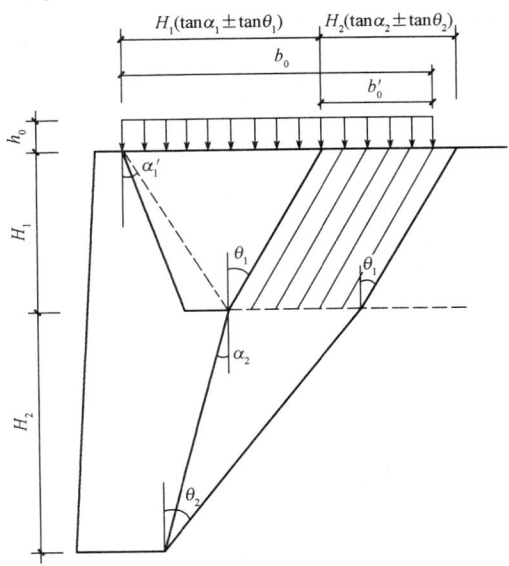

图 5-58　θ_2 求解示意图

假设破裂面交于荷载内，采用表 5-13 第 3 类公式。

$$A=-\tan\alpha_2=-\tan(-14°02')=0.25$$

$$\psi = \varphi + \alpha_2 + \delta_2 = 35° + 14°02' + \frac{35°}{2} = 66°32'$$

$$\tan\theta_2 = -\tan\psi + \sqrt{(\cot\varphi + \tan\psi)(\tan\psi + A)} = 0.729$$

$$\theta_2 = 36°06'$$

以下验证破裂面位置。

堤顶破裂面距墙顶内缘：

$$H_1(\tan\alpha_1' + \tan\theta_1) + H_2(\tan\alpha_2 + \tan\theta_2)$$
$$= 3.2 \times (0.611 + 0.521) + 4.8 \times (0.729 - 0.25)$$
$$= 5.92(m) > b_0 = 5.5(m)$$

破裂面交于荷载外，与假设不符。

重设破裂面交于荷载外，采用表5-13第4类公式。

$$b_0' = b_0 - H_1(\tan\alpha_1' + \tan\theta_1) = 5.5 - 3.2 \times (0.611 + 0.521) = 1.88(m)$$

$$A = -\frac{2b_0' h_0}{H_2(H_2 + 2H_0)} - \tan\alpha_2 = -\frac{2 \times 1.88 \times 0.458}{4.8 \times (4.8 + 2 \times 3.2)} + 0.25 = 0.218$$

$$\psi = \varphi + \alpha_2 + \delta_2 = 35° + 14°02' + \frac{35°}{2} = 66°32'$$

$$\tan\theta_2 = -\tan\psi + \sqrt{(\cot\varphi + \tan\psi)(\tan\psi + A)} = 0.705$$

$$\theta_2 = 35°12'$$

验核破裂面位置。

堤顶破裂面距墙顶内缘：

$$H_1(\tan\alpha_1' + \tan\theta_1) + H_2(\tan\alpha_2 + \tan\theta_2)$$
$$= 3.2 \times (0.611 + 0.521) + 4.8 \times (0.705 - 0.25)$$
$$= 5.81(m) > b_0 = 5.5(m)$$

破裂面交于荷载外，与假设相符，采用此类公式。

②计算土压力 E_2，采用表5-15第4类公式。

$$K = \frac{\cos(\theta_2 + \varphi)}{\sin(\theta_2 + \psi)}(\tan\theta_2 + \tan\alpha_2) = 0.161$$

$$h_2 = \frac{b_0'}{\tan\theta_2 + \tan\alpha_2} = \frac{1.88}{0.705 - 0.25} = 4.13(m)$$

$$K_1 = 1 + \frac{2H_1}{H_2} + \frac{2h_0 h_1}{H_2^2} = 1 + \frac{2 \times 3.2}{4.8} + \frac{2 \times 0.458 \times 4.13}{4.8^2} = 2.497$$

$$E_2 = \frac{1}{2}\gamma H_2^2 K K_1 = \frac{1}{2} \times 18 \times 4.8^2 \times 0.161 \times 2.497 = 83.41(kN)$$

$$E_{2x} = E_2 \cos(\alpha_2 + \delta_2) = 83.4 \times \cos(-14°02' + 17°30') = 83.2(kN)$$

$$E_{2y} = E_2 \sin(\alpha_2 + \delta_2) = 83.4 \times \sin(-14°02' + 17°30') = 5.0(kN)$$

$$Z_{2y} = \frac{H_2}{3} + \frac{H_1}{3K_1} - \frac{h_0 h_2(3h_2 - 4H_2)}{3H_2^2 K_1}$$

$$= \frac{4.8}{3} + \frac{3.2}{3 \times 2.497} - \frac{0.458 \times 0.413 \times (3 \times 4.13 - 4 \times 4.8)}{3 \times 4.8^2 \times 2.497}$$

$$= 2.10(m)$$

4)墙身截面计算(图5-59)。

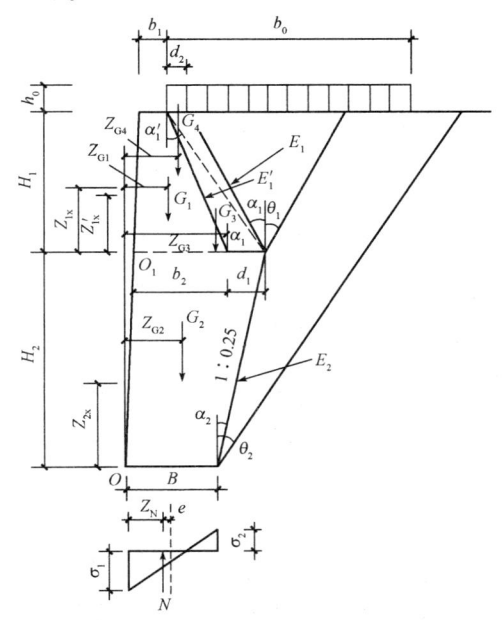

图 5-59 墙身截面计算示意图

试算后,选墙顶宽 $b_1=0.5$ m,则上墙底宽 $b_2=1.72$ m,下墙底宽 $B=1.66$(m)
① 上墙墙身重及对墙趾的力臂。
a. 上墙墙身重 W_1:
$$W_1 = \frac{1}{2}\gamma_K H_1(b_1+b_2) = \frac{1}{2} \times 22 \times 3.2 \times (0.5+1.72) = 78.1 \text{(kN)}$$

对墙趾的力臂:
$$Z_{W1} = nH_2 + \frac{b_1^2 + b_1 b_2 + b_2^2 - (2b_1+b_2)nH_1}{3(b_1+b_2)}$$
$$= 0.05 \times 4.8 + \frac{0.5^2 + 0.5 \times 1.72 + 1.72^2 - (2\times 0.5 + 1.72) \times 0.05 \times 3.2}{3 \times (0.5+1.72)}$$
$$= 0.92 \text{(m)}$$

b. 第二破裂面与墙背之间的土楔重:
$$W_g = \frac{1}{2}\gamma H_1(d_1+d_2) = \frac{1}{2} \times 18 \times 3.2 \times (0.90+0.29) = 34.3 \text{(kN)}$$
$$d_2 = H_1(\tan\alpha_1' - \tan\alpha_i) = 3.2 \times (0.611+0.521) = 0.29 \text{(m)}$$

对墙趾的力臂:
$$Z_g = n(H_1+H_2) + b_1 + H_1\tan\alpha_1 + \frac{d_2^2 + d_1 d_2 + d_1^2 - (2d_2+d_1)H_1\tan\alpha_1}{3(d_2+d_1)}$$
$$= 0.05 \times (3.2+4.8) + 0.50 + 3.2 \times 0.33 +$$
$$\frac{0.29^2 + 0.29 \times 0.90 + 0.90^2 - (2 \times 0.29 + 0.90) \times 3.2 \times 0.33}{3 \times (0.29+0.90)}$$
$$= 1.84 \text{(m)}$$

c. 土楔上的荷载重：
$$W_q = \gamma h_0 d_0 = 18 \times 0.458 \times 0.29 = 2.4 (\text{kN})$$

对墙趾的力臂：
$$Z_q = n(H_1 + H_2) + b_1 + \frac{1}{2}d_2 = 0.05 \times (3.2 + 4.8) + 0.50 + \frac{1}{2} \times 0.29 = 1.05 (\text{m})$$

d. 下墙墙身重：
$$W_2 = \frac{1}{2}\gamma_K H_2 (b_1 + d_1 + B) = \frac{1}{2} \times 22 \times 4.8 \times (1.72 + 0.90 + 1.66)$$
$$= 226.0 (\text{kN})$$

对墙趾的力臂：
$$Z_{W2} = \frac{B^2 + B(b_2 + d_1) + (b_2 + d_1)^2 + [2(b_2 + d_1) + B]nH_2}{3(B + b_2 + d_1)}$$
$$= \frac{1.66^2 + 1.66 \times (1.72 + 0.90) + (1.72 + 0.90)^2 + [2 \times (1.72 + 0.90) + 1.66] \times 0.05 \times 4.8}{3 \times (1.66 + 1.72 + 0.90)}$$
$$= 1.22 (\text{m})$$

② 滑动稳定性验算。
$$K_c = \frac{(W_1 + W_2 + W_g + W_q + E_{1y} + E_{2y})f}{E_{1x} + E_{2x}} = \frac{(78.1 + 226.0 + 34.3 + 2.4 + 61.7 + 5.0) \times 0.6}{32.2 + 83.2}$$
$$= 2.12 > 1.3$$

③ 倾覆稳定性验算。
$$Z_{1x} = nH_2 + b_2 + d_1 - Z_{1y}\tan\alpha_1 = 0.05 \times 4.8 + 1.72 + 0.90 - 1.19 \times 0.521 = 2.24 (\text{m})$$
$$Z_{2x} = B - Z_{2y}\tan\alpha_2 = 1.66 + 2.10 \times 0.25 = 2.19 (\text{m})$$
$$K_c = \frac{W_1 Z_{w1} + W_2 Z_{w2} + W_g Z_g + W_q Z_q + W_{1y} Z_{1y} + W_{2y} Z_{2y}}{E_{1x}(Z_{1y} + H_2) + E_{2x} Z_{2y}}$$
$$= \frac{78.1 \times 0.92 + 226.0 \times 1.22 + 34.3 \times 1.84 + 2.4 \times 1.05 + 61.7 \times 2.24 + 5.0 \times 2.19}{32.2 \times (1.19 + 4.80) + 83.2 \times 2.10}$$
$$= 1.53 > 1.50$$

④ 基底应力验算。
$$e = \frac{B}{2} - Z_N = \frac{B}{2} - \frac{\sum M_y - \sum M_x}{\sum(W + E_y)} = \frac{1.66}{2} - \frac{562.4 - 367.6}{78.1 + 226.0 + 34.3 + 2.4 + 61.7 + 5.0}$$
$$= 0.83 - 0.48 = 0.35 (\text{m}) > 0.75 \times \frac{B}{6} = 0.21 (\text{m})$$

因此基底应力按照应力重分布计算。
由此得：
$$\sigma_1 = \frac{2\sum(W + Z_y)}{3Z_N} = \frac{2 \times 407.5}{3 \times 0.48} = 566.0 (\text{kPa}) < [\sigma_0] = 800 (\text{kPa})$$

⑤ 截面应力验算。选上墙墙底水平截面验算：
$$Z'_{1x} = nH_1 + b_1 + (H_1 - Z'_{1y})\tan\alpha_1 = 0.05 \times 3.2 + 0.5 + (3.2 - 1.07) \times 0.33 = 1.36 (\text{m})$$
$$e_1 = \frac{b_2}{2} - Z_N = \frac{b_2}{2} - \frac{W_1(Z_{w1} - nH_2) + E'_{1y}Z'_{1x} - E'_{1x}Z'_{1y}}{W + E'_{1y}}$$

$$= \frac{1.72}{2} - \frac{78.1 \times (0.92 - 0.05 \times 4.8) + 10.7 \times 1.36 - 32.2 \times 1.07}{78.1 + 10.7}$$

$$= 0.86 - 0.37 = 0.49 (\text{m}) < 0.3b_2 = 0.52(\text{m})$$

$$> \frac{1}{6}b_2 = 0.29(\text{m})$$

$$\left.\begin{matrix} \sigma_{\max} \\ \sigma_{\min} \end{matrix}\right\} = \frac{W_1 + W'_{1y}}{b_2}\left(1 \pm \frac{6e_1}{b_2}\right) = \frac{78.1 + 10.7}{1.72}\left(1 \pm \frac{6 \times 0.49}{1.72}\right) = \begin{cases} 139.8 < [\sigma_a](=600 \text{ kPa}) \\ -36.3 < [\sigma_L](=60 \text{ kPa}) \end{cases}$$

$$\tau_1 = \frac{E'_{1x}}{b_2} = \frac{32.2}{1.72} = 18.7(\text{kPa}) < [\tau_f](=50 \text{ kPa})$$

由上述计算可知，所选截面尺寸符合各项要求。

按照上述同样的程序，可以得到 K4+540 及其他断面的尺寸。

(3)挡墙长度、分段及与路堤的衔接。按照前面初步确定的基础埋深、断面尺寸，在墙趾纵断面上进行布置，确定挡土墙的起讫桩号为 K4+525～K4+576，墙长为 51m，分为 4 段，根据地形变化情况，第 1 段以 K4+525～K4+540 和第 4 段 K4+563～K4+576 采用台阶基底，K4+540～K4+551 和 K4+551～K4+5 563 两段采用水平基底。两端以锥坡与路堤相衔接。泄水孔间距为 2～3 m，沉降伸缩缝间距为 10～15m。

(4)挡土墙布置图。按照以上确定的挡土墙设计，挡土墙布置如图 5-55 所示。

(5)对材料要求及施工注意事项。按照有关规范要求，此处从略。

5.5 路基施工技术

路基工程涉及范围较广，项目较多，因此，影响路基工程的因素也多，施工灵活性也较大，在施工方法和技术操作方面各自具有特点。施工可以完善在设计中存在的不足，解决在设计层面不能解决的一些问题。因此，施工比设计更为重要、更为复杂，为确保工程质量，实现快速、高效、安全施工，必须重视施工技术和管理。路基施工准备工作主要有以下几部分：

(1)组织准备。建立和健全施工队伍和管理机构，明确施工任务，制定必要的规章制度，确立施工所应达到的目标等。组织准备亦是做好一切准备工作的前提。

(2)物质准备。物质准备包括各种材料与机具设备的购置、采集、加工、调运与储存及生活后勤供应等。

(3)技术准备。技术准备包括全面熟悉设计文件和设计交底、施工现场的勘查、提出修改意见并报请变更设计、编制施工组织计划(选择施工方案、确定施工方法、布置施工现场、编制施工进度计划、拟订关键工程的技术措施等)、恢复路线、施工放样(导线、中线、水准点复测，横断面检查与补测，增设水准点等)与清除施工场地、临时工程施工(施工现场的供电、给水，修建便道、便桥，架设临时通信设施，设置施工用房等)、施工前的复查和试验等各项前期工作。

(4)场地清理工作。场地清理也是路基工程施工前的一项重要准备工作，如果场地清理

不符合要求,不仅不能保证公路工程的质量,而且会严重影响整个工程的施工进度。场地清理主要包括以下工作:

1)施工前,应按照设计要求进行公路用地放样,由业主办理土地征用手续。施工单位可以根据施工需要提出增加临时用地计划,并对增加部分进行公路用地测量,绘制出用地地平面图及用地划界表,送交有关单位办理拆迁及临时占用土地手续。

2)路基用地范围内的既有房屋、道路、河沟、通信、电力设施、上下水道、坟墓及其他建筑物、构筑物,均应协助有关部门事先拆迁或改造;对路基附近的危险建筑应予以适当加固;对文物古迹应妥善保护。

3)路基用地范围内的树木、灌木丛等均应在施工前砍伐或移植清理,砍伐的树木应移置于路基用地之外,进行妥善处理。高速公路、一级公路和填方高度小于 1 m 的其他公路,应将路基范围内的树根全部挖除并将坑穴填平夯实;填方高度大于 1 m 的其他公路允许保留树根,但根部露出地面不得超过 20 cm。取土坑范围内的树根也应全部挖除。

4)在填方和借方地段的原地面应进行表面清理,清理深度应根据种植土厚度而决定,清出的种植土应集中堆放。填方地段在清理完地表面后,应整平压实到规定要求,才可以进行填方作业。

5.5.1 土质路基施工方法

土质路基的挖填,首先应做好施工排水,包括开挖底面临时排水沟槽及设法降低地下水位,以便始终保持施工场地的干燥。对路基填筑范围内的地表障碍物,应事先予以拆除。

1. 填方路基施工

(1)基底的处理。为使填筑在天然地面上的路堤与原地面紧密结合,以保证填筑后的路堤不致产生沿基底的滑动和过大变形,在填筑路堤前,应根据基底的土质、水文、坡度、植被和填土高度采取一定措施对基底进行相应处理。

①当基底为松土或耕地时,应先将原地面认真压实后再填筑。当基底原状土的强度不符合要求时,应进行换填处理,换填深度不得小于 30 cm,并分层压实。当路线经过水田、洼地和池塘时,应根据实际情况采取疏干、挖除淤泥、换填、桩基础、抛石挤淤等措施进行处理后方能填筑。

②当基底土密实稳定,且地面横坡缓于 1:10,填方高度大于 0.5 m 时,基底可不处理;在路堤填方低于 0.5 m 的地段,应清除原地表杂草。当地面横坡为 1:10~1:5 时,应清除地表草皮杂物再进行填筑;当地面横坡陡于 1:5 时,消除草皮杂物后还应将原地面挖成不小于 1 m 的台阶,台阶向内设置坡度为 2%~4%的倒坡。

(2)路堤填料的选择。路堤填筑不得使用淤泥、沼泽土、冻土、有机土、含草皮土、生活垃圾、树根和含有腐殖质的土作为填料。路堤通常是就近利用沿线土石作为填筑材料,选择填料时应尽可能选择当地强度高、稳定性好并利于施工的土石。一般情况下,碎石、卵石、砾石、粗砂等,都具有良好透水性且强度高、稳定性好,因此可优先采用。粉质砂土、粉质黏土等经压实后也具有足够的强度,故也可以采用。粉性土水稳性差,不宜作路堤填料;重黏土、黏性土、捣碎后的植物土等由于透水性差,作路堤填料时应慎重采用。

(3)填土路堤施工。路堤填筑分为分层填筑法、竖向填筑法和混合填筑法三种方法。

1)分层填筑法。路堤填筑必须考虑不同的土质,从原地面逐层填起并分层压实,每层填土的厚度可以按照压实机具的有效压实深度和压实度确定。分层填筑法又可分为水平分层填筑和纵坡分层填筑两种。

①水平分层填筑是最常用的一种填筑方法,如图5-60(a)所示。填筑时按照横断面全宽分成水平层次,逐层向上填筑,如原地面不平,应由最低分层填起,每填一层,经过压实符合规定要求之后,再填上一层,依次循环进行直至达到设计高程。

②纵向分层填筑宜于用推土机从路堑取土填筑距离较短的路堤,依纵坡方向分层,逐层向上填筑,如图5-60(b)所示。原地面纵坡大于12%的地段常采取此法。

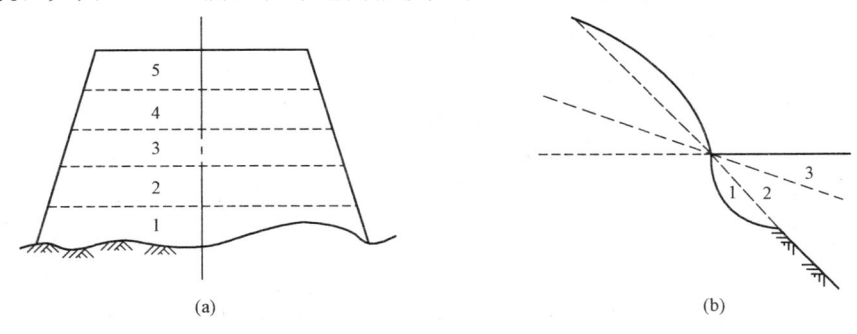

图 5-60 分层填筑施工
(a)水平分层填筑;(b)纵向分层填筑

2)竖向填筑法。竖向填筑法是从路基一端或两端同时按照横断面的全部高度,逐步推进填筑,仅用于无法自下而上填筑的深谷、陡坡、断岩、泥沼等运土和机械无法进场的路堤,如图5-61所示。竖向填筑因填土过厚不易压实,施工时需采取必要的技术措施:选用振动式或夯实式压实机械;选用沉陷量较小、透水性较好及颗粒粒径均匀的砂石材料或附近开挖路堑的废石方,并一次填足路堤全宽度;暂时不修建较高级的路面,容许短期内自然沉落。

3)混合填筑法。混合填筑法是在深谷陡坡地段填筑路堤的一种方法,如图5-62所示,即在路堤下层竖向填筑,上层水平分层填筑,使上部填土经分层压实获得需要的压实度。混合填筑法适应于因地形限制或填筑堤身较高,不宜采用水平分层法和竖向填筑法自始至终进行填筑的情况。混合填筑法可以单机作业,也可以多机作业,一般沿线路分段进行,每段距离以20~40 m为宜,多用于地势平坦,或两侧有可利用的山地土场的场合。

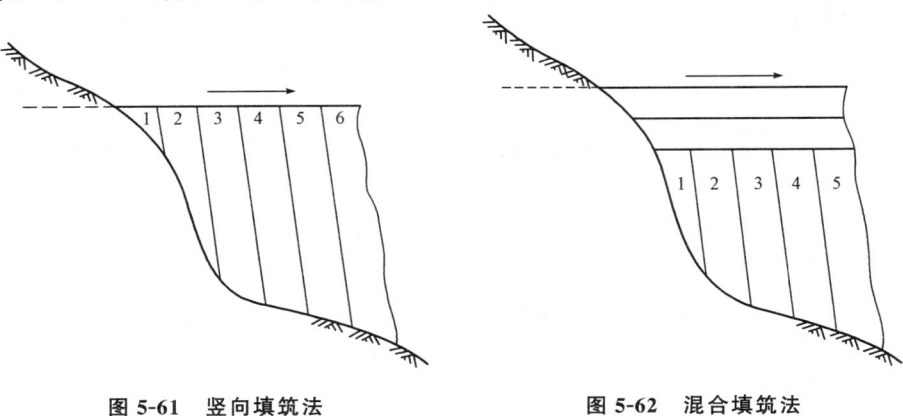

图 5-61 竖向填筑法　　　　　图 5-62 混合填筑法

(4)施工注意事项。在高等级公路施工中采用不同土质填筑路堤,是十分常见的,若将不同性质的土任意混填,会造成路基病害,因此,必须注意下列几点:

①同土质应分层填筑,层次应尽量减少,每层总厚度最好不小于0.5 m。不得混杂乱填,以免形成水囊或滑动面。

②透水性差的土填筑在下层时,其表面应做成一定的横坡(一般为双向4%的横坡),以保证来自上层透水性填土的水分及时排出。

③为保证水分蒸发和排除,路堤不宜被透水性差的土层封闭,也不应覆盖在透水性较大的土所填筑的下层边坡上。

④根据强度与稳定性要求,合理地安排不同土质的层位。一般地,凡不因潮湿及冻融而使其体积变化的优良土应填在上层,强度(形变模量)较小的土应填在下层。

⑤为防止相邻两段用不同土质填筑的路堤在交接处发生不均匀变形,交接处应做成斜面,如图5-63所示,并将透水性差的土填在斜面的下部。使用不同土质填筑路堤的正确和错误方式如图5-64所示。

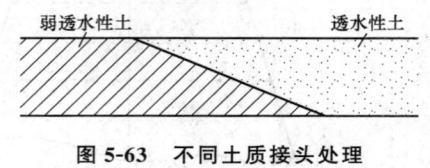

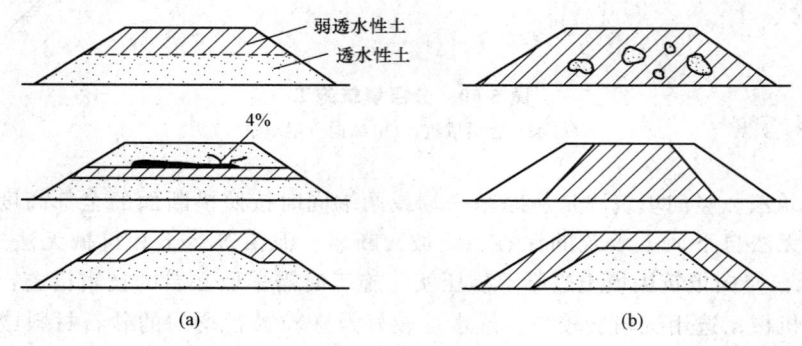

图5-63 不同土质接头处理

图5-64 不同土质的路堤填筑方式
(a)正确方式;(b)错误方式

⑥若填方分几个作业段施工,两段交接处不在同一时间填筑,则先填地段,应按照1:1坡度分层留台阶;若两个地段同时填筑,则应分层相互交叠衔接,其搭接长度不得小于2 m。

2. 挖方路基施工

路堑开挖前应做好截水沟,并视土质情况做好防渗工作。土方开挖不论工程量大小、开挖深度如何,均应该自上而下进行,不得乱挖超挖。严禁掏洞取土挖"神仙土"。土质路堑的开挖,根据路堑深度和纵向长度不同,其施工方法有横挖法、纵挖法和混合法几种。

(1)横挖法。以路堑整个横断面的宽度和深度,从一端或两端逐渐向前开挖的方式称为横挖法。该法适宜于短而深的路堑,如图5-65所示。用人力按照横挖法开挖路堑时,可以在不同高度分几个台阶开挖,其深度视工作面与安全而定,一般宜为1.5~2.0 m。无论自两端一次横挖到路基高程或分台阶横挖,均应设置单独的运土通道及临时排水沟。机械开挖路堑时,边坡应配以平地机或人工分层修刮平整。

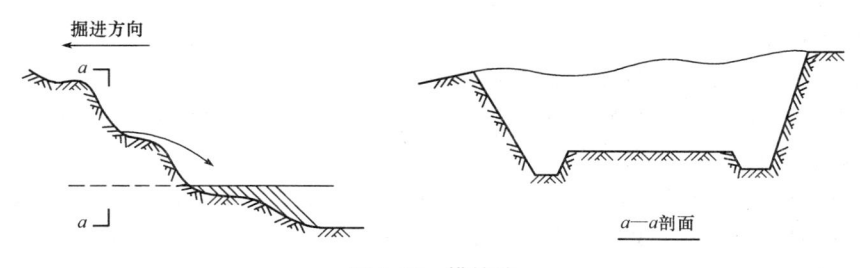

图 5-65 横挖法

(2)纵挖法。纵挖法有分层纵挖法、通道纵挖法和分段纵挖法三种。

1)分层纵挖法。沿路堑全宽以深度不大的纵向分层挖掘前进的方法,如图 5-66 所示,该法适用于较长的路堑开挖。当采用此法挖掘的路堑长度较短(不超过 100 m)、每层开挖深度不大于 3 m、地面坡度较陡时,宜采用推土机作业;当采用此法挖掘的路堑长度较长(超过 100 m)时,宜采用铲运机作业;较长、较宽的路堑可以使用铲运机配合运土机作业。

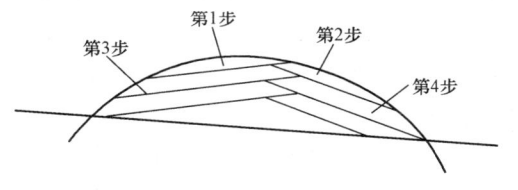

图 5-66 分层纵挖法施工路堑

2)通道纵挖法。先沿路堑纵向挖一通道,然后将通道向两侧拓宽,直至路堑边坡设计线,如图 5-67 所示。上层通道拓宽至路堑边坡后,再开挖下层通道,由此向纵深开挖直至路基设计高程。该法适用于路堑较长、较深,两端地面线较小的土方路堑开挖。

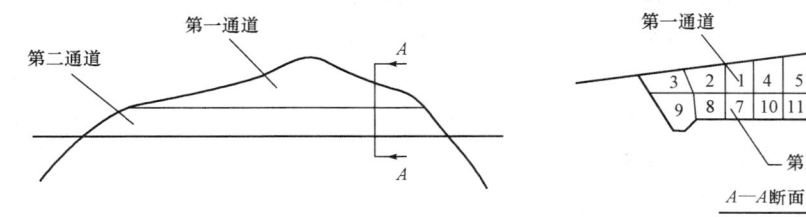

图 5-67 通道纵挖法施工路堑

3)分段纵挖法。沿路堑纵向选择一个或几个适宜处,将较薄一侧堑壁横向挖穿,使路堑分成两段或数段,各段再进行纵向开挖,如图 5-68 所示。该法适用于路堑过长,开挖土方运距远的傍山路堑,其一侧的堑壁不厚的路堑开挖。

(3)混合法。当路线纵向长度和挖深都很大时,为扩大工作面,可以将横挖法和通道纵挖法混合使用,以增加工作面,提高作业效率,如图 5-69 所示。

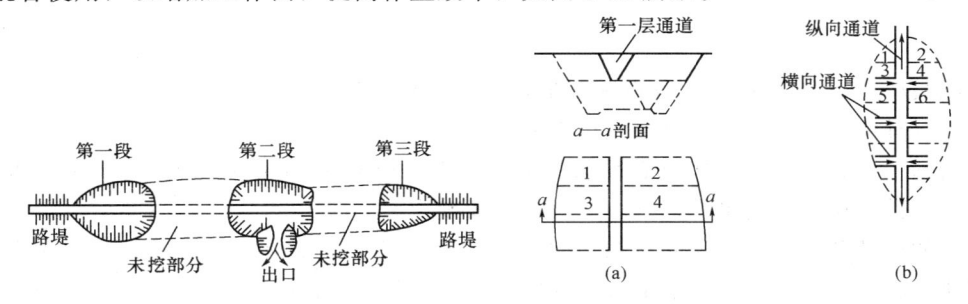

图 5-68 分段纵挖法施工路堑

图 5-69 混合法施工路堑

3. 土质路基压实施工

(1)影响路基压实效果的因素。路基压实的效果受很多因素影响，影响具有塑性的细粒土的压实效果的因素有内因和外因两方面。内因主要是土质和含水率；外因主要是压实功能、压实机具和压实方法等。

1)含水率对压实效果的影响。在路基压实过程中，如能控制工地含水率为最佳含水率，就能获得最好的压实效果。试验表明，一般塑性土的最佳含水率(按轻型击实标准)大致相当于该种土液限含水率的 0.58~0.62 倍，平均约 0.6 倍。

2)土质对压实效果的影响。不同的土质具有不同的最佳含水率及最大干密度，其压实效果也不同。分散性(液限、黏性)较高的土，其最佳含水率较高而最大干密度较低，这是由于土粒越细，比面积越大，土粒表面的水膜越多，加之黏土中含有亲水性较高的胶体物质。由于其颗粒粗并且呈松散状，水分易于散失，故最佳含水率对砂土没有更多的实际意义。

3)压实功能对压实效果的影响。压实功能是指压实机具重力、碾压次数、作用时间等。压实功能是影响压实效果的又一重要因素。通常对同一种土，随着压实功能的增大，最佳含水率会随之减小而最大干密度随之增加。因此，增大压实功能是提高土基密实度的又一种方法，然而这种方法有一定局限性，因为压实功增加到一定程度后，土的密度增长就不明显了。因此，最经济的办法是严格控制工地现场含水率，使碾压在接近最佳含水率时进行，这样便能够容易地达到规定的压实度。

4)压实工具和压实方法对压实效果的影响。不同的压实机具，其压力传布作用深度不同，因而压实效果也不同。通常，夯击式作用深度最大，振动式次之，静力辗压式最浅。

不同压实厚度其压实效果也不同。通常情况下，夯击不宜超过 20 cm，8~12 t 光面碾不宜超过 20~30 cm。压实作用时间越长，土的密实度越高，但随时间的进一步加长，其密实度的增长幅度会逐渐减小，故在压实时要求压实机具以较低速度行驶，以便达到预期的压实效果。

(2)压实要求。各级道路的路堤和路堑均应按照规定进行压实，并使达到规定的密实度。试验证明，经过人工压实后的土体不仅强度提高，抗变形能力增强，而且由于压实使土体透水性明显减小、毛细水作用减弱以及饱水量等减小，从而水稳性也大大提高。因此，土基压实是保证路基获得足够强度和稳定性的根本技术措施之一。由于很多道路的路面破坏都是源于路基的不均匀沉降，因此，路基压实度是衡量路基施工质量的一个重要指标。压实度是指工地上压实达到的干密度 γ 与室内标准击实试验所得的该路基土的最大干密度 γ_0 之比，用 K 表示，即：

$$K=\frac{\gamma}{\gamma_0}\times 100\% \tag{5-70}$$

显然，压实度是一个以 γ_0 为标准的相对值，意为压实的程度。

在进行具体压实作业时，宜注意以下要点：

1)路基工程施工的压实作业必须采用机械施工。压实机械可以根据工程规模、填料种类、气候条件、压实度要求等因素，综合考虑而确定。

2)土的松铺厚度、所需压实遍数等均由试验路段确定，并在压实过程中反复检校、修正。高速公路、一级公路的土层最大松铺厚度不应超过 30 cm；一般公路不宜超过 50 cm。

3)碾压前,要使用推土机或平地机对松土进行摊铺和整平,且自中线到两边形成2%~4%的横向坡度,以利于排水要求。对填筑土的松铺厚度、含水率、平整度、最大粒径等均应进行检查。检查合格的部分,要及时碾压。

4)路基在实施碾压的过程中,应经常检查含水率及压实度,以控制压实工作。工地的含水率通常应接近最佳含水率。若含水率过大不易碾压密实时应摊开晾晒,待其接近最佳含水率时再行碾压;如含水率过低时,需要均匀洒水至接近最佳含水率方可碾压。检查时工地含水率常采用比重法、酒精燃烧法和烘干法;干密度通常采用环刀法、灌砂法、水袋法和核子密度仪法等方法测定。

5)采用振动式压路机碾压时,第一遍应不振动静压,然后先慢后快,由弱振至强振。

6)各种压路机的碾压行驶速度开始用慢速,最大速度不宜超过 4 km/h。碾压时路线为直线段时由两边向中间,曲线段由内侧向外侧,纵向进退式进行。

7)注意碾压的横向接头,做到无漏压、无死角,确保碾压均匀。对振动式压路机,一般重叠 0.4~0.5 m,对于三轮式压路机,一般重叠后轮的 1/2。前后相邻两段的纵向重叠长度为 1.0~1.5 m。

8)桥台背后、涵洞两侧和顶部、锥坡与挡土墙等构造物背后的填土要分层压实、分层检查,每 50 m² 检查一点。每层压实层的松铺厚度不宜超过 20 cm。涵洞两侧的压实应对称或同时进行。特殊路基的压实,应满足有关规范的特殊要求。

5.5.2 石质路基施工方法

山区公路路基石方工程量大而且集中,给山区公路的施工带来麻烦。采取适合于山区公路石质路基的施工方法,是山区公路施工的关键。爆破是石质路基施工中最有效的方法。

1. 爆破作用原理

爆破作用原理是药包点火后产生高温(2 000 ℃~5 000 ℃)、高压(1~1.5 MPa)而发生冲击波(波速达 1 000 m/s),使药包体积膨胀千倍以上。这种爆破足以使岩体破坏而产生碎裂。爆破冲击波由药包中心呈球面向外扩散,按其破坏程度大致分为四个作用圈,如图 5-70 所示。药包可以分为集中药包(形状接近球形或立方体,长边不超过短边 4 倍或高度不超高 4 倍直径的药包)、延长药包(长度和高度超过集中药包限制尺寸的药包)、分集药包(为提高爆破能,将一个集中药包分为两个保持一定距离的子药包)。

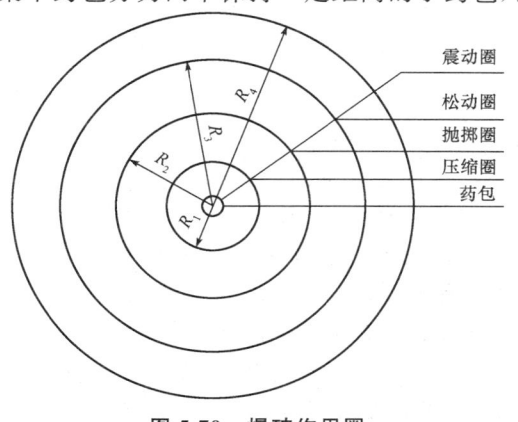

图 5-70 爆破作用圈

(1)压缩圈。爆破能够使介质粉碎,产生塑性变形,在药包周围形成空腔。

(2)抛掷圈。爆破能够冲出岩石表面,介质在重力场下做弹道飞行,产生抛掷现象。介质产生抛掷的范围边界,称为抛掷圈。

(3)松动圈。抛掷圈以外爆炸力大为减弱,但岩石结构受到破坏而松动。松动圈是指大块岩石下落崩塌,小块石块经雨水和振动作用缓慢滑坍的范围。

(4)震动圈。岩石受震动而未破坏的范围称为震动圈。

2. 爆破器材

爆破器材包括炸药和引爆材料两类。

(1)炸药。

1)黑火药是最常用的炸药,其威力小。

2)黄色炸药又称为TNT炸药,化学名为硝基甲苯,呈粉末状,不溶于水,冲击敏感性不大,需要用雷管起爆。

3)铵梯炸药又称为硝铵炸药,是TNT与硝酸铵及少量木粉的混合物。具有中等威力和一定敏感性,可用雷管安全起爆。

4)胶质炸药是硝化甘油与硝酸钠的混合物。有剧毒、易爆、不安全,爆炸威力大,使用时需格外小心。

(2)引爆材料。引爆材料有导火线(如鞭炮)和传爆线(用雷管起爆)。雷管有火雷管和电雷管。火雷管用导火线点火引爆,电雷管用电线通电引爆。

3. 爆破技术

爆破包括小炮和大爆破两类。爆破作用示意图如图5-71所示。

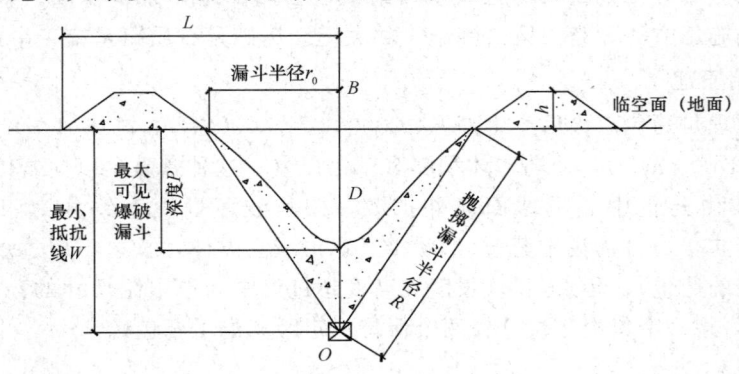

图 5-71　爆破作用示意图

(1)爆破的常用术语。

1)最小抵抗线:药包中心至临界面的最短距离。

2)爆破漏斗半径:漏斗口圆半径。

3)抛掷漏斗半径:药包中心沿漏斗边缘至坑口的距离。

4)爆破作用指数n:爆破漏斗口半径与最小抵抗线的比值。

5)抛掷率E:抛掷漏斗体积与爆破漏斗体积之比。$n>1$,$E>27\%$为标准抛掷爆破;$n=1$,$E=27\%$为标准爆破;$n<1$,$E<27\%$为减弱抛掷爆破;$n=0.75$为标准松动爆破;$n<0.75$,不能形成明显漏斗,为减弱松动爆破。

(2)常见爆破的方法。

1)小炮。小炮是用药量在1 t以下的爆破,主要包括钢钎炮深孔爆破、裸露炮、药壶炮和猫洞炮。其爆破方法的采用应根据石方集中程度、地形、地质条件及路基断面形状等具体情况决定。

①钢钎炮:炮眼直径和深度分别小于7 cm和5 m的爆破方法。用于工程分散、石方少的情况。

②深孔爆破:炮眼孔径大于75 mm、深度在5 m以上(一般深8～12 m),使用延长药包的爆破。该法多用于石方数量较大且较集中的情况。

③裸露炮:将药包置于被炸体表面或经清理的石缝中,药包表面用草皮或稀泥覆盖,然后进行爆破。该法仅用于破碎孤石或大块岩石的二次爆破。

④药壶炮(葫芦炮):在炮眼底部用少量炸药经一次或多次烘膛,使炮眼底部扩大成药壶形(葫芦形),然后将炸药集中装入药壶中进行的爆破。葫芦炮炮眼较深(一般为5～7 m),它适用于均匀致密黏土(硬土)、次坚石、坚石。当炮眼深度小于2.5 m,且节理发育的软石、地下水发育或雨季施工时,不宜采用。

⑤猫洞炮:炮眼直径为0.2～0.5 m,深度为2～6 m,炮眼呈水平或略有倾斜,用集中药包进行爆破的方法。它适用于硬土、胶结良好的古河床、冰碛层、软石和节理发育的次坚石、坚石,可以利用裂隙修成导洞或药室,这种炮型对大孤石、独岩包等爆破效果较佳。

2)大爆破。大爆破是指采用导洞和药室,装药用药在1 t以上的爆破。大爆破效率高、威力大,公路石方开挖一般不宜采用。当路线穿过孤独山丘,开挖后边坡不高于6 m时,根据岩石产状和风化程度,确认开挖后边坡稳定后,方可采用大爆破方案。

3. 综合爆破的设计原则

为充分发挥各种爆破方法的特点,利用地形和地质的客观条件,在路基石方工程中,常采用综合爆破。综合爆破设计应遵循以下原则:

(1)在路基石方工程中,应充分利用地形和地质客观条件及石方集中程度,全面规划、重点设计、综合组织群炮;

(2)利用有利地形,扩展工作面;

(3)综合利用小炮群,分段分批爆破。

①半填半挖斜坡地形,采用一字排炮;在自然坡度较缓的地形,先使用钢钎炮切脚,改造地形后再采用一字排炮。

②路线横切小山包时,采用钢钎炮三面切脚,改造地形后,再在中间用药壶炮爆破。

③路基加宽,阶梯较高地形,采用上下互相配合的小炮群。

④对拉沟路堑,采用两头开挖时,可以采用竖眼揭盖、水平炮眼搜底的梅花炮。

⑤机械化清方时,如遇坚石,可以用眼深2 m以上钢钎炮组成30～40个多排多层炮群,或采用深孔炮。在坚硬岩石中,为使岩石破碎程度满足清理土石方的要求,可以采用微差爆破或间隔药包。遇软石或节理发育的次坚石时,可以以松动爆破。

4. 爆破施工的一般注意事项

(1)进行爆破作业,必须由经过专业培训并取得爆破证书的专业人员施爆。

(2)爆破前,应查明地下有无管线,必须确保空中缆线、地下管线和施工区边界处建筑物的安全。在开挖附近有加油站、输气管等必须保证安全的建筑设施时,可采用人工开凿、化学爆破或控制爆破。

（3）当施爆可能对建筑物地基造成影响时，应在开挖层边界，沿设计坡面打预裂孔（减震孔），孔深同炮孔深度，孔内不装药，孔间距不宜大于炮孔纵向间距的1/2。

（4）炮位设计应充分考虑岩石的产状、类别、节理发育、溶蚀等情况，避免在两种硬度相差很大的岩石交界面设置炮孔药室。

（5）炮眼的装药量一般为炮孔深度的1/3～1/2，特殊情况也不得超过2/3。对松动爆破，装药量可以降到炮孔深度的1/4～1/3。

（6）装药时间应尽可能短，避免炸药受潮。装药应自下而上，自里向外逐层码砌平稳、密实，不得在雨雪、大风、雷电、浓雾及天黑时进行。

（7）爆破后如有瞎炮，应由原施工人员参加处理。对于大爆破，应找出线头接上电源重新起爆，或者沿导洞小心掏出堵塞物，取出起爆体，用水灌浸药室使炸药失效，然后安全清除。爆破施工后，应及时清理松石、危石和堑内土石方，并修整坡面。坡面应顺直、圆滑、大面平整。突出于设计线的石块，其突出尺寸不应大于20 cm，超爆凹进部分尺寸也不应大于20 cm。对于软质岩石，突出及凹进尺寸均不应大于10 cm。

能力训练

1. 何谓路基工作区？何谓路基临界高度？
2. 简述路基设计的基本要求及路基基本构造。
3. 影响路基边坡稳定性的因素有哪些？
4. 增加挡土墙稳定性的措施主要有哪些？
5. 何谓压实度？影响路基压实度的因素有哪些？
6. 土质路基施工方法有哪些？
7. 石质路基施工方法主要有哪些？

任务自测

任务能力评估表

知识学习	
能力提升	
不足之处	
解决方法	
综合自评	

任务六　路面设计与施工

任务目标
- 熟悉路基结构的组成和要求；
- 掌握路面结构组成与分类分级；
- 掌握沥青路面设计方法；
- 掌握水泥混凝土路面设计方法；
- 熟悉无机结合料稳定路面的基本概念与施工方法；
- 熟悉沥青路面分类与施工工艺；
- 熟悉水泥混凝土路面的优缺点及施工方法。

6.1　概述

路面是道路结构中与车轮直接接触的部位，一般分层进行铺筑。不同层位有不同的功能，由不同参数的混合料铺筑而成。路面不但受到车辆荷载的作用，还直接与大气环境接触，其质量好坏将直接影响行车速度、舒适性和安全性，也影响工程成本。因此，路面设计中应根据道路的性质、等级和任务，合理选定路面层次及其厚度，反复比选认真设计，既不浪费材料，又保证承载能力，并严格按照规范进行施工，保证路面结构具有良好的使用性能。

6.1.1　路面性能要求、结构层位及功能、路拱横坡度

1. 路面性能要求

路面是由各种坚硬材料铺筑在路基顶面，供车辆直接在其表面行驶的层状结构物，其主要功能是承受行车荷载和各种自然因素，如风、霜、雨、雪、日照等的共同作用。为了保证道路全天候通车，提高行车速度，增强安全性和舒适性，降低运输成本和延长道路使用年限，要求路面具有下述性能：

(1)足够的强度和刚度。汽车在路面上行驶,通过车轮把垂直力和水平力传递给路面,水平力又分为横向和纵向两种。另外,路面还受到车辆的振动力和冲击力作用,在车身后面还会产生真空吸力。在上述各种外力的综合作用下,路面结构内会产生不同大小的应力、应变,如果这些应力或应变超过路面结构整体或某一组成部分的强度或抗变形能力,路面就会出现断裂、沉陷、车辙及波浪等病害,从而使路况恶化、服务水平下降。因此,要求路面结构必须具有足够的强度,同时,应具有一定的刚度(即抵抗变形的能力)。

(2)良好的稳定性。路面结构袒露在大气中,无时不受到温度和湿度变化的影响,其力学性能也就随之不断发生变化;强度和刚度不稳定,路况也就时好时坏。例如,沥青路面在夏季高温时会软化而出现车辙和推挤,冬季低温时又可能因收缩或变脆而开裂;水泥混凝土路面在高温时会产生拱胀破坏,温度急剧变化时会因翘曲而产生破坏;砂石路面在雨季时,路面结构会因雨水渗入而强度下降,出现沉陷、车辙或波浪。在冰冻地区,温度和湿度的共同作用会使路面结构产生冻胀、翻浆破坏。因此,需要研究路面结构的温度和湿度状况及其对路面结构的影响,以便在此基础上修筑能在当地气候条件下具有足够稳定性的路面结构。

(3)耐久性。路面结构要承受车辆荷载的多次重复作用,由此逐渐出现疲劳破坏和塑性变形累积。另外,温度、湿度、日照等自然因素的影响会使路面各结构层材料老化而导致破坏,这些都将缩短路面的使用寿命,增加养护工作量和难度。因此,路面结构必须具有足够的抗疲劳强度和抗老化能力以及抗变形累积的能力。

(4)路面平整度。路面平整度是影响行车安全、行驶舒适性和运输效益的重要指标。不平整的路面会增大行车的阻力,并使车辆产生附加的振动作用。这种振动会造成行车颠簸,影响行车的速度和安全、平稳和乘客的舒适。同时,振动作用还会对路面施加冲击力,从而加剧路面和汽车部件的损坏,并增加油料的消耗,而且,不平整的路面还会积滞雨水,加速路面的破坏。不同等级的公路,对路面平整度的要求也不同。

平整的路面,依靠优良的施工机具、精细的施工工艺、严格的施工质量控制及经常、及时的养护作保证。同时,路面结构的平整度还和整个路面结构和面层材料的强度、抗变形能力有关。强度和抗变形能力差的路面结构经不起车轮荷载的反复作用,极易出现沉陷、车辙和推挤等破坏,从而形成不平整的路面。

(5)路面抗滑性和耐磨性。路面表面要求平整度好,但不宜光滑。光滑的表面会造成行驶的车轮与路面之间的附着力和摩擦力较小,影响行车的安全性。特别是在雨天高速行车,或紧急制动,或爬坡、转弯时,车轮易产生空转或打滑,致使车速降低、油料消耗增加,甚至引起严重的交通事故。路面的抗滑性能通常采用摩擦系数表征。由于高速公路和一级公路的行车速度高,因此要求具有较高的抗滑性。

路面的抗滑性可以通过采用坚硬、耐磨、表面粗糙的集料组成路面面层材料来实现,同时,也可以采用一些工艺性措施来实现,如水泥混凝土路面的刷毛、刻槽等。另外,路面上的积雪、浮冰及污泥等,也会降低路面抗滑性,必须及时清除。

(6)不透水性。大气降水若通过路面表面渗入路面结构和路基内部,那么在高速行车荷载的反复作用下,这些水将产生很大的动水压力不断冲刷路面,使路面出现剥落、坑洞、唧浆网裂等早期水破坏现象。在降雨量大的潮湿地区,交通量大、载重车辆多的高速公路沥青路面,水破坏现象更严重。为避免路面水破坏,应尽量采用不透水的路面面层,设置路面排水设施或有效防水层。

(7)低噪声和少尘性。汽车在路面上行驶，车身后面所产生的真空吸力会将表层中较细材料吸出而扬尘，导致路面松散、脱落、形成坑洞等破坏；扬尘还会加速汽车机件的损坏，影响行车视距，降低行车速度；而且，给旅客和沿路的环境卫生以及货物和路旁农作物均带来不良影响。

行车噪声，一方面因路面平整度差、路面面层材料的刚度大而产生；另一方面与不良的线形设计导致车辆频繁的加速、减速、转向有关。

因此，对于行车噪声和扬尘，应当从道路工程的设计、施工、养护和管理等方面统筹考虑，才能保证路面具有尽可能低的扬尘性和尽可能小的噪声。

2. 路面结构层位及功能

行车荷载和自然因素对路面的作用和影响，随深度而递减。因此，对路面结构的强度、抗变形能力和稳定性的要求也随深度的增加而逐渐降低。根据这一特点，同时考虑到筑路的经济条件，路面结构一般由各种不同材料分多层铺筑，各个层位分别发挥着不同的功能。通常，将路面结构划分为面层、基层和垫层，如图 6-1 所示。

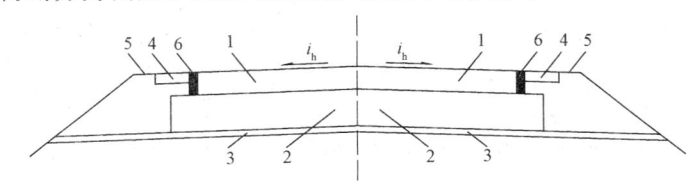

图 6-1 路面结构层次示意图
1—面层；2—基层；3—垫层；4—硬路肩；5—土路肩；6—路缘带

(1)面层。面层是路面结构的最上层，直接与车辆荷载和大气相接触。与其他层次相比，面层应具备更高的强度、抗变形能力和较好的稳定性、平整度，同时，应具有较好的耐磨性、抗滑性和不透水性。

铺筑面层的材料主要有水泥混凝土、沥青混凝土、块石、沥青碎(砾)石混合料等。

高等级道路的面层通常由两层(上面层和下面层)或三层(上、中、下面层)构成。

(2)基层。基层设置在面层之下，承受由面层传递下来的行车荷载，并将它扩散和传递到垫层和土基上。虽然基层位于面层之下，但仍然难以避免大气降水从面层渗入，而且还可能受到地下水的侵蚀。因此，基层除应具有足够的强度和刚度外，还应具有良好的水稳定性。同时，为了保证面层的平整度，要求基层具有一定的平整度。

铺筑基层的材料主要有各种结合料(如石灰、水泥或沥青等)、稳定土或碎(砾)石或各种工业废渣(如煤渣、粉煤灰、矿渣、石灰渣等)组成的混合料、贫水泥混凝土、各种碎(砾)石混合料或天然砂砾及片石、块石或圆石等。

高等级道路的基层通常较厚，一般分为两层或三层铺筑，位于最下层的叫作底基层。对底基层的材料在质量和强度方面要求相对较低，应尽量使用当地材料铺筑。

(3)垫层。垫层位于基层和土基之间，其功能是改善土基的湿度和温度状况，保证基层和面层的强度、刚度和稳定性不受土基的影响。同时，垫层还将基层传递下来的车辆荷载进一步扩散，从而减小土基顶面的压应力和竖向变形。另外，垫层也能够阻止路基土挤入基层,在地下水位较高的路基上及土质不良或冻深较大的路基上,通常都应设置垫层。

垫层材料的强度要求不一定高,但水稳定性和隔温性要好。常用的垫层材料有两类:一类为松散粒料,如砂、砾石、炉渣、煤渣等透水性垫层;另一类为石灰、水泥和炉渣稳定土等稳定性垫层。

为了保护路面各层的边缘,一般路面的基层宽度应比面层每边宽出至少 25 cm,垫层宽度应比基层每边宽出至少 25 cm,或与路基同宽以利于排水。

路面结构层次和组成材料的选择,应根据道路等级、交通繁重程度、路基承载能力、材料供应情况、气候条件、施工因素、资金筹措等因素,综合考虑和分析后作出决定。高速公路、一级公路的基层,应采用水泥稳定粒料、石灰粉煤灰稳定粒料、沥青混合料以及级配碎(砾)石等材料铺筑;高速公路、一级公路的底基层和二级及二级以下公路的基层和底基层,除上述材料外,也可以采用水泥稳定土、石灰稳定土、石灰粉煤灰稳定土、石灰工业废渣、填隙碎石等材料铺筑。当各级公路需要设置垫层时,一般可以采用水稳定性好的粗粒料或各种稳定类材料铺筑。

3. 路拱横坡度

为了及时排出路面上的积水,减少雨水对路面的浸湿和渗透,路面表面应做成两边低、中间高的路拱。路拱坡度的大小一般受路面材料、路面宽度和地区降雨等因素的影响。高级路面平整度和水稳性好,透水性小,一般采用较小的路拱横坡度和直线形路拱;为利于迅速排除路表积水,低级路面通常采用较大的路拱横坡度和抛物线形路拱。不同路面的路拱横坡见表 6-1。

表 6-1 不同路面的路拱横坡

路面类型	路拱平均横坡度/%
沥青混凝土、水泥混凝土	1.0～2.0
热拌沥青碎石、路拌沥青碎(砾)石、沥青贯入碎(砾)石、沥青表面处治	1.5～2.5
半整齐石块、不整齐石块	2.0～3.0
碎(砾)石等粒料路面	2.5～3.5
低级路面	3.0～4.0

路拱横坡度的具体选择,应考虑有利于行车平稳和路面排水的要求。在干旱和有积雪、浮冰地区,应采用低值;多雨地区采用高值;道路纵坡较大,或路面较宽,或行车速度较高,或经常有拖挂车行驶时用低值,反之,取用高值。

路肩横坡度一般较路面横坡度大 1%。当硬路肩采用与路面行车道相同的结构时,高速公路和一级公路的路肩与路面采用相同的横坡度。

6.1.2 路面分级与分类

1. 路面的分级

通常按照路面面层的使用品质、材料组成类型和结构强度及稳定性的不同,将路面分成四个等级,见表 6-2。

(1)高级路面。高级路面的特点是强度高、刚度大、稳定性好、使用寿命长、平整无尘,能保证高速行车。高级路面需要采用高质量的材料修筑,因此,初期建设投资较高,但路面养护费用少、运输成本低。

(2)次高级路面。与高级路面相比,次高级路面的强度、刚度和稳定性均较差,使用寿命短,行车速度也较低。其建设投资较高级路面低些,但要求定期维护,养护费用和运输成本较高。

(3)中级路面。中级路面的强度、刚度低,稳定性差。路面平整度差,易扬尘。它可以利用当地材料进行修筑,初期建设投资很低,但养护工作量大,且需经常养护维修,因此运输成本也较高。

(4)低级路面。低级路面的强度和刚度最低,水稳定性差,路面平整度差,易扬尘,只能低速行车,雨季甚至不能通车。可以大量使用当地材料修筑,初期建设投资相当低,但要求经常维护和维修,因此运输成本最高。

表 6-2 路面等级及相适应的面层类型

路面等级	面层类型	所适用的公路等级
高级	水泥混凝土、沥青混凝土、热拌沥青碎石、沥青玛琋脂碎石路面、整齐块石和条石	高速、一级、二级公路
次高级	沥青贯入式、路拌沥青碎(砾)石、沥青表面处治、半整齐石块	二级、三级公路
中级	泥结碎(砾)石、级配碎(砾)石、泥灰结碎(砾)石、乳化沥青碎石混合料、不整齐石块及其他粒料	三级、四级公路
低级	粒料加固土,其他当地材料改善土	四级公路

注:热拌沥青碎石不能作高速公路和一级公路沥青路面面层材料。

2. 路面的分类

路面类型一般按照路面所使用的主要材料划分,如水泥混凝土路面、沥青路面、砂石路面等。

但在进行路面结构设计时,主要从路面结构的力学特性出发,将路面划分为柔性路面、刚性路面两大类。

(1)柔性路面。柔性路面结构整体刚度较小,在行车荷载作用下产生的弯沉较大,路面结构层抗弯拉强度较低,行车荷载通过各结构层传递给土基,因而,使土基承受较大的应力。路面结构主要靠抗压、抗剪强度承受行车荷载作用。柔性路面主要由各种未经处治的粒料基层和沥青面层、碎(砾)石面层或块石面层组成路面结构。

(2)刚性路面。刚性路面主要指用水泥混凝土作面层或基层的路面结构。与柔性路面相比,刚性路面具有较高的抗压、抗弯拉强度和弹性模量,刚度大,板体性好,具有较强的扩散应力的能力。因此,在车辆荷载作用下,通过板体传递给基层或土基的应力比柔性路面小很多。

另外,用水泥、石灰、粉煤灰等无机结合料稳定土或碎(砾)石来修筑的基层,通常称为半刚性基层。此类基层初期强度和刚度较小,其强度和刚度随龄期的增加而增加,所以,后期体现出刚性路面的特性,但最终强度和刚度仍远小于刚性路面。用半刚性基层修筑的沥青类路面称为半刚性基层沥青路面，这类路面仍然采用柔性路面设计理论来设计。

6.1.3 行车荷载对路面的作用

汽车是道路的服务对象，为了使路面设计达到预定的性能且不浪费材料，首先应对汽车荷载进行分析。

1. 汽车静止时路面的受力

汽车在道路上有停车和行驶两个状态，当汽车处于停车状态时，路面承受车辆的自重压力 P，P 的大小与下列因素有关：

(1) 轮胎的内压 p_0。
(2) 轮载大小。
(3) 轮胎与地面的接触形状和轮胎本身的刚度。

货车轮胎的标准静压 p_0 一般为 0.4~0.7 MPa，处于停车状态时，轮胎与路面的接触压力略小于静止内压力，为 $(0.8~0.9)p_0$；处于行驶状态时，车轮与地面的接触压力有所增加，可达到 $(0.9~1.1)p_0$。

实际上，轮胎与地面的接触面积具有不规则性，其接触压力各个部位也不相同，但为了研究问题的方便，忽略次要因素后，在路面结构设计中，一般假定接触面为圆形，将车轮荷载等效成当量圆形均布荷载，且用静止内压力 p_0 作为轮胎与路面的接触压力。车轴荷载通过充气轮胎传递给路面，车轮与路面的接触面积称为轮印面积，通常，把轮胎的投影面积当作接触面积，其形状为长、短轴比较接近的椭圆。在路面设计中，大都近似采用圆形接触面来代替，称为轮印的当量圆。汽车后轴多为双轮组，将双轮轮印化为一个当量圆，称为单圆荷载；若化为两个当量圆，则称为双圆荷载。车轮荷载计算图如图 6-2 所示。

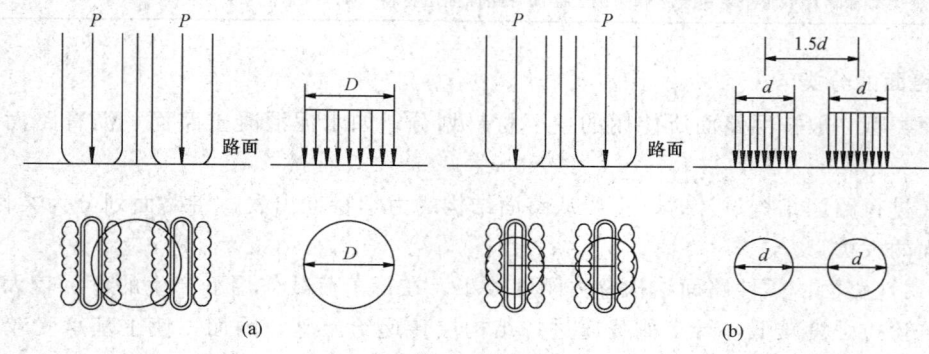

图 6-2 车轮荷载计算图
(a) 单圆荷载计算图；(b) 双圆荷载计算图

由图 6-2(a) 可得到单圆直径 D 为：

$$D=2\sqrt{\frac{10P}{\pi p}} \tag{6-1}$$

由图 6-2(b) 可以得到双圆直径 d 为：

$$d=2\sqrt{\frac{5P}{\pi p}} \tag{6-2}$$

式中　　P——车轴一侧双轮荷载(kN)；
　　　　p——轮胎接地压强(MPa)；
　　　　D——单圆当量直径(cm)；
　　　　d——双圆当量直径(cm)。

2. 汽车运动时路面的受力

汽车在路面行驶，除给路面竖向力(静压力)外，同时，还会给路面水平力和振动力。汽车给路面的水平力由路面摩擦来平衡，因此，车辆在路面行驶时，必须满足以下条件：

$$F_H \leqslant P \cdot \varphi \tag{6-3}$$

式中　　F_H——汽车对路面的水平合力(kN)；
　　　　φ——车轮与路面之间的摩擦系数，φ值由试验测得，一般为0.4~0.6。

由于路面不可能绝对平整，因此汽车在行驶过程中，会对路面产生冲击，给路面一个振动力。这种振动力基本在轴载附近交替变化，其数值大小取决于行车速度、路面平整度和车辆的抗振性能。速度越小、路面越平整、车辆减振性能越好，振动力越趋于零。车轮的高速旋转，使轮胎后形成暂时的真空，从而产生真空吸力。在路面设计中，根据路面材料的性能来有选择地考虑这些作用力。柔性路面主要考虑了汽车荷载对路面作用的垂直力和水平力；目前，只在刚性路面设计中才考虑汽车对路面的冲击力和振动力；至于真空吸力，目前尚未在设计中考虑。

6.2　沥青路面设计

沥青路面设计的任务是根据道路使用要求和水文、地质、气候等自然条件，以及筑路材料和施工条件，确定技术上可靠、经济上合理的路面结构。沥青路面的设计应保证路面在预定的使用期限内，处于规定的工作状态。沥青路面设计的内容包括路面结构层组合设计、厚度计算、路面材料配合比设计及方案比选等。

目前，世界各国使用的路面设计方法主要有美国加州 CBR 法、美国公路协会 AASHTO 法、荷兰 Shell 法、美国沥青协会 AI 法。前两者属于经验法；后两者属于以力学理论为基础，同时考虑环境因素、路面材料特性、交通条件的理论法。理论法大多采用弹性层状体系理论分析沥青路面结构的应力、应变和位移，并可以利用电子计算机技术。因此，理论法具有广阔的应用发展前景。我国现行沥青路面设计方法正是基于弹性层状体系理论进行结构设计与计算的方法。

6.2.1　弹性层状体系理论

由不同材料和土基组成的沥青路面结构，在荷载作用下，其应力－应变关系大多呈非线性特性，且应变随应力作用时间而变，应力卸除后有一部分塑性变形不可恢复。但考虑到运动车轮作用于路面的瞬时性，路面结构在瞬间产生的塑性变形很小。因此，在进行路面结构计算和分析时，对于厚度较大、强度较高的高等级路面，将其视为线弹性体，并应用弹性层状体系理论进行分析计算。

弹性层状体系由若干个弹性层组成，上面各层具有一定厚度，最下一层为弹性半无限体，如图 6-3 所示。并假设：

(1) 各层由均质、连续、均匀、各向同性的线弹性材料组成，用弹性模量 E_i 和泊松比 μ_i 表示其弹性参数。

(2) 最下一层为水平方向和竖直向下方向无限延伸的半无限体，其上各层在水平方向为无限大，但竖向具有一定厚度 h_i。

(3) 各层分界面上的应力和位移完全连续（称连续体系），或者仅竖向应力和位移连续，而层间无摩擦力（称滑动体系）。

(4) 各层在水平方向无限远处及最下层无限深处的应力、应变和位移为零。

(5) 不计各层材料自重。

在圆形均布荷载作用下，弹性层状体系的力学计算简图（图中作为示例，仅列出垂直荷载）如图 6-3 所示，图中 p 和 δ 分别为均布荷载压强和荷载当量圆半径；h_i、E_i 和 μ_i 从分别为各结构层的厚度、弹性模量和泊松比。

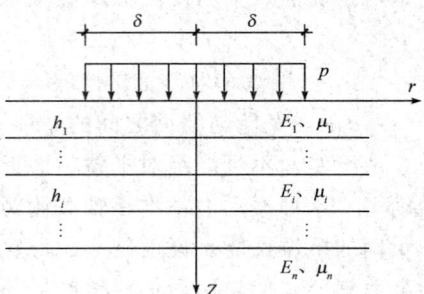

图 6-3 弹性层状体系示意图

在圆形均布荷载作用下，弹性层状体系内各点的应力和位移可以利用"弹性层状体系理论"的有关公式进行计算，这些计算公式都是非常复杂的无穷积分公式。为了简单起见，可以表示成如式(6-4)、式(6-5)所示的函数表达式（式中下标"单"表示荷载为单圆荷载）。

路表弯沉： $l_{单} = \dfrac{2p\delta}{E_1}\alpha_1\left(\dfrac{E_2}{E_1}, \dfrac{E_3}{E_2}, \cdots, \dfrac{E_n}{E_{n-1}}; \dfrac{h_1}{\delta}, \dfrac{h_2}{\delta}, \cdots, \dfrac{h_{n-1}}{\delta}\right)$ (6-4)

路面内的正应力： $\sigma_{单} = p\,\bar{\sigma}_{单}\left(\dfrac{E_2}{E_1}, \dfrac{E_3}{E_2}, \cdots, \dfrac{E_n}{E_{n-1}}; \dfrac{h_1}{\delta}, \dfrac{h_2}{\delta}, \cdots, \dfrac{h_{n-1}}{\delta}\right)$ (6-5)

在以上诸式中，α_1、$\bar{\sigma}_{单}$ 分别为理论弯沉系数和正应力系数，它们是 E_2/E_1、E_3/E_2、…、E_n/E_{n-1} 和 h_1/δ、h_2/δ、…、h_{n-1}/δ 的函数。

在路面设计中，通常采用双圆荷载图式代表汽车后轴一侧的双轮荷载。在具体求解时，先由式(6-4)、式(6-5)计算出单圆荷载作用下在计算点所产生的各应力部位移，然后用力学中的"叠加原理"计算出双圆荷载作用下在计算点所产生的应力和位移，即：

$$l_{双} = l_{单}^{(1)} + l_{单}^{(2)} = \dfrac{2p\delta}{E_1}(\alpha_{1单}^{(1)} + \alpha_{1单}^{(2)}) = \dfrac{2p\delta}{E_1}\alpha_{1双} \quad (6\text{-}6)$$

$$\sigma_{双} = \sigma_{单}^{(1)} + \sigma_{单}^{(2)} = p(\bar{\sigma}_{单}^{(1)} + \bar{\sigma}_{单}^{(2)}) = p\,\bar{\sigma}_{双} \quad (6\text{-}7)$$

式(6-6)、式(6-7)中上标"(1)"和"(2)"分别表示第一个和第二个单圆荷载，下标"双"表示双圆荷载，在后面的计算公式中下标"双"往往省略。

在以上诸公式中，结构层材料参数只出现弹性模量而未出现泊松比，是由于在路面结构计算中习惯将泊松比取为定值（即路面材料 $\mu = 0.25$，土基材料 $\mu = 0.35$），不再作为变量的缘故。

· 230 ·

6.2.2 路面结构层组合设计

1. 路面结构组合设计的原则

路面结构层通常由面层、基层、底基层、垫层等多层结构组成。如何正确、合理地选择和安排沥青路面各个结构层次及材料组成,是整个路面结构是否能在设计使用年限内,在行车荷载和自然因素的共同作用下实现其正常使用功能的关键。

路面结构组合设计合理与否,直接反映在路面结构的使用性能、寿命和经济效益上。我国地域广阔,气候、材料、水文条件、经济发达程度、交通量及其交通组成情况各地差异很大,故在路面结构组合设计时,各地应结合当地具体情况及实践经验,选择适合本地区的路面结构,以更好地发挥路面各层及结构的整体效能。

根据理论分析和多年的使用经验,在路面结构组合设计中要遵循下列原则:

(1) 按照道路的等级及交通繁重程度选择面层的类型和厚度。面层直接经受行车和自然因素的作用,要求高强、耐磨和温度稳定性好,因而,通常采用粘结力强的结合料和高强、耐磨的集料作为面层材料。加大开展现场资料调查和收集工作,做好交通荷载分析与预测,交通量越大,面层的等级应越高,厚度越厚。

(2) 按照各结构层的功能选择结构层次。沥青面层可以由单层、双层或三层沥青混合料组成,各层混合料的组成设计应根据其层厚、层位、气温和降雨量等气候条件、交通量和交通组成等因素确定,基层是主要承受竖向应力的承重层,它要有足够的强度、刚度和水稳定性。要使路面有足够的整体强度和良好的使用性能、还应保证路基具有一定的抗变形能力和水稳定性。否则,单纯依靠加强或增厚面层或基层,并不能收到良好的效果,同时也不经济。

(3) 按照各结构层的应力分布特性选择结构层次。轮载作用于路面,其应力和应变随深度的增大而递减。因此,对各层材料的强度和刚度的要求也可以随深度的增大而相应降低。路面各结构层如按照强度和刚度自上而下递减的方式组合,则既能充分发挥各结构层材料的能力,又能充分利用当地材料充当底基层或基层,从而降低造价。采用上述递减规律组合路面结构层次时,还需要注意相邻结构层之间的刚度不能相差过大。上、下两层的相对刚度比过大时,上层底面将出现较大的弯拉应力。一旦此值超过上层材料的抗拉强度,上层将产生开裂。在厚度组合时,宜从上到下、由薄到厚,以达到经济的目的。

(4) 要顾及各结构层本身的结构特性及层间结合的特性。各结构层具有各自的特性,在组合时要注意相邻层次的相互影响,采取措施限制或消除所产生的不利影响;在层间结合设计时,应采取一些技术措施来加强路面结构各层之间的紧密结合,提高路面结构整体性,使各结构层之间不产生层间滑移。

(5) 要考虑水温状况的不利影响。沥青面层下的基层要慎重选择,严格控制基层内的细料含量,在潮湿路段应采用水稳定性好并透水的基层。

(6) 适当的层厚和层数,以便施工。各类结构层按照所用材料的规格和施工工艺的要求,应符合最小厚度和最小总厚度的规定。同时,为方便施工,路面结构层的层数不宜过多。

2. 路面结构组合的设计方法

(1) 面层类型选择及厚度的确定。沥青面层是直接承受车轮荷载反复作用和各种自然因素影响，并将荷载传递到基层以下的结构层，因此，它应满足表面功能性和结构性的使用要求。面层可以为单层、双层或三层。双层结构称为表面层（磨耗层）、下面层，若采用三层结构称为表面层（或磨耗层）、中面层、下面层。

表面层（磨耗层）应具有平整密实、抗滑耐磨、稳定耐久的服务功能。同时，应具有高温抗车辙、低温抗开裂、抗老化等品质。中面层、下面层应具有一定的密水性、抗剥离性。高温或重载条件下，沥青混合料具有较高的抗剪强度，下面层应具有良好的抗疲劳开裂的性能。

高速、一级公路一般选用三层沥青面层结构。通常认为，密实型细粒式或中粒式沥青混凝土（如 AC-13、AC-16）最宜用于表面层，它的空隙率一般为 3%~5%，不仅可以防止水害及冻害，而且保留一定的空隙率，热季不会泛油。表面层切忌使用空隙率大于 6% 的半密实型混合料。对于重交通或特重交通等级，为了减少车辙量，可以选用沥青玛琋脂碎石混合料（如 SMA-10、SMA-13），必要时采用改性沥青结合料。重交通或中等交通的高速公路或者有低噪声要求的路段，可以选用开级配沥青混合料作为抗滑磨耗层或透水磨耗层。轻交通或中等交通的三、四级公路，可以选用沥青表面处治作为磨耗层。

沥青中面层和下面层经受着与沥青上面层相同的不利工作环境，在平整性和抗滑性方面的要求略低一些，因此，对沥青混合料的选择同样有较高的要求，特别是在密实防水、抗剪变形、抗疲劳开裂等方面的要求也很高。通常选用密实型中粒式和粗粒式混合料，如 AC-20、AC-25。有时，对于特重交通等级也有采用沥青玛琋脂碎石混合料（SMA-20），并采用改性沥青结合料。

二级、三级以下等级公路一般采用双层式沥青面层，即上面层与下面层。沥青混合料选型除了沥青混凝土之外，也可以选用热拌沥青碎石（ATB）或沥青贯入式结构，再加上表面封层。

三级、四级公路一般可以采用双层沥青表面处治结构，四级公路面层也可以采用稀浆封层。另外，在所选的各沥青层中必须至少有一层为密级配沥青混合料。各级公路沥青路面的面层结构类型选型可以根据公路等级，参考表 6-3 选定。

表 6-3 各类面层适用公路等级

沥青面层类型	公路等级	其他应用
热拌沥青混凝土、SMA、嵌挤型热拌沥青混合（OGFC）	高速、一级、二级、三级、四级公路	—
热拌沥青碎石混合料、沥青贯入式	二级、三级公路	柔性基层、调平层
沥青表面处治和稀浆封层	三级、四级公路	各级公路的上、下封层
乳化沥青碎石混合料	三级、四级公路	旧路修补工程

沥青面层在路面结构中的价格较高，一般情况下对沥青面层厚度应有所控制，但是也不能过薄。从压实效果来看，各沥青层的厚度应与混合料的公称最大粒径相匹配，一般沥青混合料一层的压实最小厚度不宜小于混合料公称最大粒径的 2.5~3 倍，OGFC 或 SMA 一层压实最小厚度不宜小于混合料公称最大粒径的 2~2.5 倍，以利于碾压密实，提高其耐久性和水稳性。

沥青层厚度应根据公路等级、交通量和交通组成、气候条件及所选路面结构类型等因素拟定。当采用半刚性基层沥青路面时，沥青面层厚度宜符合表 6-4 的要求。当采用柔性路面结构时,面层可选用 100~120 mm 双层式,其下设置沥青混合料、贯入式碎石、级配碎石等柔性材料层;当采用贫混凝土沥青路面时,沥青层可以为 100~180 mm;当采用混合式沥青路面时,面层可以选择两层式,沥青面层厚度宜为 100~120 mm,其下设置柔性基层。柔性基层可以为单层或双层,厚度宜为 80~180 mm。

表 6-4　半刚性基层沥青面层厚度推荐值　　　　　　　　　　　　　　　　　　mm

公路等级	推荐厚度	公路等级	推荐厚度
高速公路	120~180	三级公路	30~50(拌合法)或 15~30(层铺法表面处治)
一级公路	100~150		
二级公路	60~100	四级公路	10~30(沥青表面处治)

沥青混合料最小厚度与适宜厚度宜符合表 6-5 的要求;灌入式沥青碎石、沥青表面处治最小厚度与适宜厚度宜符合表 6-6 的要求。

表 6-5　沥青混合料最小厚度与适宜厚度　　　　　　　　　　　　　　　　　　mm

沥青混合料类型		最大粒径	公称最大粒径	符号	压实最小厚度	适宜厚度
密级配沥青混合料 (AC)	砂粒式	9.5	4.75	AC—5	15	15~30
	粗粒式	13.2	9.5	AC—10	20	25~40
		16	13.2	AC—13	35	40~60
	中粒式	19	16	AC—16	40	50~80
		26.5	19	AC—20	50	60~100
	粗粒式	31.5	26.5	AC—25	70	80~120
密级配沥青碎石 (ATB)	粗粒式	31.5	26.5	ATB—25	70	80~120
		37.5	31.5	ATB—30	90	90~150
	特粗式	53	37.5	ATB—40	120	120~150
开级配沥青碎石 (ATPB)	粗粒式	31.5	26.5	ATPB—25	80	80~120
		37.5	31.5	ATPB—30	90	90~150
	特粗式	53	37.5	ATPB—40	120	120~150
半开级配沥青碎石 (AM)	细粒式	16	13.2	AM—13	35	40~60
	中粒式	19	16	AM—16	40	50~70
		26.5	19	AM—19	50	60~80
	粗粒式	31.5	26.5	AM—25	80	80~120
	特粗式	53	37.5	AM—40	120	120~150
沥青玛蹄脂碎石混合料 (SMA)	细粒式	13.2	9.5	SMA—10	25	25~50
		16	13.2	SMA—13	30	35~60
	中粒式	19	16	SMA—16	40	40~70
		26.5	19	SMA—20	50	50~80
开级配沥青磨耗层 (OGFC)	细粒式	13.2	9.5	OGFC—10	20	20~30
		16	13.2	OGFC—13	30	30~40

表 6-6　灌入式沥青碎石、沥青表面处治最小厚度与适宜厚度　　　　　　　mm

结构层类型	压实最小厚度	适宜厚度
灌入式沥青碎石	40	40～80
上拌下贯沥青碎石	60	60～80
沥青表面处治	10	10～30

　　(2)基层、底基层类型选择及厚度的确定。沥青路面结构中沥青面层主要起功能性作用，而非承重层。基层承担着沥青面层向下传递的全部负荷，支承面层，确保面层发挥各项重要性能。与此同时，基层结构还承受着由于土基水温状况多变而发生的地基支承能力变化的敏感性，使之不致影响沥青面层的正常工作。基层结构是承上启下保证路面结构耐久、稳定的主要承重层，因此，要求基层具有相对较高的物理力学性能指标。

　　沥青路面的基层按照材料和力学特性的不同，可以分为柔性基层、半刚性基层和刚性基层。各结构层有不同的特点，各自具有适用的场合。

　　1)柔性基层。柔性基层主要采用沥青处置的级配碎石和无结合料的级配碎石修筑基层。柔性基层由于其力学特性与沥青面层一样都属于柔性结构，因此，在应力、应变传递的协调过渡方面比较顺利；同时，由于结构材料均为有级配的颗粒状材料，因此结构排水畅通，路面结构不易受水损害。柔性基层的缺点是基层本身刚度较低，面层将承受较多的荷载弯矩，在同样交通荷载作用之下，沥青面层应采用较厚的结构层。

　　2)半刚性基层。半刚性基层主要采用水泥、石灰或工业废渣等无机结合料，对级配集料做稳定处理的基层结构。半刚性基层的板体性较好、整体强度高，可以大大提高沥青路面结构的整体刚度。但半刚性基层的主要缺点是本身不可避免会产生收缩开裂和不能很快排水。如沥青面层没有足够的厚度(通常认为沥青面层厚度小于 20 cm)，半刚性基层的收缩开裂在使用初期即会引起反射裂缝，在路表面形成较多的横向开裂；同时，半刚性基层强度很高，致使半刚性基层本身非常致密，从面层下渗的水只能积存在面层与基层之间，在车轮荷载的反复作用下，基层表面逐步破坏，最终导致沥青面层发生早期水损坏。

　　另外，在多雨地区，半刚性基层直接铺筑在沥青面层之下，水不易向下渗透，易造成沥青路面的早期水损害，故在选用时应全面权衡利弊。

　　3)刚性基层。刚性基层是采用低强度等级混凝土修筑基层混凝土板，板上铺筑沥青面层。刚性基层沥青路面的基层混凝土板承受了绝大部分车轮荷载，沥青面层的弯拉应力很小。主要考虑表面的功能效应，即满足路面平整性、抗车辙、防水、抗渗等要求。刚性基层适用于重交通、特重交通及运煤、矿石、建筑材料等的工程。当采用贫混凝土基层作刚性基层时，应设置纵缝、横缝，并灌入填缝料。其上应设置热沥青或改性沥青、改性乳化沥青粘结层等，以加强层间结合。

　　基层结构一般较沥青面层厚，通常需要 200～400 mm，甚至更厚，为了节省原材料，降低造价，可以将基层分为上基层、下基层(也称为底基层)。虽然都属基层结构，下基层的工作环境没有上基层严峻，因此，可以采用性能略低的结合料与集料。基层材料以集料为主，应尽量利用当地材料，以降低工程造价。

　　选择基层类型关系到路面结构的耐久性和长期使用性能，首先应根据路面结构所承受的交通等级进行比选。同时，应考虑地基支撑的可靠性以及当地水温状况和路基排水与路基稳定的可靠程度作不同方案，比较后择优选定。

在交通环境各方面工作条件都十分恶劣的情况下，可以考虑各种基层组合使用，如在地基承载力低、交通量繁重、路基排水不良路段，可以考虑设计复合式基层结构，即在半刚性基层上加设柔性基层。一方面提高结构承载力，减轻沥青面层荷载应力；另一方面，发挥柔性基层变形协调、利于渗水排水的优势，使路面始终保持良好工作状态，还可以避免半刚性基层的反射裂缝。对于严重超载的沥青路面，也可以采用配钢筋的混凝土板或连续配筋混凝土板作基层的沥青路面。设计中，基层和底基层组成材料的不同品种和适用范围参照表6-7。

表6-7 基层和底基层组成材料不同品种和适用范围

类型	品种	适用场合
无机结合料类	水泥稳定碎石、石灰粉煤灰稳定碎石	各交通等级的基层和底基层
	贫混凝土	特重交通的基层
	水泥稳定开级配碎石	多雨地区、特重或重交通的排水基层
	水泥稳定未筛分碎石、砾石	轻交通的基层、各交通等级的底基层
	石灰粉煤灰稳定未筛分碎石、砾石	
	石灰稳定未筛分碎石、砾石	
	水泥土、石灰土、石灰粉煤灰土	轻交通的基层、中等交通和轻交通的底基层
沥青结合料类	密级配沥青碎石	特重交通和重交通的基层
	半开级配沥青碎石	
	开级配沥青碎石	多雨地区、特重或重交通的排水基层
	沥青贯入碎石	中等和轻交通的基层
粒料类	级配碎石(优质碎石)	重交通、中等交通和轻交通的基层
	级配碎石(未筛分碎石)	轻交通的基层、各交通等级的底基层
	级配碎石、级配碎砾石	
	填缝碎石	

基层结构主要应根据交通量大小、材料性能，充分发挥压实机具的功能，以及考虑有利于施工等因素选择各结构层的厚度。各结构层的材料变化不宜过于频繁，不利于施工组织、管理。各种结构层压实最小厚度与适宜厚度宜按表6-8选择。

(3)垫层类型选择及防冻厚度的确定。垫层介于土基与基层之间，主要用于路基状况不良的路段，以确保路面结构不受路基中滞留的自由水的侵蚀以及冻融的危害。通常认为，路基处于以下状况，应专门设置垫层：

1)地下水位高，排水不良，路基经常处于潮湿、过湿状态的路段；
2)排水不良的土质路堑，有裂隙水、泉眼等水文不良的岩石挖方路段；
3)季节性冰冻地区的中湿、潮湿路段，可能产生冻胀需设防冻垫层的路段；
4)基层或底基层可能受污染以及路基软弱的路段。

从垫层的设置目的与功能出发，垫层可分为防水垫层、排水垫层、防污垫层和防冻垫层。

表 6-8　各种结构层压实最小厚度与适宜厚度　　　　　　　　　　　mm

结构层类型		压实最小厚度	适宜厚度
半刚性基层	水泥稳定类	150	180～200
	石灰稳定类	150	180～200
	石灰粉煤灰稳定类	150	180～200
柔性基层	级配碎石	80	100～200
	级配碎(砾)石	80	100～200
	泥结碎石	80	100～150
	填隙碎石	100	100～120
刚性基层	贫混凝土	150	180～240

1)防水垫层。当路基处于潮湿、过湿状态，土质不良，粉土粒含量高，在毛细水作用下水分将自下而上渗入底基层和基层结构的情况下，为隔断地下水源而应设置防水垫层。防水垫层应不含粉土、黏土的成分。其主要采用粗砂、砂砾、矿渣等粗粒材料铺筑。在垫层以下应铺设不透水层，以防止自下而上的渗透和污染。

2)排水垫层。排水垫层的功能主要是排除通过路基顶面渗入的潜水、泉水和毛细上升水。排水垫层与路基路面排水系统的衔接、出口的设置等，都应按照设计要求选定。排水垫层以下应设置土工织物反滤层，严防路基土通过地下水进入排水垫层，污染结构，降低排水功能。若排水垫层同时也承担着排除地面渗入路面结构的雨水的功能，则排水层与底基层交界面上也应设置反滤层，以防止基层材料的有害成分污染排水层，影响其排水功能的发挥。

3)防污垫层。对于地处软土地带的潮湿路段，为了防止路基土侵入路面污染结构，可设置防污垫层作为隔离层，以保护路面结构。通常采用土料合成材料与粒料分多层间隔铺筑，即可以达到防污的效果。有时，将防污垫层设置在防水垫层及排水垫层以下，两种垫层同时使用，可取得良好效果。

4)防冻垫层。在季节性冰冻地区，当冰冻线深度达到路基的易冰冻土层时，宜选用不易冻胀土置换冰冻线深度范围内的易冰冻土，或者在易冰冻土层上增设防冻垫层，以保护路面结构不受冻胀和翻浆的危害。防冻层应采用隔温性能良好、热系数低的材料，如煤渣、矿渣等。

防冻层厚度与路基潮湿类型、路基土类、道路冻深，以及路面结构层材料的热传递性有关，规范规定冰冻区各级公路的中湿、潮湿路段，应进行防冻厚度验算。根据交通量计算的结构层总厚度应不小于表 6-9 中最小防冻厚度的规定，若结构层总厚度小于最小防冻厚度，则应增加防冻垫层使其满足最小防冻厚度的要求。

(4)沥青路面结构层次及层间结合。

1)结构层次。根据理论分析可知，路面结构厚度与层间模量比有密切关系。故对半刚性基层提出适当控制层间模量比的要求。沥青层的回弹模量一般小于半刚性基层材料的回弹模量。从理论上分析，若沥青层与半刚性基层材料之间是完全连续时，沥青层多数处于受压状态或出现较小拉应力，半刚性基层主要承受拉应力。上下层间模量比越小，即半刚性基层模量增大，沥青层底拉应力增加，沥青层剪切应力、沥青层与半刚性基层界面之间的剪切应力增大，故半刚性基层材料的刚度不宜太大。若层间接触面处于浸水状态，可能

表 6-9 沥青路面最小防冻厚度   mm

路基类型	道路多年最大冻深	黏性土、细粉质砂土			粉性土		
		砂石类	稳定土类	工业废料类	砂石类	稳定土类	工业废料类
中湿	50～100	40～45	35～40	30～35	45～50	40～45	30～40
	100～150	45～50	40～45	35～40	50～60	45～50	40～45
	150～200	50～60	45～55	40～45	60～70	50～60	45～50
	>200	60～70	55～65	50～55	70～75	60～70	50～65
潮湿	60～100	45～55	40～50	35～45	50～60	45～55	40～50
	100～150	55～60	50～55	45～50	60～70	55～65	50～60
	150～200	60～70	55～65	50～55	70～80	65～70	60～70
	>200	70～80	65～75	55～70	80～100	70～90	65～80

注：1. 对潮湿系数小于 0.5 的地区，防冻厚度比表中数值小 15%～20%；
    2. 对Ⅱ区砂性土路基，防冻厚度应减小 5%～10%。

导致界面产生滑移时，沥青层底拉应力可能比完全连续状态大 1～2 倍。因此，从设计和施工上应采取可靠技术，防止出现层间滑移现象。

对柔性基层沥青路面结构的沥青层与沥青层之间模量相差较小，而沥青层与级配碎石之间模量则相差较大，此时沥青层底的拉应力较大。故应选用各结构层间模量逐渐递减的材料组合，可以使结构层受力更合理。

半刚性基层沥青路面结构的基层与沥青面层之间的模量比宜为 1.5～3.0；基层与底基层之间的模量比不宜大于 3.0；底基层(或垫层)与土基之间的模量比宜为 2.5～12.5。

刚性基层沥青路面结构需采取措施加强沥青层与刚性基层间的紧密结合，并提高界面抗剪强度和沥青混合料的抗剪切强度，以增加沥青层抗剪切、推移变形的能力。有条件时，应验算沥青层的剪应力和界面剪应力。

总之，层间适当的模量比可以使结构层受力更为合理；保证层间结合状态的完全连续，是提高路面耐久性的关键。

2) 层间结合。沥青路面各结构层材料具有各自的特性，在组合时，应注意相邻层次的相互影响，采取措施限制或消除所产生的不利影响。通过在结构层之间设置透层、粘层和封层等工艺措施，尽量使结构层之间结合紧密稳定，保证结构层之间应力传递的连续性，提高路面结构整体性，避免产生层间滑移。

①透层。各种基层上应设置透层沥青。透层沥青应具有良好的渗透性能，可以采用液体沥青(稀释沥青)、乳化沥青等。洒布数量宜通过现场试验确定，对粒料基层应透入 3～6 mm 为宜。

②粘层。在各沥青层之间均匀布设粘层。粘层沥青宜用热沥青、改性热沥青或改性乳化沥青，洒布数量宜为 $0.3～0.6 \text{ kg/m}^2$，粘层沥青的稠度略大于透层沥青。同时，在新旧沥青层之间、沥青层与旧水泥混凝土板之间、拓宽路面时、新旧路面接槎处，也应洒布或喷涂粘层沥青。

③封层。在半刚性基层上应设置下封层，下封层可以采用沥青单层表面处治或砂粒式、细粒式密级配沥青混合料，稀浆封层等，但实践表明，沥青单层表面处治是较经济、有效

的方法之一。在新建工程中，为防止雨水下渗，也可以在表面层和中面层之间设封层。

6.2.3 沥青路面厚度设计

我国沥青路面设计方法采用双圆垂直均布荷载作用下的多层弹性层状体系理论，以路表面的回弹弯沉值和沥青混凝土层弯拉应力、半刚性及刚性材料基层底面弯拉应力为设计指标进行路面结构厚度设计。设计完成后，路面结构的路表弯沉和各结构层底弯拉应力均应满足设计指标要求。

1. 路面设计年限

路面设计年限应根据经济、交通发展情况及该公路在公路网中的地位，考虑环境和投资条件综合确定。各级公路的沥青路面设计年限不宜低于表6-10的要求，若有特殊使用要求，可适当调整。设计年限是一个计算累计标准当量轴次的基准年限，不等于使用年限或路面的使用寿命。

表 6-10 各级公路沥青路面设计年限   年

公路等级	设计年限	公路等级	设计年限
高速公路、一级公路	15	三级公路	8
二级公路	12	四级公路	6

2. 标准轴载及当量轴次换算

在路面设计时使用累计当量轴次的概念。但由于路面行驶的车辆类型很多，它们的轴载也不相同，因此，必须选取一种标准轴载，并将各级轴载换算为标准轴载，从而计算设计年限内作用于路面的累计当量轴次。各国都根据本国国情确定标准轴载，我国路面设计以双轮组单轴轴载 100 kN 为标准轴载，用 BZZ－100 表示。当把各种轴载换算为标准轴载时，为使换算前后轴载对路面的作用达到相同的效果，应遵循两项原则：第一，换算以达到相同的临界状态为标准；第二，对某一种交通组成，不论以何种轴载的标准进行轴载换算，由换算所得轴载作用次数计算的路面厚度是相同的。根据此轴载换算原则，建立轴载换算计算公式。

(1)以设计弯沉值和沥青层的层底拉应力为指标时，各级轴按照式(6-8)换算成标准轴载作用次数：

$$N = \sum_{i=1}^{k} C_1 C_2 n_i \left(\frac{P_i}{P}\right)^{4.35} \tag{6-8}$$

式中 N——以设计弯沉和沥青层层底拉应力为指标时的标准轴载的当量轴次(次/d)。

n_i——各种被换算车辆的作用次数(次/d)。

P——标准轴载(kN)。

P_i——各种被换算车型的轴载(kN)。

C_2——被换算车型轮组系数，单轮组为6.4，双轮组为1，四轮组为0.38。

C_1——被换算车型的轴数系数，当前后轴间距大于3 m时，分别按照单个轴计算，此时 $m=1$；当轴间距小于3 m时，按照双轴或多轴进行计算，轴数系数：

$$C_1 = 1 + 1.2(m-1) \tag{6-9}$$

式中 m——轴数。

(2)当以半刚性材料结构层的层底拉应力为设计指标时,各级轴按照式(6-10)换算成标准轴载作用次数:

$$N' = \sum_{i=1}^{k} C_1' C_2' n_i \left(\frac{P_i}{P}\right)^8 \tag{6-10}$$

式中 N'——以半刚性材料层的层底拉应力为设计指标时的标准轴载的当量轴次(次/d)。

C_2'——被换算车型的轮组系数,单轮组为 18.5,双轮组为 1,四轮组为 0.09。

C_1'——被换算车型的轴数系数,当轴间距大于 3 m 时,分别按照单个轴计算,此时 $m=1$;当轴间距小于 3 m 时,按照双轴或多轴进行计算,轴数系数:

$$C_1' = 1 + 2(m-1) \tag{6-11}$$

3. 设计年限内设计车道上累计当量标准轴次

设计年限内一个车道通过的累计当量标准轴载 N_e 按式(6-12)计算:

$$N_e = \frac{[(1+\gamma)^t - 1] \times 365}{\gamma} \cdot N_1 \cdot \eta \tag{6-12}$$

式中 N_e——设计年限内一个车道通过的累计标准当量轴载(次/车道);

t——设计年限(年);

N_1——路面营运第一年双向日平均当量轴次(次/d);

γ——设计年限内交通量的平均年增长率(%);

η——车道系数,见表 6-11。

表 6-11 车道系数

车道	双向单车道	双向两车道	双向四车道	双向六车道	双向八车道
车道系数 η	1	0.6~0.7	0.4~0.5	0.3~0.4	0.25~0.35

4. 交通等级

路面结构在设计年限内承担交通荷载的繁重程度以交通等级来划分。我国交通量宜根据表 6-12 的规定划分为 4 个等级。设计时,分别根据累计当量轴次 N_e(次/车道)或每车道路、每日大客车及中型以上各种货车交通量 N_n[辆/(d·车道)]来划分交通等级。最后,取两种方法得出的较高的交通等级作为设计交通等级。

表 6-12 沥青路面交通等级

交通等级	BZZ-100 累计标准轴次 N_e(次/车道)	大客车及中型以上各种货车交通量 N_n[辆/(d·车道)]
轻交通	$<3 \times 10^6$	<600
中等交通	$3 \times 10^6 \sim 1.2 \times 10^7$	$600 \sim 1\ 500$
重交通	$1.2 \times 10^7 \sim 2.5 \times 10^7$	$1\ 500 \sim 3\ 000$
特重交通	$>2.5 \times 10^7$	$>3\ 000$

5. 沥青路面设计指标

我国现行《公路沥青路面设计规范》(JTG D50—2006)中规定:高速、一级、二级公路的路面结构设计,以路表面回弹弯沉值和沥青混凝土层层底拉应力及半刚性材料层的层底拉应力为设计指标;三级、四级公路的路面结构,以路表面设计弯沉值为设计指标。有条件时,对重载交通路面宜检验沥青混合料的抗剪切强度。

(1)以路表回弹弯沉为设计指标。

1)计算图式。当以路表回弹弯沉值为路面结构设计指标时,其路面荷载及计算点如图 6-4 所示。计算点取双圆垂直荷载轮隙中心处(A 点),路表计算弯沉值 l_s 应小于或等于设计弯沉值 l_d,即:

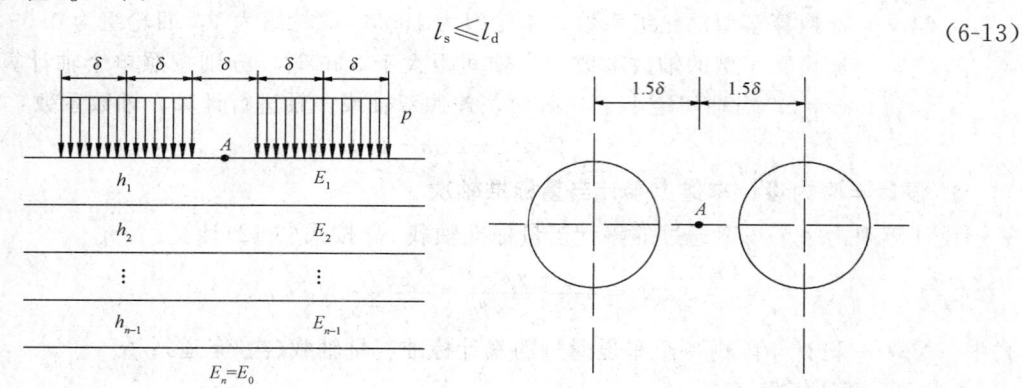

$$l_s \leqslant l_d \tag{6-13}$$

图 6-4 路表弯沉计算图

2)路面设计弯沉值 l_d。路面设计弯沉值是路面整体刚度大小的指标,是路面厚度计算的主要依据。在相同车轮荷载作用下,路面弯沉值越大,则路面抵抗垂直变形的能力越弱,反之则强。设计弯沉值根据设计年限内每个车道通过的累计当量轴次、公路等级、面层和基层类型按式(6-14)计算确定。相当于路面竣工后第一年不利季节、路面在标准轴载 100 kN 作用下,测得的最大回弹弯沉值。

$$l_d = 600 N_e^{-0.2} \cdot A_c \cdot A_s \cdot A_b \tag{6-14}$$

式中 l_d——设计弯沉值,0.01 m;

N_e——设计年限内一个车道通过的累计标准当量轴载(次/车道);

A_c——公路等级系数,高速公路、一级公路为 1.0,二级公路为 1.1,三、四级公路为 1.2;

A_s——面层类型系数,沥青混凝土面层为 1.0,热拌沥青碎石、冷拌沥青碎石、沥青贯入式路面、沥青表面处治为 1.1;

A_b——基层类型系数,半刚性基层沥青路面为 $A_b = 1.0$,柔性基层沥青路面为 $A_b = 1.6$,对于混合式基层采用线性内插确定基层类型系数。

3)路表计算弯沉值 l_s。轮隙中心路表计算弯沉值按照式(6-15)计算:

$$l_s = 1\,000 \frac{2p\delta}{E_1} \alpha_c F \tag{6-15}$$

$$\alpha_c = F\left(\frac{h_1}{\delta}, \frac{h_2}{\delta}, \cdots, \frac{h_{n-1}}{\delta}; \frac{E_2}{E_1}, \frac{E_3}{E_2}, \cdots, \frac{E_0}{E_{n-1}}\right) \tag{6-16}$$

式中 F——弯沉修正系数,按式(6-17)计算:

p——标准车型的轮胎接地压强(MPa);

δ——当量圆半径(cm);

α_c——理论弯沉系数。

$$F = 1.63 \left(\frac{l_s}{2\,000\delta}\right)^{0.38} \left(\frac{E_0}{p}\right)^{0.36} \tag{6-17}$$

E_0——土基回弹模量(MPa);

$E_1, E_2, \cdots, E_{n-1}$——各层材料抗压回弹模量(MPa);

$h_1, h_2, \cdots, h_{n-1}$——各结构层厚度(cm)。

$\alpha_c = F(\cdots)$以$\dfrac{h_1}{\delta}, \dfrac{h_2}{\delta} \cdots \dfrac{h_{n-1}}{\delta}; \dfrac{E_2}{E_1}, \dfrac{E_3}{E_2} \cdots \dfrac{E_0}{E_{n-1}}$等参数作为输入数据,应用通用软件计算得到,进而即可求得路表计算弯沉值。

(2)以层底拉应力为设计指标。

1)计算图式。以沥青混凝土层和半刚性材料层的层底拉应力为路面结构设计指标时,其路面荷载及计算点如图 6-5 所示。

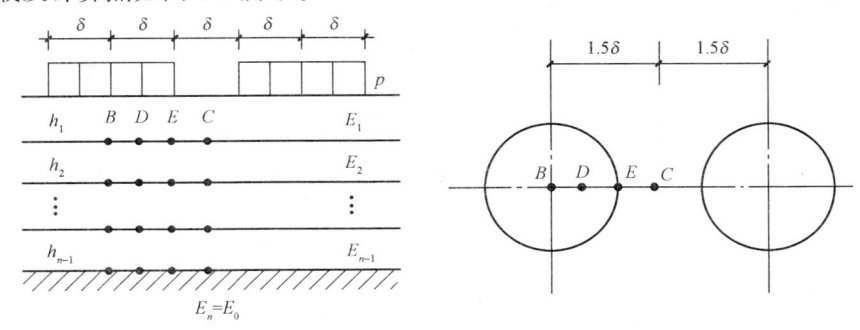

图 6-5 层底弯拉应力计算图

层底拉应力根据多层弹性理论,采用电算法求解,层间接触条件为完全连续体系。计算点取单圆的中心点 B,单圆半径 1/2 点 D,单圆内侧边缘点 E 及双圆轮隙中心点 C 的应力,然后确定最大应力 σ_m。最大应力 σ_m 应小于等于容许拉应力 σ_R,即:

$$\sigma_m \leqslant \sigma_R \tag{6-18}$$

2)结构层材料的容许拉应力 σ_R。路面结构层材料的容许拉应力是指路面结构在行车荷载反复作用下达到临界破坏状态时容许的最大拉应力。沥青混凝土面层、半刚性材料基层、底基层以弯拉应力作为设计指标时,材料的容许拉应力 σ_R 按式(6-19)计算:

$$\sigma_R = \frac{\sigma_{sp}}{K_s} \tag{6-19}$$

式中 σ_R——路面结构层材料的容许拉应力(MPa)。

σ_{sp}——沥青混凝土或半刚性材料的极限劈裂强度(MPa),由实验室按标准试验方法测得;对沥青混凝土的极限劈裂强度,是指 15 ℃时的极限劈裂强度;对水泥稳定类材料,是指龄期为 90 d 的极限劈裂强度(MPa);对二灰稳定类、石灰稳定类材料,是指龄期为 180 d 的极限劈裂强度(MPa)。

K_s——抗拉强度结构系数,根据结构层材料的不同,按照式(6-20)计算 K_s 值。

①对于沥青混凝土面层:

$$K_s = 0.09 N_e^{0.22}/A_c \tag{6-20(a)}$$

②对于无机结合料稳定粒料基层：
$$K_s = 0.35 N_e^{0.11}/A_c \qquad [6\text{-}20(b)]$$
③对于无机结合料稳定细粒土基层：
$$K_s = 0.45 N_e^{0.11}/A_c \qquad [6\text{-}20(c)]$$
④对于贫混凝土基层：
$$K_s = 0.25 N_e^{0.05}/A_c \qquad [6\text{-}20(d)]$$

3）计算结构层层底拉应力 σ_m。
$$\sigma_m = p \bar{\sigma}_m \qquad (6\text{-}21)$$
式中 $\bar{\sigma}_m$——理论最大拉应力系数，按照式（6-22）计算；
$$\bar{\sigma}_m = f\left(\frac{h_1}{\delta}, \frac{h_2}{\delta}, \cdots, \frac{h_{n-1}}{\delta}; \frac{E_2}{E_1}, \frac{E_3}{E_2}, \cdots, \frac{E_0}{E_{n-1}}\right) \qquad (6\text{-}22)$$

路面结构设计按照设计弯沉值和容许拉应力的两项指标设计路面结构层厚度，取其中较厚的层厚为最终设计结果，即同时满足设计弯沉值 l_d 和容许拉应力 σ_R 两项指标的要求。

6. 设计参数

在应用弹性层状体系理论进行路面结构计算时，必须确定路基土和路面各层材料的弹性模量值。工程上，通常采用承载板试验或弯沉测定的方法确定路基土和路面材料回弹模量值，并将这种回弹模量作为弹性模量。

（1）路基回弹模量值。路基回弹模量是路面结构设计的重要参数，它的取值不同会直接影响路表弯沉和各层内力的计算结果。在进行新建公路初步设计时，路基回弹模量设计值宜根据查表（或现有公路调查）、现场实测、室内试验法等方法进行确定。当路基建成后，应在不利季节路基最不利状况实测各路段路基回弹模量代表值，以检验是否符合设计值的要求。

1）查表法。在无实测条件时，可以按照下述步骤由查表法预测土基回弹模量值。

①确定临界高度。临界高度是指在不利季节，路基分别处于干燥、中湿或潮湿状态时，路床表面距离地下水位或地表积水水位的最小高度，可以根据土质、气候条件按照当地经验确定。当缺乏实际资料时，中湿、潮湿状态的路基临界高度可参考《公路沥青路面设计规范》（JTG D50—2006）选用。

②拟定土的平均稠度。在新建公路的初步设计中，因无法实测求得土的平均调度，可以根据当地经验或路基临界高度，判断各路段路基的干湿类型，参考《公路沥青路面设计规范》（JTG D50—2006），论证得到各路段土的平均稠度 w_c。

③估计路基回弹模量设计值。根据土类和气候区以及拟定的路基土的平均稠度，可以查《公路沥青路面设计规范》（JTG D50—2006），估计路基回弹模量设计值。当采用重型击实标准时，路基回弹模量设计值可以比表列数值提高 20%～35%。

2）现场实测法。现场实测法宜采用承载板法，也可以采用贝克曼梁弯沉仪法、便携式落锤弯沉仪法。若现场实测路基回弹模量代表值小于设计值或弯沉值大于要求的检验值，应采取翻晒补压、掺灰处理或调整路面结构厚度等措施，以保证路基路面的强度和稳定性。

①承载板法测定已建成路基回弹模量。这是直接在已成路基上，在不利季节，采用刚性承载板测定土基 0～0.5 mm（路基软弱时测至 1 mm）的变形压力曲线，利用式（6-23）计算测点处路基回弹模量值。目前采用的测试方法是按照《公路路基路面现场测试规程》（JTG E60—2008）的规定来确定的。

$$E_{0b} = \frac{\sum P_i}{D \cdot \sum l_i}(1-\mu_0^2) \times 10^5 \tag{6-23}$$

式中 D——承载板直径(mm);

P_i,l_i——第 i 级荷载(kN)及其检测的回弹变形(0.01 mm);

μ——路基的泊松比，取 0.35。

某路段路基回弹模量设计值应按式(6-24)计算：

$$E_{0d} = \frac{\overline{E_0} - Z_a S}{K_1} \tag{6-24}$$

式中 E_{0d}——某路段土基回弹模量设计值(MPa);

$\overline{E_0}$,S——实测土基回弹模量的平均值和均方差;

Z_a——保证率系数，高速、一级公路为 2，二、三级公路为 1.645，四级公路为 1.5;

K_1——不利季节影响系数，可以根据当地经验确定。

②贝克曼梁弯沉仪法测定已建成的路基弯沉值。因弯沉测定比承载板法简便、快捷，可以选择典型路段测试，建立 E_{0d} 和 l_{0d} 的相关关系，计算该路段的路基代表弯沉值，用以检查路基压实质量和路基的均匀性，并验证是否达到路基设计回弹模量值的要求。将路基回弹模量设计值按照式(6-25)计算，其相当的路基设计弯沉值 l_{0d} 作为检验路基强度和均匀性的简便方法。

$$l_{0d} = \frac{2p\delta}{K_1 E_{0d}}(1-\mu_0^2)\alpha_0 \times 10^2 \tag{6-25}$$

式中 l_{0d}——路基设计弯沉值，0.01 mm;

p,δ——测定车轮胎接地压强(MPa)与当量圆半径(mm);

α_0——均匀体弯沉系数，取 0.712;

K_1——不利季节影响系数，可以根据本地经验确定。

某路段实测的弯沉代表值 l_0 应不大于路基弯沉设计值 l_{0d}。

$$l_0 = \overline{l_0} + Z_a S \leqslant l_{0d} \tag{6-26}$$

式中 $\overline{l_0}$,S——分别为该路段实测路基弯沉平均值与均方差，0.01 mm;

Z_a——保证率系数。高速、一级公路为 2，二、三级公路为 1.645，四级公路为 1.5。

3)室内试验法。室内试验法是取代表土样在最佳含水率条件下，采用小承载板法测得土样回弹模量实测值，考虑公路等级、不利季节和路基干湿类型等的影响，确定回弹模量设计值。具体步骤如下：

①选择土料场、取土样。采用 100 mm 直径承载板，按照《公路土工试验规程》(JTG E40—2007)中小承载板法试验要求进行试验。回弹模量测试结果应按照式(6-27)进行修正。

$$E_{0s} = \lambda E \tag{6-27}$$

式中 E_{0s}——修正后的回弹模量(MPa);

λ——试筒尺寸约束修正系数，50 mm 直径承载板取 0.78，100 mm 直径承载板取 0.59;

E——室内试验法回弹模量实测值。

②试件制备。根据重型击实标准确定的最佳含水量，采用三组试样，每组三个试件，

每个试件分别按照重锤三层 98 次、50 次、30 次击实制件,测得不同压实度与其相对应的回弹模量值,绘成压实度与回弹模量之间的关系线,查图求得标准压实度条件下土的回弹模量值。

③确定路基回弹模量设计值。应考虑公路等级、不利季节和路基干湿类型的影响,采用式(6-28)进行计算。

$$E_{0d} = \frac{Z}{K} E_{0s} \tag{6-28}$$

式中 E_{0d}——路基回弹模量设计值(MPa);

E_{0s}——室内承载板法考虑试筒尺寸约束修正后的回弹模量测试结果(MPa);

Z——考虑保证率的折减系数,高速、一级公路为 0.66,二、三级公路为 0.59,四级公路为 0.52;

K——考虑不利季节和路基干湿类型的综合影响系数,参考表 6-13 选取,或者根据室内承载板法回弹模量与稠度的关系分析确定,或者根据当地经验确定。

表 6-13 综合影响系数 K

土基稠度值 w_c	$w_c \geqslant w_{c1}$	$w_{c1} > w_c \geqslant w_{c2}$	$w_c < w_{c2}$
综合影响系数 K	1.3	1.6	1.9

(2)材料设计参数。路面材料的设计参数包括材料的回弹模量值和材料的弯拉强度值。我国现行《公路沥青路面设计规范》(JTG D50—2006)规定,沥青路面结构按路表弯沉值和容许层底弯拉应力两个指标控制设计厚度。无论采用哪项控制指标设计厚度,各结构层回弹模量均采用抗压回弹模量,并且应考虑路面结构层回弹模量的不利组合,即按照抗压回弹模量的设计值取用。

①当以路表弯沉值为设计或验算指标时,设计参数采用抗压回弹模量,温度为 20 ℃,计算路表弯沉值时,抗压回弹模量设计值 E 按照式(6-29)计算:

$$E = \bar{E} - Z_a S \tag{6-29}$$

式中 $\bar{E}$——各试件模量的平均值(MPa);

S——各试件模量的均方差;

Z_a——保证率系数,取 2.0。

②以沥青层或半刚性材料结构层的层底拉应力为设计或验算指标时,应在 15 ℃条件下测试沥青混合料的抗压回弹模量和劈裂强度,半刚性材料应在规定龄期(水泥稳定类材料龄期为 90 d,二灰稳定类、石灰稳定类材料为 180 d,水泥粉煤灰稳定类为 120 d)测定抗压回弹模量。在计算层底拉应力时,计算层以下各层的模量应采用式(6-30)计算其模量设计值:

$$E = \bar{E} - Z_a S \tag{6-30}$$

式中,符号意义同前式。

路面设计中各结构层的材料设计参数应根据公路等级和设计阶段的要求确定。高速公路、一级公路施工图设计阶段根据拟采用的路面材料实测设计参数,各级公路采用新材料时,也必须进行材料试验实测设计参数;高速公路、一级公路初步设计阶段或二级及其以下公路施工图设计阶段可以借鉴本地区已有的相近材料试验资料,根据使用经验确定;可行性研究阶段材料设计参数可以参照表 6-14~表 6-16。

表 6-14 沥青混合材料设计参数　　　　　　　　　　　　　　　　　　　　MPa

材料名称		抗压模量		15 ℃劈裂强度	备注
		20 ℃	15 ℃		
细粒式沥青混凝土	密级配	1 200～1 600	1 800～2 200	1.2～1.6	AC-10，AC-13
	开级配	700～1 000	1 000～1 400	0.6～1.0	OGFC
沥青玛琋脂碎石		1 200～1 600	1 200～1 500	1.4～1.9	SMA
中粒式沥青混凝土		1 000～1 400	1 600～2 000	0.8～1.2	AC-16，AC-20
密级配粗粒式沥青混凝土		800～1 200	1 000～1 400	0.6～1.0	AC-25
沥青碎石基层	密级配	1 000～1 400	1 200～1 600	0.6～1.0	ATB25，ATB-35
	开级配	600～800	600～800	—	AM-25，AM-40
沥青贯入式		400～600	400～600	—	—

表 6-15 基层、底基层材料设计参数　　　　　　　　　　　　　　　　　　MPa

材料名称	配合比或规格要求	20 ℃抗压模量	15 ℃抗压模量	15 ℃劈裂强度
水泥砂砾	4%～6%	1 100～1 500	3 000～4 200	0.4～0.6
水泥碎石	4%～6%	1 300～1 700	3 000～4 200	0.4～0.6
二灰砂砾	7∶13∶80	1 100～1 500	3 000～4 200	0.6～0.8
二灰碎石	8∶17∶80	1 300～1 700	3 000～4 200	0.5～0.8
石灰水泥粉煤灰砂砾	6∶3∶16∶75	1 200～1 600	2 700～3 700	0.4～0.55
水泥粉煤灰碎石	4∶16∶80	1 300～1 700	2 400～3 000	0.4～0.55
石灰土碎石	粒料大于60%	700～1 100	1 600～2 400	0.3～0.4
石灰灰土	粒料大于40%～50%	600～900	1 200～1 800	0.25～0.35
水泥石灰砂砾土	4∶3∶25∶68	800～1 200	1 500～2 200	0.3～0.4
二灰土	10∶30∶60	600～900	2 000～2 800	0.2～0.3
石灰土	8%～12%	400～700	1 200～1 800	0.2～0.25
石灰土处理路基	4%～7%	200～350	200～350	—
级配碎石	基层连续级配型	300～350	300～350	
	基层骨架密实型	300～500	300～500	
	底基层、垫层	200～250	200～250	
填隙碎石	底基层	200～280	200～280	
未筛分碎石	做底基层用	180～220	180～220	—
级配砂砾、天然砂砾	做底基层用	150～200	150～200	—
中粗砂	垫层	80～100	80～100	—

表 6-16 碎(砾)石土材料设计参数

碎石含量/%	路基干湿类型	回弹模量值/MPa	体积密度/(t·m^{-3})	含水量/%
>70	干燥	90~100	2.05~2.25	7
	中湿	70~80	2.00~2.20	8
	潮湿	55~65	1.95~2.15	11
50~70	干燥	75~85	2.00~2.20	7
	中湿	55~65	1.95~2.1	8
	潮湿	45~55	1.90~2.10	11
30~50	干燥	47~57	1.90~2.10	<10
	中湿	30~40	1.85~1.95	10~15
	潮湿	20~30	1.75~1.85	>15
<30	干燥	30~40	1.80~1.90	<10
	中湿	15~25	1.70~1.80	10~15
	潮湿	15	1.60~1.70	>15

6.2.4 新建沥青路面设计步骤

新建沥青路面设计步骤通常按照以下程序进行：

(1)根据设计任务书的要求，确定路面等级和面层类型，计算设计年限内一个车道上的累计当量轴次和设计弯沉。

(2)按路基土类和干湿类型，将路基划分为若干路段(在一般情况下，路段长度不宜小于500 m；若为大规模机械化施工，则不宜小于1 km)，确定各路段土基的回弹模量值。

(3)拟定几种可能的路面结构组合方案与厚度方案，根据选用的材料进行配合比试验及测定各结构层的抗压回弹模量、抗拉强度，确定各结构层材料的设计参数。

(4)根据设计弯沉值计算路面厚度。对高速公路、一级公路、二级公路沥青混凝土面层和半刚性材料的结构层，应进行拉应力验算。如不满足要求，应调整路面结构厚度，或变更路面结构组合，或调整材料配合比，提高极限抗拉强度，再重新计算。上述计算应采用多层弹性体系理论编制的专用设计程序进行。

季节性冰冻地区的高级和次高级路面尚应满足防冻厚度的要求。

(5)进行技术经济比较，确定采用的路面结构方案。

工程实训 某新建沥青路面设计

东北某地拟新建一条一级公路，该路地处于Ⅱ2区，为双向四车道。沿线土质为中液限黏性土，填方路基高1.8 m，地下水位距路床2.4 m，属中湿状态；公路沿线有丰富的砂砾，附近有采石场和石灰厂，筑路材料丰富。该地区年降雨量为620 mm，最高气温35 ℃，最低气温−31 ℃，多年最大道路冻深为175 cm。根据工程可行性研究报告可知，路段所在地区近期交通量，调查资料见表6-17，根据交通量调查资料进行综合分析，预测交通量年平均增长率为6%。拟采用沥青路面结构，试进行路面结构设计。

表 6-17 交通量

序号	1	2	3	4	5	6
车型	解放 CA-10B	黄河 JN162	太脱拉	长征 XD250	日野 KF300D	伊卡璐丝 266
数量/(辆·d^{-1})	2000	850	450	610	400	325

解:(1)确定交通等级。

1)轴载换算。根据表 6-17 所列该路段预测交通量组成与交通量调查资料,当以路表弯沉值和沥青层的层底拉应力为设计指标时的标准轴载当量轴次,按照式(6-8)进行轴载换算,将计算结果列入表 6-18 中;当以半刚性基层的层底拉应力为设计指标时的标准轴载当量轴次,按照式(6-10)进行轴载换算,将计算结果列入表 6-19 中。

表 6-18 交通量当量轴次换算(以路表弯沉值和层底拉应力为设计指标)

车型		P_i/kN	C_1	C_2	$(P_i/P)^{4.35}$	n_i/kN	$C_1 C_2 n_i (P_i/P)^{4.35}$
解放 CA-10B	前轴	19.40	1	6.4	7.98×10^{-4}	2 000	10.21
	后轴	60.85	1	1	1.15×10^{-1}	2 000	230.44
黄河 JN162	前轴	59.50	1	6.4	1.05×10^{-1}	850	568.52
	后轴	115.0	1	1	1.84	850	1 561.19
太脱拉	前轴	38.70	1	6.4	1.61×10^{-2}	450	46.34
	后轴	74.00	2.2	1	2.70×10^{-1}	450	267.17
长征 XD250	前轴	37.80	1	6.4	1.45×10^{-2}	610	56.70
	后轴	72.60	2.2	1	2.48×10^{-1}	610	333.29
日野 KF300D	前轴	40.75	1	6.4	2.01×10^{-7}	400	51.56
	后轴	79.00	2.2	1	3.59×10^{-1}	400	315.62
伊卡璐丝 266	前轴	53.00	1	6.4	6.32×10^{-2}	325	131.42
	后轴	107.00	1	1	1.34	325	436.22
合计		$N = \sum_{i=1}^{k} C_1 C_2 n_i (P_i/P)^{4.35}$					4 008.68

表 6-19 交通量当量轴次换算(以半刚性基层层底拉应力为设计指标)

车型		P_i/kN	C_1'	C_2'	$(P_i/P)^8$	n_i/kN	$C_1' C_2' n_i (P_i/P)^8$
解放 CA-10B	前轴	19.40	1	18.5	2.01×10^{-6}	2 000	0.07
	后轴	60.85	1	1	1.88×10^{-2}	2 000	37.59
黄河 JN162	前轴	59.50	1	18.5	1.57×10^{-2}	850	247.02
	后轴	115.0	1	1	3.06	850	2 600.17
太脱拉	前轴	38.70	1	18.5	5.03×10^{-4}	450	4.19
	后轴	74.00	3	1	8.99×10^{-2}	450	121.39
长征 XD250	前轴	37.80	1	18.5	4.17×10^{-4}	610	4.70
	后轴	72.60	3	1	7.72×10^{-2}	610	141.24

续表

车型		P_i/kN	C'_1	C'_2	$(P_i/P)^8$	n_i/kN	$C'_1 C'_2 n_i (P_i/P)^8$
日野 KF300D	前轴	40.75	1	18.5	7.60×10^{-4}	400	5.63
	后轴	79.00	3	1	1.52×10^{-1}	400	182.05
伊卡璐丝 266	前轴	53.00	1	18.5	6.23×10^{-2}	325	37.43
	后轴	107.00	1	1	1.72	325	558.41
合计				$N'=\sum_{i=1}^{k} C'_1 C'_2 n_i (P_i/P)^8$			3 939.90

由表 6-18 和表 6-19 可知。营运第一年双向日平均当量轴次分别如下：

① 以弯沉位和沥青层的层底拉应力为设计指标时：

$$N=4\ 008.68\ 次/d$$

② 以半刚性基层的层底拉应力为设计指标时：

$$N'=3\ 939.90\ 次/d$$

2) 设计年限内设计车道上累计当量标准轴次。根据《设计规范》，一级公路沥青路面的设计年限取 15 年，四车道的车道系数是 0.4~0.5，取 0.45。则累计当量轴次为：

$$N_{e1}=\frac{[(1+\gamma)^t-1]\times365}{\gamma}N\eta=\frac{[(1+0.06)^{15}-1]\times365\times4\ 008.68\times0.45}{0.06}$$
$$=1.53\times10^7(次)$$

$$N_{e2}=\frac{[(1+\gamma)^t-1]\times365}{\gamma}N'\eta=\frac{[(1+0.06)^{15}-1]\times365\times3\ 939.90\times0.45}{0.06}$$
$$=1.51\times10^7(次)$$

3) 确定交通等级。每车道、每日大客车及中型以上各种货车交通量 $N_n=2\ 086$[辆/(d·车道)]，属于重交通；以路表弯沉值和结构层层底拉应力为设计指标时，设计车道上累计当量标准轴次 N_e 均为 $(1.2\sim2.5)\times10^7$，属于重交通。最后，确定该路段交通等级为重交通。

(2) 土基回弹模量的确定。设计路段路基处于中湿状态，路基土为中液限黏质土，根据室内试验法可得土基回弹模量值为 40 MPa。

(3) 初拟路面结构。根据本地区的路用材料，结合已有工程经验与典型结构，并根据结构层的最小施工厚度、材料、水文、交通量以及施工机具的功能等因素，初步确定路面结构组合与各层厚度如下：

40 mm 细粒式沥青混凝土＋60 mm 中粒式沥青混凝土＋80 mm 粗粒式沥青混凝土＋200 mm 水泥稳定碎石＋180 mm 水泥稳定砂砾＋180 mm 级配碎石。以水泥稳定砂砾层为设计层。

(4) 路面材料配合比设计与设计参数的确定。

1) 试验材料的确定。半刚性基层所用集料与结合料取自沿线料场，沥青选用重交通 90 号石油沥青，上面层采用 SBS 改性沥青，技术指标均符合《公路沥青路面施工技术规范》(JTG F40—2004)相关规定。

2) 路面材料配合比设计（略）。

3) 路面材料抗压回弹模量的确定。各种材料的试验结果与设计参数见表 6-20、表 6-21。其中，沥青混合料的抗压回弹模量参照《公路工程沥青及沥青混合料试验规程》(JTG E20—2011)规定的方法测定 20 ℃、15 ℃的抗压回弹模量；半刚性材料的抗压回弹模量按照《公路工程无机结合料稳定材料试验规程》(JTG E51—2009)中规定的顶面法测定。

表 6-20　沥青材料抗压回弹模量取值　　　　　　　　　　　　　　　　　　　MPa

材料名称	20 ℃抗压模量			15 ℃抗压模量			
	$\bar{E}$	S	$\bar{E}-2S$	$\bar{E}$	S	$\bar{E}-2S$	$\bar{E}+2S$
细粒式沥青混凝土	1 991	201	1 589	2 680	344	1 992	3 368
中粒式沥青混凝土	1 425	105	1 215	2 175	187	1 801	2 549
粗粒式沥青混凝土	978	55	868	1 320	60	1 200	1 440

表 6-21　半刚性基层材料抗压回弹模量取值　　　　　　　　　　　　　　　　MPa

材料名称	抗压回弹模量			
	$\bar{E}$	S	$\bar{E}-2S$	$\bar{E}+2S$
水泥稳定碎石	3 188	782	1 624	4 752
水泥稳定砂砾	2 617	234	2 148	3 086
级配碎石	250	—	—	—

抗压回弹模量设计值的取值应满足：当以路表弯沉值为设计或验算指标，计算路表弯沉值时，抗压回弹模量设计值按 $E=\bar{E}-Z_aS$ 计算；当以沥青层或半刚性材料结构层层底拉应力为设计或验算指标，在计算层底拉应力时，计算层以下各层的模量应按 $E=\bar{E}-Z_aS$ 计算，计算层及以上各层模量应按 $E=\bar{E}+Z_aS$ 计算。

4)路面材料劈裂强度测定。根据设计配合比，选取工程用各种原材料，测定材料规定温度和龄期的材料劈裂强度，其结果见表 6-22。

表 6-22　路面材料劈裂强度　　　　　　　　　　　　　　　　　　　　　　　MPa

材料名称	细粒式沥青混凝土	中粒式沥青混凝土	粗粒式沥青混凝土	水泥稳定碎石	水泥稳定砂砾
劈裂强度	1.2	1.0	0.8	0.6	0.5

5)确定计算层位。一般拟定半刚性材料层作为计算层位，垫层不可以作为计算层位。故拟定水泥稳定砂砾作为计算层位。

6)验算层间模量比。路面结构层相邻层之比，基层/面层、基层/底基层、垫层/土基，均应符合相关规范的要求。

(5)设计指标的确定。

1)设计弯沉值的确定。该公路为一级公路，公路等级系数取为 1.0，面层是沥青混凝土，面层类型系数取为 1.0，采用半刚性基层沥青混凝土，路面结构类型系数取 1.0。则弯沉值计算如下：

$$l_d = 600 N_e^{-0.2} A_c A_b A_s = 600 \times (1.53 \times 10^7)^{-0.2} \times 1.0 \times 1.0 \times 1.0$$
$$= 21.90(0.01 \text{ mm})$$

2)层底拉应力的计算。各层材料的容许层底拉应力如下：

①细粒式密级配沥青混凝土：

$$K_s = 0.09 \frac{N_{e1}^{0.22}}{A_c} = 0.09 \times \frac{(1.53 \times 10^7)^{0.22}}{1.0} = 3.41$$

$$\sigma_R = \frac{\sigma_{sp}}{K_s} = \frac{1.2}{3.41} = 0.35(\text{MPa})$$

② 中粒式密级配沥青混凝土：

$$K_s = 0.09 \frac{N_{e1}^{0.22}}{A_c} = 0.09 \times \frac{(1.53 \times 10^7)^{0.22}}{1.0} = 3.41$$

$$\sigma_R = \frac{\sigma_{sp}}{K_s} = \frac{1.0}{3.41} = 0.29(\text{MPa})$$

③ 粗粒式密级配沥青混凝土：

$$K_s = 0.09 \frac{N_{e1}^{0.22}}{A_c} = 0.09 \times \frac{(1.53 \times 10^7)^{0.22}}{1.0} = 3.41$$

$$\sigma_R = \frac{\sigma_{sp}}{K_s} = \frac{0.8}{3.41} = 0.23(\text{MPa})$$

④ 水泥稳定碎石：

$$K_s = 0.35 \frac{N_{e2}^{0.11}}{A_c} = 0.35 \times \frac{(1.51 \times 10^7)^{0.11}}{1.0} = 2.16$$

$$\sigma_R = \frac{\sigma_{sp}}{K_s} = \frac{0.6}{2.16} = 0.28(\text{MPa})$$

⑤ 水泥稳定砂砾：

$$K_s = 0.35 \frac{N_{e2}^{0.11}}{K_s} = 0.35 \times \frac{(1.51 \times 10^7)^{0.11}}{1.0} = 2.16$$

$$\sigma_R = \frac{\sigma_{sp}}{A_c} = \frac{0.5}{2.16} = 0.23(\text{MPa})$$

(6) 结构厚度计算。该路段拟定路面结构为半刚性基层，沥青路面的基层类型系数为 1.0，设计弯沉值为 21.90(0.01 mm)，利用专用设计程序对拟定路面结构厚度进行计算，输入各项参数后可得到计算结果，方案中的设计层厚度未定，可以先假设初始厚度，验算设计指标($l_s \leqslant l_d$ 和 $\sigma_m \leqslant \sigma_R$)，若计算结果不能满足不等式，则调整厚度，直到满足设计指标为止。通过计算，当满足设计弯沉指标要求时，水泥稳定砂砾层厚度为 180 mm；满足层底拉应力指标要求的水泥稳定砂砾层厚度为 180 mm。故设计厚度取整，取水泥稳定砂砾层为 180 mm。路表计算弯沉为 $l_s = 1.4(0.01 \text{ mm})$。各结构层的验算结果见表6-23。

表6-23 各结构层厚度计算结果

序号	结构层材料名称	厚度 h /mm	抗压模量/MPa 20℃ $\bar{E}$	S	15℃ $\bar{E}$	S	劈裂强度 /MPa	层底拉应力/MPa	容许拉应力/MPa
1	细粒式沥青混凝土	40	1 991	201	2 680	344	1.2	−0.212	0.35
2	中粒式沥青混凝土	60	425	105	2 175	187	1.0	0.069	0.29
3	粗粒式沥青混凝土	80	978	55	1 320	60	0.8	−0.019	0.23
4	水泥稳定碎石	200	3 188	782	3 188	782	0.6	0.146	0.28
5	水泥稳定砂砾	180	2 617	234	2 517	234	0.5	0.173	0.23
6	级配碎石	180	250	—	250	—	—	—	—
7	土基	—	40	0	40	0	—	—	—

(7)验算防冻层厚度。按照规范要求进行抗冻厚度验算。拟定路面结构总厚度为 740 mm,沥青层厚度为 180 mm。根据基本资料,该路段道路最大冻深为 175 cm,土质为中液限黏性土,中湿状态,基层为稳定土类。故查表确定沥青路面结构最小防冻厚度为 550~650 mm,取最小防冻厚度为 600 mm,通过计算拟定路面结构厚度满足最小抗冻厚度要求。

(8)方案技术经济比选。拟定几种可行的路面结构组合与厚度方案,进行技术经济比较,选定最佳路面结构方案(略)。

6.2.5 旧沥青路面补强设计

随着时间的推移,一方面沥青路面各项性能都会下降,出现各种病害,致使沥青路面不能完成预定功能;另一方面,交通量逐年增长,其增长速度不能完全事先确定,使路面不能完全满足交通需求,需要进行路面补强加固。沥青路面补强设计包括现有路面结构状况调查、弯沉评定及补强厚度计算。

1. 路面结构状况调查与评定

对原路面结构状况调查与评定的主要目的是全面掌握现有路面的状况,包括承载力、强度、路面病害情况等,从而判断路面是否需要补强,并给出具体的处理措施,主要内容如下所述:

(1)交通调查分析。根据各统计数据得出目前交通量的实际数据和运营期间实际增长率。预测今后交通增长情况,作为路面补强设计的参数。

(2)路基路面状况调查。对地下水位、填挖高度、地质情况、排水情况、路面宽度、病害类型等进行调查,用这些数据对原路基路面结构进行分析,判定干湿类型、确定病害原因等。

(3)路面修建和养护历史调查。了解原来养护时的设计参数、病害原因、措施等,补强设计时可作为参考对比数据。

(4)测定原路面弯沉。每一路段、每一车道的测点数不少于 20 个,最好采用标准轴载汽车测定,如非标准轴载汽车,则应按照下式进行换算:

$$\frac{l_{100}}{l_i} = \left(\frac{P_{100}}{P_i}\right)^{0.87} \tag{6-31}$$

式中 P_{100}——标准轴载 100 kN;

l_{100}——标准轴载下的弯沉值(0.01 mm)。

各点的计算弯沉值按照下式确定:

$$l_0 = (\overline{l_0} + Z_a S) \cdot K_1 \cdot K_2 \cdot K_3 \tag{6-32}$$

式中 $\overline{l_0}$——原路面各测点实测弯沉平均值,0.01 mm;

S——原路面各测点实测弯沉标准差,0.01 mm;

Z_a——保证率系数,高速公路、一级公路取 1.645,其他公路取 1.5;

K_1——季节影响系数,根据当地经验确定;

K_2——湿度影响系数,根据当地经验确定;

K_3——温度修正系数,其取值按照式(6-33)计算。

路面补强应按照最不利季节进行计算,如非最不利季节应进行季节修正。类似地,对于原有砂石路面，进行沥青层补强后，原有面层和基层中的水分不易蒸发，使弯沉、湿度增大，强度降低，应乘以湿度修正系数来表征这种影响。

当原路面为沥青面层时，弯沉测定值还随路面温度的变化而变化，路面弯沉值是以 20 ℃为标准状态，当沥青面层厚度小于或等于 5 cm 时，不需温度修正；当路面温度在 20 ℃±2 ℃时，也不进行温度修正；其他情况下测定弯沉值均应进行温度修正，温度修正系数 K_3 为：

$$K_3 = \frac{l_{20}}{l_T} \tag{6-33}$$

式中　l_{20}——20 ℃时沥青路面弯沉值(0.01 mm)；

　　　l_T——实际测定中，沥青面层平均温度为 T 时的弯沉值(0.01 mm)。

测定时的沥青面层平均温度 T 按照式(6-34)确定：

$$T = a + bT_0 \tag{6-34}$$

式中　a，b——系数，$a = -2.65 + 0.52h$，$b = 0.62 - 0.008h$；

　　　h——沥青面层厚度(cm)；

　　　T_0——实际测定时，路表温度与前 5 小时平均温度平均值之和(℃)。

经过标准温度 20 ℃与测定时沥青面层平均温度 T 时两种弯沉测定值之比，统计分析得到温度修正系数 K_3 的经验公式。

当 $T \geqslant 20$ ℃时：

$$K_3 = e^{\left[h\left(\frac{1}{T} - \frac{1}{20}\right)\right]} \tag{6-35}$$

当 $T < 20$ ℃时：

$$K_3 = e^{[0.002h(20 - T)]} \tag{6-36}$$

2. 原路面当量回弹模量的计算

当采用层状弹性理论计算路面补强层厚度时，需根据原路面计算弯沉值，通过换算求得原路面综合当量回弹模量。各路段的当量回弹模量按照式(6-37)计算。

$$E_t = 1\,000 \frac{2p\delta}{l_0} m_1 m_2 \tag{6-37}$$

式中　E_t——原路面的当量回弹模量(MPa)；

　　　p——标准轴载车型的轮胎压强(MPa)；

　　　δ——标准轴载单轮传压面当量圆半径(cm)；

　　　l_0——原路面计算弯沉值(0.01 mm)；

　　　m_1——轮板对比值，标准轴载得到的弯沉与相同压力条件下承载板得到的回弹变形之比，其结果一般接近 1.1，因此，当没有条件进行试验时，一般取 1.1 进行计算；

　　　m_2——原路面当量回弹模量扩大系数，计算与原路面接触层的弯拉应力时按照式(6-38)取值，计算其他补强层的弯拉应力或弯沉值时取为 1.0。

$$m_2 = e^{\left[0.037 \frac{h'}{\delta}\left(\frac{E_{n-1}}{P}\right)^{0.25}\right]} \tag{6-38}$$

式中　E_{n-1}——与原路面接触层材料的抗压模量(MPa)；

　　　h'——各补强层按 E_{n-1} 等效后的厚度之和(cm)，按式(6-39)计算：

$$h' = \sum_{i=1}^{n-1} h_i \left(\frac{E_i}{E_{n-1}}\right)^{0.25} \tag{6-39}$$

式中　h_i——第 i 补强层厚度(mm)；

　　　E_i——第 i 补强层材料抗压回弹模量(MPa)；

　　　$n-1$——补强层中层数。

3. 补强层设计

补强层采用弹性层状体系理论计算，若为单层补强，以双层体系计算；若为多层补强，采用等效三层体系计算。补强设计也以路表弯沉值作为控制指标，对于高速公路、一级公路、二级公路还应验算层底弯拉应力。进行弯沉值计算时，弯沉修正系数按照式(6-40)进行。

$$F = 1.45 \left(\frac{l_s \cdot E_t}{2\,000 p\delta}\right)^{0.61} \tag{6-40}$$

6.3　水泥路面设计

水泥混凝土路面是指以水泥混凝土为主要材料做面层的路面，简称水泥路面，俗称白色路面，它是一种高级路面。水泥混凝土路面与其他路面相比，具有较高的抗压、抗弯拉强度及抗磨耗能力，稳定性好，路面粗糙，抗滑性能好，养护费用少，经济效益高。但是，由于混凝土本身的特点，混凝土路面也存在以下缺点：

一般水泥混凝土路面要建造许多接缝，这些接缝不但增加施工和养护的复杂性，而且容易引起行车跳动，影响行车的舒适性。同时，接缝又是路面的薄弱点，如处理不当，将导致路面板边和板角处破坏。水泥混凝土路面铺筑后，一般要经过 15~20 d 的湿治养护，开放交通较迟。修补工作量也大且影响交通，这对于有地下管线的城市道路来说就具有较大困难，而且水泥混凝土路面的光、热反射能力高于沥青路面，使驾驶员行车时容易晃眼而造成疲劳。

6.3.1　水泥路面分类与构造

1. 水泥混凝土路面的分类

水泥混凝土路面按照材料的组成、对材料的要求及施工工艺的不同分为以下几类：

(1)普通水泥混凝土路面。普通水泥混凝土路面是指除接缝区和局部范围(如角隅和边缘)外，其余部位不配置钢筋的混凝土路面，也称为素混凝土路面。目前，该种路面广泛用于公路及城市道路中。

(2)钢筋混凝土路面。钢筋混凝土路面是指板内配有纵、横向钢筋(或钢丝)网并设接缝的混凝土路面。其中，钢筋网的设置可以控制裂缝缝隙的张开量，把开裂的板拉在一起，使板依靠断裂面上集料的嵌锁作用而保证结构强度。

(3)连续配筋混凝土路面。连续配筋混凝土路面，一般不设置横缝(施工缝和特定情况下必设的胀缝除外)，在板内配置纵向连续钢筋和横向钢筋。连续配筋路面消除了横向接缝，路面具有较高的整体性，行车平顺、舒适，连续配筋混凝土路面耐久，使用寿命长。其适用于高速公路、一级公路和机场混凝土道面。

（4）预应力混凝土路面。预应力混凝土路面就是事先在工作截面上施加压应力，以提高它的抗弯拉强度和承载力。预应力混凝土路面板厚度只需要传统混凝土路面板厚的40%～60%，就能够提供很高的承载力和较高的抗变形能力，对减薄机场道面的厚度非常有利；由于预应力混凝土路面板较长，因此接缝数量可以大大减少，从而改善了行车平稳性；预应力的存在使路面板体性较强，使边角软弱部得以改善，大大减少了横向开裂的可能性，提高了路面的耐久性；预应力混凝土路面几乎30年不需要大修，养护需求也较少。

（5）装配式混凝土路面。装配式混凝土路面是指将预制的水泥混凝土板块现场装配形成的水泥混凝土路面。装配式混凝土路面板可以全年生产，不受气候影响，质量容易得到保证；而且，铺装进度快，铺完即可通车，损坏后易于拆换修理。因此，较适用于停车站场及港口码头处，但其接缝多，整体性差，故在公路和城市道路干线上很少采用。

（6）钢纤维混凝土路面。钢纤维混凝土路面是指在混凝土中掺入钢纤维的水泥混凝土路面。钢纤维混凝土的早期强度较高，因而可以提前开放交通，缩短施工周期。路面的强度高，路面的抗裂性和耐磨性好，路面的使用寿命长。

（7）碾压混凝土路面。碾压混凝土路面是利用沥青混凝土路面摊铺、碾压技术施工的一种水泥混凝土路面。它与普通水泥混凝土路面所用材料基本相同，均为水、水泥、砂、碎（砾）石及外掺剂，不同之处是碾压混凝土为用水量很少的特干硬性混凝土，比普通水泥混凝土路面节约水泥10%～30%，而且施工速度快，养护时间短，具有很好的社会效益和经济效益。

（8）复合式混凝土路面。复合式混凝土路面为面板由两层或两层以上不同材料类型和力学性质的混凝土复合而成。通常下层用当地品质较差的材料来铺筑，而上层用品质较好的材料，以降低造价。该路面也称为双层式或组合式路面，一般下层为碾压混凝土，其厚度取总厚度的2/3；上层为普通混凝土，其厚度一般取总厚度的1/3，且不宜小于8 cm。

2. 水泥混凝土路面的构造

水泥混凝土路面结构的组成包括路基、垫层、基层以及面层。各结构层的构造特点如下所述：

（1）路基。路基应稳定、密实、均质，对路面结构提供均匀的支承，即路基在环境和荷载作用下不产生不均匀变形。高液限黏土、高液限粉土及含有机质细粒土，不适用做路基填料。因条件限制而必须采用上述土做填料时，应掺加石灰或水泥等结合料进行改善。

地下水位高时，宜提高路基顶面标高。在设计标高受限制，未达到中湿状态的路基临界高度时，应选用粗粒土或低剂量石灰或水泥稳定细粒土做路基填料。同时，应采取在边沟下设置排水渗沟等降低地下水位的措施。

岩石或填石路基顶面应铺设整平层。整平层可以采用未筛分碎石和石屑或低剂量水泥稳定粒料，其厚度视路基顶面不平整程度而定，一般为100～150 mm。

（2）垫层。在温度和湿度状况不良的城市道路上，应设置垫层，以改善路面结构的使用性能。在季节性冰冻地区，道路结构设计总厚度小于最小防冻厚度要求时，根据路基干湿类型和路基填料的特点设置垫层，其差值即是垫层的厚度；水文地质条件不良的土质路堑，路基土湿度较大时，宜设置排水垫层；路基可能产生不均匀沉降或不均匀变形时，宜加设半刚性垫层。

垫层的宽度应与路基宽度相同,其最小厚度为 150 mm。防冻垫层和排水垫层宜采用砂、砂砾等颗粒材料。半刚性垫层宜采用低剂量水泥、石灰等无机结合稳定粒料或土类材料。

(3)基层。

1)基层应具有足够的抗冲刷能力和较大的刚度,抗变形能力强、坚实、平整、整体性好。基层在水泥路面结构中起到如下作用:

①防止或减轻由于唧泥产生板底脱空和错台等病害;

②与垫层共同作用,可以控制或减少路基不均匀冻胀或体积变形对混凝土面层产生的不利影响;

③为混凝土面层施工提供稳定而坚实的工作面,并改善接缝的传递荷载能力。

2)基层材料的选择一般遵循下列原则:

①特重交通环境下宜选用贫混凝土、碾压混凝土或沥青混凝土;

②重交通道路宜选用水泥稳定粒料或沥青稳定碎石;

③中、轻交通道路宜选择水泥或石灰粉煤灰稳定粒料或级配粒料。湿润和多雨地区、繁重交通路段,宜采用排水基层。

3)基层的宽度应根据混凝土面层施工方式的不同,比混凝土面层每侧至少宽出 300 mm(小型机具施工时)或 500 mm(轨模或摊铺机施工时)或 650 mm(滑模或摊铺机施工时)。为防止下渗水影响路基,排水基层下宜设置由水泥稳定粒料或密级配粒料组成的不透水底基层,底基层顶面宜铺设沥青封层或防水土工织物。水泥混凝土路面未设垫层且路基填料为细粒土、黏土质砂或级配不良砂(承受特重或重交通),或者为细粒土(承受中等交通)时,应设置底基层。底基层可采用级配粒料、水泥稳定粒料或石灰粉煤灰稳定粒料等。

(4)面层。水泥混凝土面层应具有足够的强度、耐久性(抗冻性)、表面抗滑性、耐磨性、平整度。面层混凝土板通常分为普通混凝土板、钢筋混凝土板、连续配筋混凝土板、预应力混凝土和钢筋混凝土板等。目前,我国多采用普通混凝土板。

水泥混凝土面层是由一定厚度的混凝土板所组成,它具有热胀冷缩的性质。由于一年四季气温的变化,混凝土板会产生不同程度的膨胀和收缩。而在一昼夜中,白天气温升高,混凝土板顶面温度较底面高,这种温度坡差会造成板的中部隆起。夜间气温降低,板顶面温度较底面低,会使板的角隅和四周翘起。这些变形会受到板与基础之间的摩擦力和连接力以及板的自重和车轮荷载等的约束,致使板内产生过大的应力,造成板的断裂或拱胀等破坏。为避免这些缺陷,混凝土路面不得不在纵、横两个方向设置许多接缝,把整个路面分割成许多板块,在混凝土面层施工中通常设置纵向接缝和横向接缝。

纵向接缝根据路面宽度和施工铺筑宽度设置。当一次铺筑宽度小于路面宽度时,应设置带拉杆的平缝形式,深度宜为 30~40 mm,宽度宜为 3~8 mm,槽内应灌注沥青填缝料,如图 6-6 所示。当一次铺筑宽度大于 4.5 m 时,应设置带拉杆的、假缝形式的纵向缩缝,采用粒料基层时,槽口深度应为板厚的 1/3;当采用半刚性基层时,应为板厚的 2/5,如图 6-7 所示,纵缝应与线路中线平行。

横向接缝根据目的的不同可分为缩缝、胀缝和施工缝。施工中,施工缝尽可能选在缩缝或胀缝处。胀缝宽度宜为 20~25 mm,缝内设置光圆钢筋传力杆,可以滑动,如图 6-8 所示。缩缝缝隙宽为 3~8 mm,可不设置也可以设置传力杆,设置传力杆时(图 6-9),缝深

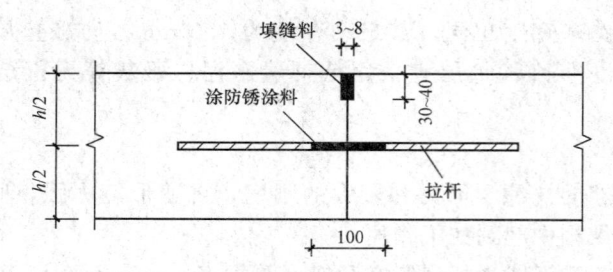

图 6-6　纵向施工缝示意图(单位：mm)

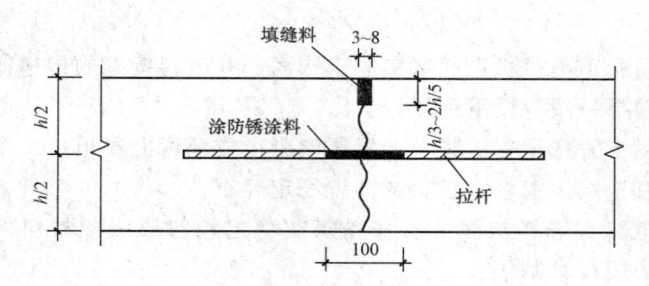

图 6-7　纵向缩缝示意图(单位：mm)

为板厚的 1/5～1/4，当不设置传力杆时(图 6-10)，缝深为板厚的 1/4～1/3。对于普通混凝土路面，横向缩缝的间距一般为 4～6 m 设置一道，碾压混凝土或钢纤维混凝土路面一般为 6～10 m 设置一道，钢筋混凝土路面一般为 6～15 m 设置一道。

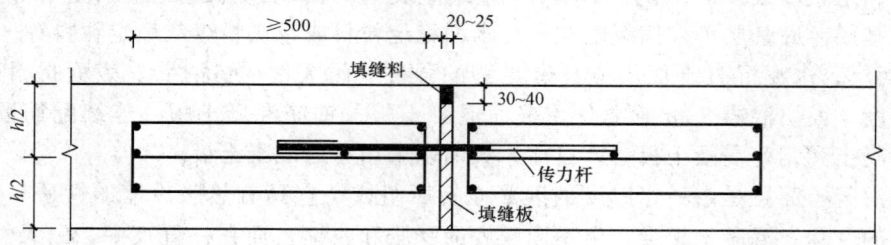

图 6-8　横向胀缝示意图(单位：mm)

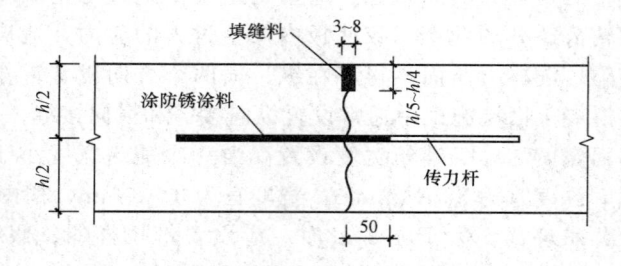

图 6-9　横向缩缝示意图(设传力杆)(单位：mm)

(5)补强钢筋。混凝土面板纵横自由边边缘下的基础，当有可能产生较大的变形时，宜在板边缘加设补强钢筋，角隅加设发针形钢筋或钢筋网。

1)板边补强。混凝土面板边缘部分的补强，一般选用两根直径为 12～16 mm 的螺纹钢

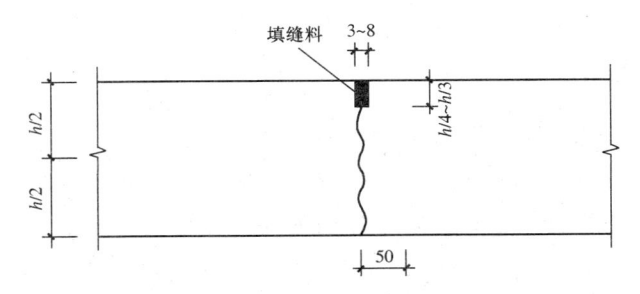

图 6-10 横向缩缝示意图(不设传力杆)(单位：mm)

筋，布置在板的下部，距板底为板厚的 1/4，并不应小于 5 cm，间距一般为 10 cm，钢筋两端应向上弯起，钢筋保护层的最小厚度不应小于 5 cm，如图 6-11 所示。

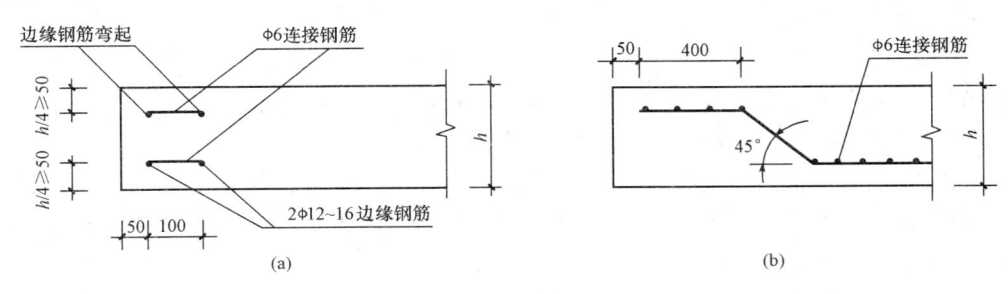

图 6-11 边缘钢筋布置(单位：mm)

2)角隅补强。角隅补强部分的补强，可选用两根直径为 12～16 mm 的螺纹钢筋，布置在板的上部，距板顶不应小于 5 cm，距板边为 10 cm。板角小于 90°时，也可以采用双层补强钢筋网补强，钢筋可选用直径 6 mm，布置在板的上下部，距板顶和板底以 5～10 cm 为宜，钢筋保护层的最小厚度不应小于 5 cm，如图 6-12 所示。

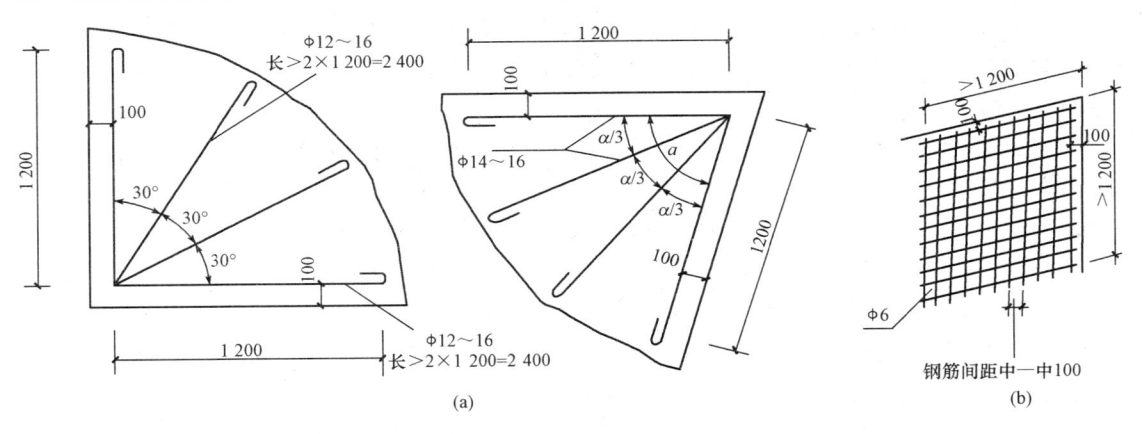

图 6-12 角隅钢筋布置(单位：mm)
(a)发针形钢筋；(b)钢筋网补强

6.3.2 水泥路面设计

1. 水泥混凝土路面设计理论和设计内容

目前，世界各国刚性路面设计方法有理论法、试验路法和典型结构图表法三类，我国现在采用理论法。理论法所依据的力学计算理论是弹性地基板理论。水泥混凝土路面板厚度一般为10~40 cm，并假设为各向同性的等厚弹性板，而面板的平面尺寸比厚度大十几倍以上，在车轮荷载作用下，板产生的挠度通常小于1 mm。因此，可把混凝土板视为弹性薄板，求解位移和应力时可以应用小挠度弹性薄板理论，将水泥混凝土路面结构看作是弹性地基上的小挠度薄板，用弹性地基板理论进行分析计算。

由于水泥混凝土为脆性材料，路面板的结构型损坏表现为各种形式的断裂裂缝。由于施工期间因混凝土的初期收缩受到阻碍而产生的拉应力超过了混凝土的抗拉强度而引起的横向裂缝，可以通过控制施工质量，如水胶比、水泥品质、缩缝锯切时间等予以防止。而板的温度翘曲应力可通过缩短缩缝间距，采取短板块而予以降低。板底脱空现象可通过对路基、垫层和基层，采取适当的结构措施予以减轻或避免。对于重复荷载作用所引起的疲劳损坏断裂，则被选作确定混凝土面层厚度的主要损坏模式。我国规范采用混凝土面层厚度的设计方法，是按照重复荷载产生的荷载应力和温度应力综合作用所引起的疲劳损坏确定混凝土板厚。

水泥混凝土路面结构设计包括下述内容：

(1)路面结构组合设计。根据该路的交通繁重程度，结合当地环境气候条件和材料供应情况来综合考虑。它包括各层的结构类型、弹性模量和厚度的确定。基层、垫层的设置应根据水泥混凝土路面的要求来进行。

(2)混凝土面板厚度设计。混凝土面板厚度设计，应按照设计标准的要求，确定满足设计年限内使用要求所需的混凝土面层的厚度。

(3)混凝土面板的平面尺寸与接缝设计。根据混凝土面层板内产生的荷载应力和温度应力进行板的平面尺寸设计，布设各类接缝的位置，设计接缝的构造，并采取有效措施提高接缝的传递荷载能力。

(4)路肩设计。高速公路和一级公路中间带和路肩路缘带的结构应与行车道的混凝土路面相同，并与行车道部分的混凝土面板浇筑成整体。路肩可以采用水泥混凝土面层或沥青混合料面层，其基(垫)层结构应满足行车道路面结构和排水的要求。一般公路的混凝土路面应设置路缘石或用沥青混合料加固路肩。

(5)普通混凝土路面配筋设计。普通混凝土路面板较大或交通量较大、地基有不均匀沉降或板的形状不规则时，可以沿板的自由边缘加设补强钢筋，在角隅处加设发针形钢筋或钢筋网，以阻止可能出现的裂缝。

(6)技术经济方案比较。结合施工工艺、工艺造价，进行综合比较，确定最佳方案。

2. 水泥混凝土路面结构组合设计

(1)路面组合设计基本要求。水泥混凝土路面结构是由多个层次组成的复合结构，各结构层的功能和作用各不相同。由于路面板具有较高的承载和扩散荷载的能力，因此水泥混凝土路面对各结构层次的要求也与沥青类路面有较大区别。水泥混凝土路面结构组合设计的任务就是：合理选择和安排各结构层(各层采用的材料和厚度)，使整个路面结构不但能承受设计年限中交通荷载的反复作用，而且还能保证良好的路面使用性能和状态。其基本要求如下：

1)应依据公路等级、交通荷载、路基条件、当地温度和湿度状况以及使用性能要求，选择及组合与之相适应的水泥混凝土路面结构。

对于公路等级高或交通荷载等级高的路面结构，需要选用较多的结构层次及较强和较厚的结构层；反之，低等级公路或轻交通荷载的路面结构可以选用较少的结构层次及较弱和较薄的结构层。对于较弱的路基，应首先采取改善路基的措施，在满足规定的最低支承要求后再考虑路面结构；对于较强的路基，可以相应减少路面结构层的强度或厚度。在季节性冰冻地区，需要考虑防冻层最小厚度的要求，在多雨潮湿地区，需要考虑采用路面结构内部排水措施等。水泥混凝土路面的使用性能要求包含结构性要求和功能性要求两个方面。混凝土路面结构设计，主要考虑满足结构性使用性能方面的要求。同时，通过采用结构性措施(如接缝设置传力杆等)兼顾对平整度的要求。结构性要求主要体现为对结构承载能力和结构完好程度(损坏)的要求，而水泥混凝土路面的结构损坏主要有板块断裂和接缝错台两类。

2)应使各个结构层的力学特性及其组成材料性质满足相应的功能要求。

3)应充分考虑各相邻结构层的相互作用、层间结合条件和要求及结构组合的协调与平衡。

选择和组合结构层时，还应考虑以下几个方面：上下层的刚度(模量)比，是否会引起上层底面产生过大的拉应力，是否会使混凝土面层产生过大的温度和湿度翘曲应力；无结合料的上层和下层的集料粒径和级配，是否会引起水或细粒土的渗漏；下层层次的透水性，是否会引起渗入水的积滞和下层表面的冲刷；层次之间采用结合或隔离措施；对层内应力状况的不同影响及对缩缝的过早开裂和缝隙张开宽度的影响等。路面结构是个多层体系，整个结构的性能和寿命受制于系统内最薄弱的环节(层次)。因而，在考虑并合理处理上下层次的相互作用的同时，还需要顾及整个路面结构体系中各组成部分(层)性能的协调，以能提供平衡的路面结构组合。

4)应充分考虑地表水的渗入和冲刷作用，采取封堵和疏排措施，减少地表水渗入，防止渗入水积滞在路面结构内。基层应选用抗冲刷能力强的材料。

路表水会沿面层板的接缝和裂缝渗入路面结构内，造成冲刷、唧泥、错台和板块断裂等损坏。除采取路表排水、接缝填封或设置沥青类封层等措施以减少水的渗入外，在组合设计时，还应考虑采取各种疏导和排除措施，防止渗入水积滞在路面结构内，如路肩结构内含透水性层次，以便横向排除结构内的渗入水；设置内部排水系统等。为减少面层底面脱空区内的滞水对基层顶面的冲刷，应选用抗冲刷能力强的材料做基层。当基层采用无机结合料稳定类材料时，会产生收缩裂缝，因此，还应考虑底基层的抗冲刷能力。

(2)面层。水泥混凝土面层是路面结构的主要承重层，同时，也是与车辆直接接触的表面层。因而，水泥混凝土面层应具有足够的强度、耐久性、表面抗滑性、耐磨、平整等良好的路用性能。面层宜采用设接缝的普通水泥混凝土。当面层板的平面尺寸较大或形状不规则，路面结构下埋有地下设施，位于高填方、软土地基、填挖交界段等有可能产生不均匀沉降的路段时，应采用接缝设置传力杆的钢筋混凝土面层。其他面层类型可根据适用条件按表 6-24 选用。

表 6-24 其他面层类型选择

面层类型		适用条件
连续配筋混凝土面层		高速公路
复合式面层	密级配沥青混合料上面层	极重、特重交通荷载的高速公路
	连续配筋混凝土下面层	
	设传力杆普通混凝土下面层	
碾压混凝土面层		二级及二级以下公路
钢纤维混凝土面层		高程受限制路段、混凝土加铺层
混凝土预制块面层		二级及二级以下公路桥头引道沉降未稳定段、服务区停车场

注：由于表面平整度难以满足要求以及接缝处难以设置传力杆，碾压混凝土不宜用作高速或者一级公路或者承受特重或重交通的二级公路的面层。

普通混凝土、钢筋混凝土、碾压混凝土或钢纤维混凝土面层板一般采用矩形。其纵向和横向接缝应垂直相交，纵缝两侧的横缝不得相互错位。纵向接缝的间距（板宽）宜为 3.0～4.5 m。横向接缝的间距（板长）：普通混凝土面层板一般为 4～6 m，面层板的长宽比不宜超过 1.35，平面面积不宜大于 25 m²；碾压混凝土或钢纤维混凝土面层宜为 6～10 m；钢筋混凝土面层宜为 6～15 m，面层板的长宽比不宜超过 2.5，平面面积不宜大于 45 m²。

混凝土面层板的厚度可以根据交通荷载等级、公路等级和变异水平等级确定。各种混凝土面层的设计厚度应依据计算厚度加 6 mm 磨耗层后，按 10 mm 向上取整。普通混凝土、钢筋混凝土、碾压混凝土或连续配筋混凝土面层所需的厚度，可参照表 6-25 所列的范围初步确定。

表 6-25 水泥混凝土面层厚度参考值　　　　　　　　　　　　　　　　　　mm

交通等级	极重	特重			重		
公路等级	一级	高速	一级	二级	高速	一级	二级
变异水平等级	低级	低级	中级	低级	中级	低级	中级
面层厚度	≥320	280～320	260～300	240～280	230～270	220～260	
交通等级	中等				轻		
公路等级	二级		三、四级			三、四级	
变异水平等级	高级	中级	高级	中级	高级	中级	
面层厚度	220～250	210～240	200～220	190～220	180～210		

注：1. 当设计轴载作用次数多、变异系数大、最大温度梯度大或者基层、垫层厚度或模量值低时，取高值；
　　2. 高速公路的施工水平只能达到中等变异水平等级时，可参照低变异水平等级的厚度范围的高限或者高于此高限选用。

钢纤维混凝土面层的厚度按钢纤维掺量确定，其厚度一般为普通混凝土面层厚度的 0.65～0.75 倍。特重或重交通荷载时，其最小厚度应为 180 mm；中等或轻交通时，其最小厚度为 160 mm。

复合式路面沥青混凝土上面层的厚度不宜小于 40 mm。水泥混凝土下面层与沥青混凝土上面层之间应设置粘结层。依据国外的经验，增加 40 mm 厚的沥青混凝土上面层约可减薄 10 mm 混凝土下面层厚度。

为保证行车安全，路面混凝土板表面构造应采用拉毛、拉槽、压槽或刻槽等方法做表面构造，在交工验收时构造深度应满足表 6-26 的要求。

表 6-26　各级公路水泥混凝土面层的表面构造深度　　　　　　　　　　　　　mm

公路等级	高速公路、一级公路	二、三、四级公路
一般路段	0.70~1.10	0.50~1.00
特殊路段	0.80~1.20	0.6~1.10

注：1. 特殊路段——对于高速和一级公路是指立交、平交或变速车道等，对于其他等级公路是指急弯、陡坡、交叉口或集镇附近；
　　2. 年降雨量在 600 mm 以下的地区，表列数值可适当降低。

混凝土预制块可采用矩形块或异形块。矩形块的长度宜为 200~500 mm，宽度宜为 100~125 mm，厚度宜为 80~150 mm。预制块下砂垫层的厚度宜为 30~50 mm。

（3）基层和底基层。水泥混凝土面层下的基层和底基层应具有足够的抗冲刷能力和适当的刚度。抗冲刷能力是其首要要求。不耐冲刷的基层表面，在渗入水和荷载的共同作用下，会产生冲刷、唧泥、板底脱空和错台等病害，导致路面不平整，并加速面板的断裂。要适度提高基层的刚度。提高基层刚度，一方面，有利于改善接缝传荷能力，但其作用只能在基层未受冲刷的前提下才能得到保证；另一方面，提高基层刚度虽然可以增加路面结构的弯曲刚度，降低面层板的荷载应力，但也会增加面层板的温度翘曲变形（增加板底脱空区范围）和翘曲应力，对路面结构产生不利影响，并不一定能减薄面层厚度。基层和底基层的材料可以参照表 6-27 选用。

表 6-27　适宜各交通荷载等级的基层和底基层的材料类型

交通荷载等级	基层处理类型	底基层材料类型
极重、特重	贫混凝土、碾压混凝土石	级配碎石 水泥稳定碎石 石灰、粉煤灰稳定碎石
	沥青混凝土基层	
重	密级配沥青稳定碎石	
	水泥稳定粒料	
中等、轻	水泥稳定碎石、石灰、粉煤灰稳定碎石	未筛分碎石、级配砾石，或不设

在承受极重、特重或重交通荷载的路面、基层下应设置底基层；承受中等或轻交通荷载时，可以不设置底基层；当基层采用无机结合料稳定类材料，且上路床由细粒土组成时，应在基层下设置粒料类底基层；基层采用无机结合料稳定类材料时，底基层宜选用小于 0.075 mm 颗粒含量少于 7% 的粒料类材料。

贫混凝土或碾压混凝土基层上应铺设沥青混凝土夹层，层厚不宜小于 40 mm。无机结合料稳定碎石基层上应设置封层，封层可以采用单层沥青表面处治或适宜的膜层材料等。当采用单层沥青表面处治时，层厚不宜小于 6 mm。

多雨地区，路基由低透水性细粒土组成的高速公路和一级公路或者承受极重或特重交通的二级公路，宜设置由开级配沥青稳定碎石或开级配水泥稳定碎石组成的排水基层。排水基层下应设置由密级配粒料或水泥稳定碎石组成的不透水底基层。底基层顶面宜铺设沥青类封层或防水土工织物。开级配沥青稳定碎石或开级配水泥稳定碎石组成的排水基层的计算厚度应满足排除表面水设计渗入量的需要。排水基层的设计厚度宜依据计算厚度，按照 10 mm 向上取整后再增加 20 mm。

各类基层和底基层的厚度范围，应根据结构层成型、施工方便（单层摊铺碾压）或排水要求等因素选择，一般适宜压实厚度参见表 6-28。增加基层或底基层的厚度，对降低面层的应力或减薄面层的厚度影响不大。因此，混凝土面层下的基层或底基层不必很厚。按照设计轴载数和路床的强弱程度选定基层和底基层的厚度，如果设计厚度超出适宜厚度，可以按照所提供的施工条件决定是否需要采用分层铺筑和压实。

表 6-28　各种材料基层和底基层的结构层适宜施工厚度　　　　　　mm

材料种类		适宜施工厚度
贫混凝土或碾压混凝土		120～200
无机结合稳定粒料		150～200
沥青混凝土基层	集料公称最大粒径9.5	225～40
	集料公称最大粒径13.2	35～65
	集料公称最大粒径16	40～70
	集料公称最大粒径19	50～75
沥青稳定碎石	集料公称最大粒径19	50～75
	集料公称最大粒径26.5	75～100
多孔隙水泥稳定碎石		100～150
级配碎石、未筛分碎石、级配砾石或碎砾石		100～200

硬路肩采用混凝土面层时，基层的结构与厚度应与行车道相同。基层的宽度应比混凝土面层每侧宽出 300 mm（小型机具施工时）或 650 mm（滑模式摊铺机施工时）。

碾压混凝土基层应设置与混凝土面层相对应的接缝。贫混凝土基层弯拉强度大于 1.5 MPa 时，应设置与混凝土面层相对应的横向缩缝；一次摊铺宽度大于 7.5 m 时，应设置纵向缩缝。

(4)垫层。垫层主要设置在温度和湿度状况不良的路段上时，应在基层或底基层下设置垫层。

1)季节性冰冻地区，路面结构总厚度小于最小防冻厚度要求（表 6-29）时，应设置防冻垫层，使路面结构免除或减轻冻胀和翻浆病害，使路面结构总厚度符合要求。

2)当路床土湿度较大时，水文地质条件不良的土质路堑宜设置排水垫层疏干路床土，以改善路面结构的支承条件。

垫层的宽度应与路基同宽，厚度不得小于 150 mm。防冻垫层和排水垫层宜采用碎石、砂砾等颗粒材料。在供应条件许可时，防冻垫层还可以采用煤渣、矿渣等隔温性材料。

表 6-29　水泥混凝土路面最小防冻厚度

路基干湿类型	路基土类别	当地最大冻深/m			
		0.50~1.00	1.00~1.50	1.50~2.00	>2.00
中湿路基	易冻胀土	0.33~0.50	0.40~0.60	0.50~0.70	0.60~0.95
	很易冻胀土	0.40~0.60	0.50~0.70	0.60~0.85	0.70~1.10
潮湿路基	易冻胀土	0.40~0.60	0.50~0.70	0.60~0.90	0.75~1.20
	很易冻胀土	0.45~0.70	0.55~0.80	0.70~1.00	0.80~1.30

注：1. 易冻胀土：细粒土砾(GM、GC)、除极细粉土质砂外的细粒土砂(SM、SC)、塑性指数小于12的黏质土(CL、CH)；
2. 很易冻胀土：粉质土(ML、MH)、极细粉土砂(SM)、塑性指数为12~22的黏质土(CL)；
3. 冻深小或填方路段或者基层、垫层为隔温性能良好的材料，可采用低值；冻深大或挖方及地下水位高的路段，或者基层、垫层为隔温性能较差的材料，应采用高值；
4. 冻深小于0.50 m的地区，可不考虑结构防冻厚度。

(5) 路基。水泥混凝土路面的路基应稳定、密实、均质，对路面结构提供均匀的支承。理论分析表明，通过混凝土路面结构传到路床顶面的荷载应力很小，因此，对路基承载能力的要求并不高。但当路基出现不均匀变形时，混凝土面层和下卧层之间会出现局部脱空，面层应力会由此增加而导致面层板的断裂。因此，对路基的基本要求是提供均匀的支承，即路面在环境和荷载作用下产生的不均匀变形小。

路基是路面结构的基础，路面结构对路基所能提供的支承条件或水平，可以通过路床顶面的综合回弹模量值来表征，并按照交通荷载等级的不同，分别提出不同的要求值。我国现行《公路水泥混凝土路面设计规范》(JTG D40—2011)对路床顶面的综合回弹模量值规定：轻交通荷载等级时不得低于40 MPa，中等或重交通荷载等级时不得低于60 MPa，特重或极重交通荷载等级时不得低于80 MPa。当路床的综合回弹模量值不满足要求时，应采取更换填料、增设粒料层或低剂量无机结合料稳定层等措施，采用这些措施后的结构层，仍应归属于路基范畴内，不宜算作路面的结构层次(如垫层)。

路基填料应满足以下要求：

1) 高液限黏土及含有机质的细粒土不应用作高速公路和一级公路的路床填料或二级公路和二级以下公路的上路床填料；

2) 高液限粉土、塑性指数大于16或膨胀率大于3%的低液限黏土不应用作高速公路和一级公路的上路床填料；

3) 因条件限制必须采用上述材料作填料时，应掺加水泥、粉煤灰或石灰等结合料进行改善。

路基压实区应符合《公路路基设计规范》(JTG D30—2015)的要求，岩石或填石路床顶面应铺设整平层，整平层可采用未筛分碎石和石屑或低剂量水泥稳定粒料，其厚度可根据路床顶面平整程度确定，最小厚度不小于100 mm。

3. 设计依据和参数

(1) 路面可靠度设计。根据我国现行《公路水泥混凝土路面设计规范》(JTG D40—2011)规定，混凝土路面结构可靠度定义为："在规定的设计基准期内，在规定的交通和环境条件下，行车荷载疲劳应力和温度梯度疲劳应力的总和不超过混凝土弯拉强度的概率，或者最重轴载应力和最大温度翘曲应力的总和不超过混凝土弯拉强度的概率。"路面结构的目标可靠度是所涉及路面结构应具有的可靠度水平。它是在满足高等级公路行驶安全和舒适性要求的前提下，考虑道路初修建费用、养护费用与用户费用对目标可靠度的影响后，综合确定的。

1) 可靠度设计标准。我国现行《公路水泥混凝土路面设计规范》(JTG D40—2011)规定：各级公路水泥混凝土路面结构的设计安全等级及相应的设计基准期、目标可靠指标值和目标可靠度，应符合表 6-30 的规定。二级及二级以下公路路面结构破坏可能产生很严重后果时，可以提高一级安全等级。其中，路面设计基准期是计算路面结构可靠度时，考虑各项基本度量与时间关系所取用的基准时间，也可以理解为保证路面结构达到规定可靠度指标值的有效时间。安全等级是根据路面结构的重要性和破坏可能后果的严重程度而划分的设计等级。可靠指标值是度量路面结构可靠度的一种数量指标。要求设计结构物具有的可靠度指标值，称为目标可靠指标。

表 6-30 可靠度设计标准

公路技术等级	高速公路	一级公路	二级公路	三、四级公路
安全等级	一级	二级	三级	四级
设计基准期/年	30	30	20	20
目标可靠度/%	95	90	85	80
目标可靠指标	1.64	1.28	1.04	0.84
变异水平等级	低	低～中	中	中～高

2) 材料性能和结构尺寸参数的变异水平等级。水泥混凝土路面结构可靠度设计的有关参数有：设计年限内累计轴载作用次数 N_e，混凝土的弯拉强度、弹性模量和路面板厚度等。目前，我国水泥混凝土路面较广泛地采用了无机结合料稳定粒料基层，基层和土基抗压回弹模量也是路面结构可靠度设计的重要参数。调查统计数据的不准确，材料性能、试验、施工质量的变异性，使这些设计参数并不是一个确定值，而是在一定范围内波动。参数变异性越大，对结构的可靠性越不利。因此，各种设计参数取均值时，还必须考虑其变异系数。

各安全等级路面的材料性能和结构尺寸参数的变异水平可分为低级、中级和高级三级，应按照公路等级以及所采用的施工技术和所能到达的施工质量控制和管理水平，通过调研确定变异水平等级和相应的变异系数，高速公路、一级公路的变异水平等级宜为低级，二级公路的变异水平等级应不大于中级。确有困难时，可以按照表 6-31 规定的主要设计参数变异系数范围选择相应的变异系数。

表 6-31 变异系数 C_v 的变化范围

变异水平等级	低级	中级	高级
水泥混凝土弯拉强度	$0.05 \leqslant C_v \leqslant 0.10$	$0.10 < C_v \leqslant 0.15$	$0.15 < C_v \leqslant 0.20$
基础顶面当量回弹模量	$0.15 \leqslant C_v \leqslant 0.25$	$0.25 < C_v \leqslant 0.35$	$0.35 < C_v \leqslant 0.55$
水泥混凝土面层厚度	$0.02 \leqslant C_v \leqslant 0.04$	$0.04 < C_v \leqslant 0.06$	$0.06 < C_v \leqslant 0.08$

3)可靠度系数。在路面结构可靠度设计中,为了考虑各设计参数变异性对可靠度的影响,引入可靠度系数 γ_r,将可靠度概念应用到考虑荷载应力和温度应力综合疲劳作用的路面结构设计方法中。

可靠度系数是目标可靠度及设计参数变异水平等级和相应的变异系数的函数,根据所选目标可靠度、变异水平等级及变异系数通过计算确定,具体计算结果见表 6-32。设计时,可以依据各设计参数变异系数在各变异水平等级变化范围内的情况选择可靠度系数。

表 6-32 可靠度系数

变异水平等级	目标可靠度/%			
	95	90	85	80
低级	1.20～1.33	1.09～1.16	1.04～1.08	—
中级	1.33～1.50	1.16～1.23	1.08～1.13	1.04～1.07
高级	—	1.23～1.33	1.13～1.18	1.07～1.11

注:变异系数在表 6-31 变化范围的下限时,可靠度系数取低值;上限时,取高值。

(2)标准轴载与轴载换算。我国《公路水泥混凝土路面设计规范》(JTG D40—2011)规定以汽车车轴重 100 kN 的单轴-双轮组荷载作为标准轴载。不同轴-轮型和轴载的作用次数,可以按照等效疲劳损坏原则换算成标准轴载的作用次数。轴载换算的计算公式为:

$$N_s = \sum_{i=1}^{n} \delta_i N_i \left(\frac{P_i}{100}\right)^{16} \tag{6-41}$$

式中 N_s——100 kN 单轴-双轮组标准轴载的作用次数(次/d);

N_i——各类轴型 i 级轴载的作用次数(次/d);

n——轴型和轴载级位数;

P_i——各个轴型轴载的总重(kN);

δ_i——轴-轮型系数,单轴-双轮组时,$\delta_i=1$;单轴-单轮组时,$\delta_i=2.22\times10^3 P_i^{-0.43}$;

双轴-双轮组时,$\delta_i=1.07\times10^{-5}P_i^{-0.22}$;三轴-双轮组时,$\delta_i=2.24\times10^{-8}P_i^{-0.22}$。

(3)交通分级和累积作用次数。路面结构的可靠度是指在规定的时间内,在规定的条件下,路面使用性能满足预定水平要求的概率。水泥混凝土路面结构的设计安全等级及相应的设计基准期见表 6-30。承受的交通,按照设计基准期内设计车道所承受的标准轴载累积作用次数划分为四个等级,见表 6-33。

表 6-33 交通分级

交通等级	特重	重	中等	轻
设计车道的标准轴载累积作用次数 $N_e(10^4)$	>2 000	100～2 000	3～100	<3

设计基准期内设计车道的标准轴载累积作用次数与第一年的交通量、交通组成和交通量的增长情况等因素有关。上述交通参数应进行详细调查、观测与预测。然后,按照下式确定设计使用年限内设计车道的标准轴载累积作用次数 N_e。

$$N_e = \frac{N_s[(1+\gamma)^t - 1] \times 365}{\gamma} \eta \tag{6-42}$$

式中　N_e——标准轴载累计作用次数(次/d);

N_s——100 kN 单轴-双轮组标准轴载的日平均作用次数(次/d);

γ——由调查确定的交通量年平均增长率,%;

t——设计基准期(年),按表6-30选用;

η——临界荷位处的车辆轨迹横向分布系数,按照表6-34选用。

表 6-34　公路等级对应的车辆横向分布系数

公路等级		纵缝边缘处
高速公路、一级公路、收费站		0.17~0.22
二级及二级以下公路	行车道宽度>7 m	0.34~0.39
	行车道宽度≤7 m	0.54~0.62

注:车道或行车道宽或交通量较大时,取高值;反之,取小值。

(4)基层顶面的当量回弹模量。混凝土面板下的地基包括路基和根据需要设置的基层、垫层,其整体路面结构为弹性多层体系。在分析板内荷载应力时,应将其多层体系换算为半无限体,以其顶面的当量回弹模量作为半无限地基的模量值。

1)新建公路基层顶面的当量回弹模量值按照下式计算确定:

$$E_t = \left(\frac{E_x}{E_0}\right)^\alpha \cdot E_0 \tag{6-43}$$

$$\alpha = 0.86 + 0.26\ln h_x \tag{6-44}$$

$$E_x = \sum_{i=1}^n [(h_i^2 E_i)/h_x^2] \tag{6-45}$$

$$h_x = \sum_{i=1}^n h_i \tag{6-46}$$

式中　E_0——路床顶综合回弹模量(MPa);

α——与粒料层总厚度 h_x 有关的回归系数,按照式(6-44)计算;

E_x——粒料层的当量回弹模量(MPa),按照式(6-45)计算;

h_x——粒料层的总厚度(m),按照式(6-46)计算;

n——粒料层的层数;

E_i, h_i——第 i 结构层的回弹模量(MPa)与厚度(m)。

2)原有柔性路面顶面的当量回弹模量值。在旧沥青混凝土路面上铺筑水泥混凝土面层时,原沥青混凝土路面顶面的综合当量回弹模量 E_t 应根据落锤式弯沉仪(荷载50 kN、承载板半径150 mm)的中心点弯沉的测定结果,按式(6-47)或根据贝克曼梁(后轴重100 kN 的车辆)的弯沉测定结果,按照式(6-48)计算确定。

$$E_t = \frac{18\,621}{\omega_0} \tag{6-47}$$

$$E_t = \frac{13\,739}{\omega_0^{1.04}} \tag{6-48}$$

$$\omega_0 = \omega + 1.04 s_\omega \tag{6-49}$$

式中 ω_0——路段代表弯沉值(0.01 mm),按式(6-49)计算;

ω——路段弯沉平均值(0.01 mm);

s_ω——路段弯沉标准差(0.01 mm)。

3)水泥混凝土的设计强度与模量。水泥混凝土路面以设计弯拉强度作为设计控制指标,取 28 d 龄期的 15 cm×15 cm×55 cm 的水泥混凝土小梁试件,用三分点加载试验的方法确定。

设计弯拉强度必须满足规范规定的弯拉强度标准的要求,见表 6-35。同时,为保证路面有较高的耐久性、耐磨性和抗冻性,混凝土的抗压强度不应低于 30~35 MPa。

表 6-35 混凝土设计弯拉强度

交通等级	特重、重	中等	轻
水泥混凝土的弯拉强度标准值 f_r/MPa	5.0	4.5	4.0
钢纤维混凝土的弯拉强度标准值 f_r/MPa	6.0	5.5	5.0

水泥混凝土的弯拉弹性模量可以采用试验实测。当无条件实测时,可以按照下式计算并结合工程经验分析确定。

$$E_c = 1.44 f_r^{0.458} \times 10^4 \qquad (6-50)$$

式中 E_c——水泥混凝土的弯拉弹性模量(MPa);

f_r——水泥混凝土的弯拉强度标准值(MPa)。

(5)荷载疲劳应力。

1)临界荷位。为了简化计算工作,通常选取使面板内产生最大应力或最大疲劳损伤的一个荷载位置作为应力计算时的临界荷位。由于现行设计方法采用疲劳断裂作为设计标准,选择临界荷位时应以产生最大疲劳损伤的荷载位置作为设计标准,利用荷载应力和温度应力综合疲劳作用的疲劳方程,分析具有不同接缝传荷能力的混凝土路面的疲劳损伤,得出其临界荷位在纵缝边缘中部,如图 6-13 所示。

2)荷载疲劳应力 σ_{pr}。设计轴载在面层板临界荷位处产生的荷载疲劳应力,按照式(6-51)计算。

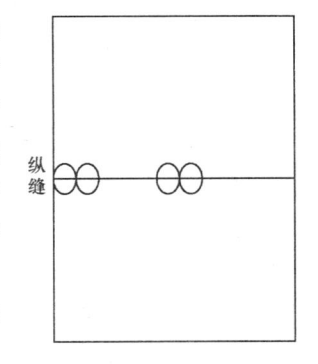

$$\sigma_{pr} = k_r k_f k_c \sigma_{ps} \qquad (6-51)$$

图 6-13 临界荷位

式中 σ_{pr}——设计轴载在面层板临界荷位处产生的荷载疲劳应力(MPa);

σ_{ps}——设计轴载在四边自由板临界荷位处产生的荷载应力(MPa);

k_r——考虑接缝传荷能力的应力折减系数,采用混凝土路肩时,$k_r=0.87\sim0.92$(路肩面层与路面面层等厚时取低值,减薄时取高值);用柔性路肩或土路肩时,$k_r=1$;

k_f——考虑设计基准期内荷载应力累计疲劳作用的疲劳应力系数,按式(6-52)计算:

$$k_f = N_e^\lambda \qquad (6-52)$$

式中 N_e——设计基准期内设计轴载累计作用次数;

λ——材料疲劳指数,对于普通混凝土、钢筋混凝土、连续配筋混凝土,$\lambda=0.057$;碾压混凝土和贫混凝土,$\lambda=0.065$;钢纤维混凝土,按式(6-53)计算:

$$\lambda = 0.053 - 0.017\rho_f \frac{l_f}{d_f} \tag{6-53}$$

式中 ρ_f——钢纤维的体积率(%);
l_f——钢纤维的长度(mm);
d_f——钢纤维的直径(mm)。
k_c——考虑计算理论与实际差异以及动荷载等因素影响的综合系数,按公路等级查表 6-36 确定。

表 6-36 综合系数 k_c

公路等级	高速公路	一级公路	二级公路	三、四级公路
k_c	1.15	1.10	1.05	1.00

3)荷载应力 σ_{ps}。设计轴载在四边为自由板临界荷位处产生的荷载应力 σ_{ps} 按照式(6-54)计算:

$$\sigma_{ps} = 1.47 \times 10^{-3} r^{0.70} h_c^{-2} P_s^{0.94} \tag{6-54}$$

$$r = 1.21(D_c/E_t)^{1/3} \tag{6-55}$$

$$D_c = \frac{E_c h_c^3}{12(1-\mu_c^2)} \tag{6-56}$$

式中 P_s——设计轴载的单轴重(kN);
h_c, μ_c——混凝土面层板的厚度(cm)和泊松比;
r——混凝土面层板的相对刚度半径(m),按式(6-55)计算;
D_c——混凝土面层板截面弯曲刚度(MN·m),按式(6-56)计算;
E_c——混凝土面层板的弯拉弹性模量(MPa);
E_t——基层顶面的当量回弹模量(MPa)。

4)最大荷载疲劳应力 $\sigma_{p,max}$。最重轴载在面层板临界荷位处产生的最大荷载应力,应按照下式计算:

$$\sigma_{p,max} = k_r k_c \sigma_{pm} \tag{6-57}$$

式中 $\sigma_{p,max}$——最重轴载 P_m 在面层板临界荷位处产生的最大荷载应力(MPa);
σ_{pm}——最重荷载 P_m 在四边自由板临界荷位处产生的最大荷载应力(MPa),按照式(6-54)计算,式中的设计轴载 P_s 改为最重轴载 P_m(以单轴计,kN)。

(6)温度疲劳应力。

1)温度疲劳应力 σ_{tr}。在面层板临界荷位处产生的温度疲劳应力 σ_{tr} 按照式(6-58)计算:

$$\sigma_{tr} = k_t \sigma_{t,max} \tag{6-58}$$

式中 σ_{tr}——面层板临界荷位处的温度疲劳应力(MPa);
$\sigma_{t,max}$——最大温度梯度时混凝土面层板产生的最大温度应力(MPa);
k_t——考虑温度应力累计疲劳作用的温度疲劳应力系数。

2)最大温度应力 $\sigma_{t,max}$。最大温度梯度时混凝土面层板最大温度应力 $\sigma_{t,max}$ 应按照式(6-59)计算:

$$\sigma_{t,max} = \frac{\alpha_c E_c h_c T_g}{2} B_L \tag{6-59}$$

式中 α_c——混凝土的线膨胀系数,根据粗集料的岩性按照表 6-37 取用;

T_g——公路所在地 50 年一遇的最大温度梯度,查表 6-38 取用;

B_L——综合温度翘曲应力和内应力的温度应力系数,按照式(6-60)确定:

$$B_L = 1.77e^{-4.48h_c}C_L - 0.131(1-C_L) \quad (6\text{-}60)$$

$$C_L = 1 - \frac{\sinh t \cos t + \cosh t \sin t}{\cos t \sin t + \sinh t \cosh t} \quad (6\text{-}61)$$

$$t = L/3r \quad (6\text{-}62)$$

式中 C_L——混凝土面层板的温度翘曲应力系数,按式(6-61)计算;

L——面层板的横缝间距,即板长(m);

r——面层板的相对刚度半径(m)。

3)温度疲劳应力系数 k_t。温度疲劳应力系数 k_t 按照式(6-63)进行计算:

$$k_t = \frac{f_r}{\sigma_{t,\max}}\left[a_t\left(\frac{\sigma_{t,\max}}{f_r}\right)^{b_t} - c_t\right] \quad (6\text{-}63)$$

式中 a_t,b_t,c_t——回归系数,按照公路自然区划表 6-39 确定。

表 6-37 水泥混凝土线膨胀系数经验参考值

粗集料类型	石英岩	砂岩	砾石	花岗岩	玄武岩	石灰岩
水泥混凝土线膨胀系数/($\times 10^{-6}$℃)	12	12	11	10	9	7

表 6-38 公路自然区划对应的温度梯度

公路自然区划	Ⅱ、Ⅴ	Ⅲ	Ⅳ、Ⅵ	Ⅶ
T_g/(℃·m^{-1})	83～88	90～95	86～92	93～98

表 6-39 回归系数 a_t、b_t、c_t

系数	公路自然区划					
	Ⅱ	Ⅲ	Ⅳ	Ⅴ	Ⅵ	Ⅶ
a_t	0.828	0.855	0.841	0.871	0.837	0.834
b_t	1.323	1.355	1.323	1.287	1.382	1.270
c_t	0.041	0.041	0.058	0.071	0.038	0.052

(7)板厚确定。水泥混凝土路面结构设计以面层板在设计基准期内,在行车荷载和温度梯度综合作用下,不产生疲劳断裂作为设计标准;并以最重轴载和最大温度梯度综合作用下,不产生极限断裂作为验算标准。考虑荷载应力和温度翘曲应力综合疲劳损坏作用的混凝土面层厚度,可以遵循下述设计步骤:

1)收集并分析交通参数:收集日交通量和轴载组成数据,计算设计基准期内设计车道标准轴载累积作用次数,由此确定道路的交通等级并确定安全等级。

2)初拟路面结构:初选路面结构层次、类型和材料组成,拟定各层的厚度、面板平面尺寸和接缝构造。面层初估厚度根据表 6-25 进行选择。

3)确定材料参数:确定混凝土的设计弯拉强度和弹性模量,以及基层、垫层和路基的当量回弹模量,计算基层顶面的当量回弹模量。

4)计算荷载疲劳应力和温度疲劳应力。

5)检验初拟路面结构：根据可靠度系数，其极限状态设计表达式可以分别采用式(6-64)和式(6-65)：

$$\gamma_r(\sigma_{pr}+\sigma_{tr}) \leqslant f_r \tag{6-64}$$

$$\gamma_r(\sigma_{p,max}+\sigma_{t,max}) \leqslant f_r \tag{6-65}$$

式中　σ_{pr}——面层板在临界荷位处产生的行车荷载疲劳应力(MPa)；

　　　σ_{tr}——面层板在临界荷位处产生的温度梯度疲劳应力(MPa)；

　　　$\sigma_{p,max}$——最重的轴载在临界荷位处产生的最大荷载应力(MPa)；

　　　$\sigma_{t,max}$——所在地区最大温度梯度在临界荷位处产生的最大温度翘曲应力(MPa)；

　　　γ_r——可靠度系数；

　　　f_r——水泥混凝土的弯拉强度标准值(MPa)。

如不符合上述检验条件，则重新拟定路面结构或板的尺寸，重新计算，直到满足为止。

6)确定设计厚度。计算厚度加 6 mm 磨损厚度后，按照 10 mm 向上取整，作为混凝土面层的设计厚度。

以上均为单层板设计情况，双层板和复合板等其他情况参见《公路水泥混凝土路面设计规范》(JTG D40—2011)。

工程实训　某二级公路水泥路面设计

公路自然区划Ⅱ区拟建一条二级公路，路面宽为 7 m，路基为低液限黏土，路床顶距地下水位平均为 1.2 m，当地的粗集料以花岗岩为主，拟采用普通混凝土路面。经交通调查得知，设计轴载 $P_s=100$ kN，最重轴载 $P_m=150$ kN，设计车道使用初期设计轴载的日作用次数为 100 次，交通量年平均增长率为 5%。

解：(1)交通分析。查相关表得知，二级公路的设计基准期为 20 年，安全等级为二级。临界荷位处的车辆轨迹横向分布系数取 0.62。计算得到设计基准期内设计车道设计轴载累计作用次数：

$$N_e=\frac{N_s \times [(1+g_r)^t-1] \times 365}{g_r} \times \eta = \frac{100 \times [(1+0.05)^{20}-1]}{0.05} \times 0.62 = 74.8 \times 10^4 (次)$$

属中等交通荷载。

(2)初拟路面结构。由表 6-30 可知，施工质量变异水平选择中级。根据二级公路、中等交通荷载等级和中级变异水平，查相关表可知，初拟普通混凝土路面层厚度为 0.23 m，基层选用级配碎石，厚度为 0.20 m。普通混凝土板的平面尺寸为 4.5 m×3.5 m，纵缝为设置拉杆平缝，横缝为不设置传力杆的假缝，路肩面层与行车道面层等厚度并设置拉杆相连。

(3)路面材料参数确定。据相关表取普通混凝土面层的弯拉强度标准值为 4.5 MPa，相应弯拉弹性模量为 29 GPa，泊松比为 0.15；粗集料为花岗岩的混凝土线膨胀系数 $\alpha_c=10\times10^{-6}/℃$。

查相关表，取低液限黏土路基回弹模量 80 MPa，取距地下水位为 1.2 m 时的湿度调整系数为 0.75，由此得到路床顶综合回弹模量为 80×0.75=60(MPa)；取级配碎石基层回弹模量为 300 MPa。计算板底地基当量回弹模量为：

$$E_x = \frac{\sum_{i=1}^{n}(h_i^2 E_i)}{\sum_{i=1}^{n} h_i^2} = \frac{h_1^2 E_1}{h_1^2} = 300(\text{MPa})$$

$$h_x = \sum_{i=1}^{n} h_i = h_1 = 0.20(\text{m})$$

$$\alpha = 0.26\ln h_x + 0.86 = 0.26 \times \ln 0.20 + 0.86 = 0.442$$

$$E_t = \left(\frac{E_x}{E_0}\right)^{\alpha} E_0 = \left(\frac{300}{60}\right)^{0.442} \times 60 = 122.2(\text{MPa})$$

板底地基当量回弹模量 E_t 取为 120 MPa。

计算普通混凝土面层的弯曲刚度 D_c：

$$D_c = \frac{E_c h_c^3}{12(1-\mu_c^2)} = \frac{29\,000 \times 0.23^3}{12 \times (1-0.15^2)} = 30.1(\text{MN} \cdot \text{m})$$

$$r = 1.21\left(\frac{D_c}{E_t}\right)^{\frac{1}{3}} = 1.21 \times \left(\frac{30.1}{120}\right)^{\frac{1}{3}} = 0.763(\text{m})$$

(4) 荷载应力。计算设计轴载和最重荷载在临界荷位处产生的荷载应力：

$$\sigma_{ps} = 1.47 \times 10^{-3} r^{0.70} h_c^{-2} P_s^{0.94} = 1.47 \times 10^{-3} \times 0.763^{0.70} \times 0.23^{-2} \times 100^{0.94} = 1.744(\text{MPa})$$

$$\sigma_{pm} = 1.47 \times 10^{-3} r^{0.70} h_c^{-2} P_m^{0.94} = 1.47 \times 10^{-3} \times 0.763^{0.70} \times 0.23^{-2} \times 150^{0.94} = 2.554(\text{MPa})$$

计算荷载疲劳应力和最大荷载应力：

$$\sigma_{pr} = k_r k_f k_c \sigma_{ps} = 0.87 \times 2.162 \times 1.05 \times 1.744 = 3.44(\text{MPa})$$

$$\sigma_{p,\max} = k_r k_c \sigma_{pm} = 0.87 \times 1.05 \times 2.554 = 2.33(\text{MPa})$$

其中，考虑接缝传递荷载能力的应力折减系数 $k_r = 0.87$，综合系数 $k_c = 1.05$，疲劳应力系数 $k_f = N_e^{\lambda} = (74.8 \times 10^4)^{0.057} = 2.162$。

(5) 温度应力。查相关表，最大温度梯度取 88 ℃/m，计算综合温度翘曲应力和内应力的温度应力系数 B_L：

$$t = \frac{L}{3r} = \frac{4.5}{3 \times 0.763} = 1.97$$

$$C_L = 1 - \frac{\sinh(1.97)\cos(1.97) + \cosh(1.97)\sin(1.97)}{\cos(1.97)\sin(1.97) + \sinh(1.97)\cosh(1.97)} = 1 - 0.162 = 0.838$$

$$B_L = 1.77 e^{-4.48 h_c} \times C_L - 0.131(1-C_L) = 1.77 e^{-4.48 \times 0.23} \times 0.838 - 0.131 \times (1-0.838) = 0.508$$

计算最大温度应力：

$$\sigma_{t,\max} = \frac{\alpha_c E_c h_c T_g}{2} B_L = \frac{10^{-5} \times 29\,000 \times 0.23 \times 88}{2} \times 0.508 = 1.49(\text{MPa})$$

计算温度疲劳应力系数 k_t：

$$k_t = \frac{f_r}{\sigma_{t,\max}} \left[a_t \left(\frac{\sigma_{t,\max}}{f_r}\right)^{b_t} - c_t\right] = \frac{4.5}{1.491}\left[0.828 \times \left(\frac{1.491}{4.5}\right)^{1.323} - 0.041\right] = 0.46$$

计算温度疲劳应力：

$$\sigma_{tr} = k_t \sigma_{t,\max} = 0.46 \times 1.49 = 0.69(\text{MPa})$$

(6) 结构极限状态校核。查相关表，二级公路、中等变异水平条件下的可靠度系数 γ_r 取 1.13。

按下式校核路面结构极限状态是否满足要求：

$$\gamma_r(\sigma_{pr} + \sigma_{tr}) = 1.13 \times (3.44 + 0.69) = 4.67 > f_r = 4.5 \text{ MPa}$$

$$\gamma_r(\sigma_{p,\max} + \sigma_{t,\max}) = 1.13 \times (2.33 + 1.49) = 4.32 \leqslant f_r = 4.5 \text{ MPa}$$

显然，初拟的路面结构不能满足要求。将混凝土面层厚度增至 0.24 m。重复以上计算，得到荷载疲劳应力 $\sigma_{pr} = 3.26$ MPa，最大荷载应力 $\sigma_{p,\max} = 2.21$ MPa，最大温度应力

$\sigma_{t,max}=1.47$ MPa，温度疲劳应力 $\sigma_{tr}=0.67$ MPa，然后再进行结构极限状态验算。

$$\gamma_r(\sigma_{pr}+\sigma_{tr})=1.13\times(3.26+0.67)=4.46\leqslant f_r=4.5 \text{ MPa}$$
$$\gamma_r(\sigma_{p,max}+\sigma_{t,max})=1.13\times(2.21+1.47)=4.16\leqslant f_r=4.5 \text{ MPa}$$

满足结构极限状态要求，所选的普通混凝土面层计算厚度为 24 cm 可以承受设计基准期内设计荷载和温度梯度的综合疲劳作用，以及最重轴载在最大温度梯度时的一次极限作用。取设计厚度为 25 cm。

6.4 路面施工技术

6.4.1 碎(砾)石基层施工

碎(砾)石基层是用尺寸均匀的碎(砾)石作为基本材料，以石屑、黏土或石灰土作为填充结合料，经压实而成的结构层。碎石层的结构强度，主要来自碎石颗粒间的嵌挤作用以及填充结合料的粘结作用。嵌挤作用的大小，主要取决于石料的尺寸、强度、形状以及压实度，粘结作用则取决于填充结合料本身的内聚力及其与矿料之间黏附力的大小。碎石颗粒尺寸为 0～75 mm，通常，按其尺寸大小划分为 6 类，见表 6-40。颗粒最大尺寸按照层厚和石料强度选定，一般不宜超过压实层厚的 0.8 倍，石料较软时，可以采用较大尺寸。

表 6-40 各种碎石尺寸与分类

碎石名称	粒径范围/mm	用 途
粗碎石	75～50	骨料
中碎石	50～35	骨料
细碎石	35～25	骨料
石渣	25～15	嵌缝料
石屑	15～5	嵌缝料
米石	5～0	封面料

1. 填隙碎石

用单一尺寸的粗碎石作为主骨料，形成嵌锁作用，并用石屑填满碎石之间的孔隙，增加密实度和稳定性，称为填隙碎石。填隙碎石可适用于各等级公路的底基层和二级以下公路的基层。填隙碎石的压实厚度为 10～20 cm，若设计层厚超过该值，应分层压实。

当填隙碎石用作基层时，碎石最大粒径不应超过 53 mm，压碎值不大于 26%，当用作底基层时，碎石的最大粒径不应超过 63 mm，压碎值不大于 30%。粗碎石的颗粒组成应符合表 6-41 的规定，轧制碎石得到的 5 mm 以下米石是最好的填隙料。填隙料的颗粒组成见表 6-42。

表 6-41 填隙碎石粗碎石的颗粒组成

标称尺寸/mm	筛孔通过的质量百分率/%							
	63	53	37.5	31.5	26.5	19	16	9.5
30～60	100	25～60	—	0～15	—	0～5	—	—
25～50	25～50	100		25～50	0～15		0～5	—
20～40	20～40	—	100	35～70	—	0～15		0～5

表 6-42 填隙料的颗粒组成

筛孔尺寸/mm	9.5	4.75	2.36	0.6	0.075	塑性指数
通过质量百分率/%	100	85～100	50～70	30～50	0～10	<6

填隙碎石施工，一般按照下列工序进行：①准备下承层；②运输和摊铺粗碎石；③初压；④撒布石屑；⑤振动压实；⑥第二次撒布石屑；⑦振动压实；⑧局部补撒石屑及扫匀；⑨填满孔隙，振动压实；⑩洒水饱和并碾压滚浆（湿法施工）或洒少量水后终压成型（干法施工）。

填隙碎石的施工成型阶段主要在于撒铺填隙料和碾压。初压用 8 t 两轮压路机碾压 3～4 遍，使粗碎石稳定就位；当初压结束时，表面应平整，并具有要求的路拱和纵坡。撒铺填隙料及碾压：用石屑撒布机或类似的设备按照松铺厚度为 2.5～3.0 cm 将干填隙料均匀地撒铺在已压稳的粗碎石上，用人工或机械扫匀，用振动压路机慢速碾压，将全部填料振入粗碎石之间的孔隙中。如没有振动压路机，可以使用重型振动板代替。反复该过程 2～3 次，直到全部孔隙被填满为止。同时，应将局部多余的填隙料铲除或扫除，填隙料不应在粗碎石表面局部地自成一层，表面必须能见到粗碎石。若设计厚度超过一层压实厚度，需要分层施工时，应将已压成的填隙碎石层表面的填隙料扫除一些，使表面粗碎石外露 5～10 mm，然后再摊铺第二层粗碎石。

2. 泥结碎石

泥结碎石是以碎石作为骨料，黏土作为填充料和胶粘剂，经压实修筑成的一种结构。泥结碎石虽用同一尺寸石料修筑，但在使用过程中由于行车荷载的反复作用，石料会被压碎而向级配化转化。它的力学强度和稳定性不仅取决于碎石的相互嵌挤作用，同时，也受到土的粘结作用的影响。

泥结碎石水稳定性较差，当被用作沥青类不透气路面的底基层时，只适用于干燥路段。泥结碎石基层的主层矿料粒径不宜小于 40 mm，并不大于层厚的 0.7 倍，石料等级不低于Ⅵ级，长条、扁平状颗粒含量不宜超过 20%。泥结碎石所用黏土，应具有较高的黏性，塑性指数以 12～15 为宜。黏土内不得含腐殖质或其他杂物。黏土用量一般不超过混合料总重的 15%～18%。

泥结碎石施工方法有灌浆法、拌合法和层铺法三种。实践证明，灌浆法具有较高的强度和稳定性，目前采用较多。

灌浆法施工，一般按照下列工序进行：

1) 准备工作。包括放样、布置料堆、整理路槽、拌制泥浆等。泥浆一般按照水与土的体积比为 0.8∶1～1∶1 进行拌合配制。如过稠，泥浆将灌不下去而积在碎石表面；如过稀，则易流淌于碎石层底部，干后体积缩小，粘结力降低，均会影响基层的强度和稳定性。

2）摊铺碎石。按照压实厚度的 1.2～1.3 倍（松铺厚度）在筑好的路槽上摊铺碎石，要求大小颗粒均匀分布，纵、横断面符合要求，厚度一致。主层矿料底层粒径一般采用 1～2 号或 2～3 号碎石，面层一般采用 3～4 号碎石。

3）初压。碎石铺好后，用轻型压路机碾压。碾速宜慢，每分钟 25～30 m，轨迹重叠 25～30 cm。一般碾压 6～8 遍，至石料无松动为止。不要过多、过重碾压，防止堵塞碎石缝隙，妨碍灌浆。

4）溜浆。在预压的碎石层上灌注泥浆，浆要浇得均匀，浇得透，但碎石棱角仍应露出泥浆之上。

5）撒嵌缝料。灌浆 1～2 h 后，待泥浆下注，空隙中空气溢出而表面未干前撒铺 5～15 mm 的嵌缝料（1～1.5 m³/100 m²）。

6）碾压。撒过嵌缝料后，即用中型压路机进行碾压，并随时注意用扫帚将石屑扫匀。最终碾压阶段，需使碎石缝隙内泥浆能翻到路面上与所撒石屑粘成一个坚实的整体。

3. 泥灰结碎石

泥灰结碎石是以碎石为集料，用一定数量的石灰和土作为联结填缝料的结构层。由于掺入了石灰，泥灰结碎石的水稳定性优于泥结碎石。因此，泥灰结碎石多用在潮湿与中湿路段作为沥青路面的基层，亦可作为中级路面的面层。

泥灰结碎石对黏土质量的规格要求与泥结碎石相同，石灰质量不低于 3 级。石灰与土的用量不应大于混合料总重的 20%，其中石灰剂量为土重的 8%～12%。

泥灰结碎石的施工工序与泥结碎石相同，但泥浆改为灰土浆。若采用拌合法时，应先将石灰与黏土拌合均匀，再与石料拌合，摊铺均匀，边碾压边洒水，使石灰与土在碾压中成浆并充满空隙。

4. 级配碎（砾）石

粗、细碎（砾）石集料和石屑各占一定比例的混合料，当其颗粒组成符合密实级配要求时，称为级配碎（砾）石。级配碎（砾）石结构层强度主要来源是石料本身强度及颗粒间的嵌挤力。级配碎石可以适用于各等级公路的基层和底基层，还可以用作较薄沥青面层与半刚性基层之间的中间过渡层。由于砾石的内摩擦角小于碎石，因此，级配砾石的强度和稳定性均低于级配碎石，一般可以用于二级和二级以下公路的基层和各级公路的底基层。在工程中，通常在级配砾石中掺加部分碎石以提高强度和稳定性，称为级配碎砾石。

级配碎石宜用几种粒径不同的碎石和石屑掺配拌制而成，分为骨架密实型与连续型。其集料的级配组成应符合表 6-43 的要求。当缺乏石屑时，也可以添加细砂砾或粗砂，但其强度和稳定性不如添加石屑的级配碎石。

当级配碎石用作基层时，其压实度应大于 98%，CBR 值不应小于 100%；当用作底基层时，其压实度应大于 96%，CBR 值不应小于 80%。

级配砾石或天然砂砾其颗粒组成应符合表 6-44 的要求，且级配宜接近圆滑曲线。当级配砾石或天然砂砾用作基层时，其压实度不应小于 98%，CBR 值不应小于 80%；当用作底基层时，其压实度不应小于 96%，CBR 值对轻交通的公路不应小于 40%，对中等交通的公路不应小于 60%。

表 6-43 级配碎石混合料的级配组成

层位	筛孔通过质量百分率/%														液限 %	塑性指数 %	备注
	37.5	31.5	26.5	19	16	13.2	9.5	4.75	2.36	1.18	0.6	0.3	0.15	0.075			
上基层			100	85~100			60~80	30~50		15~30	10~20			0~5	<25	<8	防治反射裂缝过渡
基层	100	90~100	79~95	60~85	53~80	48~74	40~65	25~50	18~40	13~32	9~25	7~20	3~13	0~7	<25	<8	连续型
		100	90~100	75~95	67~88	59~82	47~71	30~55	18~40	13~32	9~25	7~20		0~13	<25	<8	连续型
			100	85~92	67~80	44~56	37~48	31~41	18~28	12~20	8~14	5~11	3~9	0~6	<25	<8	骨架密实型
底基层及垫层	95~100	85~95	75~90	60~82	53~78	48~74	40~65	25~50	18~40	13~32	9~25	7~20	0~13	0~7	<25	<8	连续型
	100	85~100	65~85		42~67		20~40	10~27		8~20	5~18			0~10	<25	<8	骨架密实型
			100	80~100		57~87	30~60	18~46		10~33	5~20			0~10	<25	<8	连续型

注：1. 上基层是指沥青面层下与半刚性基层之间设置级配碎石，该层的级配宜符合此规定。
2. 潮湿多雨地区的基层塑性指数大于4%。
3. 为排水与防冻垫层时，其0.075 mm通过率不超过5%。

表 6-44 级配砾石层的级配组成

层位	编号	筛孔通过质量百分率/%										液限 %	塑性指数 %
		53	37.5	31.5	26.5	19	9.5	4.75	1.18	0.6	0.075		
砂石路面面层	1		100	90~100		65~85	45~70	30~55	20~37	15~25	7~12	<43	12~21
	2			100	85~100	70~90	50~70	40~60	25~40	20~32	8~15	<43	12~21
	3				100	85~100	60~80	45~65	30~50	20~32	8~15	<43	12~18
基层及底基层	1		100	90~100		65~85	45~70	30~55	15~35	10~20	4~10	<28	<9
	2			100	90~100	75~90	50~70	30~55	15~35	10~20	4~10	<28	<9
	3				100	85~100	60~80	45~65	15~30	10~20	2~10	<28	<9
垫层	1	100		90~100		65~85		30~50		8~25	0~5	<28	<9

注：1. 面层上可不设磨耗层，若加铺磨耗层0.5 mm以下细料含量和塑性指数宜用低限；用圆孔筛时，采用1~3号级配；用方孔筛时，采用2、3号。
2. 潮湿多雨地区的基层塑性指数大于6。

级配碎(砾)石可以采用路拌法施工，当用于半刚性基层沥青路面的中间层时，应采用厂拌法，并宜用摊铺机摊铺混合料。

路拌法施工工序如下：

(1)准备下承层。使下承层的平整度和压实度符合要求。

(2)施工放样。在下承层上恢复中线并进行水平测量。

(3)准备集料和运输。根据计算确定未筛分碎石或不同粒级的单一尺寸碎石与石屑的配合比，将碎石和石屑洒水，使混合料的含水率超过最佳含水率约1%，以减少运输过程中的离析现象。计算每车料的堆放距离，由远及近将料卸置于下承层上。

(4)摊铺。按照事先通过试验确定的松铺系数(或压实系数，混合料的松铺干密度与压实干密度的比值，人工摊铺时为 1.40~1.50，平地机摊铺时为 1.25~1.35)，用平地机或其他合适机具将料均匀地摊铺在预定的宽度上，表面要力求平整，并具有规定的路拱。

(5)拌合及整形。应采用稳定土拌合机拌合 2 遍以上，拌合深度应直到级配碎石层底。没有稳定土拌合机时，可以使用平地机将铺好石屑的碎石料翻拌，使石屑均匀分布到碎石料中。平地机拌合的作业长度为 300~500 m。平地机一般需要拌合 5~6 遍。拌合过程中，用洒水车洒足所需要的水分，使集料不会出现粗、细颗粒离析现象。然后，用平地机将拌合均匀的混合料按规定的路拱进行整平和整形。

(6)碾压。整形后，用 12 t 以上三轮压路机、振动压路机或轮胎压路机进行碾压。一般需碾压 6~8 遍，使表面无明显轨迹。压路机不得在已完成或正在碾压的路段上"调头"和紧急制动。

凡含土的级配碎石层，都应进行滚浆碾压，一直压到碎石层中无多余细土泛到表面为止。滚到表面的浆(或事后变干的薄层土)应予以清除。

(7)接缝处理。应避免纵向接缝，如必须分幅铺筑时，纵缝应搭接拌合。两作业段衔接的横缝处应搭接拌合。第一段拌合后，留 5~8 m 不碾压，第二段施工时，前段留下未压部分与第二段一起拌合整平后进行碾压。

厂拌法施工宜采用不同粒级的单一尺寸碎石和石屑，按照预定配合比在拌合机内拌制级配碎石混合料。碾压、整形同路拌法施工。

6.4.2 半刚性基层施工

半刚性材料基层、底基层按照其组成结构状态分为骨架密实结构、骨架空隙结构、悬浮密实结构和均匀密实结构四种类型。

半刚性材料基层适用以下范围：

(1)水泥稳定类适用于各级公路的基层、底基层。石灰粉煤灰稳定类材料对冰冻地区、多雨潮湿地区宜用于下基层或底基层。石灰稳定类材料适用于各级公路的底基层以及三、四级公路的基层。

(2)高速公路、一级公路的基层或上基层宜选用骨架密实型的稳定集料。

(3)二级及二级以下公路的基层和各级公路的底基层均可以采用悬浮密实型混合料。

(4)骨架空隙结构型混合料具有较高的空隙率，适用于需要考虑路面内部排水要求的基层。

1. 石灰稳定土

在粉碎或松散的土(包括各种粗、中、细粒土)中，掺入适量的石灰和水，经拌合压实及养护后得到的结构层，当其抗压强度符合规定的要求时，称为石灰稳定土。

在土中掺入适当的石灰，并在最佳含水率下压实后，发生了一系列的物理作用及物理化学作用，从而使土的性质发生根本改变。初期变动主要表现在土的结团、塑性降低、最佳含水率的增大和最大密实度的减小等；后期变化主要表现在结晶结构的形成，从而提高其板体性、强度和稳定性。石灰土可以用于各级公路的干燥路段，作为基层和底基层。

影响石灰土强度的因素包括以下几个方面：

(1)土质。有一定黏性的土对强度有利，土的塑性指数太高时，难以粉碎，太低则难以碾压成型，因此，适宜用石灰稳定的土的塑性指数为15～20。用石灰稳定不含黏性土或无塑性的砂砾、级配碎石和未筛分碎石时，应添加15%左右的黏性土，并且该砂砾或碎石应具有较好的级配。

(2)灰质。石灰应为消灰粉或生石灰粉。高速公路和一级公路宜采用磨细生石灰粉。石灰质量应符合表6-45中Ⅲ级以上的技术标准。石灰土混合料的强度应符合表6-46的标准。

表6-45　石灰质量的技术标准

项　目		钙质生石灰			镁质生石灰			钙质消石灰			镁质消石灰		
		Ⅰ	Ⅱ	Ⅲ	Ⅰ	Ⅱ	Ⅲ	Ⅰ	Ⅱ	Ⅲ	Ⅰ	Ⅱ	Ⅲ
有效钙加氧化镁≥/%		85	80	70	80	75	65	65	60	55	60	55	50
未消解残渣≤(5 mm 圆孔筛余)/%		7	11	17	10	14	20						
含水率≤/%								4	4	4	4	4	4
细度	0.171 m(方孔筛)筛余≤/%							0	1	1	0	1	1
	0.125 m(方孔筛)筛余≤/%								13	20		13	20
钙镁石灰的分界线 MgO/%		≤5			>5			≤4			>4		

表6-46　石灰稳定类材料的7 d无侧限抗压强度及压实度标准

使用层次		重、中交通		轻交通	
		强度/MPa	压实度/%	强度/MPa	压实度/%
基层	集料	—		≥0.8	≥97
	细粒土	—			≥95
底基层	集料	≥0.8	≥97	≥0.7	≥96
	细粒土		≥95		≥95

(3)石灰剂量。石灰剂量是消石灰占干土重的百分率，对石灰土强度影响显著，且存在最佳剂量。常用的最佳剂量范围，对于黏性土及粉性土为8%～14%；对砂性土则为9%～16%。剂量的确定应根据结构层技术要求，进行混合料组成设计。

(4)拌合及压实。土的粉碎程度和拌合的均匀性对石灰稳定土的强度有很大影响，因此，应尽可能提高土的粉碎程度与拌合的均匀性。压实对石灰土强度的影响也很大，大量试验资料表明：压实度每增加2%，抗压强度增加的最大值为29.7%，最小值为2.5%，平均增加14.1%。

(5)养护条件与龄期。高温和一定的湿度对石灰土强度的形成很重要。温度高可以使反应过程加快，一定的湿度为物理化学作用提供了必要的水分。因此，要求石灰稳定土层施工期的最低温度应在5 ℃以上、并在第一次重冰冻(−3 ℃～−5 ℃)到来之前1个月到一个半月完成，并且应该经历半月以上温暖的气候养护。

石灰稳定土强度随龄期而缓慢增长，到28 d龄期时，只能达到最终强度的30%左右。强度增长期可以达到8～10年以上。

石灰稳定土层的施工方法有路拌法和厂拌法。二级和三级以下的公路的石灰稳定土层可以采用路拌法施工，但二级公路应采用专用的稳定土拌合机；一级公路和高速公路，除直接铺筑在土基上的底基层下层可以用专用稳定土拌合机进行路拌法施工外，其上的各个稳定土层都应用集中厂拌法拌制混合料并用摊铺机摊铺混合料。

1)路拌法施工工序：准备下承层——→施工放样——→摊铺——→拌合与洒水——→整形和碾压——→养护及减少反射裂缝的措施。

施工过程中必须满足下列基本要求：①下承层的高程和压实度必须符合规范规定；②摊铺上料前，应先在土基上洒水湿润，但不应过分潮湿而造成泥泞；③松铺土料层的厚度符合要求，并校核石灰用量；④使混合料含水率比最佳含水率大1%左右，混合料拌合需颜色一致，没有灰条、灰团和花白现象，如为石灰稳定加黏性土的碎石或砂砾，则应先将石灰和黏性土拌合均匀，然后均匀地摊铺在碎石或砂砾层上，再一起进行拌合；⑤碾压应在混合料处于最佳含水率±1%范围内进行。上层不能有"弹簧"、松散、起皮等现象。高程、路拱和超高均应符合设计要求。

石灰稳定土在养护期间应采取保湿措施，否则很容易产生干缩裂缝。养护期一般为7 d左右。养护期间未采取覆盖措施时，应封闭交通(洒水车除外)。不能封闭交通的路段，应采取覆盖措施(覆盖砂养护或喷洒沥青膜养护)，并限制车速不得超过30 km/h。

2)厂拌法施工步骤如下所述。

石灰稳定土可以在中心站用多种机械(如强制式拌合机、双转轴桨叶式拌合机等)进行集中拌合，拌合时应注意掌握以下几个要求：

①土块要粉碎，最大尺寸不超过15 mm。

②配料要准确。

③含水率要略大于最佳含水率1%左右，使混合料运到现场摊铺后碾压时的含水率能接近最佳值。

④拌合要均匀。将拌合后的混合料运送到现场，用摊铺机、平地机或人工按松铺厚度摊铺均匀。如有粗、细颗粒离析现象，应该用机械或人工补充拌合。

整形(需要时)和碾压均与前述路拌法相同。

2. 水泥稳定土

在粉碎或松散的土(包括各种粗、中、细粒土)中，掺入适量的水泥和水，经拌合、压实及养护后，当其抗压强度符合规定的要求时，称为水泥稳定土。用水泥稳定砂性土、粉性土得到的混合料，简称水泥土；稳定砂得到的混合料，简称水泥砂；稳定粗粒土和中粒土得到的混合料，可简称水泥碎石(级配碎石和未筛分碎石)、水泥砂砾等。

在利用水泥来稳定土的过程中，水泥、土和水之间发生了多种复杂的作用，使土的性能发生了明显的变化。但由于水的用量很少，水泥的水化完全是在土中进行的，故作用速度比在水泥混凝土中进行得缓慢。水泥在稳定土中的作用，一是改变了土的塑性，二是增加了土的强度和稳定性。

水泥稳定土具有较高的强度，一定的刚度，整体性较好，能适应各种气候环境和水文地质条件，可用于各级公路的基层和底基层。

土的类别和性质是影响水泥稳定土强度的重要因素。实践证明，用水泥稳定级配良好的碎(砾)石和砂砾效果最好，不但强度高，而且水泥用量少；其次是砂性土；再次是粉性土和黏性土。一般土的塑性指数不应超过17，在实际工作中，选用塑性指数小于12的土。

普通硅酸盐水泥、矿渣硅酸盐水泥和火山灰质硅酸盐水泥都可用来稳定土。通常情况下，硅酸盐水泥的稳定效果较好；终凝时间较长（6 h以上）的水泥应优先选用。

水泥稳定土的强度随水泥剂量的增加而增长，不存在最佳剂量。但过多的水泥用量，既不经济，又容易开裂。试验和研究证明，水泥用量为4%～6%较为合理。一定的水分也是水泥稳定土形成强度的必要条件。

水泥稳定土不适宜用人工拌合法施工。对于一级公路和高速公路，除直接铺筑在土基上的底基层下层可以用稳定土拌合机施工外，其他都应用集中厂拌法拌制混合料，并用摊铺机摊铺基层混合料。

一般水泥稳定土应在气温较高的季节组织施工，施工期的最低气温应在5 ℃以上、冰冻地区应在第一次重冰冻（−3 ℃～−5 ℃）到来之前半个月到1个月完成。

施工工序及要求如下所述：

(1)下承层准备。下承层表面应平整、坚实，具有规定的路拱，没有任何松散和软弱地点。

(2)拌合及摊铺。混合料拌合要均匀，且使混合料运到现场碾压时的含水率不小于最佳值。摊铺要按松铺厚度进行，并应用摊铺机或平地机摊铺：

(3)整形和碾压。摊铺后用平地机进行整平，然后进行碾压。碾压过程中，混合料要保持潮湿。水泥稳定土应用12 t以上的压路机碾压，每层压实厚度不应超过15 cm；用18～20 t三轮压路机碾压时，不应越过20 cm。稳定集料为中粒土和粗粒土时，需采用能量大的振动压路机碾压；而细粒土要采用振动羊足碾与三轮压路机配合碾压。厚度超过上述规定时，应分层铺筑。

(4)接缝处理。当天两工作段的衔接处，应搭接拌合。即前段工作尾部留5～8 m不进行碾压，待第二段施工时，对前段留下未压部分加适量水泥重新拌合，并与第二段一起碾压。摊铺整形的混合料当天应全部压实。每天工作段的末端工作缝应呈直线，且缝壁垂直。

(5)养护及交通管制。每一工作段经压实度检查合格后应立即开始养护。最好用薄膜或湿砂养生，也可采用沥青乳液进行养护；无上述条件时，可用洒水养护。养护期不宜少于7 d，并且要保持稳定土层表面潮湿。如为分层施工，下层碾压完后，过一天就可铺筑上层。

在养护期间未采用覆盖措施的水泥稳定上层上，除洒水车外，应封闭交通或限制重车通行，且车速不应超过30 km/h。

3. 石灰工业废渣稳定土

一定数量的石灰和粉煤灰，或石灰和煤渣、钢渣等工业废渣与其他集料相配合，加入适量的水（通常为最佳含水率），经拌合、压实及养护后得到的混合料，当其抗压强度符合一定要求时，称为石灰工业废渣稳定土（简称石灰工业废渣）。

随着工业的发展，工业废渣逐渐增多，利用工业废渣铺筑道路，不但降低了工程造价，且变废为宝，具有很大的意义。常用的工业废渣包括粉煤灰、煤渣、高炉矿渣、崩解过的达到稳定的钢渣及其他冶金矿渣、煤矸石等。粉煤灰中含有较多的二氧化硅、氧化钙或氧化铝等活性物质，应用最为广泛。因此，石灰工业废渣往往分为石灰粉煤灰类及石灰其他废渣类。用石灰来稳定工业废渣时，石灰在水的作用下形成饱和的$Ca(OH)_2$溶液，废渣的活性氧化硅和氧化铝在$Ca(OH)_2$溶液中产生火山灰反应，生成水化硅酸钙和铝酸钙凝胶，使颗粒胶凝在一起。随水化物不断产生而结晶硬化，当温度较高时，混合料强度不断增长。

因此，石灰工业废渣基层具有水硬性、缓凝性、强度高、稳定性好，成板体，且强度随龄期不断增加，抗水、抗冻、抗裂性好且收缩性小，能够适应各种气候环境和水文地质条件等优点，可以适用于各级公路的基层和底基层。

(1)材料要求。石灰的质量应符合Ⅲ级以上的技术指标，并且要尽量缩短石灰的存放时间。有效钙含量在20%以上的等外石灰、贝壳石灰、珊瑚石灰、电石渣等，应通过试验，只要混合料的强度符合要求就可以应用。

废渣主要以粉煤灰和煤渣为主，其他废渣的材料要求可以参照执行。粉煤灰中 SiO_2、Al_2O_3 和 Fe_2O_3 的总含量应大于70%，烧失量不超过20%，比表面积宜大于 $2\ 500\ cm^2/g$。干、湿粉煤灰都可以使用。湿粉煤灰含水量不宜超过35%，使用时，湿凝成团的粉煤灰应打碎或过筛，同时清除有害物质。

煤渣的主要成分是 SiO_2 和 Al_2O_3，松干密度为 $700\sim 1\ 100\ m^2/g$。最大粒径不应大于 30 mm，颗粒组成宜有一定级配，且无有害物质：

用作二灰混合料的粒料应少含或不含有塑性的土。一级公路和高速公路集料的压碎值应不大于30%；二级和二级以下公路压碎值应不大于35%。

(2)混合料的组成。采用石灰粉煤灰混合料作为基层时，石灰与粉煤灰的比例通常用 1∶2～1∶4，石灰粉煤灰与细粒土的比例为 30∶70～90∶10，与集料的比应是 20∶80～15∶85；采用石灰煤渣混合料作为基层或底基层时，石灰与煤渣的比可以是 1∶1～1∶4，石灰煤渣与细粒土的比例可以是 1∶1～1∶4；石灰煤渣粒料作为基层或底基层时，石灰、煤渣、粒料的比可以是(7～9)∶(26～33)∶(67～58)。

(3)施工。石灰工业废渣施工过程中对各工序的要求与石灰稳定土基本相同。路拌法施工工序为：准备下承层→施工放样→备料→运输和摊铺集料→运输和摊铺粉煤灰、石灰→拌合洒水→整形→碾压→养护。

石灰工业废渣碾压完成后第二天或第三天开始养生。通常采用洒水养护法，时间一般为 7 d，养护期间，除洒水车外应封闭交通。

6.4.3 沥青路面施工

沥青路面与水泥混凝土路面相比，具有表面平整，无接缝，行车舒适，耐磨，振动小，噪声低，施工期短，养护、维修简便等优点。但沥青路面的抗弯拉强度较低和透水性小，因而，要求基层和土基应具有足够的强度和水稳定性。且沥青路面的温度稳定性较差，低温时，抗变形能力很低，在寒冷地区，由于土基不均匀冻胀而使沥青路面开裂；在高温季节，路面易出现推挤、拥包、波浪等破坏；而且受施工季节和气候的影响较大。

1. 沥青路面分类

(1)按施工工艺分类。按施工工艺的不同，沥青路面可以分为层铺法、路拌法和厂拌法三类。

1)层铺法。这是用分层洒布沥青，分层铺撒矿料和碾压的方法修筑的沥青路面。其主要优点是工艺和设备简便、功效较高、施工进度快、造价较低；缺点是路面成型期较长，需要经过炎热季节行车碾顺之后路面方能成型。用这种方法修筑的沥青路面有沥青表面处治和沥青贯入式两种。

2)路拌法。这是在路上用机械将矿料和沥青材料就地拌合摊铺和碾压密实而成型的沥青面层。此类面层所用的矿料为碎(砾)石者称为路拌沥青碎(砾)石;所用的矿料为土者则称为路拌沥青稳定土。路拌沥青面层通过就地拌合,沥青材料在矿料中分布比层铺法均匀,可以缩短路面的成型期。但因所用的矿料为冷料,需使用稠度较低的沥青材料,故混合料的强度较低。

3)厂拌法。这是将规定级配的矿料和沥青材料在工厂用专用设备加热拌合,然后送到工地摊铺碾压而成型的沥青路面。若所用矿料为开级配,拌合后混合料的空隙率大于10%,称为厂拌沥青碎石;若矿料是按最佳密实级配原则配制,空隙率小于10%,则称为沥青混凝土。厂拌法按混合料铺筑温度的不同,又可分为热拌热铺和热拌冷铺两种。热拌热铺是混合料在专用设备加热拌合后立即趁热运到路上摊铺压实;如果混合料加热拌合后储存一段时间再在常温下运到路上摊铺压实,即为热拌冷铺。厂拌法使用较黏稠的沥青材料,且矿料经过精选,因而混合料质量高,使用寿命低,但修建费用也较高。

(2)根据沥青路面技术特性分类。根据沥青路面的技术特性,沥青面层可以分为沥青混凝土路面、乳化沥青碎石、热拌沥青碎石路面、沥青贯入式路面、沥青表面处治路面五种类型。另外,沥青玛琋脂碎石路面在我国也得到了广泛应用。

1)沥青混凝土路面是指用沥青混凝土作面层的路面,其面层可内单层、双层或三层沥青混合料组成,各层混合料的组成设计应根据其层厚和层位、气温和降雨量等气候条件、交通量和交通组成等因素确定,以满足对沥青面层使用功能的要求。沥青混凝土常用作高等级公路的面层。

2)热拌乳化沥青碎石适用于作三级、四级公路的沥青面层、二级公路养护罩面以及各级公路的调平层,也可以用作柔性基层。

3)沥青碎石路面是指用沥青碎石作面层的路面,沥青碎石的配合比设计应根据实践经验和室内试验的结果,并通过施工前的试拌合试铺确定。沥青碎石有时也用作联结层。

4)沥青贯入式路面是指用沥青贯入碎(砾)石作面层的路面。沥青贯入式路面的厚度一般为4~8cm。当沥青贯入式的上部加铺拌合沥青混合料时,也称为上拌下贯,此时拌合层的厚度宜为3~4cm,其总厚度为7~10cm。沥青贯入式碎石路面适用于作二级及二级以下公路的沥青面层。

5)沥青表面处治路面是指用沥青和集料按层铺法或拌合法铺筑而成的沥青路面。沥青表面处治的厚度一般为1.5~3.0cm。层铺法可以分为单层、双层、三层。单层表面处治厚度为1.0~1.5cm,双层表面处治厚度为1.5~2.5cm,三层表面处治厚度为2.5~3.0cm。沥青表面处治适用于三级、四级公路的面层、旧沥青面层上加铺罩面或抗滑层、磨耗层等。

6)沥青玛琋脂碎石路面是指用沥青玛琋脂碎石混合料作面层或抗滑层的路面。沥青玛琋脂混合料(Stone Mastic Asphalt,SMA)是以间断级配的集料为骨架,以改性沥青、矿粉及纤维素组成的沥青玛琋脂为结合料,经拌合、摊铺、压实而形成的一种构造深度较大的抗滑面层。它具有抗滑耐磨、孔隙率小、抗疲劳、高温抗车辙、低温抗开裂的优点,是一种全面提高密级配沥青混凝土使用质量的新材料。其适用于高速公路、一级公路和其他重要公路的表面层。

2. 材料要求

(1)沥青。在沥青路面采用的沥青强度等级,宜按照公路等级、气候条件、交通条件、路面类型与在结构中的层位及受力特点、施工方法等,结合当地的使用经验,经技术论证后确定。

(2)粗集料。粗集料表面应该洁净、干燥、表面粗糙,并符合规范要求。

(3)细集料。细集料应洁净、干燥、无风化,并有适当的颗粒级配,质量要求符合规范规定。

(4)矿粉。沥青混合料的矿粉必须采用石灰岩或岩浆岩中的强基性岩石等憎水性石料磨细,原石料中的泥土杂质应清除干净。

3. 施工方法

(1)层铺法沥青表面处治的施工。

1)清理基层。基层应清扫干净,使矿料大部分外露,并保持干燥。满足平整度要求。级配砂砾、级配碎石基层及水泥、石灰、粉煤灰等无机结合料稳定土或粒料的半刚性基层上须浇洒透层沥青,并且应尽早铺筑沥青面层。当用乳化沥青作为透层时,洒布后应待其充分渗透、水分蒸发后方可铺筑沥青面层,此段时间应在 24 h 以上。

2)洒布沥青。沥青洒布应均匀,并应按照洒布面积来控制单位沥青用量。沥青的浇洒温度根据施工温度及沥青标号选择。

3)铺撒矿料。洒布沥青后应趁热迅速铺撒矿料,按照规定用量一次撒足。撒料后应及时扫匀,要求全面覆盖一层,厚度一致,集料不重叠,且不露出沥青。

4)碾压。铺撒矿料后即用 60~80 kN 双轮压路机或轮胎压路机碾压 3~4 遍;压路机行驶速度开始为 2 km/h,以后可适当提高。双层式或三层式沥青表面处治的二、三层施工重复 2)、3)、4)工序。

5)初期养护。当发现表面处置层有泛油时,应在泛油处补撒与最后一层石料规格相同的嵌缝料,并扫匀,过多的浮动集料应扫出路面外,并不得搓动已经粘着就位的集料。如有其他破坏现象,也应及时进行修补。

除乳化沥青表面处治应待破乳后水分蒸发并基本成型后方可通车外,沥青表面处置层在碾压结束后即可开放交通。通车初期应设置专人指挥交通或设置障碍物控制行车,使路面全宽范围得到均匀压实。在路面完全成型前应限制行车速度不超过 20 km/h,严禁畜力车及铁轮车行驶。

(2)沥青贯入式路面施工。

1)整修和清扫基层。

2)浇洒透层或粘层沥青。

3)铺撒主层矿料。颗粒大小要均匀,并检查松铺厚度。

4)碾压。主层集料撒铺后应采用 6~8 t 的钢筒式压路机进行 4~6 遍初压。碾压速度宜为 2 km/h,直到主层集料嵌挤稳定,无显著轨迹为止。

5)浇洒第一层沥青。若采用乳化沥青贯入时,为防止乳液下漏过多,可以在主层集料碾压稳定后,先撒铺一部分上一层嵌缝料,再浇洒主层沥青。

6)趁热铺撒第一次嵌缝料,并扫匀。不足处应补撒。

7)碾压。嵌缝料扫匀后应立即用 8~12 t 钢筒式压路机进行碾压,轨迹重叠 1/2 左右,压 4~6 遍,直到稳定。碾压时随压随扫,使嵌缝料均匀嵌入。

8)浇洒第二层沥青,撒布第二次嵌缝料,然后碾压;再浇洒第三层沥青,铺撒封层料,最后碾压。采用 6~8 t 压路机碾压 2~4 遍,即可开放交通。

沥青贯入式路面开放交通后的交通控制、初期养护等与沥青表面处治相同。

(3)乳化沥青碎石混合料路面施工。乳化沥青碎石混合料应采用拌合厂机械拌合，在条件受限制时也可在现场用人工拌制。混合料的拌合时间应保证乳液与集料拌合均匀。拌合时间通过试拌确定，机械拌合不宜超过 30 s(自矿料中加进乳液的时间算起)，人工拌合不超过 60 s。

已拌好的混合料应立即运至现场进行摊铺。拌合与摊铺过程中已破乳的混合料，应予以废弃。拌制的混合料应用沥青摊铺机摊铺。若采用人工摊铺，应防止混合料离折。松铺系数可以通过试验确定：

乳化沥青碎石混合料的碾压应符合下列要求：

混合料摊铺后，应采用 6 t 左右的轻型压路机初压，碾压 1~2 遍，使混合料初步稳定，再用轮胎压路机或轻型钢筒式压路机碾压 1~2 遍。初压时应匀速进退，不得在碾压路段上紧急制动或快速启动。

当乳化沥青开始破乳，混合料由褐色转变成黑色时，用 12~15 t 轮胎压路机或 10~12 t 钢筒式压路机复压 2~3 遍后，晾晒一段时间待水分蒸发后，再补充复压至密实为止。压实过程中如有推移现象，应立即停止碾压，待稳定后再碾压。如当天不能完全压实，应在较高气温状态下补充碾压。

压实成型后的路面应做好早期养护，并封闭交通 2~6 h。开放交通初期，应设置专人指挥。车速不得超过 20 km/h，并不得制动或掉头。严禁畜力车和铁轮车通过。

乳化沥青碎石混合料施工的所有工序，包括路面成型及铺筑上封层等，均必须在冻前完成。

(4)热拌沥青混合料路面施工。热拌沥青混合料路面包括沥青混凝土和热拌沥青碎石。沥青混凝土和沥青碎石的结构区别主要是混合料经标准压实后的空隙率，大于 10% 的为沥青碎石，反之则为沥青混凝土。

热拌沥青混合料路面的施工可分为沥青混合料的拌制与运输、现场铺筑两个阶段。

1)热拌沥青混合料的拌制与运输。热拌沥青混合料可采用间歇式拌合机或连续式拌合机拌制。前者是在每盘拌合时计量混合料各种材料的重量，而后者则在计量各种材料之后连续不断地送进拌合器中拌合。为保证沥青混合料的质量稳定、沥青用量准确，高速公路和一级公路的沥青混凝土宜采用间歇式拌合机拌合。

沥青混合料制备过程中要特别注意控制温度。经拌合后的沥青混合料应均匀一致，无花白料，无结团成块或严重的粗、细料分离现象，不符合要求时不得使用，并应及时进行调整。热拌沥青混合料应采用较大吨位的自卸汽车运输，车厢应清扫干净。为防止沥青与车厢板粘结，车厢侧板和底板可以涂一薄层油水混合液(柴油与水的比例可达 1∶3)，但不得有余液积聚在车厢底部。

2)现场铺筑。面层铺筑前，应对基层或旧路面的厚度、密实度、平整度、路拱等进行检查，并清扫干净。为使面层与基层效结好，在面层铺筑前 4~8 h，在粒料类的基层上洒布透层沥青。若基层为旧沥青路面或水泥混凝土路面，则要在旧路面上洒布一层透层沥青。

热拌沥青混合料应采用机械摊铺。相邻两幅的摊铺应有 5~10 cm 宽度的摊铺重叠。当混合料供应能满足不间断摊铺时，也可采用全宽度摊铺机一幅摊铺。当高速公路和一级公路施工气温低于 10 ℃，其他等级公路施工气温低于 5 ℃时，不宜摊铺热拌沥青混合料。必须摊铺时，应采取一些相应的措施。

沥青混合料的压实应按初压、复压、终压三个阶段进行。分层压实厚度不得大于

10 cm，压实后的沥青混合料应符合压实度及平整度的要求。

初压用 6～8 t 双轮压路机以 1.5～2.0 km/h 的速度先碾压 2 遍，使混合料得以初步稳定。复压采用 10～12 t 三轮压路机或轮胎式压路机复压 4～6 遍。碾压速度，三轮压路机为 3 km/h，轮胎式压路机为 5 km/h。复压是碾压过程最重要的阶段，轮胎式压路机最适宜用于复压阶段的碾压。终压是在复压之后用 6～8 t 双轮压路机以 3 km/h 的碾压速度碾压 2～4 遍，以消除碾压过程中产生的轨迹，并确保路表面的平整。

热拌沥青混合料路面应待摊铺层完全自然冷却，混合料表面温度低于 50 ℃后，方可开放交通。

6.4.4 水泥混凝土路面施工

水泥混凝土水稳定性较高，在暴雨及短期浸水条件下，路面可以照常通行。水泥材料温度稳定性好，无车辙现象。由于水泥混凝土是无机胶凝材料，既耐老化，又无污染，因此，其风化与沥青老化相比时间更长。水泥混凝土路面作为刚性路面，其平整度的保持期长，在相同技术和工艺水平下，水泥混凝土路面大修前的使用年限长。另外，水泥混凝土路面承载力高，特别适用于重载交通。水泥混凝土路面面板施工方法有小型机具施工、轨模式摊铺机施工、滑模式摊铺机施工。

1. 材料要求

(1) 水泥。水泥进场时除满足材料的基本要求外，应通过混凝土配合比试验，测试适宜的水泥品种、强度等级。

(2) 粗集料。粗集料应选用质地坚硬、耐久、洁净的碎石、卵石，并符合规范规定的压实指标要求。

(3) 细集料。集料应选用质地坚硬、耐久、洁净的天然砂、机制砂或混合砂，并应符合规范规定的相应技术指标。

(4) 水。饮用水可直接作为混凝土搅拌和养护用水。对水质有疑问时，应按照规范检验相应的硫酸盐含量、含盐量、pH 值等指标。

2. 施工方法

(1) 小型机具施工。一般按照一个车道宽度进行施工，这有利于控制面板横向坡度和平整度，施工方便，同时也可以利用一侧基层或已建成的混凝土车道作为运输混合料的通道。

1) 安装模板。在摊铺混凝土之前，应先根据车道宽度安装纵向模板，模板可由 4～5 m 厚的钢板冲压制成，或由 3～4 mm 厚钢板与边宽 40～50 mm 的角钢或槽钢组合构成。模板底面与基层表面应密贴，以防漏浆；两侧用铁钎打入基层以固定位置，保证在混凝土振实时不松动或变形。模板内侧应均匀涂抹一层废机油、肥皂水或其他润滑剂，以便脱模。

2) 钢筋布设。

①传力杆的安设。混凝土连续浇筑时，胀缝传力杆常用钢筋支架法。传力杆的两端固定在钢筋支架上，支架脚插入基层内。对于混凝土板浇筑结束时设置的胀缝，宜用顶头木模固定传力杆的安装方法，如图 6-14 所

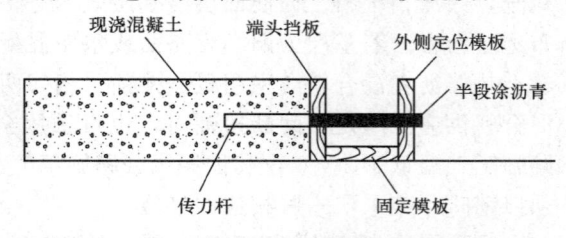

图 6-14 胀缝传力杆的架设（顶头模固定法）

示。继续浇筑邻板时,拆除挡板、横木及定位模板,设置胀缝板、木制压缝板条和传力杆套管。

缩缝及横向施工缝处传力杆的安装,可以采用预制定位支架固定传力杆的方法。在钢筋下垫用 $\phi 8 \sim 10$ mm 钢筋弯成的支架(支架反向弯脚各长 4 cm,每隔 50 cm 左右垫一支),以支撑并固定传力杆的位置。

②拉杆的安设。对于平缝处的拉杆,根据设计要求肋间距,在模板上制作拉杆置放孔;假缝处拉杆的安设可以采用钢筋支架预先固定在基层上。

③边缘钢筋及角隅钢筋的布设。边缘钢筋通常用预制混凝土垫块垫托。垫块厚度一般以 4 cm 为宜;垫块间距不大于 80 cm。在浇筑混凝土过程中,钢筋中间应保持平直,不得变形挠曲,并防止移位。角隅钢筋应在混凝土浇筑振实至与设计厚度差 5 cm 左右时安放。距离胀缝和板边缘各为 10 cm,平铺就位后,即可继续浇筑上部混凝土。

3)混凝土的拌制与运输。混合料的制备可采用在工地由拌合机拌制或在中心工厂集中制备而后用汽车运送到工地两种方式。

在工地制备混合料时,要准确掌握配合比,特别要严格控制用水量。每天开始拌合前,应根据天气变化情况,测定砂、石材料的含水量,以调整拌合时的实际用水量;每次拌合所用材料应过秤。量配的精确度对水泥为 $\pm 1.5\%$,砂为 $\pm 2\%$,碎石为 $\pm 3\%$,水为 $\pm 1\%$。每一工班应检查材料量配的精确度至少 2 次,每半天检查混合料的坍落度 2 次。

混凝土拌合物每盘的搅拌时间应根据搅拌机的性能和拌合物的和易性确定。搅拌最长不得超过拌合物要求的最短搅拌时间的 3 倍。

通常采用手推车或自卸汽车来运输混凝土拌合物。当运距较远时,宜采用搅拌车运输。混凝土混合料必须在初凝前运到摊铺地点,并有足够的摊铺、振实、整平和抹面的时间。混合料的卸料高度不得大于 1.50 m,以免发生离析;炎热干燥、大风或阴雨天气运输时,应加以覆盖;冬季施工运输时应有保温措施。每车卸料后必须及时清除车厢内的黏附残料。

4)混凝土的摊铺和振实。混凝土板厚在 22 cm 以下时,可以一次摊铺捣实,当厚度超过 22 cm 时,可以分两次摊铺,下层摊铺厚度约为总厚度的 3/5(边摊铺、边整平、边振实),紧接着摊铺上层。

混凝土铺筑到一半厚度后,先采用 2.2 kW(或 3.0 kW)的平板式振捣器振捣一遍,然后加高铺筑混凝土到顶部,等初步整平后换用 1.2~1.5 kW 的平板式振捣器再振捣一遍。凡振不到的地方,如模板边缘、传力杆处、窨井及进水口附近等,均改用高频率插入式振捣器振捣。插入式振捣器严禁在传力杆上振捣,以免损坏邻板边缘混凝土。经平板振捣器整平后的混凝土表面,应基本平整,无明显的凹凸痕迹。然后用带有振捣器的、底面符合路拱横坡的振捣梁,两端搁在侧模上,沿摊铺方向振捣拖平。随后,再用直径为 75~100 mm 的无缝钢管,两端放在侧模上,沿纵向滚压一遍。

5)接缝筑做。

①胀缝。预先加工好钢筋支架,传力杆无沥青涂层的一端焊接在支架上、接缝板夹在两支架之间;将支架准确定位,用钢钎将支架与胀缝板锚固在基层上,浇筑混凝土。在混凝土硬化前,剔除胀缝板上部的混凝土,嵌入 2 cm×2 cm 的木条,修整好表面;在填缝之前,凿去接缝板顶部的木条,涂胶粘剂后,嵌入多孔橡胶条。

②横向缩缝。横向缩缝即假缝，有切缝法、锯缝法两种方法筑做。

a. 切缝法是在混凝土捣实整平后，利用振捣梁将"T"形振动刀准确地按缩缝位置振出一条槽，随后将铁制压缝板放入，并用原浆修平槽边。当混凝土收浆抹面后，再轻轻取去压缝板，并立即用专门抹子修整缝缘。

b. 锯缝法是在结硬的混凝土中用锯缝机(带有金刚石或金刚砂轮锯片)锯割出要求深度的槽口。这种方法要求掌握好锯割时间，合适的时间视气候条件而定。

③纵缝。纵向假缝可以采用切缝或锯缝法；平缝纵缝应在已浇混凝土板的缝壁涂刷沥青，并避免涂在拉杆上。浇筑邻板时，缝的上部应压成规定深度的缝槽。

6)表面整修与防滑措施。水泥混凝土终凝前必须抹平其表面，使表面磨耗层(2～4 mm 的砂浆层)密实、平整。最好使用机械抹平。目前国产的小型电动抹面机有两种装置：装上圆盘即可进行组光，装上细抹叶片即可进行精光。在一般情况下，面层表面仅需粗光即可。抹面结束后，有时还需要再用拖光带横向轻轻拖拉几次。

近年来，国内外采用一种有效的方法使混凝土具有粗糙抗滑的表面，即在已结硬的路面上，用锯槽机将路面锯割成深 5～6 mm、宽 2～3 mm、间距 20 mm 的小横槽。也可以在未结硬的混凝土表面塑压成槽，或压入坚硬的石屑来防滑。

7)养护。养护的目的主要是防止混凝土的水分蒸发过快而产生收缩裂缝和保证水泥能充分进行水化作用。养护通常有湿治养护、塑料薄膜养护两种方法，养护期一般为 28 d。混凝土强度未达到设计要求前严禁硬质工具、器械等在上面拖拉，并严禁车辆通行。

8)拆模和填缝。拆模时间应能保证混凝土边、角不因拆模而破坏，应根据气温和混凝土强度增长情况而定。

所有接缝的上部均需要用填缝料封填。一般在养护期满后即可以进行填缝。未填缝前严禁车辆行驶，以免板边和角隅破坏。

(2)轨模式摊铺机施工。轨模式摊铺机施工，是由支撑在平底型轨道上的摊铺机将混凝土拌合物摊铺在基层上。它是水泥混凝土路面机械化施工中最普遍的一种方法。轨模式摊铺机的整套机械在轨模上前后移动，并以轨模为基准控制路面的高程。摊铺机的轨道与模板同时进行安装，将轨道固定在模板上，然后统一调整定位，形成的轨模既是路面边模又是摊铺机的行走轨道。

1)混凝土的拌合与运输。采用轨模式摊铺机施工的，拌合设备应配有电子秤等可自动准确计量的供料系统；无此条件时，可以采用集料箱加地磅的方法进行计量。各种组成材料的计量精度应符合规定要求。用国产强制式搅拌机进行混凝土混合料拌合。通常，采用自卸汽车运输混凝土拌合物，拌合物坍落度大于 5 cm 时应采用搅拌车运输。

2)摊铺与振捣。轨模式摊铺机有刮板式、箱式和螺旋式三种。摊铺时，将卸在基层上或摊铺箱内的混凝土拌合物按照摊铺厚度均匀地充满轨道范围内。刮板式摊铺机本身能在轨道上前后自由移动，刮板旋转时将卸在基层上的混凝土拌合物向任意方向摊铺。这种摊铺机质量小，容易操作，使用较普遍，但摊铺能力较小。箱式摊铺机摊铺时，先将混凝土拌合物通过卸料机一次卸在钢制料箱内，摊铺机向前行驶时料箱内的混合料摊铺于基层上，通过料箱横向移动按松铺厚度准确、均匀地刮平拌合物。螺旋式摊铺机则由可以正向和反向旋转的螺旋布料器将拌合物摊平，螺旋布料器的刮板能准确调整高度。螺旋式摊铺机的摊铺质量优于前述两种摊铺机,摊铺能力较大。摊铺机摊铺时,振捣机跟在摊铺机后面对拌合物做进一步的整平和捣实。

3)表面整修。振捣密实的混凝土表面应进行整平、精光、纹理制作等工序的作业,使竣工后的混凝土路面具有良好的路用性能。

表面整平用能纵向移动或斜向移动的表面整修机整平。整平时,应使整平机械前保持高度为10~15 cm的壅料,并使壅料向较高的一侧移动,以保证路面板的平整,防止出现麻面及空洞等缺陷。

精光是对混凝土路面进行最后的精平,使混凝土表面更加致密、平整、美观。此工序是提高混凝土路面外观质量的关键工序之一。混凝土路面整修机配有完善的精光机械,只要在施工过程中加强质量检查和校核,便可以保证精光质量。

制作纹理用纹理制作机在路面上拉毛、压槽或刻纹,纹理深度控制在1~2 mm范围内;纹理应与路面前进方向垂直,相邻板的纹理应相互沟通以便排水。纹理制作从混凝土表面无波纹水迹时开始,过早或过晚均会影响纹理质量。

4)接缝施工。横向缩缝(假缝)一般采用锯缝法。假缝型纵缝应预先用钢筋支架将拉杆固定在基层上或用拉杆置放机在施工时将拉杆置入。假缝顶面的缝槽用锯缝机锯切。纵缝为平缝带拉杆时,应根据设计要求,预先在模板上制作拉杆置放孔,模板内侧涂刷隔离剂。缝槽顶面用锯缝机切割,深度为3~4 cm,并用填缝料灌缝。

混凝土的养护及填缝同小型机具施工。

(3)滑模式摊铺机施工。水泥混凝土路面滑模摊铺机施工技术是当今世界上施工速度最快、工程质量最高、施工规模最大的现代化、机械化和智能化的先进技术,是高速公路水泥混凝土路面施工技术的主要趋势和发展方向。滑模式摊铺机支撑在四个液压缸上,它可以通过控制机械上下移动来调整摊铺厚度。在摊铺机两侧设有随机移动的固定滑模扳。滑模式摊铺机一次通过即可完成摊铺、振捣、整平等多道工序。

1)测量放样、悬挂基准线。滑模式施工取消了固定模板,代之以随摊铺机一起运动的滑移式滑动模板。路面的高程、纵横坡度、板宽、平整度等以基准线作为基本参照系,通过滑模摊铺机上设置的传感器进行调整、控制。基准线一般比路面摊铺边缘宽0.8~1.5 m,由于路面有横坡,因此,基准线高程并不是路面边缘高程。基准线固定桩间距,在直线段不超过10 m,曲线段应加密到5 m。准确测量定位后,将基准线固定桩(钢钎)牢固打入基层10~15 cm。基准线精确定位后固定在钢钎上。

基准线设置好以后,禁止扰动,特别是正在作业时,严禁碰撞和振动基准线。以确保摊铺质量。

2)混凝土的搅拌和运输。滑模摊铺水泥混凝土路面必须采用强制式混凝土搅拌楼来生产混合料,以确保混合料的搅拌质量和生产效率。混凝土混合料的生产供应一般有预拌混凝土和现场搅拌站两种方式。

为了适应滑模摊铺水泥混凝土路面的快速施工要求,一般要求采用装载8 m³(20 t)以上的大型车辆来运输混凝土。一般情况下,混凝土运输应当在45 min~1 h以内完成,否则,即使没有到初凝时间,由于坍落度损失太大也不适宜滑模摊铺。

3)混合料的卸料、布料。滑模摊铺普通混凝土路面时,混凝土混合料直接卸在基层上,卸料分布应均匀。滑模摊铺机的前部有螺旋布料器或布料刮板,料堆高度不得高于摊铺机的进料挡板上边缘,以减小摊铺机的摊铺推进负荷。机前缺料时,可以用装载机或挖掘机补充送料,并要求供料与摊铺速度协调。

当路面设计有缩缝传力杆、钢筋混凝土路面和要求连续滑模摊铺桥面时,均需要用布料机布料,从而加快施工速度,并保证混凝土路面的施工质量。布料宽度不得宽于滑模摊铺机宽度,布料的松铺厚度要适宜,松铺系数随坍落度大小而变化。布料机与滑模摊铺机的施工距离应控制在5~10 m。

4)混凝土的摊铺。混凝土混合料布好后,在开始摊铺的5 m内,必须对所摊铺出的路面高程、厚度、宽度、中线、横向坡度等技术参数进行准确测量。根据测量结果及时、缓慢地在摊铺行进中进行微调。禁止停机调整,以免影响路面的平整度。摊铺机从起步到调整,到正常摊铺,应在10 m内完成。

滑模摊铺机的摊铺速度取决于混凝土路面板是否振捣密实。由于滑模摊铺只能一次摊铺出高密实度的混凝土路面,而不可能回车反复制作,即使不符合要求,也无法补救,所以,摊铺过程中应尽可能使摊铺机缓慢、均匀、连续不断地作业。混合料正常的滑模摊铺速度应控制在1~2 m/min比较适宜。不容许料多追赶,然后随意停机等待,以及间歇摊铺情况的发生。

5)接缝施工。

①纵缝。当一次摊铺多车道路面时,纵向假缝采用锯缝法制作,假缝处的拉杆用中间拉杆插入装置在摊铺时插入;纵向施工缝处的拉杆,在前一幅路面摊铺时,用摊铺机的侧向拉杆插入装置插入。

②横缝。带传力杆的假缝,可在摊铺机上配备传力杆自动插入装置(DBI)在施工时置入,或采用预制钢筋支架法固定传力杆,钢筋支架上部的混凝土应先采用手持振捣棒振捣密实,摊铺机通过时必须提高振捣棒,使其最低点位置在挤压板的后缘高度以上,以便不扰动传力杆。当混凝土强度达到设计值的25%~30%时,采用支架式硬切缝机切割。

滑模摊铺水泥混凝土路面的胀缝施工,目前,国内外均采用"前置式胀缝支架施工法"。混凝土强度初步形成后,用刻纹机或拉毛机制作表面纹理。其养护、锯缝、灌缝等施工方法与轨模式摊铺机施工方法相同。

能力训练

一、思考题

1. 简述路面结构组成和路面的分类与分级。
2. 无机结合料稳定土分为哪几类?
3. 弹性层状体系的基本假设是什么?
4. 我国现行沥青路面设计方法采用何种理论?其控制指标是什么?
5. 水泥混凝土路面设计采用何种理论进行分析计算?设计中应如何确定混凝土板的厚度?
6. 水泥混凝土路面设计的内容有哪些?
7. 石灰稳定土和水泥稳定土的强度形成机理分别是什么?影响因素有哪些?

8. 简述水泥混凝土路面施工工艺。

9. 简述热拌沥青混合料路面的施工步骤。

二、计算题

某公路处于Ⅱ5区，路线经过地区属湿暖带半湿润季风气候区，四季分明。年内夏、秋季降水相对集中，易出现暴雨造成涝灾，其余季节降水偏少。平均气温13.9 ℃，以7、8月份最热，年平均最高气温19.5 ℃，年平均最低气温2.2 ℃，历年极端最高气温41.8 ℃，历年极端最低气温－8.3 ℃。历年最大积雪深度25 cm，最大冻土深度33 cm，历年平均无霜期270.5 d。气候区内年平均降雨量为1 080.0 mm，历年最大降雨量1 678.0 mm，以6~10月降雨相对较为集中。设计线路经过地段主要由第四纪松散沉积层所组成。第四纪沉积层由低~高液限黏土夹中粗砂所组成。地层岩性主要为低~高液限黏土，其CBR为2%~8%；下部上更新统(Q_3^{al})沉积层厚度一般为15~45 m，地层岩性主要为低~高液限黏土，呈中~高压缩性。修建该道路所需的石灰、碎石等集料丰富，且能满足技术指标要求。根据相近道路交通组成分析预测的该路交通量组成见表6-47，请设计该沥青路面的路面结构，并验算其路表弯沉和层底弯拉应力。

表6-47 交通组成

车型	前轴重/kN	后轴重/kN	后轴数/m	后轴轮数	后轴距/m	交通量/(次·日$^{-1}$)
小客车	11.5	23	1	单	—	3 000
中客车SH130	16.5	23	1	双	—	700
大客车CA50	28.7	68.2	1	双	—	800
小货车BJ130	13.55	27.2	1	双	—	2 000
中货车CD50	35.1	83.7	1	双	<3	900
中货车EQ140	23.7	69.2	1	双	—	1 800
大货车JN150	49	101.6	1	双	—	800
特大车日野KB222	50.2	104.3	1	双	—	1 000
五十铃EXR181	60	100	3	双	>3	120

任务自测

任务能力评估表

知识学习	
能力提升	
不足之处	
解决方法	
综合自评	

任务七　道路排水设计

任务目标
- 熟悉排水的目的、要求与排水设计的一般原则；
- 掌握路基、路面排水设计；
- 了解综合排水系统设计。

7.1 概述

为防止地面水和地下水对公路的损害，确保公路排水畅通、结构稳定、行车安全，所采用的各种拦截、汇集、输送、排放地表水或地下水的排水设施和构造物组成的总体称为公路排水系统。公路排水设计是公路设计的重要内容之一。根据需要防排水对象不同，公路排水系统分为路基排水系统和路面排水系统。

7.1.1 水的来源与危害

1. 水的来源

根据水源的不同，影响道路的水流可分为地面水和地下水两类。

(1)地面水包括大气降水及海、河、湖、水渠、池塘水。地面水对道路的危害包括：导致沥青路面材料强度的降低，在水泥混凝土路面的接缝处和路肩处造成唧泥；在冻胀地区，融冰季节水会引起路面承载能力的普遍下降；对路基的冲刷和渗透，冲刷可能导致路基整体稳定性受损害，形成水毁现象，渗入路基土体的水分，使土体过湿而降低路基强度。

(2)地下水包括上层滞水、潜水、层间水等，它们对路基的危害程度因条件不同而异。轻者能使路基湿软，降低路基强度；重者会引起路基冻胀、翻浆或边坡滑塌，甚至使整个路基沿倾斜基底滑动。地下水还可能造成掺有膨胀土的路基工程毁灭性的破坏。

2. 水的危害

道路的各种病害和变形的产生，如路基沉陷、坍塌、翻浆，沥青路面松散、剥落、龟裂，水泥混凝土路面唧泥、错台、断裂等，无不与道路上水的浸湿和冲刷等破坏作用有关。

水的作用加剧了路基和路面结构的损坏，加快了路基、路面使用性能的下降，缩短了它们的使用寿命。因此，道路排水系统是道路工程的重要组成部分，在路基路面设计、施工和养护中，必须十分重视路基路面排水工程，这对保证道路的使用性能和使用寿命具有十分重要的作用。

道路排水设计的任务是将道路结构范围内的湿度降低到一定的范围内，使其常年处于干燥和中湿状态，确保道路结构具有足够的强度和稳定性，以避免积水特别是路面积水，延长和确保其正常使用寿命，避免道路结构受水的危害。

7.1.2 排水设计的一般原则

（1）排水设计要因地制宜、全面规划、因势利导、综合整治、讲究实效、注意经济，充分利用有利地形和自然水系。一般情况下，地面和地下设置的排水沟渠宜短不宜长，以使水流不致过于汇集，做到及时疏散，就近分流。

（2）各种路基排水沟渠的设置，应注意与农田水利相配合，必要时可适当增设涵管或加大涵管孔径，以防农业用水影响路基的稳定性，并做到路基排水有利于农田灌溉。路基边沟一般不用作农田灌溉渠道，两者必须合并使用时，边沟的断面应加大，以防止水流危害路基。

（3）设计前必须进行调查研究，查明水源与地质条件，重点路段要进行排水系统的全面规划，考虑路基排水与桥涵布置相配合、地面排水与地下排水相配合、各种排水沟渠的平面布置与竖向布置相配合，做到综合整治，分期修建。排水困难和地质不良的路段应和路基防护与加固工程相配合，并进行特殊设计。

（4）路基排水要注意防止附近山坡的水土流失，尽量不破坏天然水系，不轻易合并自然沟渠和改变水流性质，尽量选择有利地质条件布设人工沟渠，减少排水沟渠的防护与加固工程。对于重点路段的重要排水设施及土质松软和纵坡较陡地段的排水沟渠，应进行必要的防护与加固。

（5）路基排水要结合当地水文条件和道路等级等具体情况，应就地取材，以防为主，既要稳固适用，又必须讲究经济效益。

（6）为了减少水对路面的破坏作用，应尽量阻止水进入路面结构，并提供良好的排水设施，以便迅速排除路面结构内的水，也可以修筑能够承载荷载和雨水共同作用的路面结构。

7.2 路基排水设计

根据水源的不同，影响道路路基的水流可以分为地面水和地下水两大类。其排水工程分为地面排水和地下排水两类。

7.2.1 地面排水设施

常用的地面排水设施包括边沟、截水沟、排水沟、跌水与急流槽等，必要时还有渡槽、倒虹吸等。这些排水设施分别设在路基的不同部位，各自的排水功能、布置要求或构造形式，均有所差异。

1. 边沟

边沟设置在挖方路基的路肩外侧或低路堤的坡脚外侧，多与路中线平行，用以汇集和排除路基范围内和流向路基的少量地面水。平坦地面填方路段的路旁取土坑，常与路基排水设计综合考虑，使之起到边沟的排水作用。边沟的排水量不大，一般不需要进行水文和水力计算，选用标准横断面形式。边沟不宜过长，尽量使沟内水流就近排至路旁自然水沟或低洼地带。必要时设置涵洞，将边沟水横穿路基，从路基另一侧排除。

图 7-1 是路堑与高路堤衔接处的边沟排水布置图，由于边沟泄出水流流向路堤坡脚处，两者高差大，因此必须因地制宜，根据地形与地质等具体条件，将出水口延伸至坡脚以外，以免边沟水冲刷填方坡脚。

边沟的横断面形式有梯形、流线形、三角形及矩形等，如图 7-2 所示。

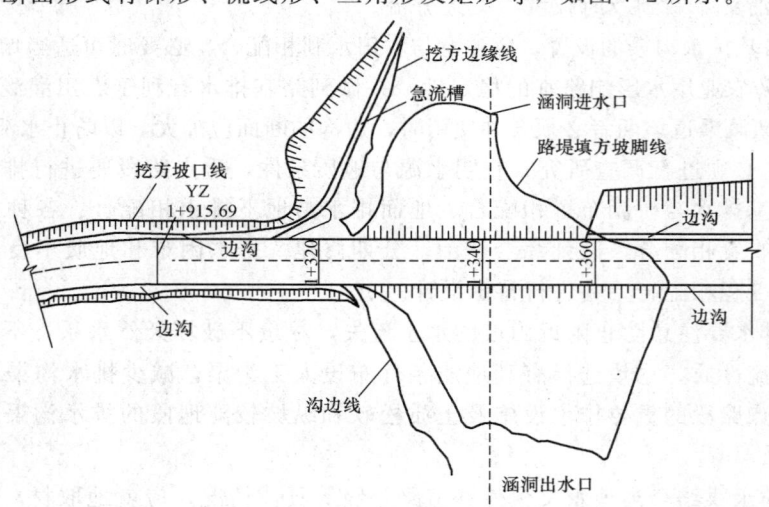

图 7-1 路堑与高路堤衔接处的边沟排水布置图

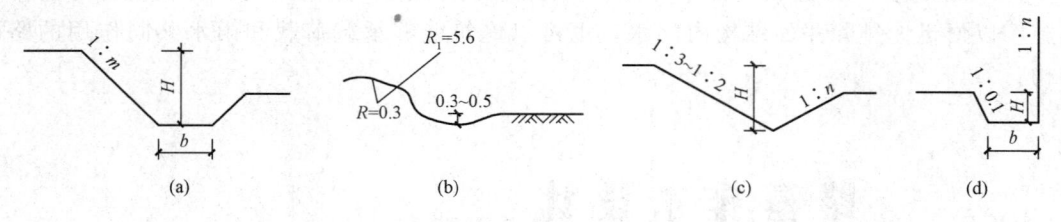

图 7-2 边沟横断面形式示意图（单位：m）
(a)梯形；(b)流线形；(c)三角形；(d)矩形

边沟出水口的间距，一般地区不宜超过 500 m，多雨地区不宜超过 300 m，纵坡应与路线保持一致,最小纵坡为 0.25%,沟壁铺砌后可为 0.12%,纵坡大于 3‰时需进行加固和防护。

(1)梯形边沟。内侧沟壁坡度为 1:1～1:1.5,外侧边沟坡度与挖方边坡相同。边沟底宽与深度为 0.4～0.6 m,水流少的地区线路段,取低限或更小,但不宜小于 0.3 m,降水量集中或地势低洼的路段,取高限或更大值,长度一般小于 500 m。梯形边沟的特点是排水量大,边坡稳定性好,适用于土质或软弱石质边沟。

(2)矩形边沟。矩形边沟沟壁边坡直立或稍有倾斜。底宽与深度为 0.4～0.6 m,干旱或水流较小的地区取低限,但不能少于 0.3 m,降水量大的地区或低洼路段取上限或者更大值。矩形边沟占地少,施工方便,适用于石质或铺砌的边沟。

(3)流线形边沟。曲线半径 R 多采用 30 cm,深度为 0.4～0.6 m,降水量集少或者地势低洼路段取高限或者更大值。

流线形的边沟美观大方,与环境相协调,适用于沙漠或积雪覆盖地区的路基。

(4)三角形边沟。沟壁边坡坡度为 1:2～1:3,深度为 0.4～0.6 m,在水流量较大时沟深宜适当加大,长度不宜超过 200 m。采用三角形边沟便于机械化施工,在矮路堤或少雨浅挖路段土质三角形边沟较为常用。

2. 截水沟

截水沟一般设置在挖方路基边坡坡顶以外,或山坡路堤上方的适当地点,用以拦截并排除路基上方流向路基的地面径流,减轻边沟的水流负担,保证挖方边坡和填方坡脚不受流水冲刷,又称为天沟。它适用于降水量较多且暴雨频率较高、山坡覆盖层比较松软、坡面较高、水土流失比较严重的地段,必要时可设置两道或多道截水沟。降水量少、冲刷不大的路段可以不设截水沟。

截水沟的位置,应尽量与绝大多数地面水流方向垂直,以提高截水效能和缩短沟的长度。截水沟应保证水流畅通,就近引入自然沟内排出,必要时配以急流槽或涵洞等泄水结构物将水流引入指定地点。截水沟水流不应引入边沟,当必须引入时,应增大边沟横断面,并进行防护。沟底应具有 0.5% 以上的纵坡,沟底和沟壁要求平整密实、不滞流、不渗水,必要时予以加固和铺砌。截水沟的长度以 200～500 mm 为宜。

截水沟的横断面形式,一般为梯形,沟的边坡坡度,因岩土条件而定,一般采用 1:1.0～1:1.5,如图 7-3 所示。沟底宽度的 b 不小于 0.5 m;沟深 h 按设计流量而定,也不应小于 0.5 m。

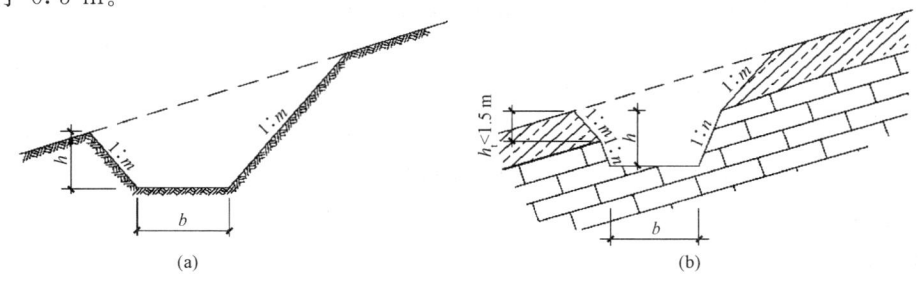

图 7-3 截水沟一般横断面
(a)土沟;(b)石沟

路堑段挖方边坡上方设置的截水沟如图 7-4 所示。图中距离 d 一般应大于 5 m，地质不良地段可取 10.0 m 或更大。截水沟下方一侧，可堆置挖沟的土方，并要求做成顶部向沟倾斜 2% 的土台。

山坡填方路段可能遭到上方水流的破坏作用，此时必须设截水沟，以拦截山坡水流保护路堤。如图 7-5 所示，截水沟与坡脚之间，要有不小于 2.0 m 的间距，并做成 2% 的向沟倾斜的横坡，确保路堤不受水害。

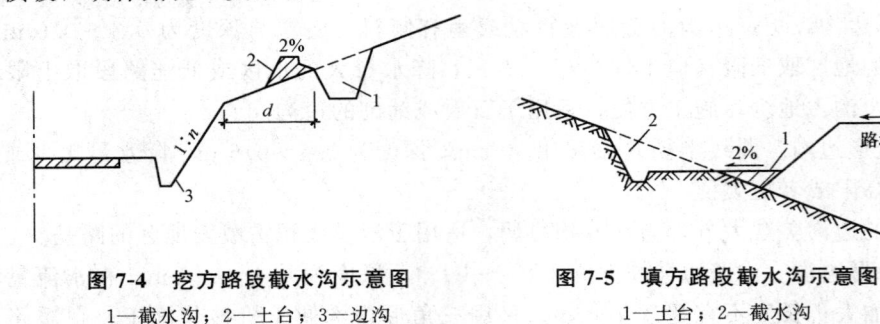

图 7-4 挖方路段截水沟示意图
1—截水沟；2—土台；3—边沟

图 7-5 填方路段截水沟示意图
1—土台；2—截水沟

3. 排水沟

排水沟主要用于排除路基范围内边沟、截水沟或其他水源的水流，并将水流引至桥涵或路基范围以外的指定地点。当路线受到多段沟渠或水道影响时，为保护路基不受水害，可以设置排水沟或改移渠道，以调节水流，整治水道。

排水沟的布置，可以根据需要并结合当地地形等条件而定，离路基尽可能远些，距路基坡脚不宜小于 2.0 m，平面上应力求直接，需要转弯时也应尽量圆顺，做成弧形，其半径不宜小于 10～20 m，连续长度宜短，一般不超过 500 m，排水沟应具有合适的纵坡，以保证水流畅通，不致流速太大而产生冲刷，亦不可流速太小而形成淤积，为此宜通过水文水力计算而择优选定。一般情况下，可以取 0.5%～1.0%，不宜小于 0.3%，也不宜大于 3%。

排水沟的横断面一般采用梯形，尺寸大小应经过水力、水文计算选定。用于边沟、截水沟及取土坑出水口的排水沟，横断面尺寸根据设计流量确定，底宽与深度不宜小于 0.5 m，土沟的边坡坡度为 1∶1～1∶1.5，石质排水沟或加固排水沟，可采用矩形断面形式。

排水沟水流注入其他沟渠或水道时，应使原水道不产生冲刷或淤积。通常，应使排水沟与原水道两者成锐角相交，排水沟水流注入其他沟渠或水道时，应使原水道不产生冲刷或淤积。通常，应使排水沟与原水道两者成锐角相交，且交角不大于 45°，如有条件可以用半径 $R=10b$（b 为沟顶宽）的圆曲线朝下游与其他水道相接，如图 7-6 所示。必要时对排水沟渠应予以加固，以防止水流对沟渠的冲刷与渗漏。

4. 跌水与急流槽

跌水与急流槽是人工排水沟渠的特殊形式，用于陡坡地段，沟底纵坡可达 100%，是山区公路的常见排水构造物。由于纵坡陡，水流速度快，冲刷力大，要求跌水与急流槽的结构必须稳固耐久，通常，应采用浆砌块石或水泥混凝土预制块砌筑，并具有相应的防护加固措施。

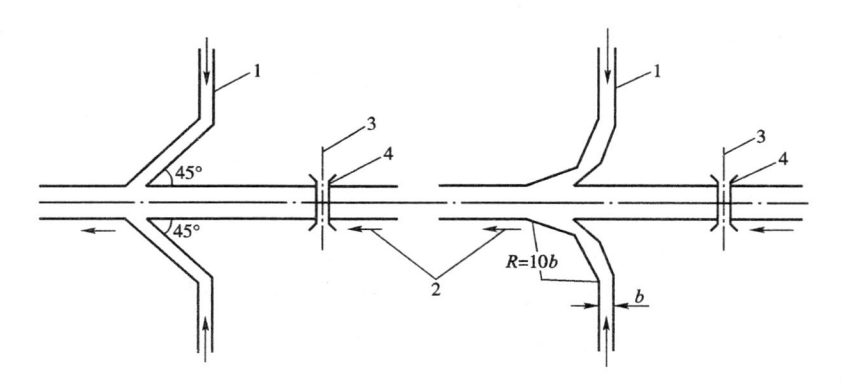

图 7-6　排水沟与水道衔接示意图
1—排水沟；2—其他渠道；3—路基中心；4—桥涵

跌水呈台阶式，有单级和多级之分，沟底有等宽和变宽之别。单级跌水适用于排水沟渠连接处，由于水位落差较大，需要消能或改变水流方向，如路基边沟水流通过涵洞排泄时，采用单级跌水，如图 7-7 所示。

较长陡坡地段的沟渠，为减缓水流速度，并予以消能，可以采用多级跌水，如图 7-8 所示。多级跌水底宽和每级长度，可以根据实际的需要，采用各自相等的对称形，也可以做成变宽或不等长度与高度。

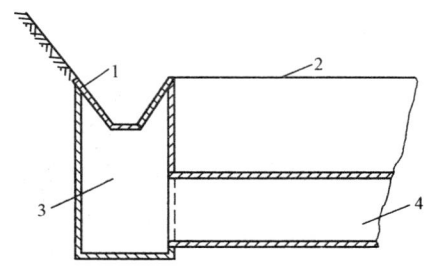

图 7-7　边沟与涵洞单级跌水连接
1—边沟；2—路基；3—跌水井；4—涵洞

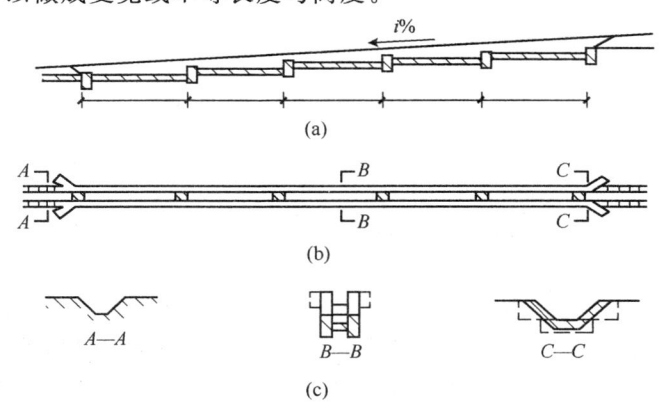

图 7-8　等截面多级跌水结构
(a)纵剖面；(b)平面；(c)横剖面

急流槽是使坡度较陡路段的水流不离开沟底的一种排水构造物。急流槽多用于路堤和路堑，或者边坡平台上从坡顶向下竖向排水流入涵洞，或者天然水道以及在特殊情况下用于拦截水流流入沟渠的场合，是山区公路回头展线，沟通上下线路基排水及沟渠出水口的一种常见的排水设施。

急流槽的纵坡比跌水的平均纵坡更陡。急流槽主体部分的纵坡依地形而定，一般可以达到 1∶1.5，如果地质条件良好，需要时还可以更陡，但结构要求更严，造价也相应提高，

· 295 ·

设计时应通过比较确定。急流槽的构造如图7-9所示。按照水力计算特点,由内进口、主槽(槽身)和出口三部分组成。急流槽的进出口主槽连接处,因沟槽横断面不同,为了能平顺衔接,可以设置过渡段。出口部分设有消力池。进水口与沟渠泄水口之间做成喇叭口式连接,变宽段有至少15 cm的下凹,并做成砌铺防护。急流槽多用砌石(抹面)和水泥混凝土结构,也可以利用岩石坡面挖槽。如临时急需时,可就近取材,采用竹木结构。急流槽的基础必须稳固,端部及槽身间隔为2~5 m,在槽底设耳墙埋入地面以下。槽身较长时,宜分段砌筑,每段长5~10 m,预留伸缩缝,并用防水材料填缝。

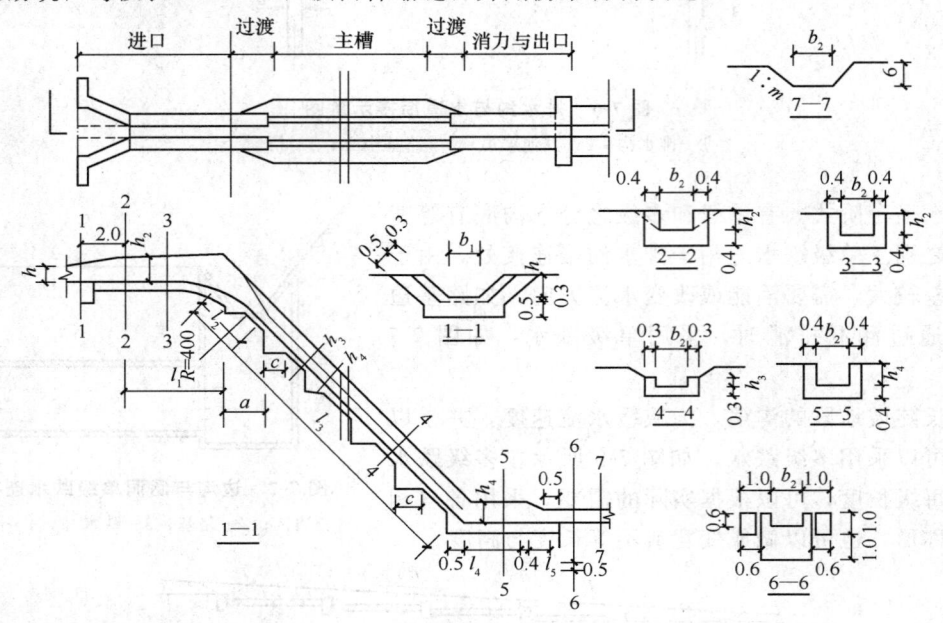

图 7-9 急流槽结构图式(单位:m)

5. 倒虹吸与渡水槽

(1)倒虹吸构造与布置。当路基横跨原有沟渠,沟渠水位高于路基设计标高,且不宜设置涵洞,也不能架空时,通常采用倒虹吸,如图7-10所示。

倒虹吸是利用上下游沟渠水位差,利用势能使水流降落后再复升,经路基下部埋设的管道,水流流向路基另一侧。竖井式倒虹吸的水流在管道中多次垂直改变方向,水流条件较差,结构要求较高,管内易漏水和淤塞,也难以清理和修复,使用时必须合理设计,进行水力计算,同时要求保证施工质量,经常检查维修。

倒虹吸管道有箱形和圆形两种,以水泥混凝土和钢筋混凝土结构为主,有条件时可采用铸铁管。管道的孔径为0.5~1.5 m,管道附近的路基填土厚度一般不小于1.0 m,以免行车荷载压力过于集中,在严寒地区时,可赖以防冻。由于倒虹吸的泄水能力有限,管道不宜埋置过深,以填土高度不超过3.0 m为宜。管道两端设竖井,井底标高低于管道,起沉淀泥沙与杂物作用。也可以改用斜管式或缓坡式,以代替竖井式升降管,此时,虽然改善了水流条件,但增加了路基用地宽度和管道长度。

倒虹吸管进出口处所设的沉沙池位于原沟渠与管道之间的过渡段,池底和池壁采用砌石抹面或混凝土抹面,厚度为0.3~0.4 m(砌石)或0.25~0.30 m(混凝土),池的容量以不溢水为度。水流经过沉沙池后，水中仍含有细粒泥沙或轻质漂浮物，可设网状拦泥栅子以清除，确保虹吸管道不致堵塞，但拦泥栅子本身容易被堵塞，需要经常清理，以保证水流畅通，避免沉沙池和沟渠溢水而危害路基。倒虹吸的出口也应设过渡段与下游沟渠平顺衔接，应对原有土质沟渠进行适当加固。

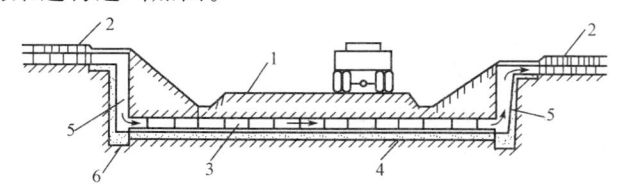

图 7-10 竖井倒虹吸布置图
1—路基；2—厚沟渠；3—洞身；4—垫层；5—竖井；6—沉淀池

（2）渡水槽的构造和布置。渡水槽相当于渡水桥，是穿过农田地区路段常用的过水形式之一，是当水道与路基设计标高相差较大，且路基两侧地形有利时，设置的沟通路基两侧水流的排水构造物。渡水槽中由进出水口、槽身和下部支承三部分组成。渡水槽的受力特点与桥梁相似，所以其构造也桥梁相似，渡水槽主要作用是沟通水流，故除在结构上应具有足够强度外，在性能上还应满足排水的要求，以及防止冲刷和渗漏等。

为降低工程造价，槽身过水横断面一般均较两端的沟渠横断面小，槽中水流速度相应有所提高，因此，进出口段应注意防止冲刷和渗漏。进出水口处设置过渡段，根据土质情况，分别将槽身两端伸入路基两侧地面 2～5 m，而且进出水口过波段宜长一些，以防淤积。如果上槽较短，可以取槽身与沟渠的横断面相同，沟槽直接衔接，不设过渡段。水流横断面不同时，过渡段的平面收缩角为 10°～15°，据此可以确定过波段的有关尺寸。对与槽身连接的土质沟渠，应予以防护加固，其长度至少是沟渠水深的 4 倍。

7.2.2 地下排水设施

拦截、汇积和排除地下水，或降低地下水位，使路基免遭破坏的结构物，称为地下排水结构物。其构造一般比地面排水结构物复杂，且维修改建困难，投资也较大，故在施工中应予以高度重视，以免建成后因结构物失效而造成后患。公路上，常用的地下排水结构物有暗沟、渗沟和渗井等。

1. 暗沟

暗沟是引导地下水流的沟渠。其本身不起渗水、汇水作用，而是把路基范围内的泉眼或渗沟汇集的水流排到路基范围以外，使水不致在土基中扩散，危害路基，如图 7-11 所示。

暗沟的构造一般比较简单，在路基填土之前，或挖成之后，按照泉眼范围大小，剥除泉眼上层浮土，挖出泉井，砌筑井壁与沟壁，上盖混凝土（或石）盖板。井深应保证盖板顶的填土厚度不小于 50 cm。井宽按照泉眼的范围大小确定，一般为

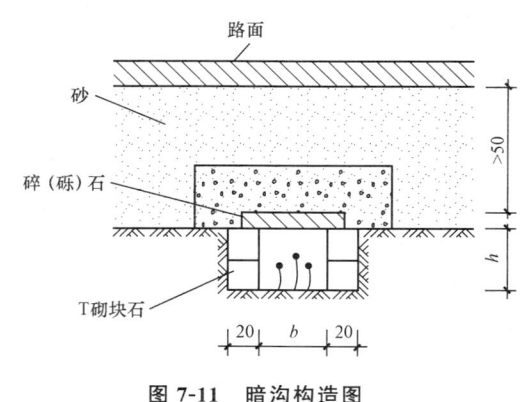

图 7-11 暗沟构造图

20～30 cm，高 h 约为 20 cm。如沟身两侧为石质，盖板可直接放在两侧石壁上。暗沟沟底纵坡一般不小于 1%，出口处沟底应高出边沟最高水位 20 cm 以上，不允许出现倒灌现象。

为防止泥土或砂粒落入沟槽或泉眼，造成淤塞，在其周围可铺筑碎（砾）石反滤层。

2. 渗沟

渗沟是一种常见的地下排水沟渠。其作用是为了切断、拦截有害的含水层和降低地下水位，保证路基经常处于干燥状态。

渗沟分为填石渗沟、洞式渗沟和管式渗沟三种形式，如图 7-12 所示。填石渗沟也称盲沟，一般用于流量不大、渗沟不长的路段，是公路上常用的一种渗沟，盲沟深度不超过 3 m，宽度一般为 0.7～1.0 m。管式渗沟设置于地下引水较长的地段。但渗沟过长时，应加设横向泄水管，将纵向渗沟内的水流，分段迅速排除。沟底最小纵坡为 0.5%，以免淤塞。当地下水流量较大，或缺乏水管时，可以采用洞式渗沟，洞孔大小依设计流量而定。沟底纵坡最小为 0.5%。

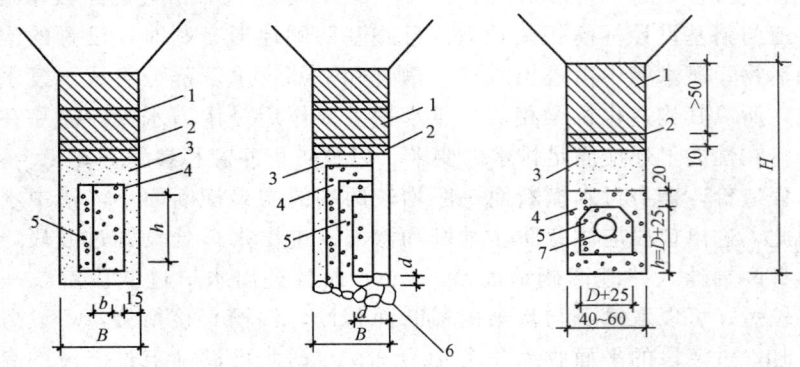

图 7-12 渗沟结构图（单位：cm）
1—黏土夯实；2—双层反铺草皮；3—粗砂；4—石屑；
5—碎石；6—浆砌片石沟洞；7—预制混凝土管

3. 渗井

渗井属于水平方向的地下排水设备。当地下存在多层含水层，其中影响路基的上部含水层较薄，排水量不大，且平式渗沟难以布置时，采用立式（竖向）排水，设置渗井，穿过不透水层，将路基范围内的上层地下水，引入更深的含水层中去，以降低上层的地下水位或全部予以排除。图 7-13 所示为圆形渗井的结构与布置图。鉴于渗井施工不易，单位渗水面积的造价高于渗沟，一般尽量少用。

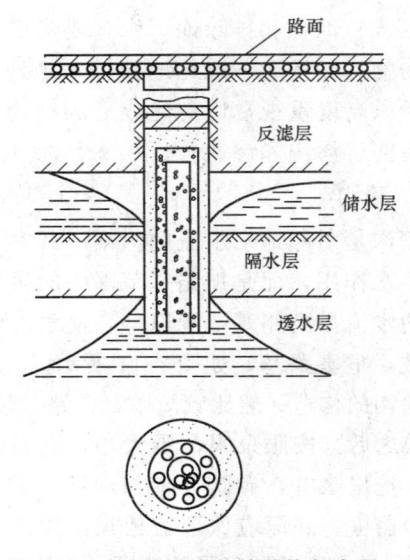

图 7-13 圆形渗井的结构与布置

· 298 ·

7.3 路面排水设计

7.3.1 路面排水设计原则与要求

由降雨形成的路面水若不能及时排除，形成的路面水膜会使车轮产生液面滑移，使高速行驶的车辆在车尾形成水雾影响后面车辆驾驶员的视线而引起交通事故。下渗到路面基层中的水分会造成基层软化，最终导致路面面层的过早破坏，因此，路面排水在路面设计中被作为三大要素（交通量、强度、排水）之一。实践证明，某些公路由于路面排水系统不够完善而导致路面出现种种病害甚至破坏、给建设单位造成巨大的经济损失，同时，也给养护工作造成很大困难。要延长路面的使用寿命，改善路面结构使用性能，就必须完善路面的排水设施，将积滞在路面上的水分迅速排除到路面和路基以外。

1. 路面排水的设计原则

(1)降落在路面上的雨水，应通过面横向坡度向两侧排流，避免行车道路面范围内出现积水。

(2)在路线纵坡平缓、汇水量不大、路堤较低且边坡坡面不会受到冲刷的情况下，应采用在路堤边坡上横向漫流的方式排除路面表面水。

(3)在路堤较高、边坡坡面未做防护而易遭受路面表面水流冲刷，或者坡面虽已采取防护措施但仍有可能受到冲刷时，应沿路肩外侧边缘设置拦水带，汇集路面表面水，然后通过泄水口和急流槽排离路堤。

(4)当设置拦水带汇集路面表面水时，拦水带过水断面内的水面，在高速公路及一级公路上不得浸过右侧车道外边缘，在二级及二级以下公路上不得漫过右侧车道中心线。

2. 路面排水的设计要求

(1)高等级公路中，沥青混凝土路面横坡一般应为2%左右，当为软土路基，路基完工后沉降较大，采用过渡路面时，路面横坡应适当加大到3%。当为纵坡小或超高缓和段的扭曲路面时，最小合成坡度不小于0.5%。

(2)在设有中央分隔带的高等级公路，为了排水需要，平面线形应优先考虑采用不设超高的平曲线半径。

(3)在公路交叉路口排水困难地段，路面排水设计应满足行驶动力学和排水技术要求，在交叉路口前应设置泄水口。停车广场、收费站处的排水工程应适当考虑美观，主车道和附属行车道路面之间可以设置相同的排水纵坡和横坡。

(4)对于纵坡较大的地段，弯道内侧车道、竖曲线的凹部、高路堤的桥端部等特殊部位，为防止过大集中水流对路肩、边坡冲刷，可局部设置挡水缘石。

(5)除能满足排水要求外，所有排水设施的设置均应满足有利于今后养护、维修、管理的作业需要。

(6)为减少地表水和地下水对面层、基层、路基的侵蚀破坏，迅速排除路面结构内部的层间水，通常，可以将路面表面排水与路面结构内部排水系统综合考虑。

7.3.2 路面表面排水

路面表面排水属于地表排水的一部分，如图 7-14 所示。

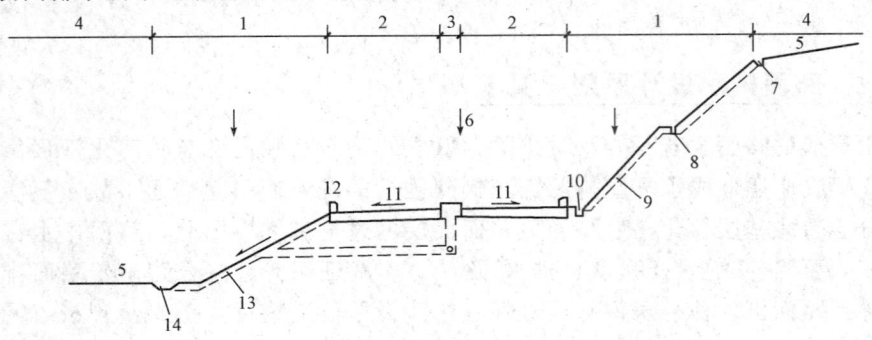

图 7-14 地表排水示意图
1—坡面排水；2—路面排水；3—中央分隔带排水；4—相邻地带排水；
5—路界；6—降雨；7—坡顶截水沟；8—边坡平台排水沟；
9、13—急流槽；10—边沟；11—路拱；12—拦水带；14—坡脚排水沟

二级及二级以下的公路路面排水，一般只有路表排水，排水设施由路拱横坡、路肩横坡、拦水带或边沟组成；高速公路和一级公路路面排水，一般由路表排水和中央分隔带排水两部分组成，路表排水设施由路拱及路肩横坡、拦水带、三角形集水槽、泄水口和急流槽等组成；中央分隔带排水设施由纵向排水沟（明沟、暗沟）、渗沟、雨水井、集水井、横向排水管等组成。

1. 分散漫流式路表排水

分散漫流式路表排水主要依靠路面及路肩的横坡及时将降水排出路面。这种排水方式一般适用于路线纵坡平缓、汇水量不大、路堤较低且边坡坡面不会受到冲刷的路段，主要用于等级较低的公路上。

2. 集中截流式路表排水

集中截流式路表排水是在硬路肩外侧边缘设置拦水带，将路面水拦在硬路肩范围内，通过一定距离设置的泄水口和路肩急流槽排入边沟。这种排水方式一般适用于路堤较高、边坡坡面未做防护而易遭受路面表面水流冲刷，或虽已采取防护措施但仍有可能受到冲刷的地段，这主要应用在等级较高的公路上。

（1）拦水带。拦水带是设置在沿路肩外侧边缘，用以拦截路面表面水，并与路肩和部分路面构成的浅三角形过水断面，间隔一定的距离设置一个泄水口，将水汇入边坡急流槽，再排到路基坡脚以外的边沟或排水沟中。拦水带可以由沥青混凝土现场浇筑，或者由水泥混凝土预制块铺砌而成。采用水泥混凝土预制块拦水带时，应避免预制块影响路面内部水的排泄。拦水带的横断面尺寸可参考图 7-15 所示。拦水带的顶面应略高于过水断面的设计水面高。

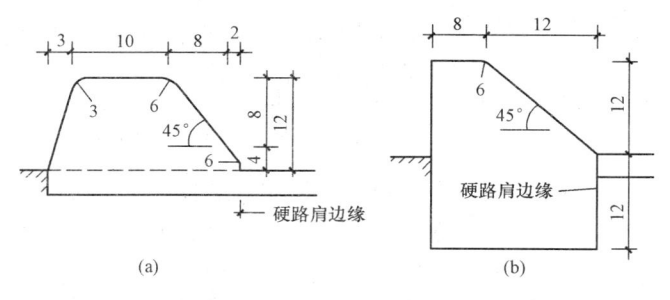

图 7-15 拦水带横断面参考尺寸(单位：cm)
(a)沥青混凝土拦水带；(b)水泥混凝土拦水带

(2)泄水口。拦水带的泄水口可设置成开口(喇叭口)式。在纵坡坡段上，泄水口宜做成不对称的喇叭口，并在硬路肩边缘的外侧设置逐渐变宽的低凹区(图 7-16)，低凹区的铺面类型与路肩相同，在平坡或缓坡上，泄水口可做成对称式。泄水口的泄水量以及各项尺寸(开口长度、低凹区宽度、下陷深度)可以按照现行《公路排水设计规范》(JTG/T D33—2012)中所述方法计算得到。

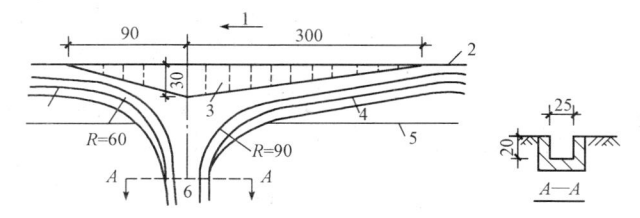

图 7-16 纵坡段上拦水带不对称泄水口的平面布置示意图(单位：cm)
1—水流方向；2—硬路肩边缘；3—低凹区；4—拦水带顶；5—路堤边坡顶；6—急流槽

泄水口的间距以保证降雨时路面积水迅速排走，汇水不能进入行车道为原则，一般为 20~50 m，干旱少雨地区可达 100 m。泄水口长度一般为 2~4 m，泄水口宜设在凹曲线的底部、道路交叉口、匝道口、与桥梁等构造物连接处、超高路段与一般路段的横坡转换处。在凹形竖曲线底部，除在最低点设置泄水口外，还应在其前后相距 3~5 m 处各增设一个泄水口，以防止雨水积聚在凹形竖曲线底部，影响路基稳定。

(3)路肩急流槽。排除路肩积水用的急流槽，其纵坡应与所在的路基边坡坡度一致，槽身的横断面为槽形，多由水泥混凝土预制构件拼装砌筑而成。进水口为喇叭口式的簸箕形，出水口应设置消能设施，下端与路基下边坡的排水沟相接要顺适，防止水流冲出排水沟。

(4)路肩排水沟。在路肩宽度较窄或爬车道占用了路肩过水断面，而路面的汇水宽度或汇水量都较大，当拦水带的流水断面不足时，可以在土路肩上设置由 U 形水泥混凝土预制件铺筑的路肩排水沟，沟底纵坡同路肩纵坡，并不小于 0.3%。

3. 中央分隔带排水

中央分隔带排水是高速公路及一级公路路面排水的重要内容，超高路段一侧的路面水以及中央分隔带内的表面水均由中央分隔带排水设施排除。中央分隔带的常用形式有凸形、凹形、封闭形等。当中央分隔带无封面，经常有雨水侵入时，应视当地降雨量大小考虑设计中央分隔带地下排水系统；若中央分隔带有薄层现浇水泥混凝土或铺设预制水泥方砖封层，雨水难以下渗时，可以不设置地下排水系统。中央分隔带排水设施的选用应从当地气候、降水量、土石性质、排水条件、工程造价、施工和维护等方面综合考虑，采用适合本地区的排水形式，确保路基、路面稳定和行车安全。

(1)直线段中央分隔带排水。

1)凸形中央分隔带。直线段路基，当中央分隔带用现浇薄层水泥混凝土或预制混凝土小块封面或用其他材料封面时，可以不设置中央分隔带地下排水系统，只需在分隔带铺面上采用向两面外倾的横坡，坡度与路面横坡相同，将降落在分隔带的表面水排向两侧行车道，流入路面表面排水设施。若中央分隔带采用植草或灌木时，视降雨量大小应设置地下排水系统。

常用的凸形中央分隔带地下排水设施有填石渗沟和管式渗沟两种。其主要布置形式如图7-17所示。填石渗沟式中央分隔带排水属防渗型排水，由具有一定级配的砂砾与碎石材料分层铺筑而成，渗沟两侧及沟底设置沥青或土工织物之类的防渗隔离层，并间隔30～50 m设置横向排水管，将渗沟中的水排出路基。当纵坡较小时，长时间使用后，孔隙易被堵塞，因此，填石渗沟仅适用于纵坡大于1%的场合。

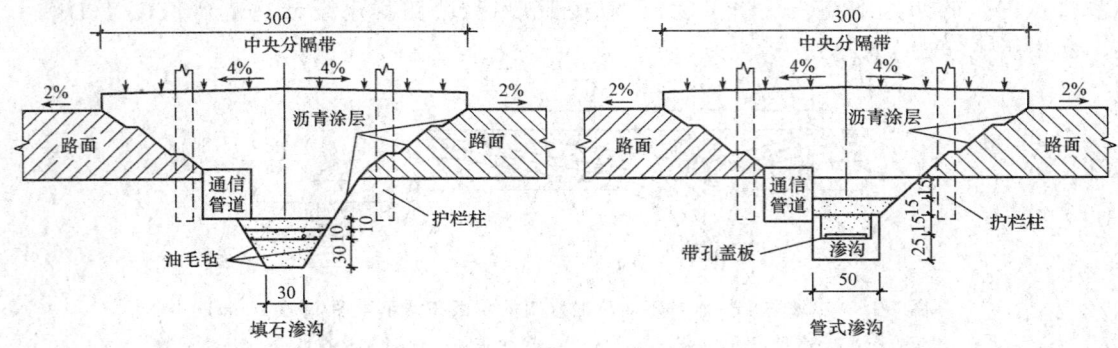

图7-17 凸形中央分隔带的地下排水系统(单位：cm)

管式渗沟式中央分隔带排水层可以克服填石渗沟的上述缺点，保证渗流水的及时排除，在单向纵坡的情况下，横向采用直径为20 cm的排水管，设置间距可增大到300～400 m，比填石渗沟经济。

凸形中央分隔带地下排水设施在施工过程中尤其要注意以下三个方面：

①边沟开挖后应做好防渗处理。开挖的边沟如果表面粗糙，沥青不易粘结牢固，就难以形成均匀、无破损的防渗层；土工布的接缝如处理不好，同样不能形成整体，达到完全不透水的程度。如果条件允许，地下渗沟宜设计成梯形或矩形的水泥混凝土渗沟。

②横向排水管的布设要适当、可靠。如果施工质量控制不好，横向排水管容易造成高程误差或产生淤塞，从而使中央分隔带严重积水，长时间浸泡路基，影响了路基、路面强度。

③中央分隔带的地下排水设施在通道处应妥善处理。当排水设施从通道顶面通过时，应严格做好通道预防渗处理，防止积水渗入；当排水设施不能从通道顶面通过时，应在通道两端封闭，并加设横向排水管。

2)凹形中央分隔带。

①当凹形中央分隔带采用铺面封闭时，可采用浅碟式排水设施排除分隔带内积水，如图7-18所示；当凹形分隔带未采用铺面封闭时，可以采取以下两种方式排除分隔带内的积水：

a. 通过分隔带内倾的横向坡度使表面水流向分隔带中央低凹处，再利用路线纵坡排流到横向排水管的泄水口或横穿路界的桥涵水道中。分隔带横向坡度不得陡于1∶6，纵向排水坡度应大于0.25%，并应做好防止分隔带表面水向下渗漏的处理。当水流速度超过地面土的允许流速时，应在过水断面宽度内对地面土进行防冲刷处理，防冲刷层可与防渗层一同考虑。

b. 采用石灰或水泥稳定土，或采用浆砌片石铺砌，层厚一般为10～15 cm。当分隔带内的水流流量过大，超过分隔带低凹处汇水的允许范围时，应增设格栅式泄水口，并通过横向排水管排到桥涵或路界外。

②中央分隔带的泄水口通常采用格栅式。格栅盖一般为铸铁式或钢筋混凝土。格栅铁条平行于水流方向，孔口的净泄水面积应占格栅面积的一半以上。格栅可以同周围地面齐平，也可以适当降低，并在其周围一定范围内做成低凹区，以增加泄水能力，如图7-19所示。泄水口的泄水量、间距或格栅上面的水深，可按现行《公路排水设计规范》（JTG/T D33—2012)确定。

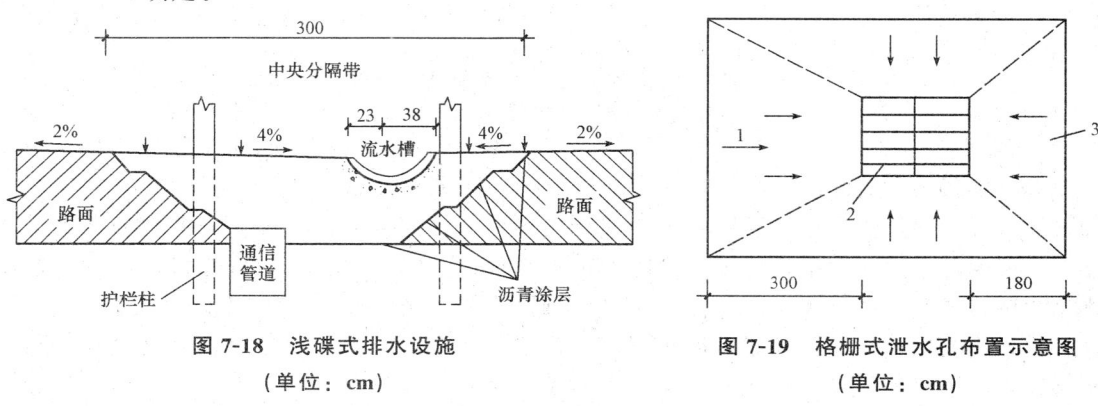

图7-18 浅碟式排水设施
（单位：cm）

图7-19 格栅式泄水孔布置示意图
（单位：cm）

③采用分隔带地下排水设施排除分隔带内积水，方式同凸形中央分隔带排水。

3)封闭式中央分隔带。目前有不少高速公路的中央分隔带设计成与路面平齐、表面封闭的形式，如图7-20所示。这种形式的中央分隔带排水设计与施工都比较简单，但中央分隔带绿化存在困难，国内某些高速公路，在封闭式的中央分隔带上再浇筑一个独立绿化平台的做法，值得借鉴。

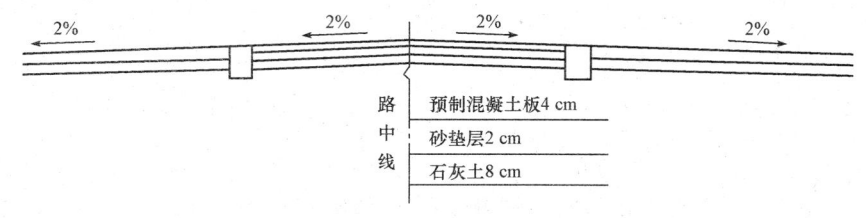

图7-20 中央分隔带无排水沟形式

（2）超高段中央分隔带排水。不论是凸形、凹形或封闭形中央分隔带，在超高路段，下半幅路的路面表面水自分隔带起流向路肩排出，而上半幅路面的表面水均需流向分隔带旁集中。沿分隔带旁集中的水流，视路面径流情况可以采用以下三种方式予以排除：

1)分隔带上设过水明槽。一般干旱少雨地区可在分隔带上设过水明槽,明槽可用水泥混凝土筑成,底宽20~50 cm,槽身的高与分隔带的高相同,每10~20 m设置一道,明槽出入口槽底高程应与紧靠分隔带的路缘石处高程相同,如图7-21所示。

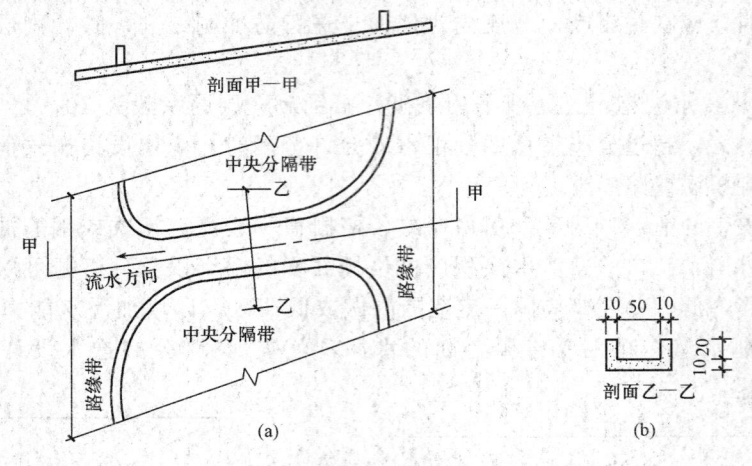

图7-21 过水明槽示意图(单位:cm)
(a)分隔带上明槽平面图;(b)剖面乙—乙

2)分隔带内设置纵向排水沟。在中央分隔带内设置纵向排水沟,用以拦截上半幅路面的表面水,并通过横向排水管排到桥涵或路界外。中央分隔带纵向排水沟常用的有扁平式和路拦式两种形式。扁平式排水沟横断面可采用碟形、三角形、U形或矩形,路拦式排水沟多用圆形或侧沟形,如图7-22所示。排水沟的长度及横向排水管的间距通过流量计算确定,排水沟底纵坡按可与路面纵坡相同,可采用水泥混凝土预制件或浆砌片石砌筑,在过水断面无铺面时不得缓于0.25%,有铺面时不得缓于0.12%。

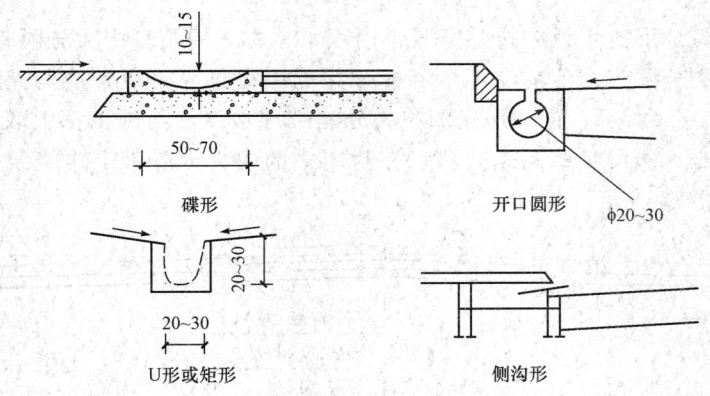

图7-22 中央分隔带排水沟(单位:cm)

3)封闭式刚性护栏底部设置孔洞。在封闭式中央分隔带超高路段,如分隔带采用刚性护栏,可以在其底部设置半圆形的孔洞,以排除上半幅路面流入的雨水。孔洞半径应根据设计流量确定,一般为10 cm左右,孔洞间隔为50~100 cm,大多在刚性护栏施工时同时完成孔洞的制作。

7.3.3 城市道路路面排水

城市道路排水是城市排水系统的一个部分，也是城市道路的一个组成部分，城市道路排水一般采用暗管渠形式，道路上及其相邻地区的地面水依靠道路设计的纵横坡度，流向车行道两侧的街沟，然后顺街沟的纵坡流入沿街设置的雨水口，再由地下的连接支管通到干管，如图7-23所示。对于宽阔的道路，雨水管道可以安排两根，图7-24所示为双管排水用在三幅路上的横断面示意图。

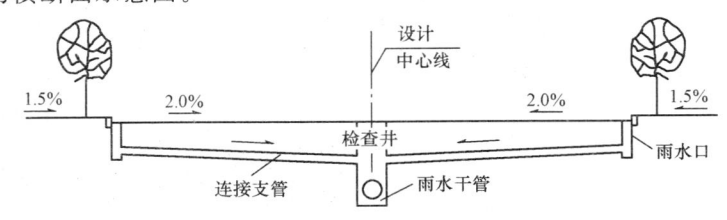

图7-23 城市道路排水系统

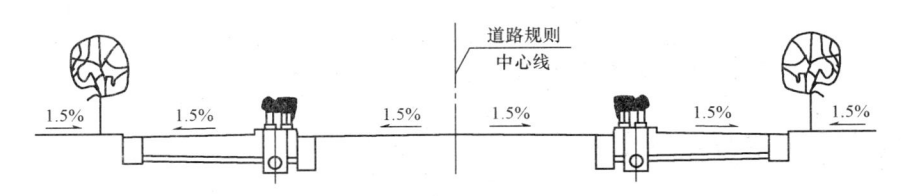

图7-24 三幅路排水示意图

城区道路排水一般采用管渠排水形式，其设计包括边沟（街沟）、雨水口和连接管的布设。郊区道路排水与一般公路并无差异，其设计内容包括路拱排水、边沟、排水沟与涵洞等。设计流量可以按照当地水文公式计算。

城区道路雨水沿横坡从路面上和相邻的地面上流到行车道两侧的街沟，然后沿街沟的纵坡流进雨水口，再经雨水支管、干管排至天然水系。

(1)雨水管与道路平面关系。雨水管应平行于道路的中心线。雨水干管一般布置在街道一侧，不宜设置在中间。雨水管宜设置在快车道以外，如慢车道、绿化带、较宽的人行道下，但不宜埋设在种植树木的绿带下和灯杆线及侧石线下。在路面较窄的道路上，雨水管线不得不布置在车行道下时，应尽量避开车轮轨迹集中地带，以减少管线承受的车辆荷载，并防止车轮经常对窨井盖挤压而使其振动产生跳盖现象。在路面较宽的情况下，有时采用双线分置于道路两侧。

(2)路面排水、排水管道和道路纵坡设计关系。进行城市道路纵断而设计时要妥善处理地下管线对覆土的要求。排水管道的埋设深度对整个管道系统的造价和施工影响很大，管道越深则造价越高，施工也越困难。由于雨水、污水在管道内是靠它本身的重力流动，因此管道应以一定坡降由上游向下游倾斜，排水管的纵断面应尽量与街道地形相适应，即管道纵坡尽可能与街道纵坡取得一致。道路过陡，则需要设置跌水井等特殊构筑物，相应就会增加基建费用。道路过于平坦，将增加埋设管道时开挖的土方。

(3)街沟。街沟是排水系统的一部分。街沟的侧面利用了行车道的侧石（缘石），底面利用了行车道靠边的路面部分或沿路面边缘铺设的平石。缘石宜控制在 10~20 cm 的高度。当道路的纵坡等于 0 或小于 0.2%~0.3%，纵向排水发生困难时，可以考虑将雨水口前后街沟都以大于最小排水纵坡的坡度斜向雨水口。如此连续起来，则街沟纵坡呈锯齿状，即俗称锯齿形街沟。

(4) 雨水口的布置。雨水口是道路上的雨水进入雨水管的孔门，其设置位置应根据路面种类、道路纵坡、沿路建筑与排水情况以及汇水面积所形成的流量和进水口的泄水能力而定。雨水口门有平式、立式、联合式。计算道路雨水口流量时，街沟水深不宜大于缘石高度的 2/3。道路汇水点、人行横街上游、沿街单位出入口上游和常有地面径流的街坊或庭院出水口等处均应设置雨水口。道路低洼和易积水地段应根据需要适当增加雨水口。雨水口的间距宜为 25~50 m。

雨水口是一个带有进水箅子（铁箅或水泥混凝土制品）的井，包括进水箅子、井筒和连接管三部分。断面大小按照泄水量确定。井的形状分圆形和方形两种。圆形井的直径为 0.7~0.3 m；矩形井的尺寸为 0.6~0.9 m。井筒可以用砖砌或用水泥混凝土筑成。雨水口的深度一般不大于 1 m。实践中多不设沉泥槽。雨水口底部用连接管与城市排水管线上的检查井相连，连接管最小管径为 200 mm，坡度宜大于或等于 10%，长度不超过 25 m，覆土厚度大于或等于 0.7 m。串联的雨水口不宜超过三个，并应加大出口连接管管径。

7.3.4 路面结构内部排水

路面工程的实践证明了路面内部排水的重要性。新建的刚性路面需要设置各种接缝，而路面在使用期间又会出现各种裂缝、松散、坑槽等病害。降落在路表的雨水，会通过路面接缝或裂缝、松散等病害处或者沥青路面面层孔隙下渗入路面结构内部。另外，道路两侧有滞水时，水分也可能侧向渗入路面结构内部。路面内部排水系统的设计通常满足三方面的要求：一是各种设施应具有足够的泄水能力，排除渗入路面结构内部的自由水；二是自由水在路面结构内的渗流时间不能太长，渗流路径不能太长；三是排水设施要有良好的耐久性。路面排水可以划分为路面表面排水和路面内部排水两部分。

1. 一般原则和要求

我国路面结构内部排水设计是在 1998 年 3 月 1 日实施的《公路排水设计规范》(JTJ 018—97) 中正式提出的，以往的路面结构设计中，没有将此项内容纳入。但路面的许多病害，如水泥混凝土的唧泥、错台和断裂以及沥青路面的松散、龟裂、坑槽等都与浸入路面结构内水的不良作用有关。降落到路面表面的水，不论采用何种路基、路面排水设施，均会有部分水通过路面接缝、裂缝、松散、坑槽或面层孔隙下渗到路面结构内部中去。当路基为低透水性土时，排除由路表渗入的雨水将需要很长的时间，大量的自由水将滞积在路面结构内部而无法排走。尤其在凹形竖曲线底部、曲线超高断面内侧、沿低洼河谷等路段，由于地表径流或地下水汇集，进入结构内的自由水不仅数量大，而且停滞时间长，对路面结构的破坏十分严重。因此，设置路面结构内部排水系统，迅速排除内部积水，对改善路面的使用性能、提高其使用寿命非常重要。国外对一些试验路段的观察及对比分析结果表明，设置排水基层的路面，沥青混凝土路面使用寿命可以提高 30%，水泥混凝土路面可以提高 50%。

(1)《公路排水设计规范》(JTG/T D33—2012)明确规定，不是所有等级公路都必须设置内部排水系统，只有遇到以下几种情况才宜设置：

①年降水量在 600 mm 以上的湿润和多雨地区，路基由透水性差的细粒土(渗透系数不大于 10^{-5} cm/s)组成的高速公路、一级或重要的二级公路；

②路基两侧有滞水，可能渗入路面结构内；

③严重冰冻地区，路基为由粉性土组成的潮湿、过湿路段；

④现有路面改建或改善工程，需要排除积滞在路面结构内的水分。

(2)路面结构内部排水系统的一般要求。

在进行路面内部排水系统的设计时，通常从泄水能力、渗流时间、耐久性三方面来综合考虑，只有同时满足了这三方面的要求，才能真正起到迅速排水的作用。这三方面的要求如下所述：

①各种设施应具有足够的泄水能力，排除渗入路面结构内部的自由水。由于渗入量的估计和材料透水系数的测定精度较低，因此对设计泄水量通常采用 2 以上的安全系数，才能保证排水设施具有足够的泄水能力。

②自由水在路面结构内的渗流时间不能太长，渗流路径不能太长。自由水滞留时间长，会使路面结构处于饱水状态时间变久，从而影响路面的使用寿命；在冰冻地区，滞留时间过长还会使水分在基层内结冰，从而损坏路面结构，并使排水受阻。渗入水在路面结构中的最大渗流时间，在冰冻地区不应超过 1 h，在其他地区时，重交通荷载等级不超过 2 h，轻交通时不超过 4 h。渗流水在路面结构内的渗流路径长度不宜超过 45~60 m。

③排水设施要具有良好的耐久性。路面结构内部排水设施很容易被从路面结构、路基或路肩中流水带来的细粒逐步堵塞，应考虑采取反滤措施以防止细粒随流水渗入。同时为保证排水功能的持久性，各项设施要便于经常性的检查、清扫、疏通。

2. 排水设施

渗入路面结构内的自由水可以通过水平(向两侧路肩)渗流方式与垂直(向下)渗流方式逐渐排除，因此，通常可以采用两类排水设施：一类是在路肩结构内设置可使路面结构内的自由水横向排流出路基的设施，称为路面边缘排水系统；另一类是在路面结构内设置由透水性材料组成的排水层，根据排水层设置位置的不同，又分为排水基层和排水垫层两种排水系统。

(1)路面边缘排水系统。路面边缘排水系统就是沿路面外侧边缘设置纵向集水沟和集水、出水管。渗入路面结构内的水分，先沿路面结构层的层间空隙或某一透水层次横向流入由透水性材料组成的纵向集水沟，并汇流入沟中的带孔集水管内，再由间隔一定距离的横向出水管排出路基。

路面边缘排水系统可以将面层—基层—路肩界间滞留的自由水排离路面结构，常用于基层透水性小的水泥混凝土路面，特别适用于改善排水状况不良的旧水泥混凝土路面，因为边缘排水系统可以在不扰动原路面结构的情况下改善其排水状况，从而改善原路面的使用性能和延长其使用寿命，如图 7-25 所示。

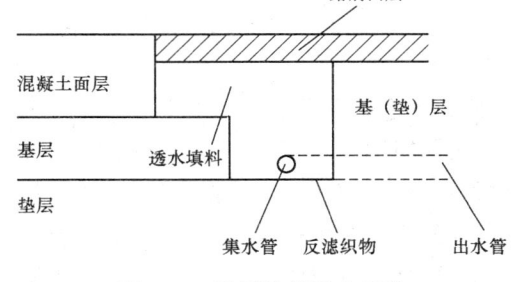

图 7-25 路面边缘排水系统

路面边缘排水系统的集水沟、纵向排水管、横向出水管和过滤织物(土工布)等各组成部分在施工中的要求分述如下。

1)透水性填料集水沟。集水沟一般设置在路肩面层以下,纵向坡度应与路线纵坡保持一致,不得小于 0.25%。新建路面的集水沟底面与基层底面齐平,最小宽度不应小于 30 cm;改建路面的沟底底面可低于基层顶面,其宽度不应小于 17 cm,且纵向排水管两侧各有至少 5 cm 宽的透水填料。集水沟的底部、外侧应以反滤织物(土工布)包围,以防止垫层、基层和路肩内的细粒侵入而堵塞透水性填料空隙或管孔。反滤织物可以选用由聚酯类、尼龙或聚丙烯材料制成的无纺织物,能透水但不允许细粒土通过。

透水性集水沟回填料由水泥处治开级配粗集料或未处治开级配粗集料组成,孔隙率为 15%～20%。粗集料最大粒径不大于 40 mm,粒径 4.75 mm 以下的细粒含量不应超过 16%,2.36 mm 以下的细粒含量不超过 6%,水泥与集料的比例可在 1:6～1:10 范围内选取,水胶比为 0.35～0.47。为避免带孔排水管被堵塞,透水性填料在通过率为 85%时的粒径应比排水管槽口宽或孔口直径大 1.0～1.2 倍。水泥处治集料的配合比,应按照透水性要求和施工要求试配确定。

2)纵向排水管。纵向排水管通常选用聚氯乙烯(PVC)或聚乙烯(PE)塑料管,以及水泥管或其他材料管。排水管设三条孔,沿管周边等间距(120°)排列,每排孔沿管长方向等间距布置,一般每隔 2 cm 设置一排孔,每个孔洞的面积约为 30 mm²(即每延米有 50 排孔,孔洞面积为 45 cm²),排水管的管径应按设计渗流量由水力计算确定,通常在 70～150 mm 范围内选定。其埋设深度应保证不被车辆或施工机械压裂,通常新建路面的排水管管底应与基层底面齐平;改建路面的管中心应低于基层顶面,在冰冻地区,还应超过当地的冰冻深度。

3)横向出水管。横向出水管可以选用与纵向排水管相同的材料和管径,但不设置槽孔。横向出水管的间距和安设位置由水力计算并考虑附近地面高程和公路纵、横断面综合确定,一般在 50～100 m 范围内选用。出水管的横向坡度不宜小于 5%。埋设出水管所开挖的沟须用低透水性材料回填。出水管的外露端头用镀锌钢丝网或格栅罩住。出水口下方应铺设水泥混凝土防冲刷垫板或对泄水道的坡面进行浆砌片石防护。出水水流应尽可能引至排水沟或涵洞内。

为保证水流畅通和便于疏通,中间段的出水管宜采用双管布置方案,出水管与纵向排水管之间采用半径不小于 30 cm 的圆弧形承口管联结,如图 7-26 所示。

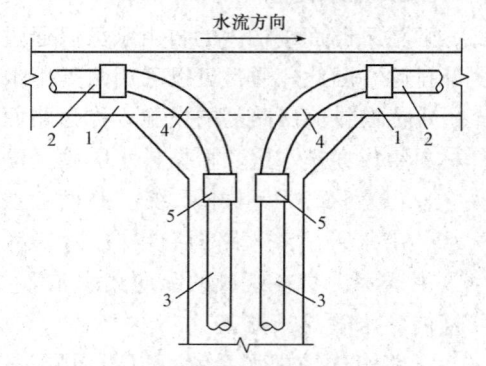

图 7-26 边缘排水系统出水管布置
1—集水沟;2—排水管;3—出水管;
4—半径不小于 30 cm 圆弧管;5—承口管

(2)排水基层的排水系统。排水基层的排水系统是直接在路面面层下设置透水性排水基层,渗入路面结构中的水分先通过竖向渗流进入透水层,然后横向渗流到路基边坡以外,或进入纵向集水沟和管,再由横向出水管排引出路基的。由于自由水进入排水基层的渗流路径短,在高透水性材料中渗流的速度快,排水效果好,因此在高速公路和一级公路新建路面时可以采用此方案。排水基层在实施时通常采用全宽式与组合式两种。

1)全宽式排水基层。排水基层可以修筑成全宽式,渗入基层的水分横向直接排流到路基边坡坡面以外,如图 7-27 所示。这种形式便于施工,但存在一个主要缺点,排水层在坡面出口处易于生长杂草或被其他杂物堵塞,使用几年后排泄渗入水便出现困难,造成路面结构出现损坏。因此,使用这种形式的排水基层时必须克服上述缺点。

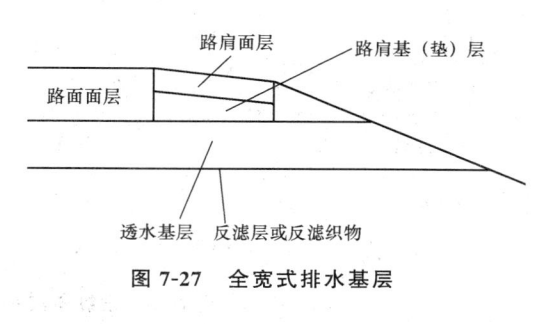

图 7-27 全宽式排水基层

排水基层由水泥或沥青处治不含或含少量 4.75 mm 以下粒径细集料的开级配碎石集料组成,或者由未经结合料处治的开级配碎石集料组成。厚度按照所需排水量和基层材料的渗透系数通过水力计算确定,通常在 8~15 cm 范围内选用,最小厚度不得小于 6 cm(沥青处治碎石)或 8 cm(水泥处治碎石)。作为路面结构的基层,也可以按照承受荷载的需要增加排水基层的厚度,但须对结构设计方案(增加其他结构层的强度还是增加排水基层的厚度)进行经济、技术比较确定。

排水基层下必须设置不透水垫层和反滤层。不透水垫层主要防止表面水下渗入垫层,浸湿垫层和路基;反滤层主要防止垫层或路基土中的细粒进入排水基层而造成堵塞。

根据经验,未经水泥或沥青处治的开级配碎石集料,在施工过程中易出现离析,碾压时不易稳定,在使用中易出现推移变形,并且难以承担重载作用,因此,在一般情况下不采用未经处治的碎石集料作为排水基层。对水泥混凝土路面,宜采用水泥处治开级配碎石集料;对沥青混凝土路面,宜采用沥青处治碎石集料。集料的级配组成情况对基层的排水作用至关重要。目前,我国大多是借鉴国外一些排水基层的集料级配情况及相应的渗透系数。

排水基层的集料应选用洁净、坚硬而耐久的碎石,其压碎值不应大于 30%,最大粒径可以为 20~50 mm,但不得超过层厚的 2/3。粒径为 4.75 mm 以下的细料含量不应大于 10%。集料级配应满足透水性要求,渗透系数不得小于 300 m/d;水泥处治碎石集料的水泥用量不宜少于 160 kg/m³,其 7 d 浸水抗压强度不得低于 3~4 MPa。沥青处治碎石集料的沥青用量为集料干重的 2.5%~4.5%,集料的孔隙率为 15%~25%。

2)组合式排水基层。为克服全宽式排水基层的缺点,可以设置组合式排水基层。此种方式的排水系统由排水基层、纵向集水沟和管及横向出水管等组成,是全宽式排水基层与路面边缘排水系统的组合,在新建道路中常采用,如图 7-28 所示;排水基层的设计、施工要求同全宽式排水基层。纵向集水沟和管以及横向出水管的要求同路面边缘排水系统。纵向集水沟中的填料采用与排水基层相同的透水性材料;集水沟的下部设置带槽口或圆孔的纵向排水管,并间隔适当距离设置不带槽孔的横向出水管。集水沟、纵向排水管和出水管的尺寸及布设要求可以按照边缘排水系统设置。

(3)排水垫层的排水系统。当路基存在地下水、临时滞水或泉水时,为防止这些水进入路面结构,或者迅速排除因负温差作用而积聚在路基上层的自由水,可以直接在路基顶面设置由开级配粒料组成的全宽式透水性排水垫层,并根据具体情况相应配置反滤层、纵向集水沟和管、横向出水管等组成排水系统。具体布置方案为:当路基为路堤时,水向路基坡面外侧排流,如图 7-29 所示;当路基为路堑或半路堑时,挖方坡脚处须设置纵向集水沟、排水管和横向排水管,如图 7-30 所示。

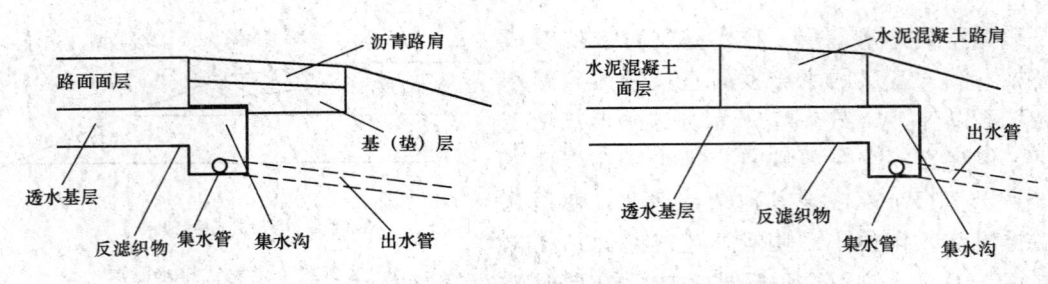

图 7-28 设纵向集水沟和管的透水基层排水系统

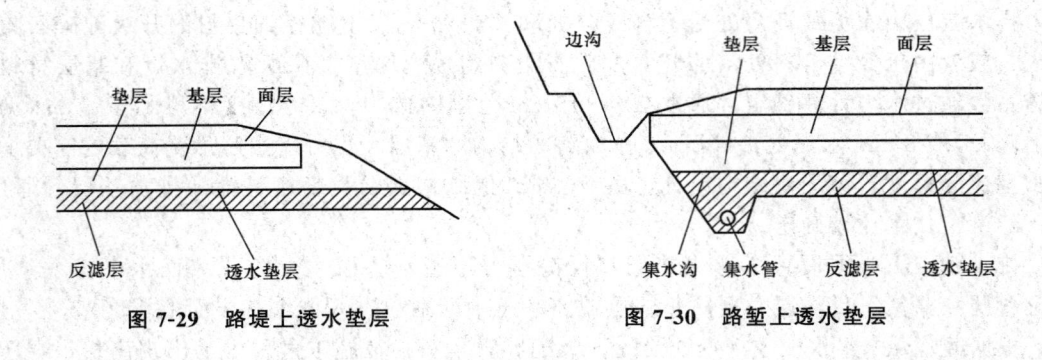

图 7-29 路堤上透水垫层

图 7-30 路堑上透水垫层

排水垫层选用开级配集料(砂或砂砾石)，其级配应满足下列排水和反滤的要求：

1)排水垫层集料在通过率为15%时的粒径应不小于路基土在通过率为15%时的粒径的5倍；排水垫层集料在通过率为15%时的粒径应不大于路基土在通过率为85%时的粒径的5倍。

2)排水垫层集料在通过率为50%时的粒径应不大于路基土在通过率为50%时的粒径的25倍。

3)反滤要求为：排水垫层集料的不均匀系数(通过率为60%的粒径与通过率为10%的粒径的比值)不大于20。

7.3.5 综合排水系统设计

上述各类排水设备，均为针对某一水源，为满足某一方面的要求而设置。在实际工程中，由于自然条件、路线布置及其他人为因素的不同，情况往往比较复杂，对于某些重点路段需要进行路基、路面排水的综合设计，以提高排水效果，发挥各类排水设备的优点，降低工程费用。

综合设计的含义包括地面排水与地下排水设备的协调配合、路面排水设备与路基排水设备以及其他泄水结构物的合理布置、排水工程与防护加固工程的相互配合、路基排水与沿线农田水利规划及有关其他基本建设项目之间的联系等。但其主要目的是确保路基、路面的强度和稳定性，提高道路的使用效果。

路面表面水通过路拱横坡、路肩排水系统和中央分隔带排水系统，或排至路基边沟，或排至地下排水管道等地下排水系统，甚至直接排离路基。而路基边沟汇集的水和截水沟拦截的流向路基边坡的水或地下排水管道汇集的水等，通过排水沟、跌水及急流槽或排水管道排至桥涵处，或直接排至天然水系，形成一个完整的综合排水系统。图 7-31 所示为某路线路基排水系统的综合设计平面布置图。

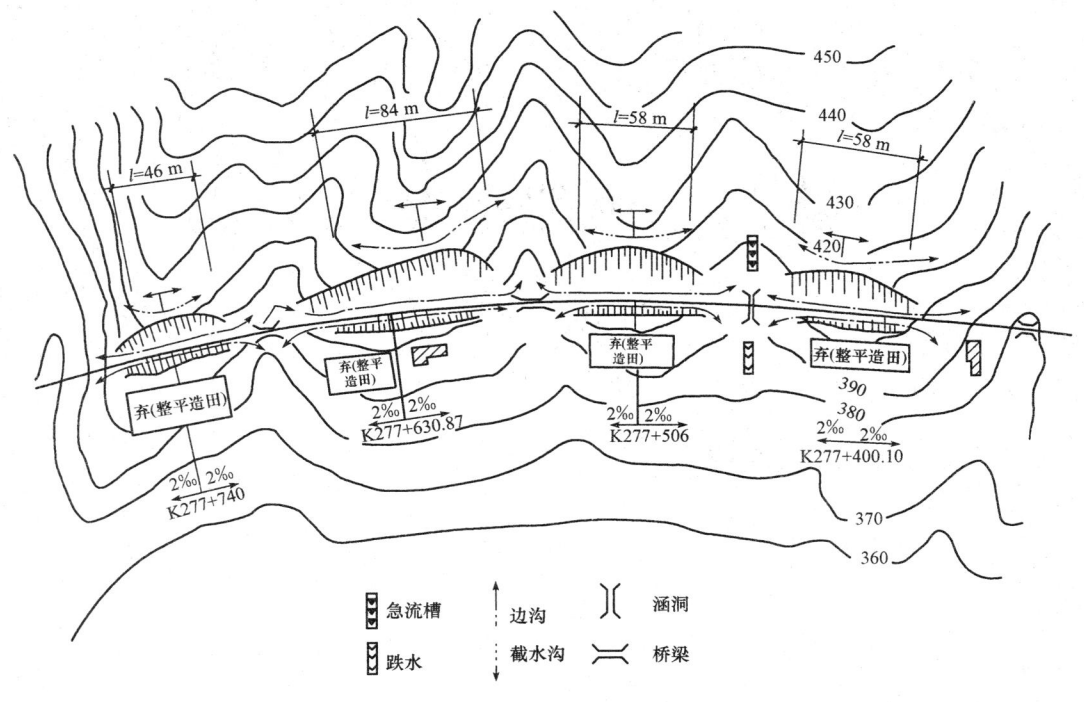

图 7-31 路基排水综合设计平面布置图

能力训练

思考题

1. 常用地面排水设施有哪些？
2. 路面结构内部排水的一般原则和要求分别是什么？

任务自测

任务能力评估表

知识学习	
能力提升	
不足之处	
解决方法	
综合自评	

任务八　道路养护与管理

任务目标

- 熟悉路面管理系统的概念；
- 掌握道路养护的任务；
- 掌握路面使用功能；
- 了解道路沥青路面和水泥混凝土路面的养护内容；
- 熟悉评价路面的使用质量的指标。

8.1　概　述

在路面使用过程中，其使用性能会因行车荷载和环境因素的不断作用而逐渐变坏。路面使用性能的恶化，将增加车辆的运行费用，包括燃油、轮胎和保修材料的消耗以及行程时间等费用。因此，在路面使用期内，还需要继续投入大量资金用以维护（包括养护和改建）路面，使之保持一定的使用性能。在资金充足的情况下，可以对所有使用性能不满足最低要求的路段及时采取养护或改建措施。然而资金总是不充足的。这就需要考虑怎样把有限的资金分配到将要采取措施并能取得最佳效果的路段上，使现有的路网保持最佳的服务水平。无论是新建路面或是维护现有路面，都需要进行有效管理。

路面管理是应用系统分析的办法，综合考虑技术、经济、社会和政治等方面的因素，协调各项路面管理活动，包括道路有关数据的采集、整理和分析，具体情况建立相关的数学模型，提出和编制相应的道路维修、养护及改建计划，最终使计划得以实施。

路面管理系统则是以路面管理为目的，运用计算机和现代管理科学等先进技术来实现管理的目标。系统的核心是研究如何在有限的资源（资金、劳动人、材料、能源等）下以最低的消耗提供，并维持路面在预定使用期内足够的服务水平，即在预定的标准和约束条件下，选用费用最低、效果最佳的方案；路面管理既与路面设计和施工不同，又与传统的公路管理不同。它是综合运用路面专业知识，用系统工程科学管理的方法，借助计算机处理与路面养护活动有关的问题。其中，道路工程学是路面管理系统的基础，但整个系统则是道路工程学、管理科学、计算机科学三者有机的结合。

20 世纪 80 年代以来，随着我国经济的迅速发展，交通车辆急剧增加。由于国内公路网中的道路大部分已达到或超过设计年限，加上大吨位和超载车辆的出现，使超负荷运营的公路迅速出现破坏。加之养护资金的短缺，使得已破坏的路面无法及时得到养护和维修。在这种情况下，摆在公路养护决策者面前的一个首要问题是，优先养护哪一个路段才可以产生最大的经济效益，或者是在一定的养护资金限制下，应优先养护哪些路段可以保证整个公路网处于最佳的服务水平。

这些问题的提出使得国内公路路面管理系统成为研究的热点。1985 年，交通部首先在营口移植了英国的 BSM 养护管理系统，并投入了使用；1987 年，湖南省开发了适合本地区的路面管理系统。在此以后，广东、北京、杭州、河南、江西、陕西等也相继开发了适合本地区的路面养护管理系统。1991 年，北京、广东等地区联合开发的干线公路（省、市级）路面评价养护系统（以下简称 PEMS），标志着我国在路面养护管理上达到了一个新的水平。

道路养护质量的优劣，直接影响着交通安全、行车顺畅和运输效率和道路的使用年限。路面管理工作包括规划、设计、施工、养护、路况监测和评价、研究等，如图 8-1 所示。

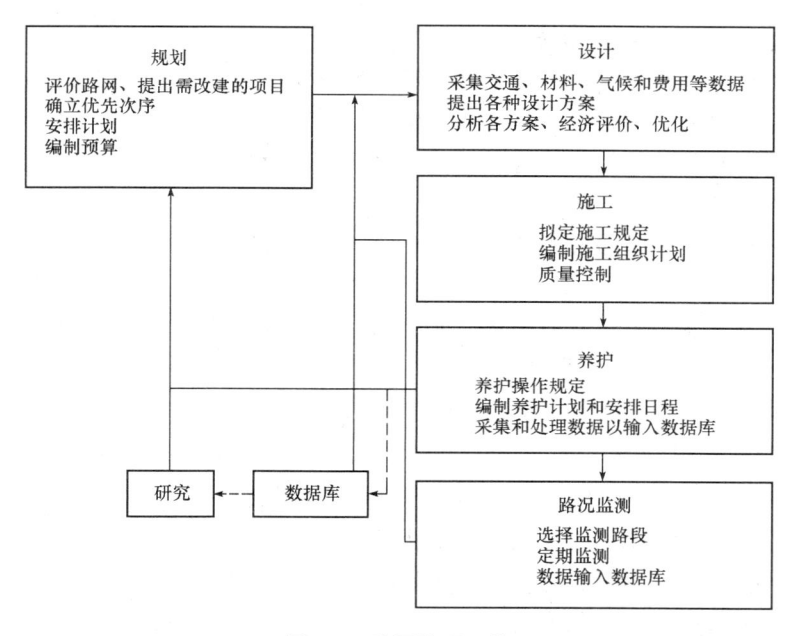

图 8-1 路面管理工作

8.2 道路养护

8.2.1 道路养护的任务

道路养护应始终坚持"预防为主,防治结合"的原则,遵循"全面规划,建养并重,协调发展;加强养护,积极改善,科学管理;提高质量,保障畅通"的指导方针,经常保持道路完好、平整、畅通、整洁、美观,及时修复损坏部分,周期性进行大修、中修,逐步改善技术状况,提高道路的使用质量和抗灾能力。道路养护的基本任务如下所述:

(1)经常保持道路的完好状态,及时修复损坏部分,提高运输经济效益;

(2)采取正确的技术措施,提高工作质量,延长道路的使用年限,以节省资金;

(3)对原有技术标准过低的路线和构造物以及沿线设施进行分期改善和增建,逐步提高道路的使用质量和服务水平。

8.2.2 道路养护的工程分类

1. 道路养护的范围及等级划分

道路养护应包括道路设施的检测评定、养护工程和档案资料。道路设施应包括车行道、人行道、路基、停车场、广场、分隔带及其他附属设施。

城市道路应分类、分等养护。按照各类道路在城市中的重要性,根据"保证重点,养好一般"的原则,将道路分为三等养护:

Ⅰ等:快速路、主干路和次干路、支路中的广场、商业繁华街道、重要生产区、外事活动及游览路线。

Ⅱ等:次干路及支路中的商业街道、步行街、区间联络线、重点地区或重点企事业所在地。

Ⅲ等:支路、社区及工业区的连接主次干路的支路。

2. 道路养护的工程分类

道路养护工程应根据其工程性质、技术状况、工程规模、工程量等内容分为保养小修、中修、大修和改建四类。具体划分规定如下所述:

(1)保养小修。保养小修是指为保持道路功能和设施完好所进行的日常保养。它是对路面轻微损坏的零星修补,其工程数量不宜大于 400 m²。

(2)中修。对一般性磨损和局部损坏进行定期的维修,称为中修。它以恢复道路原有技术状况为目的,其工程数量宜大于 400 m²,且不宜超过 8 000 m²。

(3)大修。大修是指道路的较大损坏进行的全面综合维修、加固,以恢复到原设计标准或进行局部改善以提高道路通行能力的工程,其工程数量宜大于 8 000 m² 或含基础施工的工程宜大于 5 000 m²。

(4)改建。改建是指道路及其设施不适应交通量及载重要求而需要提高技术等级和提高通行能力。

道路养护应结合城市的养护技术水平，根据道路不同的技术状况进行预防性养护工作，主要内容包括恢复磨耗层的功能、提高抗滑能力、处理早期出现的裂缝等。要经常保持道路各部位技术状况良好，及时处理破损，提高道路设施的完好率，确定合理的养护周期。城市道路养护修理要做到快速优质。

8.2.3 道路养护的内容

1. 沥青路面养护的内容

沥青路面的养护工作可分为日常巡视与检查、小修保养、中修、大修、改建和专项养护等。

(1)沥青路面日常巡视与检查的内容包括：路面上是否有明显的坑槽、裂缝、拥包、沉陷、松散、车辙、泛油、波浪、麻面、冻胀、翻浆等病害，其危害程度及趋势；路面上是否有可能损坏路面或妨碍交通的堆积物等。

(2)沥青路面小修保养的内容包括：清扫路面泥土、杂物；排除路面积水、积雪、积冰、积砂，铺防滑料等；拦水带(路线石)的刷白、修理；清理边沟，维修护坡道，培土等，修补路面的泛油、拥包、轻微裂缝、横向裂缝、坑槽、沉陷、波浪、局部网裂、松散、车辙、麻面、啃边等病害。

(3)沥青路面中修的内容包括：沥青路面整段铺装罩面或封面(稀浆封层)；沥青路面局部严重病害处理；沥青路面整段更换路缘石，整段维修路肩。

(4)沥青路面大修的内容包括：对路面较大损坏的，应根据损坏程度，及时安排大修、中修或专项工程，进行维修和整治；对路面承载能力不足或不适应交通要求的，应根据不同情况进行补强、加宽或改线，以提高道路等级。如路面的翻修、补强等大修，或因路面受洪水等自然破坏或人为需要而对路面进行的专项整治。

(5)沥青路面的养护应强调重视路面排水，内容包括：及时修补沥青路面的坑槽和裂缝，防止地表水渗入基层；对已渗入基层的积水，应设纵横向盲沟排水，地下水位较高的在排水沟下面设置腹式盲沟；应加强路面排水设施的维修养护，保持良好的排水功能；减少水对路基路面的危害，确保沥青路面保持完好的技术状况。

2. 水泥混凝土路面养护的内容

(1)清扫行车道与硬路肩上的泥土和杂物。当设有中间带、爬坡车道、应急停车带时，其上的泥土和杂物也应清扫干净。

(2)及时填补或清除水泥混凝土路面各种接缝的填缝料，并应防止泥土、砂石及其他杂物进入缝内，影响混凝土路面板的正常伸缩。

(3)经常检查和疏通路基路面的排水设施，防止积水，保护路面不受地面水和地下水的损害。

(4)及时清洗和恢复路面各种标线、导向箭头及文字标记，经常保持各种标线、标记完整无缺、清晰醒目，保持其反射性能。

(5)及时浇灌、剪修路肩外和中央分隔带内种植的绿化植物，保持路容整齐、美观。如有空缺或老化，应适时补植或更新。及时防治病虫害，处理影响视距和路面稳定的绿化栽植。

（6）采取合适的材料和相应的措施对路面、路肩和路缘石等的局部损坏进行修复，以保持路面具备各级道路所要求的使用状态和服务水平。

（7）路面的损坏较大时，应根据路面检查评定结果安排大修、中修或专项工程，进行维修和整治。局部路段路面损坏严重的，应予以翻修，以达到设计标准；整个路段路面平整度、抗滑能力不足时，可以采取罩面、铺筑加铺层，以恢复其表面功能；整个路段路面接缝填缝料失效的，应予以全面更换。

（8）路面承载能力不足或不适应交通发展要求时，应根据不同情况进行加铺、加宽，以提高承载能力和通行能力。

8.3 道路状况调查与评价

8.3.1 路面使用性能

路面使用性能从不同侧面反映了路面状况对行车要求的满足或适应程度。路面使用性能可以分为五个方面，即功能性能、结构性能、结构承载能力、安全性和美观。

1. 功能性能

路面的基本功能是为车辆提供快速、安全、舒适和经济的行驶表面。路面满足这一基本功能的能力反映了路面的行驶质量或服务水平。

2. 结构性能

路面的结构性能，是指路面结构保持完好的程度。路面在使用过程中会随行车荷载和环境等因素的作用及路面龄期的增长而出现各种损坏。这些损坏可按形态和影响程度的不同而归纳为以下四类：

（1）裂缝或断裂类——路面结构的整体性因裂缝或断裂而受到损坏。

（2）永久变形类——路面结构虽仍保持整体性，但形状在各种因素的作用下产生较大的变化。

（3）表面损坏类——路面表层部分材料的散失或磨损。

（4）接缝损坏类——同水泥混凝土路面接缝（纵缝或横缝）有关的损坏，如填缝材料的失效或丧失，接缝附近局部宽度和深度范围内的混凝土碎裂等。

3. 结构承载能力

路面结构的承载能力是指路面在达到预定的损坏状况之前还能承受的行车荷载作用次数，或者还能使用的年数。

对于柔性路面，通常采用路表面无破损弯沉测定方法评定路面结构的承载力，即根据弯沉值的大小确定其剩余寿命。

路面结构的承载力同损坏状况有着内在的联系；在使用过程中，路面的承载力逐渐下降，与此同时损坏逐步发展，承载力越低的路面结构，其损坏发展的速度越迅速；当承载力接近于极限(或临界)状态时,路面的损坏状况达到严重程度,此时必须采取改建措施(如设置加铺层)以恢复或提高其承载力。

4. 安全性

安全性主要指路面表面的抗滑能力。另外,在车辙深度超过 10～13 mm 情况下,高速行驶的车辆会因车辙内积水而出现滑漂,发生交通事故。

路表面的抗滑能力可采用各种量测仪器进行评定,以摩擦系数或抗滑指数表征。随着车轮的不断磨损,路表面的抗滑能力因集料被磨光而逐渐下降;当表面的抗滑能力下降到不安全或不可接受的水平时,便需采取措施(如铺设抗滑磨耗层或刻槽等)以恢复其抗滑能力。

5. 美观

美观是指路面的外观给道路使用者的视觉印象。它包括反光和眩目、夜间能见度、表面结构和颜色的均匀性等方面。

8.3.2 路面状况评价指标

为做好道路养护的技术管理工作,提高道路养护技术和服务水平,必须对道路的使用质量进行调查和评定,以确定其相应的养护维修方法和评价其养护的水平,达到既有效又经济的目的。

1. 路面结构承载能力

路面结构承载能力的测定,可以分为破损类和无破损类两种。前者从路面各结构层内钻取试样,试验确定其各项计算参数,通过同设计标准相比较,估算其结构承载能力;后者测定则通过路表的无破损弯沉测定,估算路面的结构承载能力。

目前使用的弯沉测定系统有四种,即贝克曼梁弯沉仪、自动弯沉仪、稳态动弯沉仪、脉冲弯沉仪(落锤弯沉仪 FWD)。前两种为静态测定,可以得到路表最大弯沉值;后两种为动态测定,可以得到最大弯沉值和弯沉盆。贝克曼梁式弯沉仪测得是最大回弹弯沉值,而自动弯沉仪测定的是最大总弯沉值,可以连续进行弯沉测定。

如果测定路段的弯沉值变化很大,则需要进行分段,分别确定各段落的代表弯沉值。分段可以按照统计方法,对划分的相邻路段进行显著性检验,依据是否有显著差别抉择其分或合。

有条件时,采用落锤式弯沉仪(FWD)进行动态弯沉测定。落锤式弯沉仪不仅可用于评定路面承载能力,还可以用作调查水泥混凝土路面接缝的传递荷载性能和板下的空洞等。对于高速公路和一级公路的路面强度宜采用自动弯沉仪检测。但是,由于以往我国测定路面强度多采用贝克曼梁式弯沉仪,因此需将落锤式弯沉仪测定的动态弯沉和自动弯沉仪测定的总弯沉在相同条件的路面结构上,通过对比试验得出回归方程式分别换算成贝克曼梁测定的回弹弯沉值,一般标定或对比段的长度不小于 300 m。

不同路面结构具有不同的路表弯沉值,因此,不能从最大弯沉值大小来判断路面结构的剩余寿命。同时,路面结构的承载能力会在使用过程中逐渐下降。反映在弯沉值变化上,则为路段的代表弯沉值随时间(轴载作用次数)的增加而逐渐增长。随着弯沉值的增长,路面逐渐出现车辙变形和裂缝等损坏。定义某种程度的损坏作为临界状态,相应于这种损坏状况的路面弯沉值,即为路面结构的极限承载能力。为此,要判断现有路面结构的承载能力(剩余寿命),除由测定得到代表弯沉值外,还须知道路面结构类型、路面损坏状况及到调查测定时路面已承受的标准轴载作用次数。

利用沥青路面的弯沉值同标准轴载累计作用次数和路面损坏临界状态间的关系曲线,可以按照路段的代表弯沉值和路面已承受的标准轴载累计作用次数,确定现有路面结构的剩余寿命。

利用由动态弯沉测定得到的弯沉曲线,可以分别计算确定各结构层的弹性模量值。然后,配合由钻孔得到的结构层厚度数据,便可以利用有关路面结构设计图或公式计算确定路面结构的承载能力。

在我国《公路沥青路面养护技术规范》(JGJ 073.2—2001)中采用结构强度系数 SSI 来评价沥青路面现有强度,即 SSI=路面设计弯沉值/路面代表弯沉值,表 8-1 列出了强度的评价标准。

表 8-1 沥青路面采用结构强度系数 SSI 评价标准

评价指标	优	良	中	次	差
高速公路和一级公路沥青路面结构强度系数 SSI	≥1.2	1.0~1.2	0.8~1.0	0.6~0.8	≤0.6

(1)路面结构损坏状况评定。路面结构的损坏状况,反映了路面结构在行车和自然因素作用下保持完整性或完好的程度。路面结构的损坏状况,须从损坏类型、损坏严重程度、出现损坏的范围或密度三方面进行描述。综合这三方面,才能对路面结构的损坏状况作出全面的估计。

1)损坏类型。路面破损状况是反映路面整体稳定性与其结构完整性的一个指标,按照其性状可分为裂缝类、松散类、变形类、接缝类及其他五大类,每类破损所包含的内容见表 8-2。

表 8-2 路面破损分类

分类	裂缝类	松散类	变形类	接缝类	其他类
沥青路面	龟裂、块状裂缝、纵缝、横裂	坑槽、松散	沉陷、车辙、波浪、拥抱	—	泛油、修补损坏
水泥混凝土路面	纵向、横向及斜向裂缝、断角、交叉裂缝	露骨、剥落、坑洞	唧泥、错台、拱起、沉陷	接缝类材料破坏、接缝破碎	修补损坏
砂石路面	—	露骨、松散、坑洞	车辙、沉陷、波浪搓板、翻浆	—	路拱不适

2)损坏调查。损坏调查通常由 2 人调查小组沿线通过目测进行。调查人员鉴别调查路段上出现的损坏类型和严重程度并丈量损坏范围后,记录到调查表格上。同一个调查路段上如出现多种损坏或多种严重程度,应分别计量和记录。

目测调查很费时,如果调查的目的不是确定养护对策和编制养护计划,则可以采用抽样调查的方法,不必对整个路网的每一延米的各种损坏都进行调查。通常,可以采取每公里抽取其中 100 m 长的路段代表该公里的方法,但每次调查都要在同一路段上进行,以减少调查结果的变异性和保证各次调查结果的可比性。也可以采用录像方法记录路面损坏状况,而通过人工或机器图像识别在室内确定损坏类型、严重程度和范围。

(2)损坏状况评价。路面结构的损坏状况,反映了路面结构在行车和自然因素作用下保持完整性或完好的程度,会在不同程度上影响路面的平整度。因而,可以通过平整度指标在一定程度上反映路面的损坏状况。每个路段的路面可能出现各种不同类型、严重程度和范围的损坏。路面结构的损坏状况,应从损坏类型、损坏严重程度、出现损坏的范围或密度三方面进行描述。为了使各路段的损坏状况或程度可以进行定量比较,需采用一项综合评价指标,把这三方面的状况和影响综合起来。通常采用的是扣分法。选择一项损坏状况度量指标,如路面损坏状况指数 PCI(Pavement Surface Condition Index),以百分制或十分制计量。对于不同的损坏类型、严重程度和范围规定不同的扣分值,按照路段的损坏状况累计其扣分值后,以剩余的数值表征或评价路面结构的完好程度。水泥路面损坏状况指数可以用式(8-1)表示:

$$\mathrm{PCI} = C - \sum_{i=1}^{n}\sum_{j=1}^{m} DP_{ijk} W_{ij} \tag{8-1}$$

式中 C——初始(无损坏时)评分值,百分制时一般用 $C=100$;

i,j——相应为损坏类型数(共 n 种)和严重程度等级数(共 m 级);

DP_{ijk}——i 种损坏、j 级严重程度和 k 级范围的扣分值;

W_{ij}——多种损坏类型和严重程度时的权函数。

各种损坏类型和严重程度对路面完好程度及其衰变速率有不同程度的影响,对路面使用要求的满足程度有不同影响,对养护和改建措施有不同的需要,其间很难建立明确的定量关系,因而,只能采用主、客观相结合的方法,确定不同损坏类型、严重程度和范围的扣分值 DP_{ijk}。

首先制定一个统一的分组和评分标准表。例如,将路面损坏状况划分为特优、优、良、中、差和很差六个等级,采用百分制,为每一等级规定相应的级差范围和相应的养护对策类型,见表 8-3。

表 8-3 路面损坏状况评价标准

损坏状况评级	特优	优	良	中	差	很差
路面损坏状况指数 PCI	91～100	85～90	71～85	51～70	31～50	≤30
养护对策	不需	日常养护	小修	小修、中修	中修、大修	大修、重建

选择一些仅具有单一损坏类型的路段,组织由道路管理部门人员组成的评分小组,按上述评价标准对路段进行评分。整理这些评分结果,可以为每种损坏类型确定扣分曲线或扣分表。

路段上有时常出现几种损坏类型或严重程度等级。如果分别按单项扣分值累加得到多种损坏(或严重程度)路段的扣分值,则有时会出现超过初始评分值 C 的情况,或者超过对多种损坏路段进行评分的结果。为此,对多种损坏的情况需进行修正。利用评分小组对多种损坏路段的评分结果和各项单项扣分值,经过多次反复试算和调整,可以得到多种损坏时的修正(权)函数 W_{ij}。

2. 路面行驶质量

路面的基本功能是为车辆提供快速、安全、舒适和经济的行驶表面。路面行驶质量反映路面满足这一基本功能的能力。

路面的行驶质量同三方面因素有关：路面表面的平整度特性；车辆悬挂系统的振动特性；人对振动的反应或接受能力。其中，从路面状况的角度看，影响路面行驶质量的主要因素是路面平整度。路面平整度可以定为路表面诱使行驶车辆出现振动的高程变化。

路面平整度，随车辆荷载的反复作用、周围环境（温度和湿度）的周期性变化影响和路面龄期的增加而逐渐下降。当平整度下降到某一限值时，路面的行驶质量不能满足行车对路面基本功能的要求，便需采取改建或重建措施改善平整度，以恢复路面的功能。

（1）平整度测定方法。路面平整度测定方法可分为断面类平整度测定和反应类平整度测定两大类型。

1）断面类平整度测定。断面类平整度测定是直接沿行驶车辆的轨迹量测路面表面的高程，得到路表纵断面，通过数学分析后采用综合统计量作为其平整度指标。

属于这一类的方法主要有：水准测量采用水准测量和水准尺沿轨迹测路面表面的高程，由此得到精确的路表纵断面。这是一种测定结果较稳定的简便方法，但速度很慢，很费工。

2）梁式断面仪，用 3 m 长的梁（或直尺）连续测量轨迹处路表同梁底的高程差，由此得到路表纵断面。这种方法较水准测量的测定速度要快些。

3）惯性断面仪，在测试车车身上安置竖向加速度计，以测定行驶车辆的竖向位置变化。车身同路表面之间的距离，利用激光、超声等传感器进行测定。两方面测定结果叠加后，便可以得到路表纵断面。

（2）反应类平整度测定。反应类平整度测定系统是在主车或拖车上安装由传感器和显示器组成的仪器。可以传感和累积车辆以一定速度驶经不平路表面时悬挂系的竖向位移量。显示器记下的测定值，通常是一个计数数值，每计一个数相应于一定的悬挂系位移量。

反应类平整度测定系统的优点是价格低廉，操作简便，可以用于大范围的路面平整度快速测定。然而，由于这类测定系统是对路面平整度的一个间接度量，其测定结果同测试车辆的动态反应状况有关，也即随测试车辆机械系统的振动特性和车辆行驶的速度而变化。因而，它存在以下三项主要缺点：

1）时间稳定性差。同一台仪器在不同时期测定的结果，会因车辆振动特性随时间的变化而不一致。

2）转换性差。不同部门测定的结果，由于所用测试车辆振动特性的差异而难以进行对比。

3）不能给出路表的纵断面。

为克服上述缺点1），需经常对测定仪器进行标定。标定路段的平整度采用断面类平整度测定方法测定。测定仪在标定路段上的测定结果与标准结果建立回归关系，即为标定曲线或公式。利用标定曲线或公式，可以将不同时期的测定结果进行转换。

为克服上述缺点2），需寻找一个通用的平整度指标，以便把不同仪器或不同部门测定的结果统一转换成以这个通用指标表示的平整度值。这样，它们就能够进行相互比较。

反应类平整度仪测定的结果，通常以车辆行驶一段距离后的累积计数值表示，如 $\sum$ 计数/km。如果把每一种反应类平整度仪的计数以相应的悬挂系竖向位移量表示，则测定结果可表示为 m/km，它反映了单位行驶距离内悬挂系的累积竖向行程。这是一个类似于坡度的单位，称作平均调整坡（ARS）。

不同反应类平整度仪之间可以建立良好的相关关系。但这种关系只能在测定速度相同的条件下才能成立，因此，必须按照速度分别建立回归方程。

国际平整度指数（IRI）是一项标准化的平整度指标。它同反应类平整度测定系统类似，但是采用数学模型模拟 1/4 车（即单轮，类似于拖车）以规定速度（80 km/h）行驶在路面断面上，分析行驶距离内悬挂系统由于动态反应而产生的累积竖向位移量。分析结果也用 m/km 表示。因而，这一指标与反应类仪器的 ARS 相似，称作参照平均调整坡（$RARS_{80}$）。

上述分析过程已编成电算程序。在量测到路表纵断面的高程资料后，便可以利用程序计算该段路面平整度的国际平整度指数 IRI 值。对标定路段的平整度，按上述方法用国际平整度指数表征，而后同反应类平整仪的测定结果建立标定曲线，则使用此类标定曲线便可克服反应类平整度仪转换性差的缺点。

以车载式颠簸累积仪为例，其测定值与国际平整度指数之间的相关关系如式（8-2）所示：

$$IRI = a + b \cdot VBI_v \tag{8-2}$$

式中　IRI——国际平整度指数（m/km）；

VBI_v——测试车速为 v(km/h)时颠簸累积仪测得的颠簸累积值（cm/km）；

$a，b$——回归系数。

进行标定时，应选择 5～6 段不同平整度的路段，每段平整度应均匀，长度一般为 250～300 m，取 3～5 次测定值的平均值进行回归分析。

应用其他设备时，同样可以按照上述方法建立与国际平整度指数或相互指标之间换算的相关关系。

（3）行驶质量评价。路面行驶质量同路表面的不平整度、车辆的动态响应和人的感受能力三方面因素有关。不同的乘客乘坐同一辆车行驶在同一个路段上，由于每人对行驶舒适性的要求不同，对该路段的行驶质量会做出不同的评价。

由于评价带有个人主观性，为避免随意性，提出了主客观相结合的评价方法。一方面邀请具有不同代表性的乘客，分别按每人的主观意见进行评分，而后汇总大家的评价，以平均评分值代表众人的评价；另一方面对各评价路段进行平整度量测。通过回归分析建立主观评分同客观测量结果的相关关系。由此建立的评价模型，便可用来对路面行驶质量进行较统一的评价。

对行驶质量的评价可以采用 5 分制或 10 分制。评分小组的成员应能够覆盖对行驶舒适性有不同反应的各类人员（不同职业年龄、社会经济和文化背景等）。所选择的评分路段，其平整度和路面类型应能够覆盖可能遇到的范围和情况。评分时所乘坐的车辆，应选择其振动特性具有代表性的试验车。在整个评分过程中，应采用相同的试验车和行驶速度。

整理各评分路段的主观评分和客观测量结果后，通过回归分析可以建立线性或非线性的评价模型，如式（8-3）所示：

$$RQI = \frac{100}{1 + a_0 e^{a_1 \cdot IRI}} \tag{8-3}$$

式中　RQI——行驶质量指数（%）；

　　　IRI——国际平整度指数（m/km）；

a_0——高速公路和一级公路采用 0.026，其他公路采用 0.018 5；

a_1——高速公路和一级公路采用 0.65，其他公路采用 0.58。

利用评价模型可以对路面行驶质量的好坏做出相对的评价。然而还需要建立行驶质量的标准，以衡量该评价对使用性能最低要求的满足程度。

行驶质量标准的制定，一方面依赖于乘客对行驶舒适性的要求；另一方面在很大程度上受经济因素的制约。标准定得过高，会使许多路段的路面需采取改建措施，从而提高所需的投资额。

乘客对路面舒适性的要求，可以通过在评分表中列入不可接受、可接受和难以确定三种意见进行选择，而后汇总其意见得出。

沥青路面和水泥路面行驶质量评价应根据 RQI、IRI 或平整度标准差(σ)，将道路路面行驶质量分为 A、B、C 和 D 四个等级。

3. 路面抗滑性能

路面抗滑性能是指车辆轮胎受到制动时沿路表面滑移所产生的抗滑力。通常，抗滑性能被看作是路面的表面特性，并定义为：

$$f = \frac{F}{W} \tag{8-4}$$

式中　F——作用在路表面的摩擦力(N)；

　　　W——作用在路表面的垂直荷载(N)。

然而，笼统地说路面具有某一摩擦系数是不确切的。应该对轮胎在路面上的滑移条件给以规定。不同的条件和测定方法，可以得到不相同的摩擦系数值，因此，需规定标准的测定方法和条件。

(1)测定方法。抗滑性能可以采用四种方法测定，制动距离法、锁轮拖车法、偏转轮拖车法、摆式仪法。

1)制动距离法。以一定速度在潮湿路面上行驶的 4 轮小客车或轻货车，当 4 个车轮被制动时，车辆减速滑移到停止的距离，可以用以表征非稳态的抗滑性能，以制动距离数表示：

$$SDN = \frac{v^2}{225 L_s} \tag{8-5}$$

式中　v——刹车开始作用时车辆的速度(km/h)；

　　　L_s——滑移到停车的距离(m)。

测试路段应为路面混合料组成均匀、磨耗均匀和龄期相同的平直路段。测试前和每次测定之间，先洒水润湿路表面到完全饱和。制动速度以 64.4 km/h 为标准速度。也可采用其他速度，但不宜低于 32 km/h。

2)锁轮拖车法。装有标准试验轮胎的单轮拖车，由汽车拖拉，以要求的测定速度在洒水润湿的路面上行驶。抱锁测试轮，通过测定牵引力确定在载重和速度不变的状态拖拉测试轮时对作用在轮胎和路面之间的摩擦力。以滑移指数 SN 表征路面的抗滑性能：

$$SN = F \cdot W \times 100 \tag{8-6}$$

式中　F——作用于试验轮胎上的摩擦力(N)；

　　　W——作用于轮胎上的垂直荷载(N)。

轮上的载重为 4 826 N,标准测试速度为 64.4 km/h。牵引力由力传感器量测,速度由第五轮仪量测。

3)偏转轮拖车法。拖车上安装两个标准试验轮胎,它们对车辆行驶方向偏转一定的角度(7.5°~20°)。汽车拖拉以一定速度在潮湿路面上行驶时,试验轮胎受到侧向摩擦力的作用。记下此侧向摩擦力,除以作用在试验轮胎上的载重,可得到以侧向力系数 SFC(也称横向力系数)表征的路面抗滑性能。

$$\mathrm{SFC}=\frac{F_s}{W} \tag{8-7}$$

式中 F_s——作用于试验轮胎上的侧向摩擦力(N);
W——作用于轮胎上的垂直荷载(N)。

锁轮拖车法和偏转轮拖车法都具有测定时不影响路上交通、可连续并快速进行的优点。

4)摆式仪法。这是一种主要在室内量测路面材料表面摩阻特性的仪器,也可以用于野外量测局部路面范围的抗滑性能。

摆式仪的摆锤底面装一橡胶滑块,当摆锤从一定高度自由下摆时,滑动面同试验表面接触。由于两者之间的摩擦而损耗部分能量,使摆锤只能回摆到一定高度。表面摩擦力越大,回摆高度越小。通过量测回摆高度,可以评定表面的摩擦力。回摆高度直接从仪器上读得,以抗滑值 SRV 表示。

(2)抗滑性能评价。影响路面抗滑性能的因素有路面表面特征(细构造和粗构造)、路面潮湿程度和行车速度。

1)路表面的细构造是指集料表面的粗糙度,它受车轮的反复磨耗作用而逐渐被磨光。通常采用石料磨光值(PSV)表征其抗磨光的性能。细构造在低速(30~50 km/h 以下)时对路表抗滑性能起决定作用。而高速时起主要作用的是粗构造。粗构造是由路表外露集料间形成的构造,其功能是使车轮下的路表水迅速排除,以避免形成水膜。粗构造由构造深度表示其性能。

2)路表面应具有的最低抗滑性能,视道路状况、测定方法和行车速度等条件而定。各国根据对交通事故率的调查和分析及同路面实测抗滑性能间建立的对应关系,制定有关抗滑指标的规定。有的国家除规定抗滑性能的最低标准外,还对石料磨光值和构造深度的最低标准做出了规定。表 8-4 列出了我国沥青路面设计规范中所列的沥青路面抗滑性能标准。

表 8-4 沥青路面抗滑性能标准

公路等级	横向力系数 SFC	构造深度 TC/mm	摆值 BPN
高速、一级公路	≥54	≥0.55	≥45

3)路表面应具有的最低抗滑性能,视道路状况、测定方法和行车速度等条件而定。沥青路面抗滑性能评价应以摆值(BPN)或横向力系数(SFC)表示。根据 BPN 或 SFC,可以将沥青路面抗滑能力分为 A、B、C 和 D 四个等级。

(3)路面使用性能综合评价。路面状况评价是指对整个网络或单个路段路面现有使用质量的评定,确定路面结构现时的使用性能。路况评价的结果主要应用在以下几个方面:

1)提供路况数据,依次判别路网的优劣程度,并制订路段的养护对策和需要的养护资金。

2)为管理系统积累数据,以建立起路况的预测模型,供方案评价和优化使用,并检验各模型的正确性,使管理系统的结果更加符合实际情况;

3)提供反馈信息,以改善现有的路面设计、施工和养护方法。

路面状况评价等级,不同的管理系统中有不同的表达方法,一般而言,评价的等级均采用符合人们日常生活习惯的表达方式,最常使用的评价用语是优、良、中、次、差,其所包含的内容如下:

1)优——表示路面平整、坚实、无破损、有足够的抗滑能力,仅需日常养护和小修。

2)良——表示路面比较平整,无明显破损和变形,仅有少量裂缝,需日常养护和小修。

3)中——表示路面有少部分变形和破损,稍不平整,抗滑能力基本满足要求,需小修或中修。

4)次——表示路面各种破损较多,不平整,强度不足,抗滑能力较差,需中修或大修。

5)差——表示路面破损和变形严重,强度明显不足,需大修或改造。

路面使用性能综合评价可以采用两种方式,即状态向量法和单一综合评价指标法。

1)状态向量法。采用状态向量的方法可以确切描述各路段路面的使用性能所处的状态。把路面状况看作是由 n 项使用性能属性组成的 n 维向量。每一次使用性能参数值的变化范围划分为若干个等级,通过调查和测定,确定各项使用性能参数所处的级位(即向量值)。采用这样一个 n 维向量来表征现时路面状况所处的状态。例如,某沥青路面管理系统选择行驶质量、损坏状况和结构承载能力三方面使用性能的四项参数(行驶质量指数 RQI,路面状况指数 PCI,代表弯沉值 l_0 和主导损坏类型),各项参数分别划分为 3~6 个等级,由此组成路况状态向量。其中,某路段的 RQI=3,PCI=80,l_0=75,主导损坏类型为龟裂,则路面的状态向量为:

$$(3, 80, 75, 龟裂) \tag{8-8}$$

对照各使用性能相应的评价标准,可以将上述状态向量写成向量形式的路面使用性能综合评价:

$$(可接受, 良, 足够, 龟裂) \tag{8-9}$$

采用向量形式表述,可以对各路段的路面使用性能有较全面的了解,并且有利于按照不同使用性能参数的具体情况选择或确定养护和改建对策。然而,这种形式的表述,在路况状态参数较多的情况下,将使对策的选择或确定变得很复杂。同时,采用这种表述形式时,很难对各路段的使用性能状态作简单的对比,所以难以据此进行项目的优先排序。

2)单一综合评价指标法。采用单一的路面使用性能综合评价指标,可以用一个指标值反映路面所处的状态,为了便于对不同路段的路况作相对比较,以安排项目的优先次序进行。另外,也便于建立使用性能的预估模型。

常用的评价指标有路面状况指数 PCI、现时服务能力指数 PSI、损坏状况指数 DI 和结构能力指数 SI。

①沥青路面综合评价。在《公路沥青路面养护技术规范》(JTJ 073.2—2001)中,对于单个路段沥青路面采用路况调查的四项指标分别乘以相应的权重系数,然后得到路面的质量系数 PQI 作为路面的综合评价指标。各指标加权值的大小表示该指标在综合评价中所占的重要程度,加权值越大,表示在日常养护工作中该指标的好坏对整体的路况影响越大。PQI 分值为 1~100,分值越大,表示整体路况越好,反之则差。PQI 的计算公式如下:

$$\text{PQI} = \text{PCI}' \cdot P_1 + \text{RQI}' \cdot P_2 + \text{SSI}' \cdot P_3 + \text{SFC}' \cdot P_4 \tag{8-10}$$

式中 PCI′，RQI′，SSI′，SFC′——路面状况指数、行驶质量指数、结构强度系数、横向力系数等各相应评价指标的赋值；

P_1，P_2，P_3，P_4——分别为相应评价指标的加权系数，按各项指标的重要性，通过对路面养护专家的实际调查确定。

在式(8-10)中，评价指标的加权系数同当地的养护水平有很大关系。在不同地区，不同道路等级各指标的加权系数也会有所不同，但各权数之和必须等于1。

对路网或部分路网的路面状况进行综合评价，也可以采用以下公式：

$$\text{PQI} = \sum\sum D_{ij} K_{ij} / n \tag{8-11}$$

式中 D_{ij}——第 i 类路况所占比例(%)；

K_{ij}——第 j 类路况的权重。

②水泥混凝土路面综合评价。水泥混凝土路面综合评价原理与沥青路面相同，在《公路沥青路面养护技术规范》(JTJ 073.2—2001)中用路面综合评定指标 SI 表示，计算公式如下：

$$SI = S_1 \cdot P_1 + S_2 \cdot P_2 + S_3 \cdot P_3 \tag{8-12}$$

式中 S_1——路面损坏状况所占分数；

S_2——路面平整度所占分数；

S_3——路面抗滑系数所占分数；

P_1，P_2，P_3——相应指标的加权系数，按道路性质、等级和相应指标的重要性确定，没有条件确定时，对于二级以下公路推荐 $P_1=0.75$、$P_2=0.20$、$P_3=0.05$，对于高速公路和一级公路推荐 $P_1=0.6$、$P_2=0.20$、$P_3=0.20$。

水泥混凝土路面状况综合评价标准见表8-5。

表 8-5 水泥混凝土路面状况综合评价标准

评价标准	优	良	中	差
SI	≥8.5	6.9～8.5	4.5～6.9	<8.5

8.4 路面养护决策

路面管理系统要根据系统状况评估各种养护政策会有怎么样的养护结果，要保证某种路况水平需要投入多少资金，在一定的预算条件下，应在何时采取何种养护措施等。决策就是根据提供的各种信息对上述问题进行分析、回答，合理分配有限的养护资金等资源，确定最佳养护对策和实施时间的过程。

对于路面养护决策系统来讲，需要决策的是路面养护及大修、中修和改建的策略、计划和资金分配。路面养护决策以路面性能为基准，一个良好的性能预测模型是合理决策的基础。决策是与性能预测模型密切相关的。只有在路面性能达到某一标准时，才能考虑与之适应的养护措施;一旦采取养护措施之后,路面的性能及变化又直接影响下次养护决策。

决策模型的合理与否是系统成败的关键。它涉及系统工程、道路工程和经济分析等多种学科。在系统决策时,不仅要考虑道路材料、设计、施工等工程实际因素,同时,还与道路等级、各种路面的性能评价、路面性能预测、交通构成、养护费用以及资金预算水平等因素密切相关。另外,还包括地区养护政策等因素,以使养护决策结果能够适应地区经济发展的需要。

在决策分析期限内,某年实际只有部分路段需要进行养护处治,而其他路段则不需要考虑养护。因此,决策的第一步就是确定各个决策年度内,哪些项目需要进行处治决策。这应针对各个需求项目,选择恰当的养护对策。确定了需求项目后,还需要考虑各处治措施的费用、性能及道路使用者费用等因素。最后,如果某年度的养护经费不足以完成该年度所有的养护项目,还需要对各个工程项目进行比较,在综合考虑整个路网需求的前提下,最终确定各年的处治项目计划。此时,有可能需要对某些需求项目的措施进行调整。这样,虽然某些项目并非为最佳方案,但就整个路网而言,已经充分利用了养护资金,取得了最佳效果。

8.4.1 养护决策历史

决策模型在路面管理中的应用可以追溯到20世纪60年代的AASHTO试验路,从AASHTO试验提出了服务能力指数(PSI)的概念,第一次将路面在一定时间范围的性能进行了系统的量化。然后,随着数据库的初步建立,大部分公路机构根据库中的路况及道路属性数据,通过设定最低可接受水平,或根据工程经验判断,或两者相结合的决策技术,来判断养护对策。后来,随着经济分析方法在道路养护分析决策中的应用,一些公路机构开始采用寿命周期费用分析(LCC)的方法来评价大修、中修措施,并努力将养护和大修、中修所产生的公路和用户的效益定量化,通过比较不同路段采取不同措施的经济分析结果来进行系统决策。在这一阶段,决策的方法主要是决策树和排序。不同的公路机构考虑的侧重点不同,因而采用不同的指标进行排序。

由于这种项目级工具能很好地与工程师的经验判断相符合,因此,20世纪70年代,它在国外得到了广泛应用。但是,它的明显不足是各个工程费用的合计并不能产生可累的资金水平,缺乏政策敏感性,高层管理人员难以理解。而且,这种项目级工具没有定量地考虑道路的用户费用。为解决这一问题,出现了诸如效益费用增量比等一系列方法。这些方法虽然很大程度地改善了这种局面,但是,如果想要解决网级问题,即使是一年的一个资金水平分析,采用这些模型也需要在大型计算机上不断地重复这一过程,才能得到最终结果。

从根本上说,排序实质上是一组项目决策的总和。它既没有考虑到项目之间的折中,也没有考虑整个规划期的统筹安排。利用这种决策方法做出的决策往往不能满足公路机构的要求,因此,一些公路机构逐渐开始在决策过程中使用数学规划方法。数学规划方法在理论上能同时考虑路网内每个项目、所有可行对策和实施时间的所有可能组合,利用一定的方法对所有组合进行搜索,能够求得规划期内最佳的养护和改建策略。利用数学规划模型,不需要完全逐一评价各个可能项目,就能够得到最终结果,并且能够考虑资金约束条件。但是,在实际应用中,由于路面管理系统所面临的是大规模的优化决策问题,纯数学的规划工具不一定可行，所以这种模型还是没有解决公路机构提出的要求。

由于计算量和数据采集的要求，在项目级基础上进行整个路网的多年的完全优化决策是十分困难的。所以，一些公路机构逐渐开始考虑各种近似优化方法。目前，国际上采用的近似优化决策方法主要集中在两个方向，即集成和启发。

集成是将一个较大的路网，根据路面状况、交通量、路线等级等特征，合并成较少的项目（路段），然后，对这些归并后的项目进行优化决策，这样，就大大降低了模型的计算量，方便计算机操作。但是，由于这种方法把一些详尽的项目合并成一个大项目。因此，在实际上忽略了这些小项目之间的差异。启发类优化是根据求解的优化问题，按照一定的方法，逐步逼近最优解。最后获得一个近似最优解。通过这些近似优化方法进行决策，虽然不能获得理论上的最优解，但能够在较短的时间内求出具有一定精度的近似最优解，满足公路机构的需要。

最初的优化决策主要是单目标决策。随着社会经济的发展，公路机构对决策提出了更高的要求，不仅要求社会效益的最大化，还要求其他社会经济指标的最佳化。为此，一些公路机构开发应用了多目标优化决策模型。但是，总体来说，简单的、侧重鲜明的优化决策型是路面管理系统的一个发展方向。目前，从最简单的排序方法到最复杂的数学规划方法都被广泛地应用于路面管理系统之中。主要采用的方法有决策树、排序、近似优化和纯数学优化。

8.4.2 养护对策选择

养护对策是根据现有路网中路面状况的评价结果所采取的路面养护措施，其目的是使已破损的路面经过修理和恢复达到行车所必需的服务水平。年度养护计划是根据路面现有状况对路网中所有路段安排出保养或维修的详细计划报表，为管理决策者安排本年度养护资金提供依据。

不同形式的路面破坏需要采用相应不同的养护对策；同时，不同地区根据自己的经验对路面破坏又有不同的维修措施。在我国《公路养护技术规范》（JTG H10—2009）中，将路面养护对策较为粗略地划分为四大类，即小修保养、中修、大修与改建。

以上这四种养护方法虽然直观，但不能反映出具体的养护措施。它基本上属于控制性养护策略，对于高层次决策部门控制养护资金合理分配有一定作用，但对项目的具体实施意义不大。养护技术人员希望根据实际情况制定出具体的养护措施。例如，在 PEMS 中，养护专家根据我国的实际情况提出了沥青路面 7 种标准养护处治对策：①小修保养；②1 cm 罩面；③2~3 cm 罩面；④3~4 cm 罩面；⑤补强 2~3 cm 面层；⑥补强 3~4 cm 面层；⑦补强 5~6 cm 面层。其中，①~②属于小修保养，③~⑤属于中修罩面，⑥~⑦属于大修补强。

在根据实际调查路况确定养护对策时，路网中各条道路的交通量也是一个不容忽视的因素。在确定养护对策时，会遇到如下的情况：在两个路面破损状况相同的路段中，如果交通量不同或公路的技术等级、行政等级不同，那么采用同一种养护对策显然不合理。所以，在根据实际路况确定最佳养护对策时，必须考虑交通量因素。

在路面设计和养护管理中，交通量的计算应该以标准轴载次数即 BZZ—100 为计量标准。但由于以往国内公路交通量测试受条件所限，交通量的计量单位仍以年平均日交通量

· 327 ·

为准，而标准轴载次数的实际调查和测试还没有纳入日常公路监测工作。所以，在目前国内已使用的路面养护系统中，仍采用年平均日交通量 AADT 作为标准轴载的间接计量单位。表 8-6 是 PEMS 对交通量的分级标准。

表 8-6　PEMS 对交通量的分级标准

等级	轻	中	重
交通量 AADT/(辆·d^{-1})	<1 000	1 000~3 999	≥4 000

养护对策模型是根据实际路况制定的最佳养护策略。如管理系统在路面评价时可以根据路况四项指标进行优、良、中、次、差的评价。在确定养护对策时，需要根据四项评价等级之间的不同组合，给出每一种组合的养护对策，加上交通量划分的三个等级，所以总的路面养护组合共计有 5×5×5×5×3＝1 875(种)。如果对这 1 875 种组合均通过专家调查给出养护对策，不但工作量大，而且不易进行专家问卷调查。从对实际路况的调查中可以发现，虽然四个评价指标各表示一定的路面属性，但它们之间也存在着相互联系。例如，当结构强度系数小时，往往其相应的破损率、平整度都较差，而破损率较大的地段其平整度也差，即很少会出现有一个指标属于优，而其他几个指标属于差的情况。另外，在养护对策中也有相互覆盖的情况，如采用补强养护对策时，原有路面其他几个指标也会得到改善。所以，在 PEMS 中根据以上情况，并结合我国公路的现有实际情况，又减少了摩擦系数这个因素，对沥青路面制定了以下的养护对策确定准则：

①结构分析强度系数是决定路面中修或大修的唯一指标，强度评价为次、差时需进行大修。

②路面损坏状况指数 PCI 或破损率 DR 为次、差的路段，不论平整度优劣均应进行中修或大修。

③PCI、DR 为中等或中等以上，强度为次等时，只有当平整度为次、差时，才考虑进行大修。

建立路面管理系统的一个主要目的，是提供有关最佳养护和改建对策以及最佳资金分配方案的分析，以便决策者选择最经济合理的方案，合理地分配和使用有限的资金，因此，进行项目排序和方案优化是路面管理系统的核心组成部分。

路面管理系统包括项目级和网级两个层次。对于项目级来说，要做出的决策是该段路面应在何时进行改建和应采用什么改建对策。通常，按照路面使用性能下降到某一预定的最低可接受水平时，确定路面需进行改建的时间；而采取的改建对策，则按照经验或者在经济分析的基础上选择。排序和优化方法在这里起的作用不大。然而，如果要把改建同养护结合起来，考虑不同养护水平和改建对策的相互影响，选择在分析期内最经济有效的养护和改建对策序列，则需要采用优化技术。鉴于其序列性质，动态规划是较为合适的方法。

排序和优化方法可以分为以下几种类型：

①根据路面使用性能参数进行排序，如现时服务能力指数 PSI、路面状况指数 PCI 等。这类方法对一客观路况进行分等，使用迅速、简便，但所得结果可能远非最优。

②根据经济分析参数进行排序，如净现值、效益-费用比、内部回收率等。这类方法比较简便，分析结果较接近于最优。

③利用线性规划或整数规划模型，按照总费用最小或效益最大进行优化。这类方法较

复杂，可以得到最优的结果。

④利用动态决策模型，按照总费用最小进行优化。这类方法主要适用于财政规划。

能力训练

1. 何谓路面管理系统？
2. 简述路面使用功能。
3. 可以将路面养护对策较为粗略的划分为哪四类？
4. 道路养护的任务是什么？
5. 城市道路养护工程分为哪几类？
6. 道路沥青路面和水泥混凝土路面的养护内容分别有哪些？
7. 评价路面的使用质量的指标有哪些？

任务自测

任务能力评估表

知识学习	
能力提升	
不足之处	
解决方法	
综合自评	

参考文献

[1] 凌天清. 道路工程[M]. 2版. 北京：人民交通出版社，2010.
[2] 黄晓明. 路基路面工程[M]. 4版. 北京：人民交通出版社，2014.
[3] 秦建平. 道路工程[M]. 3版. 武汉：武汉理工大学出版社，2000.
[4] 王卓娅. 路面基层施工[M]. 北京：人民交通出版社，2009.
[5] 李爱国. 沥青路面施工技术与工艺全解[M]. 北京：人民交通出版社，2014.
[6] 郝晓彬. 水泥混凝土路面施工[M]. 北京：人民交通出版社，2010.
[7] 邓学钧. 路基路面工程[M]. 3版. 北京：人民交通出版社，2008.
[8] 张敏江，于玲. 路基路面工程[M]. 北京：中国建材工业出版社，2013.
[9] 杨春风. 道路工程[M]. 3版. 北京：中国建材工业出版社，2014.
[10] 杨渡军. 公路施工技术[M]. 北京：人民交通出版社，2007.
[11] 廖明军，王文华. 路基路面工程[M]. 武汉：武汉大学出版社，2014.
[12] 中华人民共和国行业标准. JTG D40—2011 公路水泥混凝土路面设计规范[S]. 北京：人民交通出版社，2011.
[13] 中华人民共和国行业标准. JTG B01—2014 公路工程技术标准[S]. 北京：人民交通出版社，2014.
[14] 中华人民共和国行业标准. JTG D30—2015 公路路基设计规范[S]. 北京：人民交通出版社，2015.
[15] 中华人民共和国行业标准. JTG D50—2006 公路沥青路面设计规范[S]. 北京：人民交通出版社，2006.
[16] 中华人民共和国行业标准. JTG F10—2006 公路路基施工技术规范[S]. 北京：人民交通出版社，2006.
[17] 中华人民共和国行业标准. CJJ 37—2012 城市道路工程设计规范[S]. 北京：中国建筑工业出版社，2012.
[18] 中华人民共和国行业标准. JTG D20—2006 公路路线设计规范[S]. 北京：人民交通出版社，2006.
[19] 姚昱晨. 道路工程技术[M]. 北京：中央广播电视大学出版社，2007.
[20] 张志清. 道路工程概论[M]. 北京：北京工业大学出版社，2007.